René Apfelknab

Wandern mit Hund

Steiermark

45 ausgewählte Touren

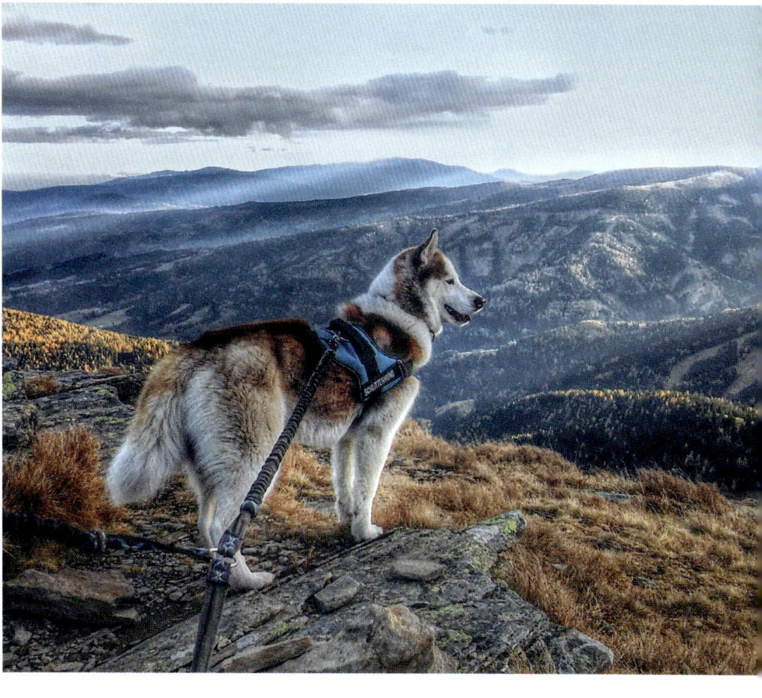

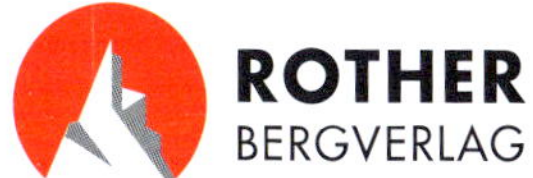

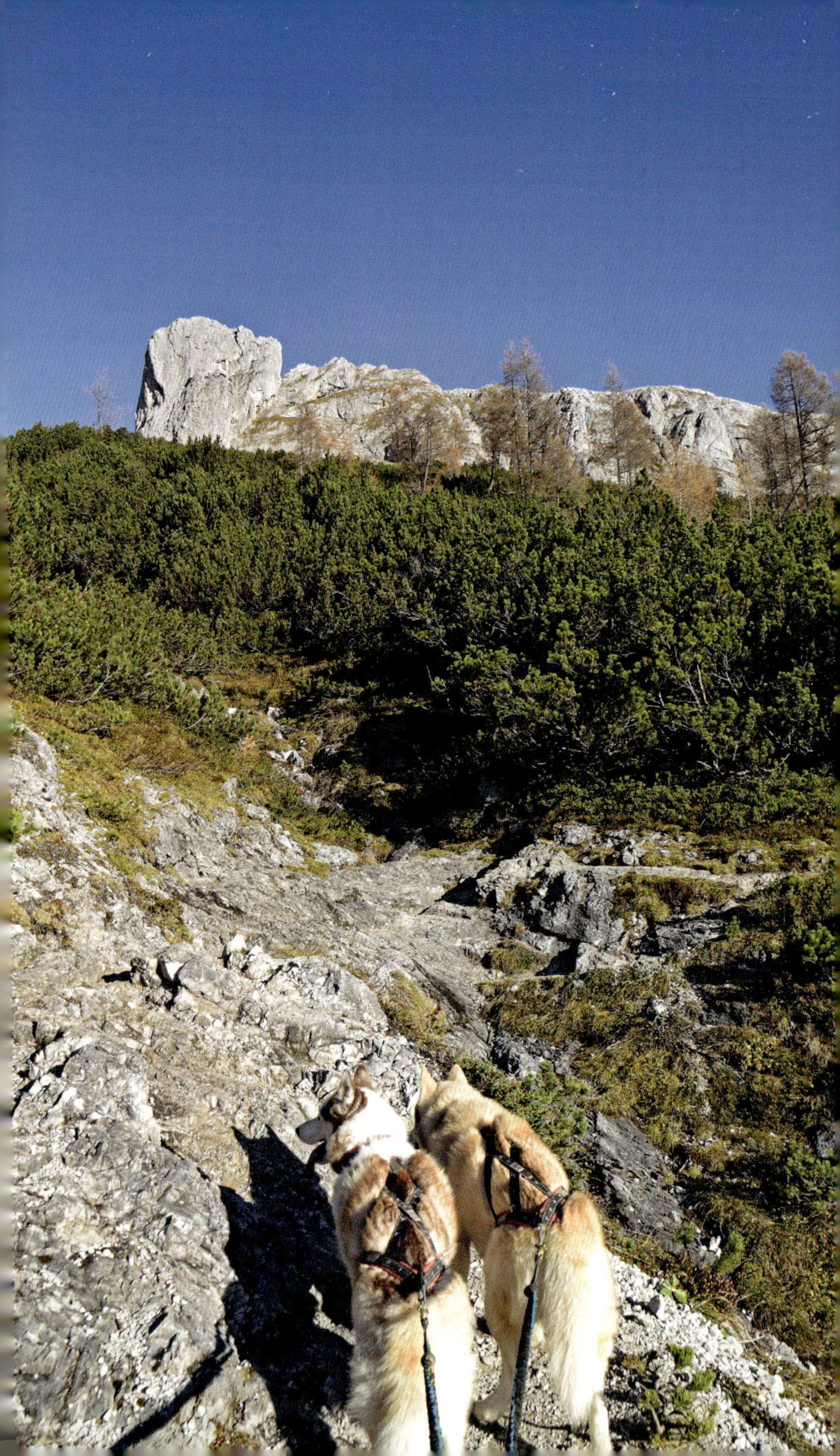

Vorwort

Wandern macht Freude, Wandern mit seinem Hund ist doppelt so schön, denn, wer die Erlebnisse mit seinem Vierbeiner teilen kann, erlebt diese viel intensiver. Und besonders schön sind Wanderungen in den Bergen.
Österreich ist bekanntermaßen das Land der Berge, und in der Steiermark gibt es viele davon. Die Steiermark bietet aber viel mehr als nur schöne Gipfel. So findet man herrliche Seen, sanfte Hügel und zahlreiche Sehenswürdigkeiten, die zusammen mit der Fellnase erkundet werden können. Das vorliegende Rother Wanderbuch bietet ein Potpourri von Wanderungen. Es sind ganz leichte und kurze Wanderungen, aber auch anspruchsvolle Tagestouren beschrieben.
Sämtliche vorgestellten Wanderungen wurden eingehend auf ihre Hundetauglichkeit geprüft. Denn unsere Vierbeiner haben andere Ansprüche als wir Zweibeiner. Manches, was uns Menschen einfach erscheint, ist für unsere Hunde unüberwindbar – und umgekehrt. So kann für manche Hunde eine Hängebrücke ein großes Problem bilden, aber ein »ausgesetzter Weg« für einen Hund leicht zu gehen sein, hingegen für uns Menschen eine große Herausforderung darstellen. Aber was gibt es Schöneres als Herausforderungen gemeinsam zu lösen und mit seinem »besten Freund« am Ziel den Gipfelsnack zu genießen und danach wieder glücklich heimzukommen?
Um eine Wanderung mit Hund zum Erfolg zu machen, enthält das Wanderbuch wichtige Informationen. Dazu gehört beispielsweise das richtige Verhalten bei Begegnungen mit Weidevieh, die man in den Bergen oft nicht vermeiden kann. Dazu, wie man das Wetter und die Anzeichen für einen Umschwung richtig einschätzt, oder wie man die Gehzeiten für das vor einem liegenden Wegstück selbst berechnet. Es sind aber auch die Wegearten beschrieben, damit wir einschätzen können, ob eine Strecke für unsere Hunde geeignet ist. Ein ganz wichtiges Thema ist Wasser – zum Abkühlen, Spielen und Planschen, aber vor allem zum Trinken, um den Wasserhaushalt unserer Vierbeiner ausgewogen zu halten. Dies ständig im Auge zu behalten, ist sowohl für unsere Hunde als auch für uns Menschen essenziell.
Ich hoffe, dass in diesem Buch viele Wanderungen für euch als Mensch-Hund-Team dabei sind. Viele haben das Potenzial auf ein persönliches Highlight. Möglicherweise probiert ihr auch mal das Schwimmen mit Hund aus oder backt für euren Liebling ein »Leckerli«.
Im Vordergrund steht natürlich euer Liebling! Gemeinsame Erlebnisse stärken die Bindung zwischen Mensch und Hund. Denn wir dürfen nie vergessen: Hundehaare kann man wegfegen. Pfotenabdrücke auf dem Boden kann man wegwischen. »Nasenkunst« am Fenster kann man wegputzen. Aber die Spuren, die unsere Hunde in unserem Herzen hinterlassen, sind für die Ewigkeit.
Ich wünsche euch auf all den Wanderungen und Spaziergängen viel Spaß und jede Menge gemeinsame Erlebnisse. Genießt die Zeit mit euren Fellnasen und bleibt gesund!

Graz, im Frühjahr 2023 René Apfelknab

Der Naturpfad zum Schwarzsee, im Hintergrund der markante Sturzhahn.

Inhalt

Vorwort . . . 3
Top-Touren . . . 8
Allgemeine Hinweise . . . 12
GPS-Tracks und Koordinaten der Ausgangspunkte . . . 19
Mit dem Hund unterwegs . . . 24

1 **Grundlsee – Drei-Seen-Blick, 1190 m**
Die drei Juwelen des Salzkammergutes . . . 48

2 **Von der Loserhütte zum Loser, 1837 m**
Das Tote Gebirge – lebendig nah . . . 52

3 **Trisselwand, 1755 m**
Dem Himmel ein Stück näher . . . 56

4 **Altausseer See – Tressenstein, 1201 m**
Ein Panorama auf die schnelle Tour . . . 59

5 **Altausseer See – Gaisknechtstein, 824 m**
Wo Gott das Paradies erschaffen hat . . . 62

6 **Loser Alm – Wildensee, 1535 m**
Vom Loser zu einem ruhigen See . . . 66

7 **Ödenseemoor und Ödenseerunde, 776 m**
Filmreife Alaskastimmung . . . 70

8 **Sechs Seen auf der Tauplitz, 1650 m**
Romantisch schöne Wanderung . . . 72

9 **Wörschachklamm – Ruine Wolkenstein**
Eine wildromatische Klamm im Ennstal . . . 75

10 **Rund um den Spechtensee, 1050 m**
Eine feine Runde zwischen Wald und Wasser . . . 78

11 **Stoderzinken, 2048 m**
Der schönste Platz Österreichs . . . 80

12 **Spiegelsee und Rippetegg, 2126 m**
Spieglein, Spieglein auf dem Berg . . . 82

13 **Bösensteinrunde, 2248 m**
Felsig, felsig und dazu auch steil . . . 86

14 **Scheibelseen und Hauseck, 1982 m**
Ein Gipfel und zwei Seen . . . 90

15 **Ingeringsee – Geierhaupt, 2417 m**
Über Stock und Stein zum Gipfel 93

16 **Hochreichart und Brandstätterkogel**
Zwei Gipfel auf einen Streich 96

17 **Maria Schnee – Kumpitzstein, 1924 m**
Wenn einem das Murtal zu Füßen liegt 99

18 **Hinterlobming, 965 m**
Wo Erika den Nikolaus trifft 102

19 **Jassing – Pribitz, 1579 m**
Den Grünen See mal anders sehen 105

20 **Niklasdorfgraben – Mugel, 1630 m**
Nach dem Sender kommt das Kreuz 108

21 **Frauenberg – Rennfeld, 1629 m**
Mur und Mürztal auf einen Blick 110

22 **Teichalmsee – Hochlantsch, 1720 m**
Wo Städter zu Alpinisten werden 113

23 **Rote Wand, 1505 m**
Auge in Auge mit den Steinböcken 116

24 **Zellerkreuz – Teufelstein, 1498 m**
Wo der Teufel einen Turm bauen wollte 119

25 **Rabl-Kreuz-Hütte – Hochwechsel, 1743 m**
Die Steiermark im Nordosten 122

26 **Gschnaidter Kreuz – Hoher Zetz, 1264 m**
Unterwegs im Apfelland 126

27 **Raabklammwanderweg, 762 m**
Die längste Klamm, aber gar nicht so eng 128

28 **Raabklamm, 633 m**
Splish Splash für unsere Hunde 132

29 **Schöcklkreuz – Niederschöckl, 1342 m**
Kuhfrei auf den kleinen Bruder 134

30 **Hohe Rannach, 1018 m**
Wald und Wiesenwanderung – eine kurze Runde .. 137

31 **Gamskogel – Schartnerkogel, 931 m**
Wenn das Gute liegt so nah' 140

32 **Schloss St. Martin – Buchkogel, 565 m**
Haben Sie Graz schon von oben gesehen? 144

33 **Reinischkogel, 1440m**
Der Gipfel am Waldrand 146

34 **Kitzecker Weinwanderweg, 564 m**
Die Provence der Steiermark 150

35 **Heiligengeistklamm, 904 m**
Canyoning im Rinnsal – Dobrodošli! 153

36 **Altenbachklamm, 705 m**
Über viele Brücken musst du gehen 156

37 **Deutschlandsberger Klause**
Auf den Spuren der alten Eisenbahn 159

38 **Großer Speikkogel, 2140 m**
Entlang der Grenze auf den Gipfel. 162

39 **Rappoldkogel, 1928 m**
Es geht immer weiter nach droben. 166

40 **Brandkogel, 1648 m**
Auf den Spuren der Lipizzaner 169

41 **Terenbachalm, 1752 m**
Von der Steiermark bis fast nach Rio 172

42 **Gleinalm – Speikkogel, 1988 m**
Gar nicht klein, die Gleinalm 176

43 **Zirbitzkogel, 2396 m, und Kreiskogel**
Im Sommer wie im Winter einfach schön 179

44 **Sabathyhütte – Zirbitzkogel, 2396 m**
Auf den König der Seetaler Alpen 182

45 **Turracher Höhe, 1795 m**
Eine Themenrundwanderung rund um die Zirbe. . . 185

Stichwortverzeichnis 188

Impressum 192

Rechts: Die Stufen hinauf zum Tressensattel.
S. 10/11: Der Autor mit seinen beiden Hunden Yukon und Luna vor dem Augstsee.

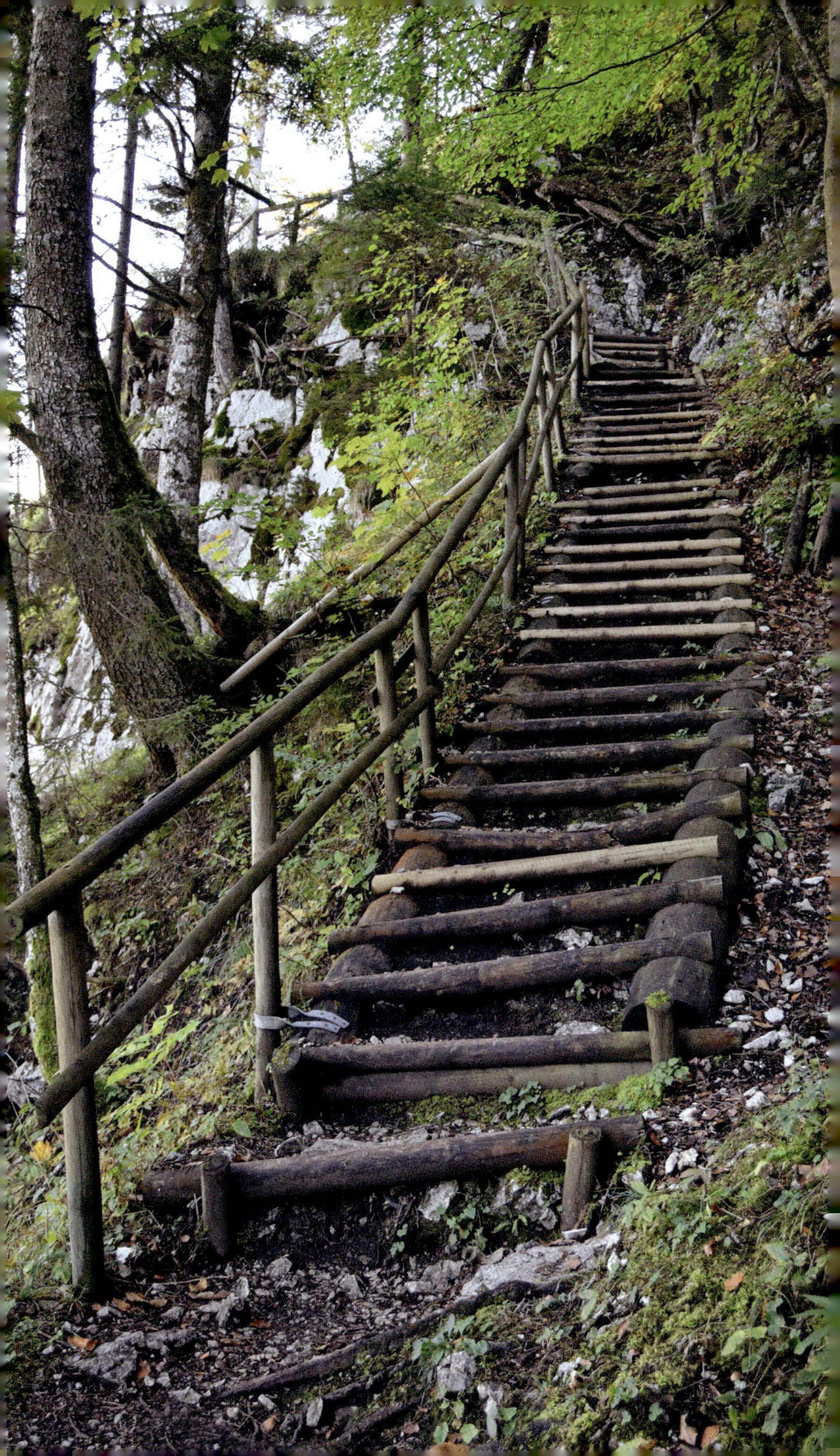

Top-Touren

Trisselwand
Gemütlich geht der Anstieg durch den Wald, dann durch Latschen zum ersten und danach zum zweiten Gipfel. Das Salzkammergut mit seinen Seen von hier oben zu betrachten, ist ein Privileg und unbedingt zu empfehlen. Zum Abschluss ist ein gemeinsamer Sprung in den Altauseer See der Höhepunkt einer richtig coolen Tour *(Tour 3, 4½ Std.)*.

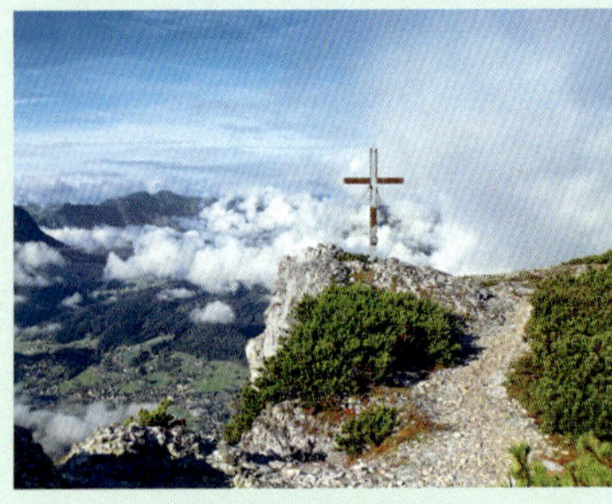

Altauseer See – Gaisknechtstein
Das Juwel des Salzkammergutes lädt nicht nur zum Wandern ein, sondern auch zum Baden. Der Weg ist einfach und der Blick auf den See herrlich. Das wusste auch schon James Bond in Spectre. Beim Gaisknechtstein handelt es sich um einen richtigen Kraftplatz *(Tour 5, 3 Std.)*.

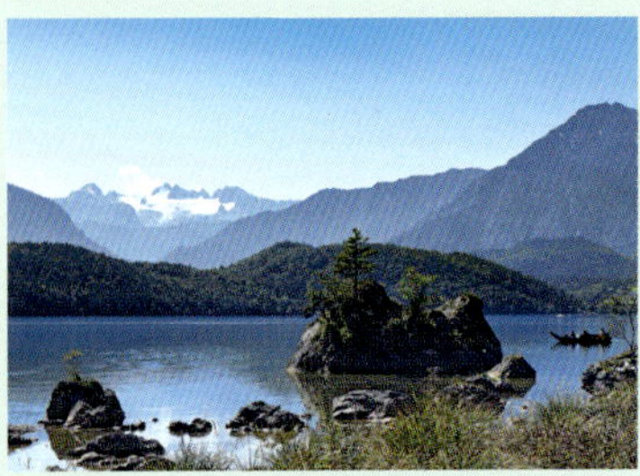

Wildensee
Eine sehr abwechslungsreiche alpine Tour mit einer riesigen Almwiese und einem in die Felslandschaft eingebetteten See mit Echo sind für Hund und Mensch herausfordernd und beeindruckend zugleich. Abgerundet wird die Tour mit einer urigen Einkehrmöglichkeit *(Tour 6, 8½ Std.)*.

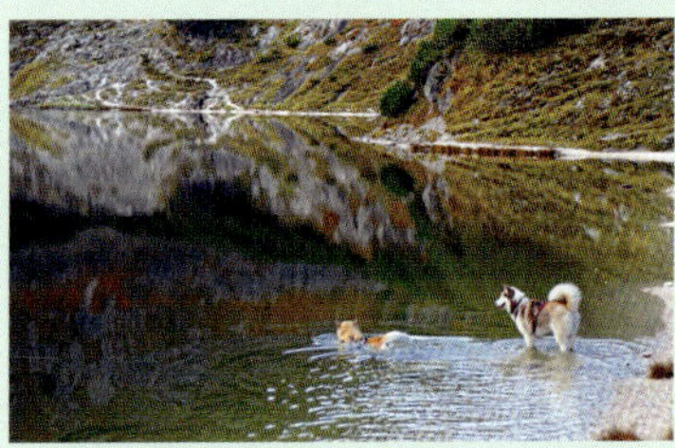

Stoderzinken Friedenskircherl
Das Haupteinsatzgebiet der TV-Serie »Die Bergretter« bietet eine spektakuläre Kirche im Felsen und einen Gipfel mit »Wow« Effekt. Der Ausblick auf den Dachstein und die umliegenden Gipfel der Schladminger Tauern sind einfach beeindruckend *(Tour 11, 2½ Std.)*.

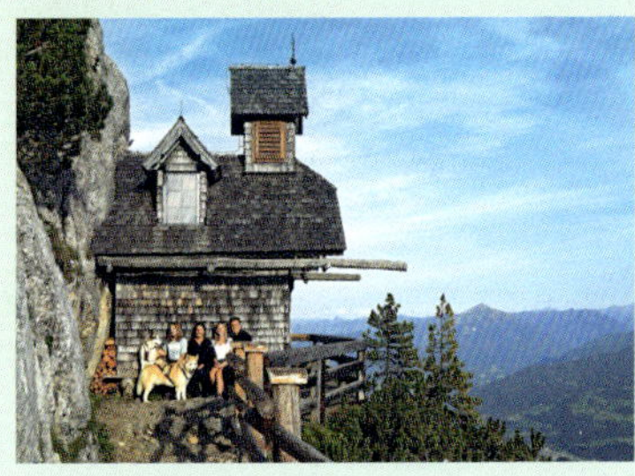

Bösensteinrunde
Ein Klassiker in den Rottenmanner Tauern. Zuerst der sanfte Anstieg zum idyllischen See, dann ein anspruchsvoller Aufstieg zu insgesamt vier Gipfeln. Jeder dieser Gipfel bietet einen perfekten Ausblick. Der Besuch der ganzjährig bewirtschafteten Hütte rundet diese Wanderung ab *(Tour 13, 4½ Std.)*.

Hinterlobming zur Erikablüte
Diese Tour empfiehlt sich speziell im Frühjahr. Denn nach der Schneeschmelze blüht das Frühlingsheidekraut und färbt die Landschaft in ein zartes lila. Diese farbenprächtige leichte Tour mit viel Schatten und Wasser gefällt nicht nur unseren Fellnasen *(Tour 18, 2½ Std.).*

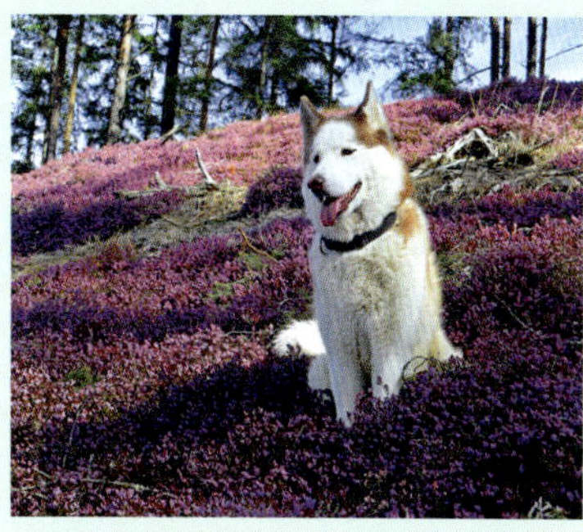

Kitzecker Weinwanderweg
Diese abwechslungsreiche Tour startet vom höchstgelegenen Weinbauort Österreichs, bietet das größte Lavendelfeld der Steiermark, eine idyllische Mühle und viel Schatten. Diese Wanderung ist auch komplett kuhfrei und daher ideal für unsere Hunde. Die zahlreichen Einkehrmöglichkeiten runden diese Tour herrlich ab *(Tour 34, 3½ Std.).*

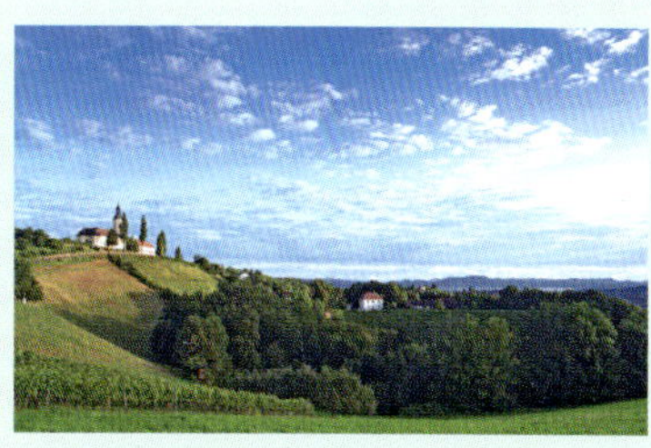

Deutschlandsberger Klause
Romantische Wanderung entlang der Laßnitz, durch kühle Wälder und auf den Spuren der alten Eisenbahn. Diese einfache Tour ist lehrreich und aussichtsreich, denn von der Burg hat man einen tollen Ausblick auf die schöne Weststeiermark *(Tour 37, 3¼ Std.).*

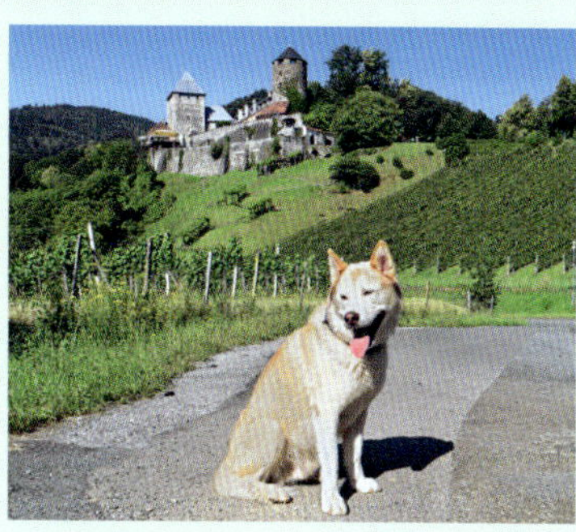

Rappold
Ein Gipfel, der zu jeder Jahreszeit bestiegen werden kann. Der Start von einer urigen Alm, vorbei an einer Quelle, durch schattige Wälder auf die höchste Erhebung der Stubalpe mit herrlicher Aussicht auf die Weststeiermark lohnt sich immer *(Tour 39, 4 Std.).*

Terenbachalm
Ein aussichtsreicher Höhenweg, der sanft ansteigt und einen herrlichen Rundblick bietet. Neben dem Gipfelkreuz gibt es auch eine Christusstatue, die einen Hauch Rio in den Alpen versprüht. Zahlreiche Quellen säumen den Weg und erfreuen Hund und Wanderer *(Tour 41, 4 Std.).*

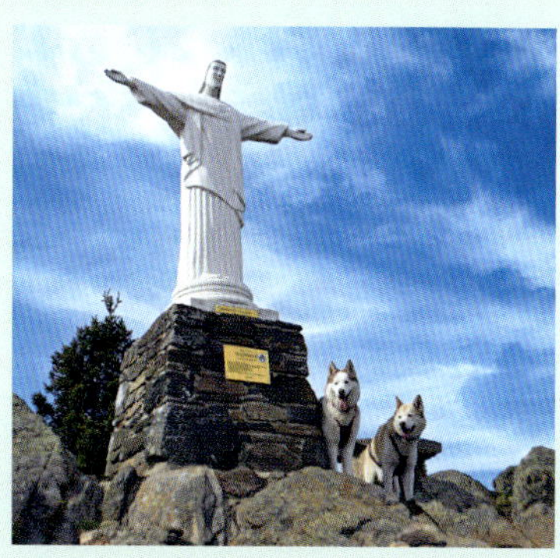

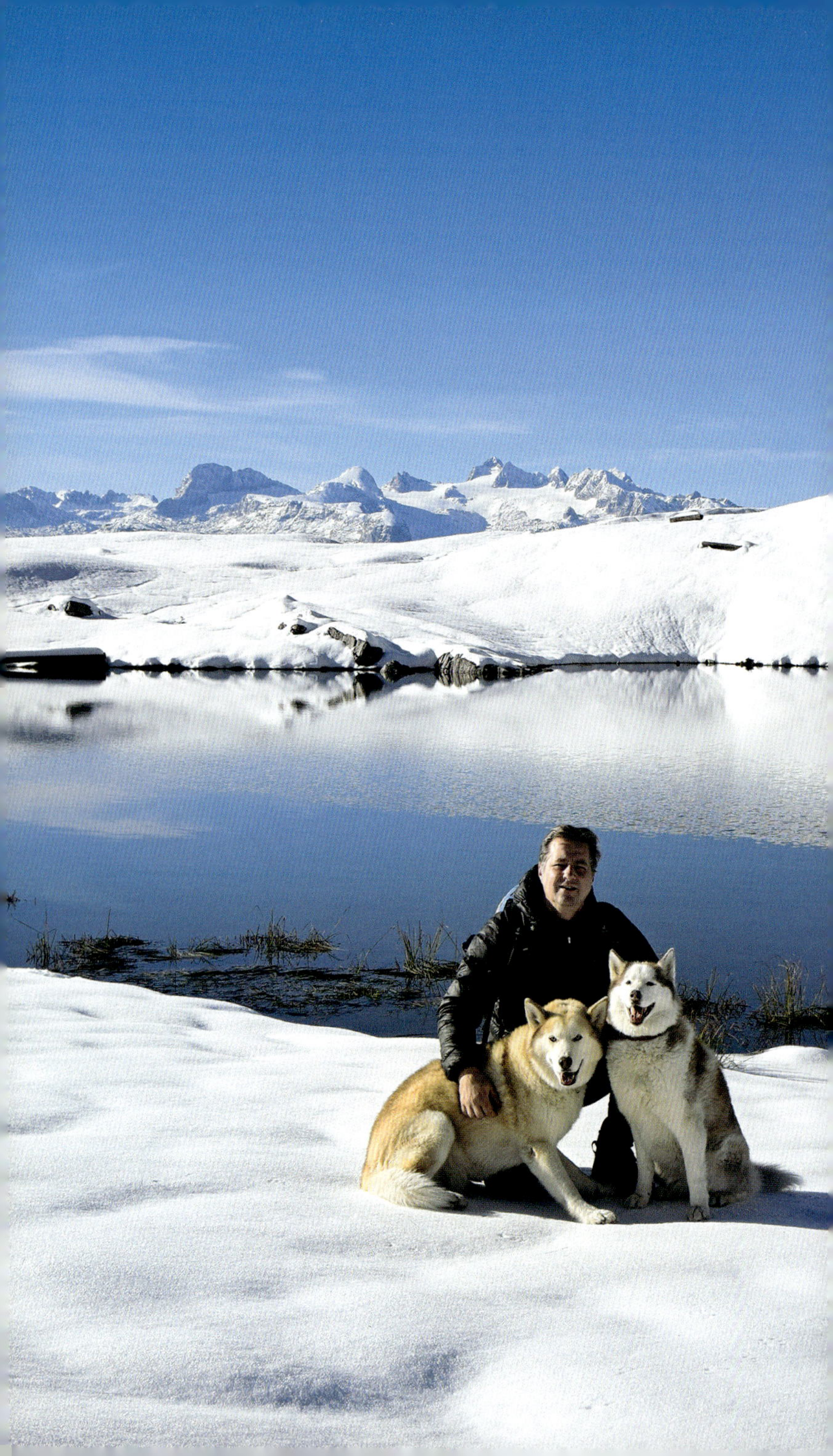

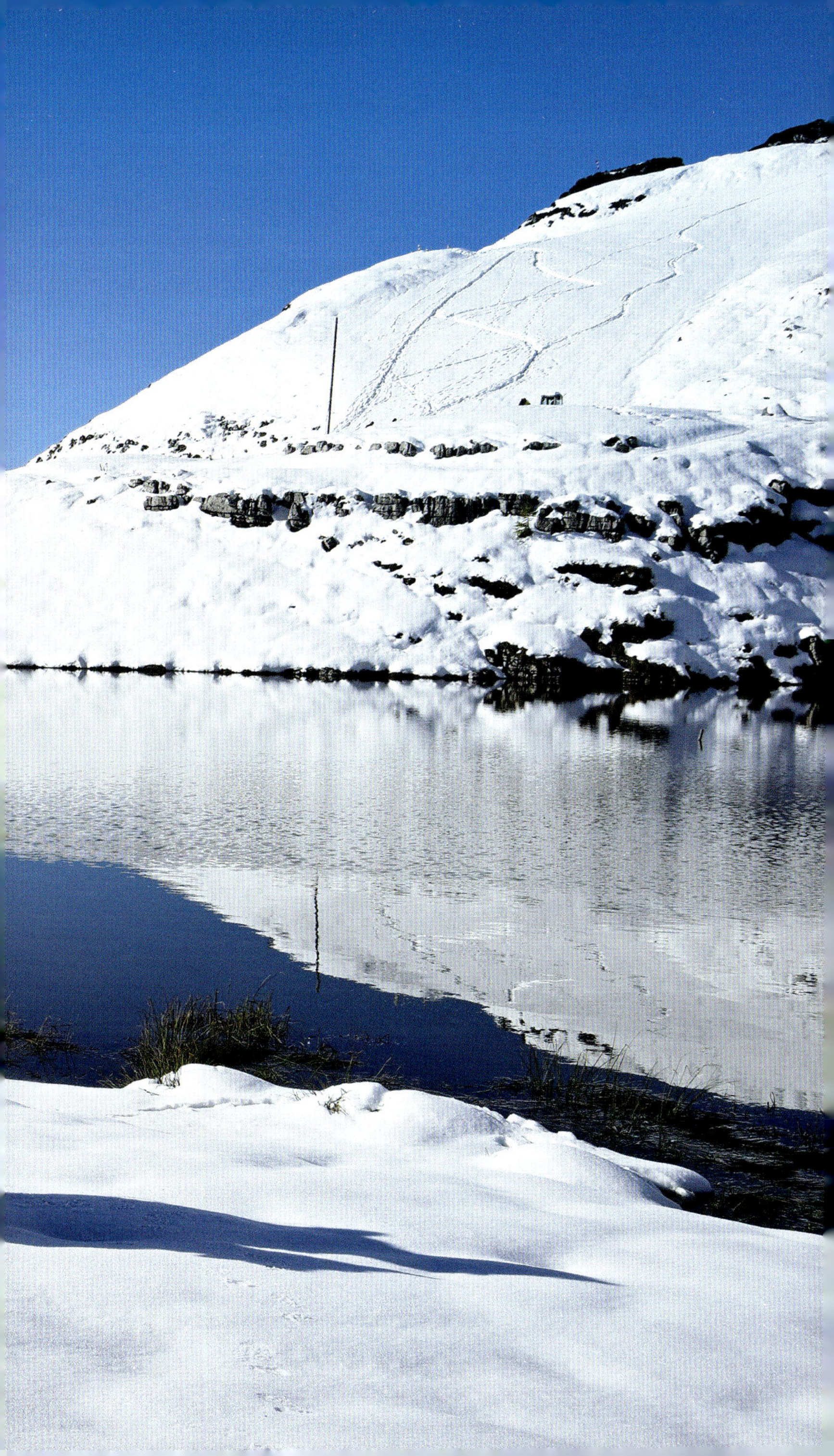

Allgemeine Hinweise

Bergwandern mit Hund

Grundsätzlich kann man mit jedem Hund in den Bergen wandern gehen. Nicht nur aufgrund der Größe sind aber manche Rassen besser geeignet als andere. Hunde mit sehr kurzen Beinen benötigen für die gleiche Strecke deutlich länger als ein großer Hund. Auch große Hunderassen können aufgrund ihres Gewichtes bei anstrengenden Auf- und Abstiegen Probleme bekommen. Das Alter unserer Fellnasen spielt ebenfalls eine große Rolle. Hunde im Wachstum sollen noch keine Bergwanderungen mitmachen, um eine Überlastung der Knochen und Gelenke zu vermeiden. Wer sich hier unsicher ist, kann das mit seinem Tierarzt besprechen und sich beraten lassen.
Wandern mit Hund in der Steiermark ist immer etwas Besonderes. Es gibt allerdings so manche »Besonderheiten«, die bei Wanderungen mit Hund zu beachten sind.

Ausreichend Schatten

Bei dem vorliegenden Wanderbuch wurde darauf geachtet, dass es viele schattige Touren gibt. Einige Wanderungen befinden sich aber über der Waldgrenze und das Hochgebirge bietet hier kaum Schutz vor der prallen Sonne. Es wird daher empfohlen, Wanderungen, die nicht genügend Schatten haben, sehr früh zu beginnen, um der prallen Mittagssonne zu entgehen.

Grundausdauer, Koordination

Je öfter wir mit unserem Hund auf verschiedenen Untergründen spazieren gehen, desto besser wird seine Koordination. Variable Bodenbeschaffenheiten machen den Ballen des Hundes nämlich belastbarer. Speziell bei Waldspaziergängen kann man kleine Parcours einbauen. Um die Hunde auf Wanderungen vorzubereiten, eignen sich z.B. springen oder balancieren über Baumstämme oder unter einem Baumstamm hindurchkriechen. Hier sind der Fantasie keine Grenzen gesetzt. Bei so manchen Touren ist Trittsicherheit gefragt. Es gibt auch Touren, bei der z.B. eine Hängebrücke oder ein Steg mit Gitterrost zu überqueren ist. Hier gilt es, sich selbst und den Hund realistisch einzuschätzen. Lange und ausgedehnte Spaziergänge trainieren die Fitness des Hundes und bereiten ihn auf längere anspruchsvolle Wanderungen vor.

Einkehrmöglichkeit

Bei vielen der angegebenen Touren besteht die Möglichkeit, einzukehren. Die meisten Hüttenwirte haben auch nichts gegen Hundebesuch, wenn der Hund sich ordentlich benimmt. Er sollte die Grundkommandos (Sitz! Platz! Bleib!) beherrschen und nicht bei den anderen Gästen am Tisch betteln. Bei Schlechtwetter muss man den Hund unbedingt abtrocknen, bevor man die Hütte betritt. Wenn man eine Übernachtung plant, muss man sich unbedingt, vorher informieren, ob eine Nächtigung mit Hund möglich ist.

Berg-/Talfahrt mit Kabinenbahn

Es gibt auch Touren, bei denen man mit einer Kabinenbahn den Ausgangspunkt erreichen kann. Auch hier gilt es, den Hund an der kurzen Leine zu haben und darauf zu achten, dass niemand der anderen Gäste durch den Hund belästigt wird. So wird man auch hier keine Probleme bekommen.

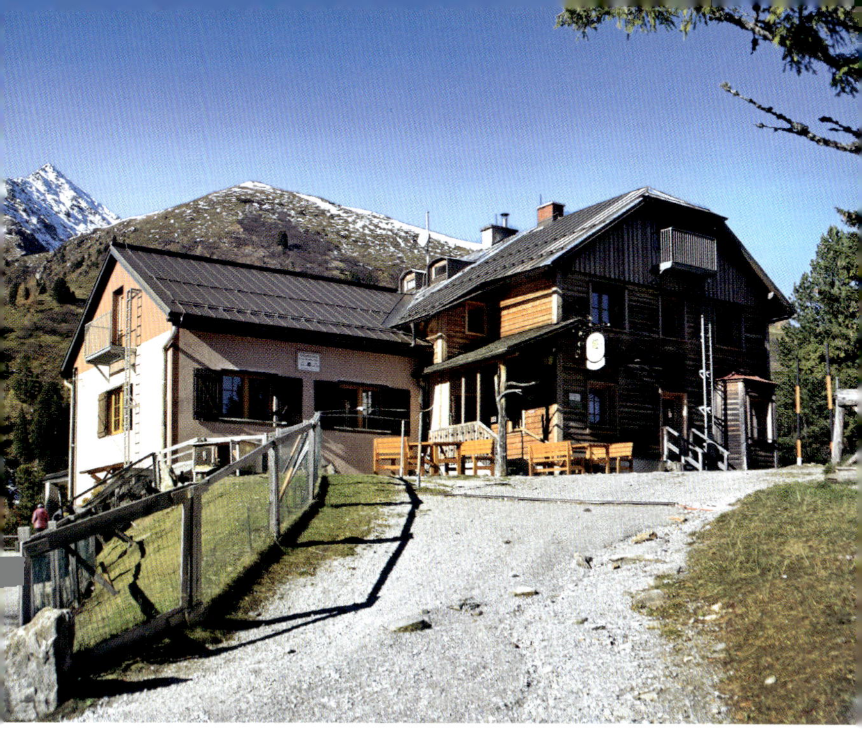

Bei der Edelrautehütte lohnt sich die Einkehr.

Leinenpflicht in der Steiermark

Bei allen Spaziergängen oder Wanderungen in der Steiermark ist auf die Leinenpflicht zu achten.

In der Steiermark wird die Leinenpflicht in einem Landesgesetzblatt geregelt. In Absatz eins werden die Halter aufgefordert, die Hunde so zu beaufsichtigen oder zu verwahren, dass dritte Personen weder gefährdet noch unzumutbar belästigt werden. Der Absatz drei regelt dann, dass Hunde an öffentlich zugänglichen Orten entweder mit einem um den Fang geschlossenen Maulkorb zu versehen oder so an der Leine zu führen sind, dass eine jederzeitige Beherrschung des Tieres gewährleistet ist. Die Ausnahme wird im Absatz vier geregelt, welcher besagt, dass diese Regelung nicht für Hunde gilt, die zu speziellen Zwecken gehalten werden. Zu diesen Hunden zählen insbesondere Jagd-, Therapie- und Hütehunde, sowie Diensthunde der Exekutive und des Militärs, und Rettungshunde.

Auch wenn es noch so verlockend ist, den Hund frei laufen zu lassen – der Hund muss an der Leine sein! Was sonst passieren kann, wird im Kapitel »Wildtiere entlang des Weges«, Seite 37 beschrieben.

Hundekot

Für einen rücksichtvollen Hundehalter und ein gemeinsames Miteinander gilt die Empfehlung, Hundekot in einem speziellen Hundekotbeutel vom Wanderweg zu entfernen. Da es aber auf Bergtouren keine Abfalleimer zum Entsorgen gibt, wird empfohlen, einen zweiten Sack mit Zippverschluss mitzunehmen – dieser verhindert eine Geruchsbelästigung während der Wanderung effektiv.

Schwierigkeiten

Die Schwierigkeitsstufen, sowohl für Mensch als auch für Hund sind in diesem Wanderführer farblich unterteilt und bei der jeweiligen Tour durch einen Fuß- bzw. Pfotenabdruck dargestellt. Wie bei einer Skipistenbewertung werden die Schwierigkeitsgrade in den Farben blau für einfach, rot für mittel und schwarz für schwer eingeteilt. Es ist aber zu beachten, dass diese Bewertungen für »normale« gute Verhältnisse gelten. Jeder beurteilt die Schwierigkeitsgrade von Bergwanderungen sehr individuell. Die angegebenen Kategorien können also nur Anhaltspunkte sein und gehen von idealen Bedingungen aus. Durch heftige Niederschläge, Altschnee oder Lawinen können auch befestigte Wege teilweise ungangbar sein und die Touren schwieriger werden.

Eine Schwierigkeitsbewertung für Hunde ist noch weniger einfach und kann nicht verallgemeinert werden. Denn die Rasse und Größe spielt hier eine sehr große Rolle. Die hier angegebenen Schwierigkeitsbewertungen Hund sind eine Hilfestellung. Jeder Hundebesitzer muss aber die mentalen und körperlichen Voraussetzungen seines eigenen Hundes selbst einschätzen.

Der kuhfreie Naturpfad zum Gipfel des Schartnerkogels.

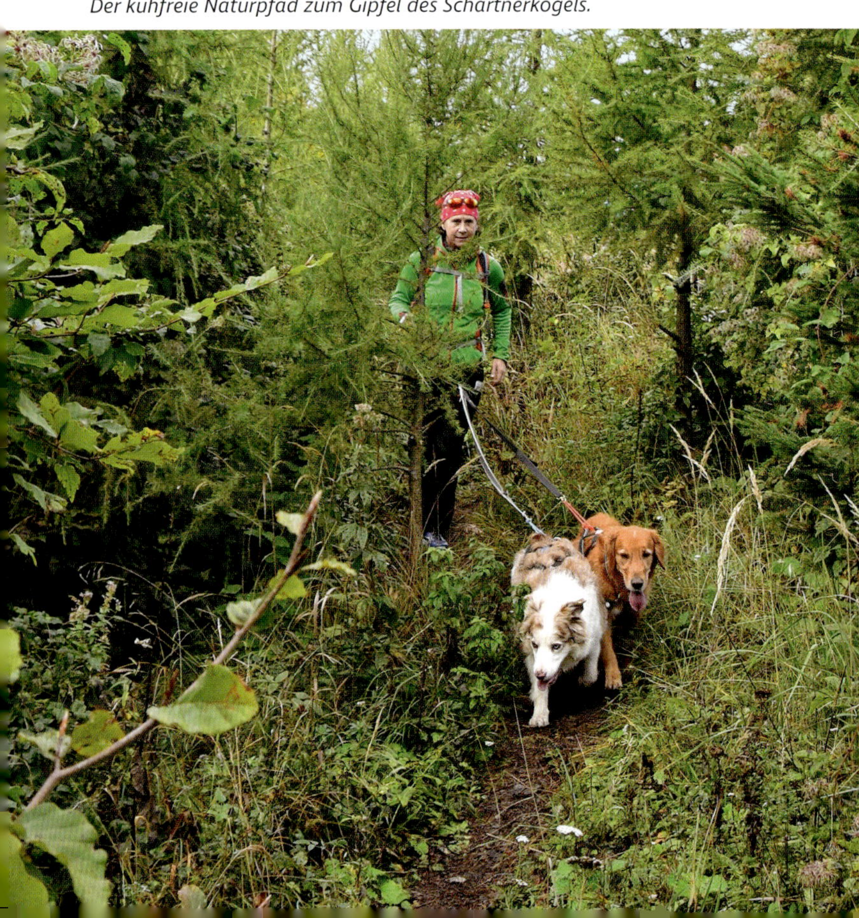

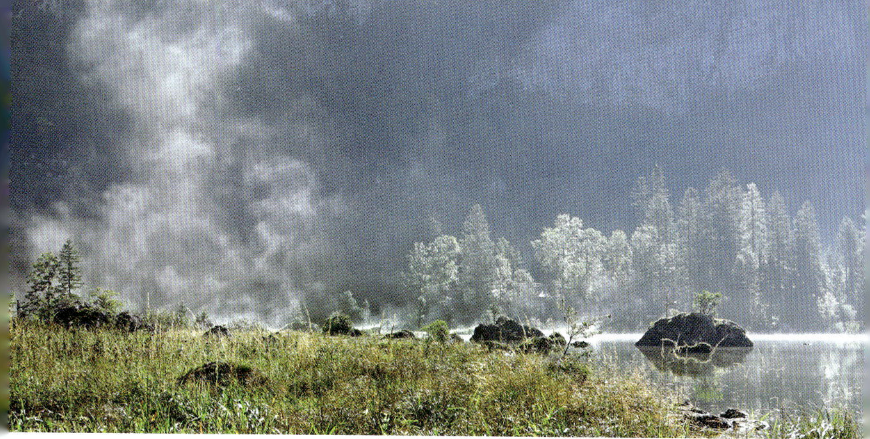

Morgenstimmung bei der Seewiese am Altausseer See.

Mensch

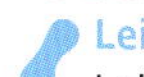

Leicht

Leichte Wanderungen, einfach zu begehende Wege, ohne Absturzgefahr. Manches Mal können sie aber schmal sein.

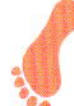

Mittel

Diese Wege sind überwiegend schmal, oft steil angelegt und es können absturzgefährdete Passagen sowie Geröllfelder vorhanden sein. Trittsicherheit, gute Trekkingschuhe und ein durchschnittliches Orientierungsvermögen sind erforderlich!

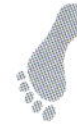

Schwierig

Diese Wanderwege sind schmal, steil angelegt und enthalten absturzgefährdete Passagen. Sie können Geröllfelder aufweisen und der Gebrauch der Hände kann erforderlich sein. Trittsicherheit sowie stabile Trekkingschuhe, Schwindelfreiheit und alpine Erfahrung sind erforderlich!

Hund

Leicht

Darunter versteht man einfache Wanderungen auf breiten Wegen. Es gibt keine Hindernisse, oder Gitterbrücken. Diese Wanderungen können grundsätzlich mit gesunden Hunden jeder Rasse begangen werden.

Mittel

Schmale, steinige oft schrofige Wege, die auch kurz ausgesetzt sein können. Es kann steil bergauf gehen oder über Steige, hohe Absätze und Stufen. Für erfahrene Hunde sind solche Passagen gut zu meistern. Kleinere Hunde müssen möglicherweise bei so manchen Hindernissen unterstützt oder getragen werden. Kondition und Ausdauer ist vonnöten.

Schwierig

Bei diesen Touren ist Kondition, Ausdauer und Bergerfahrung unbedingt notwendig! Es geht auf schmalen, steinigen und schrofigen Wegen oft steil nach oben. Eine hohe Konzentration ist über ausgesetzte Wege, Steige, Stufen Absätze notwendig. Es können aber auch glatte Felsplatten im absturzgefährdeten Gelände zu überwinden sein oder aber auch steile felsige Passagen. Für kleine Hunde sind diese Touren nur bedingt geeignet.

Ausrüstung

Eine richtige und zweckmäßige Ausrüstung kann Spaziergänge, Wanderungen und Bergtouren zu dem machen, was sie sein sollten – wunderschöne Erlebnisse in der Natur.

Eine falsche oder unvollständige Ausrüstung kann hingegen gleich einmal zu gegenteiligen Erlebnissen führen. Daher nun ein paar kurze Tipps für die Ausrüstung bei Mensch und Tier.

Für Zweibeiner

Rucksack

Zu Unrecht erfährt der Rucksack oft wenig Beachtung. Denn ein ordentliches Tragesystem ist sehr wichtig, damit Rückenschmerzen erst gar nicht aufkommen. Bei Rucksäcken ist speziell auf die Rückenlänge zu achten. Ein wichtiger Teil eines Rucksacks ist der Hüftgurt, denn die Hüfte trägt ca. 70 bis 80 Prozent des Gewichts. Für eine Tagestour hat sich der 30-Liter-Rucksack und für die Mehrtagestouren ein 45(+10)-Liter-Rucksack bewährt. Besonderen Komfort bieten Rucksäcke, die auch für ein Trinksystem geeignet sind. Ich habe beispielsweise eine 2-Liter-Wasserblase im Rucksack und kann während des Wanderns über den Schlauch trinken. Links und rechts in den Seitentaschen habe ich das Wasser für die Hunde untergebracht. Bei Minustemperaturen kann man aber die Trinkblase nicht verwenden, da das Wasser im Schlauch einfriert.

Schuhe

Wenn der Schuh drückt, ist das schönste Panorama nur halb so schön. Daher keine Tour ohne pas-

Ausrüstung für eine Dreitageswanderung:
Von links nach rechts: Zuggeschirr, Leinen, Pfotenschutz, Hundefutter, Reisefressnapf, Wasser, Erste-Hilfe-Set für Mensch und Tier, Taschenmesser, Jacke, Pullover, Hose, Biwaksack, Handschuhe, Regenschutz, Haube mit Stirnlampe, Kompass, Spikes (um leichter Schneefelder zu überqueren), Multifunktionshalstuch, Rettungsdecke, Jause, Krallenschere, Toilettenartikel, Handtuch, Socken, Hüttenschlafsack, Schlafsack und Kappe.

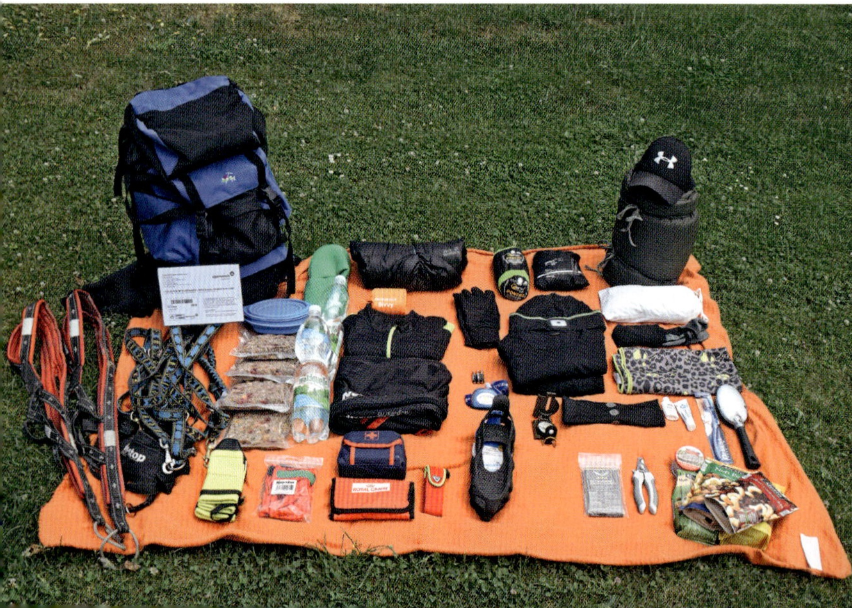

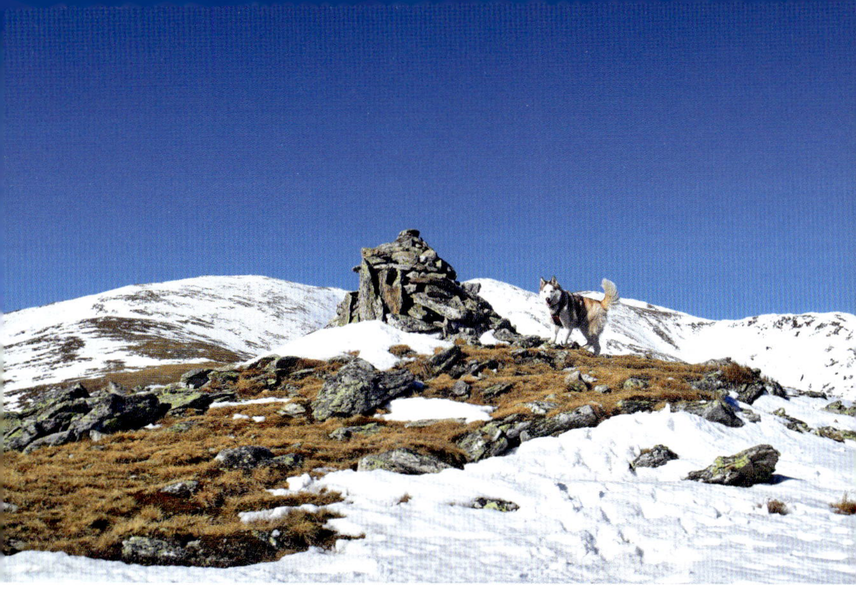

Auf dem Gipfel des Kumpitzstein.

sende, eingelaufene Schuhe. Bei so mancher vorgestellter Tour reicht ein Hikingschuh. Darunter versteht man einen sehr leichten nicht über den Knöchel ragenden Schuh. Er ist gut belüftet und verfügt über eine ausgeprägte Dämpfung, aber er ist insgesamt sehr weich. Besonders gut geeignet ist er für einfache Wanderungen, vorausgesetzt, das Gelände ist nicht zu steil und der Rucksack nicht zu schwer. Wenn es aber felsig und alpin wird, dann sind knöchelhohe Bergschuhe zu bevorzugen. Ein Schuh muss grundsätzlich zwei Kriterien erfüllen:

- Er muss passen und
- er muss dem Einsatzbereich entsprechen.

Welcher Schuh der richtige ist, entscheidet letztendlich der, der ihn dann auch trägt. Körpergefühl, gesunder Menschenverstand und realistische Einschätzung der eigenen Fähigkeiten sind die wesentlichen Kriterien beim Schuhkauf. Daher unbedingt sich die Zeit nehmen und im Fachhandel beraten lassen, denn kein anderes Stück persönlicher Ausrüstung hat derartigen Einfluss auf das Wohlbefinden und trägt so zum Gelingen einer Tour bei.

Schneeschuhe, Grödel, Spikes

Bei Winterwanderungen kommt es auf den Untergrund an, welches Hilfsmittel am besten geeignet ist. Wenn eine traumhafte Winterlandschaft mit viel Schnee vorhanden ist, eignen sich Schneeschuhe hervorragend. Ohne Schneeschuhe würde man nämlich tief in den Schnee einsinken und ein Vorankommen wäre kaum möglich. Schneeschuhe vergrößern aufgrund ihrer speziellen Rahmenkonstruktion die Auflagefläche der Füße und verteilen das Gewicht gleichmäßig auf beide Sohlen, wodurch das Einsinken in den Schnee verhindert wird.

Grödel hingegen sind eine einfache Form von Steigeisen und werden daher auch Halbsteigeisen genannt. Sie sind sehr leicht und lassen sich schnell anziehen und sind für Touren mit winterlichem Untergrund wie

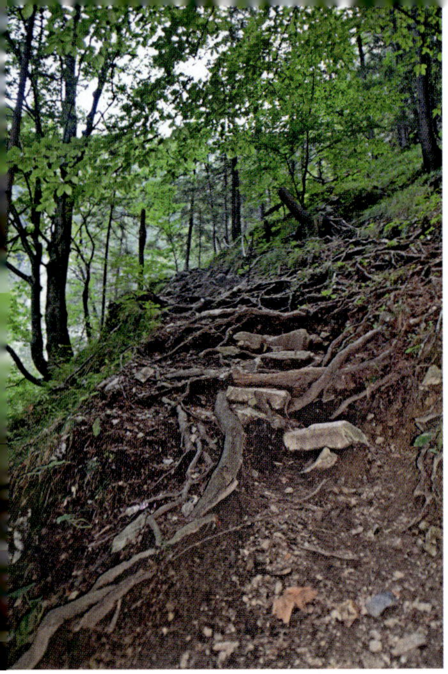

Ein wurzeliger Weg entlang der Raabklamm – immer mit genügend Vorsicht zu begehen.

Eis, Firn, oder beim Queren eines Schneefeldes bestens geeignet.
Schuhspikes haben im Sohlenbereich kleine Metallstifte eingearbeitet und besitzen daher eine rutschhemmende Wirkung. Je nach Untergrund ist dann zu entscheiden, was am besten geeignet ist.

Bekleidung
Die Bekleidung spielt speziell bei Bergtouren eine sehr große Rolle. Neben den passenden und geeigneten Schuhen sollte Funktionsbekleidung unbedingt zur Ausrüstung von gut vorbereiteten Hundetouren gehören. Natürlich gibt es viele verschiedene Materialien, ob Kunstfaser oder natürliche Fasern wie z. B. Merinowolle. Sowohl das eine, als auch das andere hat Vorteile. So besitzt Merinowolle antibakterielle Eigenschaften und kann sowohl Gerüche absorbieren, als auch Feuchtigkeit aufnehmen. Aus Kunstfasern gefertigte Bekleidung hat den Vorteil, dass sie den Schweiß schnell an die nächste Kleidungsschicht weiterleitet. Ich verwende sehr gerne das Zwiebelprinzip. So halten mehrere dünnere Kleidungsstücke den Körper wärmer als dies mit wenigen Schichten dicker Kleidung möglich wäre. Die Wirkung basiert darauf, dass sich zwischen den einzelnen Schichten isolierende Luft befindet. Wichtig ist, dass alle Schichten atmungsaktiv sind, weil sonst der Effekt verlorengeht und sich die Wärme direkt am Körper staut. Ein weiterer Vorteil des Zwiebelschalenprinzips ist, dass man sich leicht einzelner Schichten entledigen kann, wenn es wärmer wird. Abhängig ist natürlich alles vom Ziel und Wetter der Wanderung.

Wetterschutz
Wenn es in die Berge geht, ist ein Regenschutz auf alle Fälle dabei. Sei es in Form einer Funktionsjacke oder eines Regenponchos. Ich habe die Vorteile eines Ponchos im Lauf meiner Wanderungen kennengelernt. Er ist nämlich schnell übergezogen, auch über den Rucksack. Die Zughundeleine passt problemlos unten durch, und nach dem Regen ist er schnell abgeschüttelt und auf ein kleines Packvolumen zusammengerollt. Ein weiterer Vorteil ist die gute Durchlüftung, weswegen sich Wärme und Feuchtigkeit nicht anstaut. Da das Wetter in den Bergen so schnell umschlagen kann, sind Mütze, bzw. Haube und Handschuhe auch stets dabei.

Sonnenschutz
Im Gebirge ist es häufig kühler und windiger. Dadurch nimmt man die

Stärke der Sonne nicht so wahr und unterschätzt sie. Daher gehören Sonnenbrille, Sonnencreme (mind. LSF 30) und evtl. eine Kappe mit auf jede Tour.

Erste-Hilfe-Set für Menschen

In einem Rucksack sollte immer eine kleine Apotheke für Notfälle mit

- Blasenpflaster,
- Wundverband,
- Kälteschutzfolie,
- Dreiecktuch,
- Biwaksack,
- Kopfschmerztablette,
- Magnesium und
- Leukoplast

dabei sein. Je nach Tour habe ich auch die aufgeladene Stirnlampe mit. Auch das frisch aufgeladene Handy mit Powerbank ist stets dabei.

Wichtig: **Notruf Bergrettung 140** bzw. **internationaler Notruf 112!**

Das beste Erste-Hilfe-Wissen nutzt nicht viel, wenn nicht auch das benötigte Material mit auf der Tour ist.

Proviant

Manchmal besteht die Möglichkeit, in Hütten, Bergrestaurants oder Gasthöfe einzukehren. Gelegentlich öffnen sie aber aufgrund Wettersituationen erst später im Jahr, schließen früher, oder Hunde sind nicht willkommen. Daher sollte sich immer ein kleiner Vorrat, seien es auch nur einige Müsliriegel und Traubenzucker im Rucksack befinden. Genügend Wasser für Mensch und Hund ist für eine gelungene Tour selbstverständlich.

Orientierung

Wer den Weg nicht kennt, wird das Ziel nicht finden. Daher ist eine gute Vorbereitung sehr wichtig. Die passende Wanderkarte (Maßstab 1:50.000 oder besser 1:25.000) besorgen oder ausdrucken und eine adäquate App für das Smartphone runterladen. Wenn möglich, die Karte ebenfalls im Vorhinein downloaden.

Karten

Es empfiehlt sich, neben den in den Touren enthaltenen Kartenausschnitten gedruckte Wanderkarten mitzuführen. Diese erlauben eine größere Übersicht über den engen Tourenrahmen hinaus.

Bei der Erstellung des Buches wurden nachstehende Karten von freytag & berndt (1:50.000) verwendet: WK 0082, WK 0281, WK 203, WK 212, WK 0041, WK 132, WK 131, WK 133,

GPS-Tracks und Koordinaten der Ausgangspunkte

Auf **gps.rother.de** stehen zu diesem Wanderbuch GPS-Tracks und die Koordinaten der Ausgangspunkte zum kostenlosen Download bereit. Dieser QR-Code führt direkt zum Download.

1. Auflage, Passwort: **331001wLs**

Die GPS-Tracks können in die **Rother App** importiert werden. In der App kann man unterwegs stets sehen, wo man gerade ist und wo es langgeht. **Anleitungen dazu: rother.de/gps**

Trotz sorgfältiger Prüfung können wir Fehler und zwischenzeitliche Veränderungen nicht ausschließen. Verlassen Sie sich für die Orientierung niemals einzig und allein auf die GPS-Daten, sondern beurteilen Sie die Verhältnisse vor Ort.

WK 021, WK 411, WK 211, WK 212, WK 201 und WK 222.

Für unsere Hunde

Geschirr/Leine

Die Leine zählt zu der Grundausstattung und jeder Hundebesitzer hat seine bevorzugte Art. Sei es die »normale« Leine (Führleine), die Retrieverleine, die Roll- oder »Flexi«-Leine oder die Schleppleine. Jede der angeführten Varianten hat ihre Vorteile aber auch ihre Nachteile.

Die *Führleine* ist die herkömmlichste Art der Leinen. Sie kann bis zu 2 m lang sein und ist oft mit einem Karabiner in der Länge verstellbar. Befestigt wird sie am Halsband. Dort, wo es sehr touristisch zugeht oder wenn es der Straße entlang geht, ist diese Art der Leine zu empfehlen.

Von der Länge her ist die *Retrieverleine* ähnlich der Führleine. Auch das Einsatzgebiet dieser Leine ist ähnlich. Der Unterschied liegt lediglich darin, dass man für eine Retrieverleine kein Halsband benötigt. Sie umschließt selbst den Hals. Um zu verhindern, dass die Leine den Hund würgt, ist an der Schlaufe eine Zugbegrenzung angebracht, die auf den jeweiligen Hund eingestellt werden kann.

Viele unterschiedliche Meinungen gibt es bei der Roll- oder Flexileine. Es gibt diese Leinenart in verschiedenen Größen und Längen. Ich persönlich kann dieser Leinenart sehr viel Positives abgewinnen. Wenn der Hund gehorcht, kann er die ganze Freiheit, die die Leine bietet, ausnützen. Wenn man diese Leinenart verwendet, muss man aber auch ständig mitdenken, denn z. B. auf einem Gehsteig neben einer Straße ist es nicht ratsam, dem Hund die volle Länge zu geben. Dies erlaubt nämlich dem Hund, auf und über die Straße zu laufen. Das gleiche gilt natürlich auch für Geh- und Radwege. Ist man aber viel auf Waldwegen unterwegs, können die Fellnasen die ganze Bewegungsfreiheit nutzen, sind aber dabei trotzdem immer unter Kontrolle.

Die *Schleppleine* ist vor allem als Trainingsleine geeignet. Auf meinen

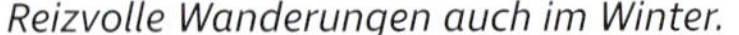

Reizvolle Wanderungen auch im Winter.

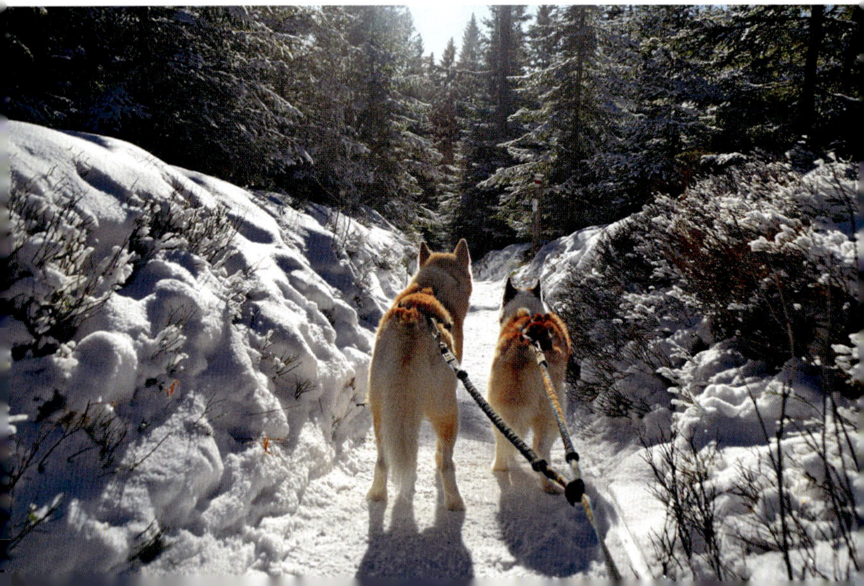

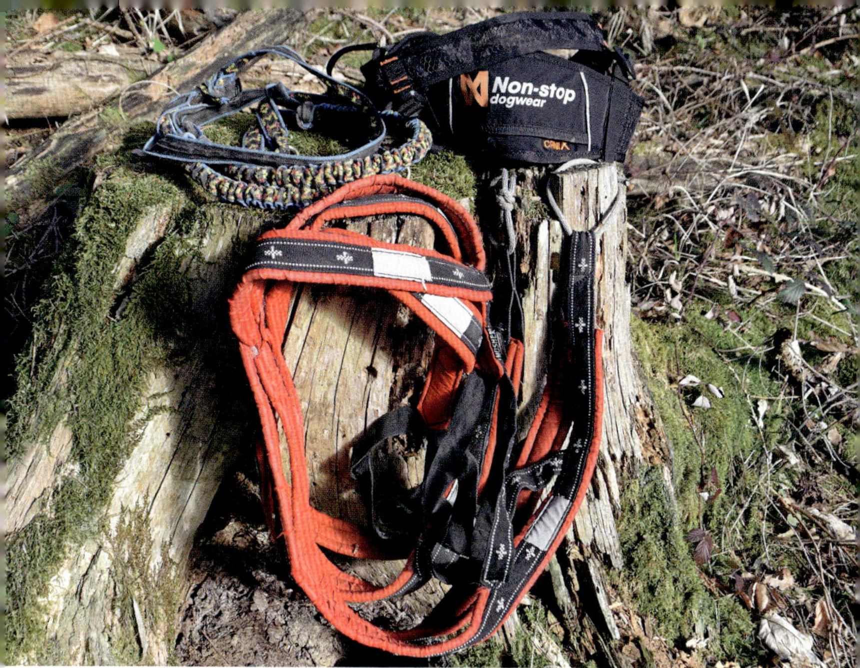

Von links nach rechts: Rückzugsleine, Hüftgurt und vorne das Hundezuggeschirr.

Touren habe ich einige Wanderer mit Schleppleinen gesehen. Auch sie ermöglicht eine große Bewegungsfreiheit. Die am meisten verwendeten Schleppleinen haben eine Länge von fünf bis fünfzehn Metern. Schwierig ist allerdings das ständige Aufwickeln der Leine. Auch verheddert sich die Schleppleine gerne im Gebüsch oder an Felsen.

Welche Leine man verwendet ist somit individuell, genauso individuell sind die unterschiedlichen Materialien, die hier angeboten werden.

Brustgeschirre

Durch das Tragen eines gut sitzenden Brustgeschirrs wird der Druckpunkt beim Ziehen des Hundes auf den Brustkorb verlagert. Das belastet Kehlkopf, Halsmuskulatur und Halswirbelsäule im Vergleich zu einem Halsband deutlich weniger. Die Gefahr von Schmerzen oder gesundheitlichen Folgen (z. B. Erhöhung des Augeninnendrucks) ist stark verringert.

Es gibt verschiedene Arten von Brustgeschirren. Am meisten verbreitet ist das *Norwegergeschirr*. Es besteht aus einem waagrechten Gurt vor der Brust sowie einem Gurt um den Brustkorb. Es ist einfach und schnell anzuziehen. Es passt jedoch nicht jedem Hund, verrutscht eher und der Hund kann leichter herausschlüpfen. Das *Sattelgeschirr* ähnelt dem Norwegergeschirr, hat aber zusätzlich eine breite Rückenplatte. Diese Geschirre sind manchmal starr und schwer.

Grundsätzlich haben wir aber sehr gute Erfahrungen mit dem Brustgeschirr gemacht.

Canicrossleine, -gürtel und -geschirr

Meine Favoriten für Wanderungen sind die Canicrossleinen, Canicrossgürtel und Canicrossgeschirre. Canicross bedeutet Laufen mit Hund im Gelände. Bei diesem Sport werden Rückzugsleinen verwendet. Sie haben einen starken Rückzugsdämpfer, die Stöße abfangen. Das schont Mensch und Hund. Außerdem hat der Hundeführer die Hände frei, kann sich auf das Gelände konzentrieren oder auch Fotos machen. So eine Leine ist ca. 2 m bis 2,8 m lang. Diese Länge gibt genügend Bewegungsfreiheit im steilen Gelände und erlaubt den Einsatz der Hände zum Abstützen. Andere Leinen wie Führleine oder Retrieverleine können hier nicht mithalten, weil sie zu kurz sind oder die Schleppleine und Roll- oder »Flexi« Leine die Hände nicht freigeben.

Für eine Canicrossleine benötigt man aber auch ein entsprechendes Geschirr für Mensch und Hund. Welche Canicross Zuggeschirre zum jeweiligen Hund passen, hängt vor allem von seiner Größe und seinem Körperbau ab. Diese Geschirre üben keinen Druck auf die Atemwege aus, sie sind ergonomisch konstruiert, und der Zug wird von der Brust über die Seiten nach hinten geleitet. Manche Modelle sind außerdem verstellbar und lassen sich optimal anpassen. Mit ihnen wird der Hund in seiner Bewegung nicht behindert. Am besten lässt man das Geschirr von einem Profi anpassen.

Fachberatungen gibt es bei:

- **Respect'u Canis & Antirias Siberians** – die etwas andere Hundeschule https://www.respectu-canis.com/home/ DI Kristina Schöller, Hofamt 31 , A-8122 Waldstein,
- **Dogpoint**, www.dogpoint.at, E-Mail: office@dogpoint.at, Inh. Lisa Klaushofer Schlag 11 A-4280 Königswiesen Tel. +43 7955 23281 (Büro) +43 660 4797832 (mobil),
- **HausHund**, www.haushund.at E-Mail office@haushund.at, Hauptstraße 11 A-2491 Neufeld/Leitha Austria, Tel. +43 2624 54677.

Bei einem Canicrossgürtel handelt es sich nicht einfach um einen Bauchgurt, sondern um ein ausgeklügeltes System, das sich leicht bedienen lässt, wenig wiegt und den Zug auf den Körper optimal verteilt. Ich habe die Erfahrung gemacht, dass ein »normaler« Bauchgurt bei Zug auf den Rücken drückt. Bei einem Canicrossgürtel, den man fast wie eine Hose anzieht, verteilt sich der Zug auf die gesamte Körpermitte. Es ist dabei auch wichtig, dass der Gürtel einen nicht belastet oder einschnürt. Damit der Verschluss bei Gefahr schnell geöffnet werden kann, gibt es den Panic Snap. Damit kann man sich in Sekundenbruchteilen von der Zugleine lösen und bei einem Stolpern einen Sturz vermeiden. Die Zugleine wird in den Ring des Panic Snap eingehakt und rutscht bei Betätigung des Auslösers leicht heraus.

Den größten Teil der Wanderungen für dieses Buch bin ich mit einer Canicrossausrüstung gegangen.

Hundefutter

Die Ration Hundefutter bemisst sich danach, wie weit man geht und wie lange man unterwegs ist. Danach entscheidet man, wieviel Hundefutter mitzunehmen ist. Auch bei einer noch so kleinen Runde ist natürlich auch ein Snack für unsere Hunde dabei. Bei längeren Wanderungen verwendet man am besten Trockenfutter – auch des Gewichts und der Haltbarkeit wegen. Auch ist es nicht so hitzeempfindlich und verschmutzt die Fressnäpfe weniger als Nassfutter. Ich habe auch immer einige Kauartikel (Schweins- oder Hasenohren) dabei.

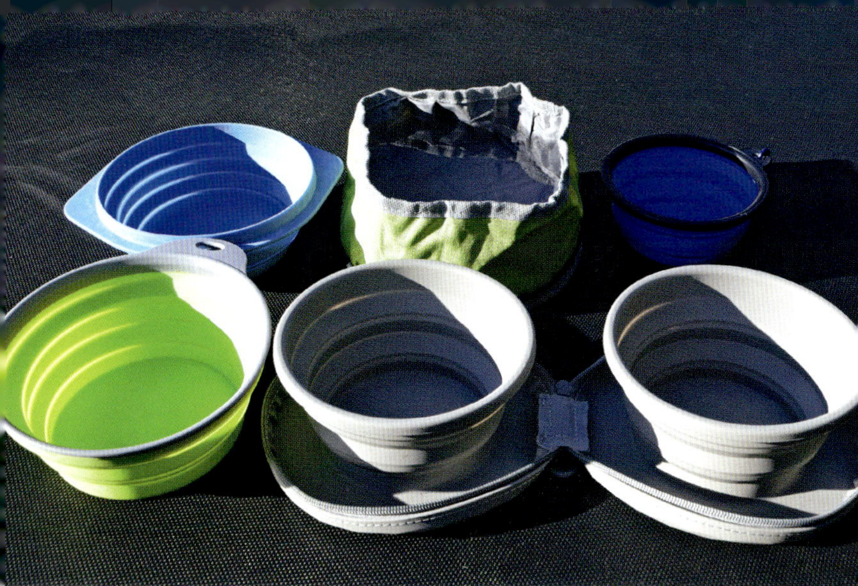

Eine Auswahl an faltbaren Hundeschüsseln.

Hundeschüssel, Napf
Zur Ernährung gehört auch eine Hundeschüssel, sei es für das Wasser oder für das Futter. Ich habe gute Erfahrungen mit faltbaren Silikon-Hundenäpfen gemacht. Sie sind leicht, einfach zu reinigen und lassen sich am Rucksack mit einem Karabiner gut und schnell verstauen. Eine weitere Option sind Hundeschüsseln aus Nylon. Sie lassen sich mit einem Reißverschluss öffnen, sind schnell aufgestellt und anschließend schnell wieder zusammengepackt. Für welche Art man sich entscheidet, muss man letztendlich selbst entscheiden.

Erste-Hilfe-Set für Hunde
Bei jeder Wanderung hofft man, dass man es nie braucht. Das »Erste-Hilfe-Set« für Hunde sollte aber auf alle Fälle immer dabei sein. Es besteht in der Regel aus

- 6 mit Alkohol getränkte Kompressen,
- 2 Packungen mit je 2 Kompressen aus Verbandmull,
- 2 elastischen Mullbinden,
- einer Schere,
- einer Metallpinzette,
- einer Zeckenzange (Zeckenlöffel),
- einem Paar Einmal-Handschuhe (Vinyl) und
- einer Rettungsdecke.

Zusätzlich habe ich mein Set ergänzt mit:

- Booties (Hundeschuhen),
- Krallenschere,
- Desinfektionsmittel,
- Bergetuch.

Was soll auf einer Wanderung schon passieren? Leider ist da so einiges denkbar. Das reicht von einer Verstauchung, über Pfotenverletzungen, Hitzeschlag, Sonnenstich, Schlangenbiss bis zu blutenden Verletzungen. Um eine gezielte Behandlung durchzuführen, empfiehlt es sich einen »Erste-Hilfe-Kurs« für Tiere zu besuchen. Hier lernt man direkt am Hund, wie man sich in den jeweiligen Situationen verhält, aber auch wie man eine Maulschlinge anbringt, einen Pfotenverband anlegt oder wo man beim Hund den Puls misst.

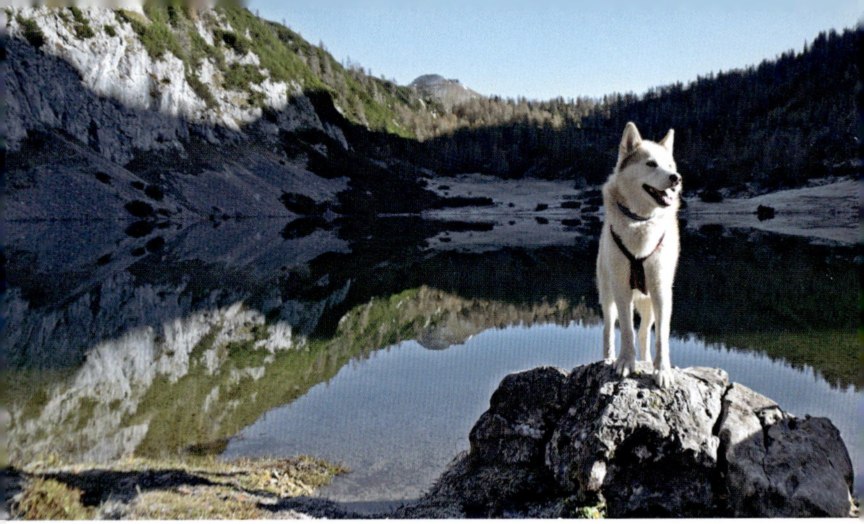

Wanderungen zu einem See sind immer etwas Besonderes, hier der Schwarzsee.

Mit dem Hund unterwegs

Wer sich auf »Wandern mit Hund« einlässt, kommt an folgenden Punkten, den sechs »W«, nicht vorbei!

- Wasser
- Wetter
- Wegbeschaffenheit
- Wegzeitberechnung
- Weidevieh
- Wild

Auf den folgenden Seiten finden Sie die grundsätzlichen Ausführungen dazu. Bei den einzelnen Touren sind die jeweils relevanten Informationen in der Kurzinfo angegeben.
Diesen sechs »W« sollte man sich bei jeder Wanderung mit Hund stellen. Denn nur eine gut vorbereitete Tour kann man entspannt genießen.

Bei Wanderungen nie die Pausen vergessen!

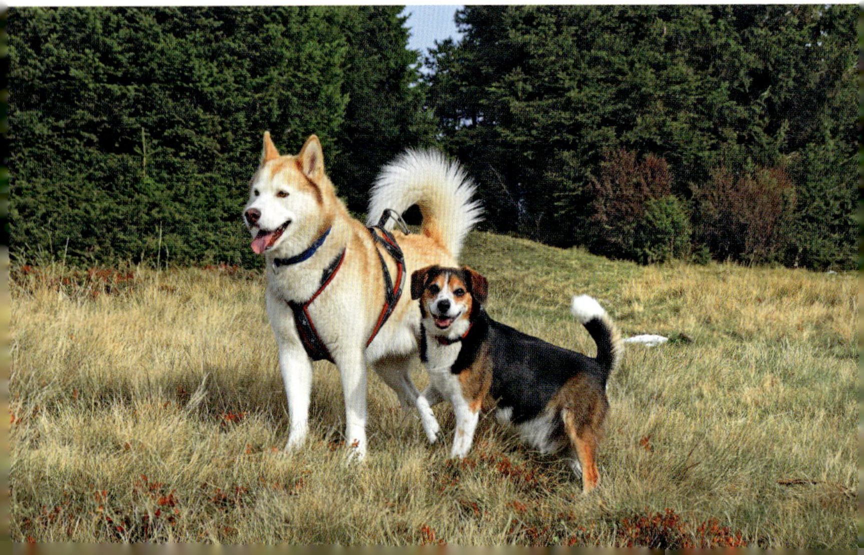

Wassertrinken beim Winterleitensee: auf jeder Tour im Auge behalten!

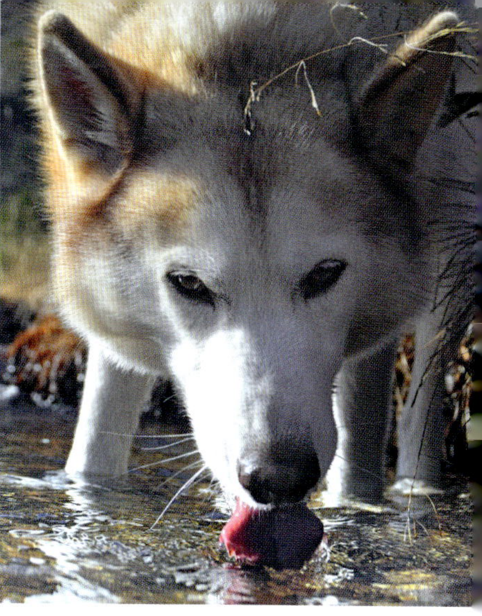

Wasser – wieviel mitnehmen?

Ausreichend Flüssigkeit zu sich zu nehmen ist nicht nur für uns Menschen existenziell, auch unsere Hunde benötigen genügend zu trinken. Sehr viele Hundebesitzer unterschätzen den Wasserbedarf ihrer Hunde. Dieser ist von verschiedenen Faktoren abhängig. Dazu zählen:

- das Körpergewicht,
- die Größe,
- die Bewegung und, wichtig,
- die Außentemperatur und Luftfeuchtigkeit.

All diese Faktoren beeinflussen die empfohlene Trinkmenge beim Hund. Natürlich haben aber auch gesundheitliche Aspekte des jeweiligen Vierbeiners einen Einfluss auf seinen Wasserbedarf.

Wasser ist lebensnotwendig

Wenn wir mit unseren Hunden in den Bergen unterwegs sind, ist neben der Routenplanung auch die Planung der mitzuführenden Wassermenge unbedingt erforderlich. Für einen funktionierenden Zellstoffwechsel und zur Regulierung der Körpertemperatur benötigt der Körper des Hundes Wasser. Bei fehlendem Wasserangebot bedienen sich die Fellnasen gerne an kleinen Tümpeln oder Regenpfützen. Darin besteht aber ein gewisses Risiko, denn solche Wasseransammlungen sind oft verunreinigt und beherbergen zahlreiche Krankheitserreger. Daher sollte man die Wasseraufnahme aus Tümpeln oder Regenpfützen unterbinden!

Wieviel Wasser braucht ein Hund?

Abhängig von Körpergewicht, Bewegung, Temperatur, Art der Fütterung oder Krankheiten benötigt ein Hund rund 60 ml Wasser pro Kilogramm. Das bedeutet, dass ein Hund mit einem Körpergewicht von 10 kg rund 600 ml Wasser pro Tag zu sich nehmen sollte.

Speziell bei gesundheitlichen Problemen ist es auf alle Fälle empfehlenswert, sich mit seinem Tierarzt zu beraten.

Hunde nehmen nicht nur durch das Trinken Wasser auf, sondern auch über das Futter. So enthält Nassfutter bis zu ca. 80 Prozent, Trockenfutter hingegen lediglich ca. 10 Prozent Wasser. Wenn ein Hund also Nassfutter frisst, wird er in der Regel weniger trinken.

Folgende Faustregel kann man anwenden: Hunde, die mit Nassfutter gefüttert werden, benötigen pro kg Körpergewicht ca. 30 – 50 ml Wasser und Hunde, die mit Trockenfutter gefüttert werden, ca. 60 – 90 ml pro kg Körpergewicht.

Die angeführten Angaben sind allgemeine Anhaltspunkte, denn unsere Hunde sind individuell. Wichtig ist es daher, ausreichend sauberes Wasser bei jeder Wanderung mitzuführen!

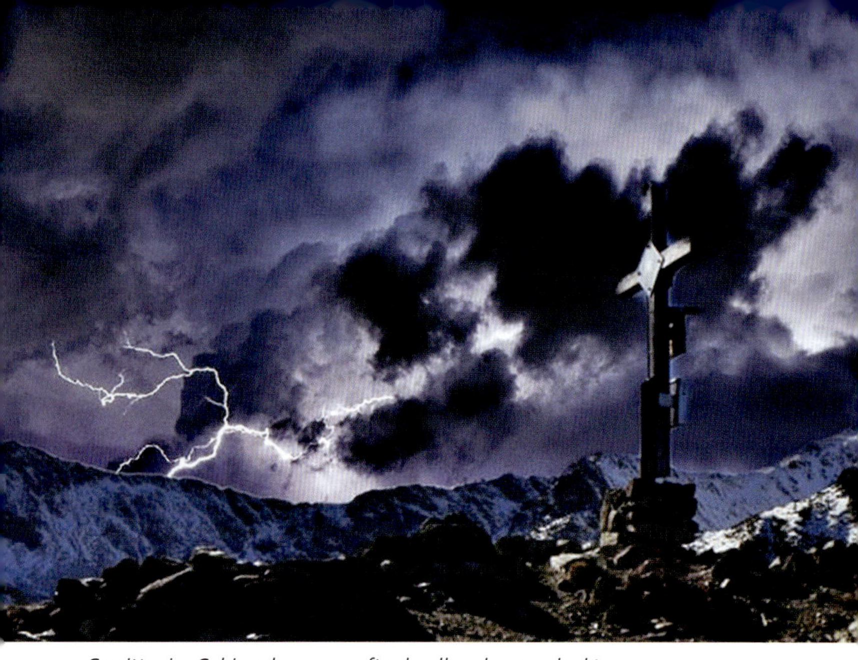

Gewitter im Gebirge kommen oft schneller als man denkt.

Wetter – eigene Regeln im Gebirge

Gewitter in den Bergen können ganz schnell gefährlich werden, denn dort fallen sie meist heftiger aus als im Flachland. Es ist daher ratsam, die Anzeichen der Natur zu lesen, um erst gar nicht in ein Gewitter zu kommen. Bei Wandertouren bzw. Bergtouren ist eine gute Tourenvorbereitung notwendig und eine Information über das Wetter gehört selbstverständlich dazu.

Wer die Natur beobachtet, findet viele Indizien und Anzeichen für Wetterumschwünge. Dies können Wolken, Kondensstreifen am Himmel oder Aktivitäten von Tieren und Pflanzen sein.

Einschätzung anhand der Wolken

Wir leben in einer Zeit von leistungsfähigen Wettervorhersagen und Wetter Apps – und diese erleichtern uns die Tourenplanung. Doch regional kann das Wetter trotzdem anders sein. Daher ist es umso wichtiger, den Blick für »Wetterboten« zu schärfen und in den Himmel zu schauen. Es lohnt sich immer, auf der Wanderung die Wolken zu beobachten. Hinweise auf das kommende Wetter geben vor allem Cumulus-, Cirrus-, und Stratuswolken.

Cumuluswolken sind wohl die bekannteste Wolkenart. Sie sehen aus wie Schäfchen am Himmel und werden daher Schäfchenwolken oder auch Haufenwolken genannt. Ein weiteres Kennzeichen dieser Wolkenart ist die flache Unterseite. Cumuluswolken sind ein Anzeichen für Aufwinde und daher bei Segelfliegern und Paragleitern sehr beliebt. In der Regel bilden sie sich am Vormittag und lösen sich wieder auf. Sie stehen daher für ein stabiles Hochdruckwetter und einen sonnigen Tag ohne Wetterumschwung.

Vorsicht ist jedoch geboten, wenn sich die Cumuluswolken verbinden und sich schnell nach oben ausdehnen, dann entstehen aus den Cumuluswolken die *Cumulonimbuswolken*. Sie sehen dann aus wie riesige Türme oder, wenn sie sich ober verbreitern, wie ein Amboss, die Umrisse verlieren an Schärfe und erstrecken sich über eine große Höhe. Sie sind die Vorboten für ein nahendes Gewitter.

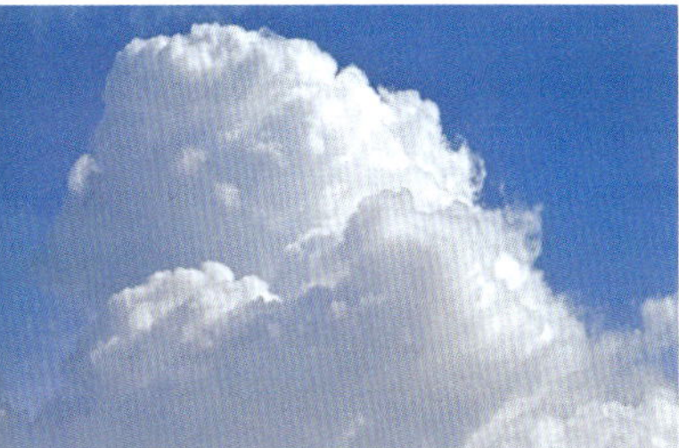

Cumuluswolken.

Cirruswolken, auch Cirren, Federwolken oder Haarlocken genannt entstehen in großen Höhen. Sie haben ein sehr dünnes und faseriges Aussehen und bestehen meist aus sehr feinen Eis- und Schneekristallen. Wenn diese Art von Wolken am Himmel zum Vorschein kommt, bedeutet das meist nichts Gutes. Denn sie kündigen eine Wetterverschlechterung innerhalb der nächsten 24 bis 48 Stunden an.

Cirruswolken.

Stratuswolken werden auch als Schichtwolken bezeichnet und sind eine sehr niedere Wolkenart. Sie bilden oft eine durchgängige graue Wolkenschicht und hängen meist tief und ausgedehnt am Himmel. Ihre Bedeutung für das Wetter ist in den verschiedenen Jahreszeiten unterschiedlich: Im Winter zeigen sie ruhiges Wetter an, es bleibt dann kalt, grau und trist. Im Sommer hingegen enthalten Stratuswolken viel Wasser und kündigen grundsätzlich schlechtes Wetter und Regen an. Auch der Hochnebel, zählt zur Kategorie der Stratuswolken.

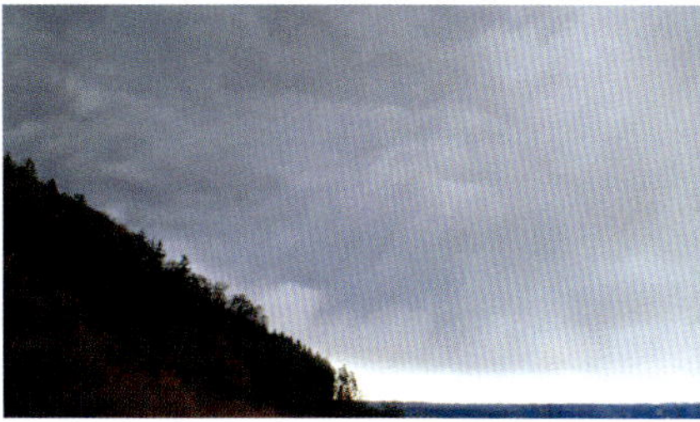

Stratuswolken.

Kondensstreifen als Wetterboten

Anhand der Kondensstreifen von Flugzeugen lässt sich kurzfristig auch das Wetter gut voraussagen. Das hat folgende Gründe: Kondensstreifen visualisieren die vorherrschende Luftfeuchtigkeit und die Luftbewegungen. Lösen sich die Streifen am Himmel rasch auf, ist die Luft in der Höhe trocken. Dies deutet auf eine stabile Schönwetterlage hin, und das trockene Wetter bleibt uns erhalten. Wenn sich die Kondensstreifen aber nur langsam auflösen oder sogar noch verbreitern, dann ist das ein Hinweis darauf, dass die Luftfeuchtigkeit zunimmt und sich das Wetter verschlechtert.

Kondensstreifen.

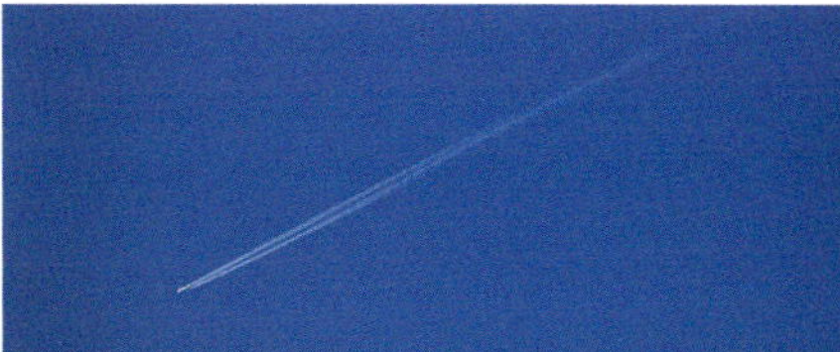

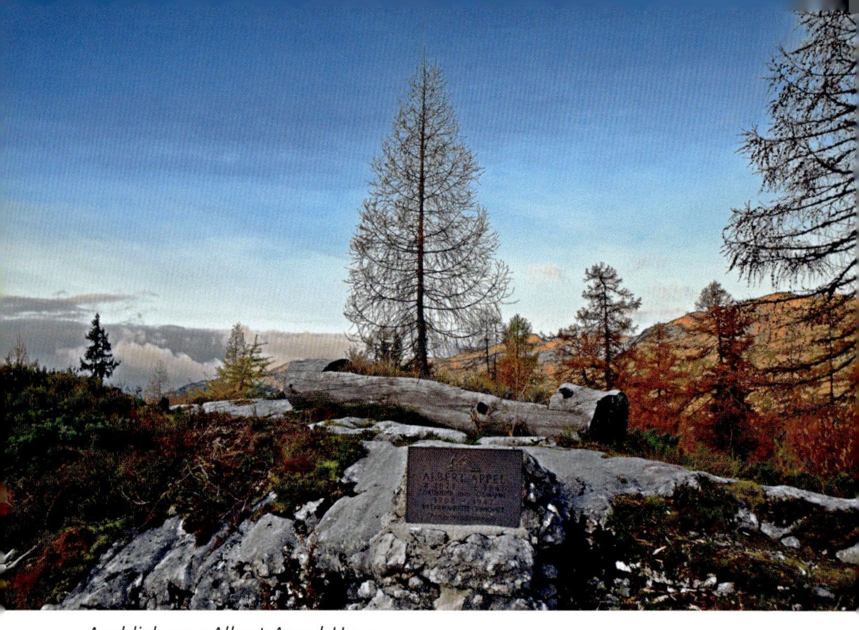

Ausblick vom Albert-Appel-Haus.

Was uns der Luftdruck verrät

Der Luftdruck ist eine wichtige meteorologische Messgröße. Ermittelt wird er mit einem Barometer. In der Regel ist die Vorhersage des Wetters auf Basis der Luftdruckentwicklung sehr zuverlässig. Vereinfacht kann man sagen: Fällt das Barometer, ist schlechtes Wetter zu erwarten – je schneller es fällt, desto heftiger kann der Regen werden. Steigt der Luftdruck hingegen, spricht das für anhaltend schönes Wetter.

Wo gibt es Infos zum Bergwetter?

Neben den Radio- und Fernsehwettervorhersagen oder Recherchen im Internet gibt es auch eine große Anzahl an Wetter Apps. Eine der bekanntesten Wetter Apps ist jene von Bergfex. Diese App ist speziell für den Bergsport konzipiert und bietet Vorhersagen und Bergwetterprognosen für den europäischen Alpenraum. Für Österreich gibt es detaillierte Prognosen zu über 3700 Orten. Die Vorhersage umfasst einen Zeitraum von neun Tagen und bietet neben Temperaturen auch Daten zu Niederschlagsmengen und -wahrscheinlichkeit, Windgeschwindigkeit sowie Sonnenscheindauer. Zudem hat man Zugriff auf verschiedene Webcams im Alpenraum. Neben Bergfex, gibt es aber auch noch andere gute Wetter Apps. Wie zum Beispiel die von Wetter.Team, Wetter Online, meteoblue, morecast oder weatherpro. Das besondere bei den Apps Wetter.Team, Wetter Online und morecast ist, dass sie für ihre Prognosen Radiowellen einsetzen, um Niederschläge und Gewitter noch präziser vorherzusagen. Wetter.Team ist eine App der Zentralanstalt für Meteorologie und Geodynamik (ZAMG) und liefert Prognosen für jeden Ort in Österreich sowie die offiziellen Wetterwarnungen. Mit dieser App kann man auch auf rund 67.000 Wetterkameras sowie auf animierte Satellitenbilder, Niederschlagsprognosen und Blitzkarten zugreifen.

Wegearten – Der Weg ist das Ziel

Wanderungen finden auf unterschiedlichem Terrain statt und dieses Buch soll helfen, zu beurteilen, ob der jeweilige Untergrund und damit die Tour für das Mensch-Hund-Team geeignet ist oder nicht. Denn z. B. ein felsiger Weg ist definitiv nichts für kleine Hunde wie Malteser, Shih Tzu oder Chihuahua.
Bei den beschriebenen Routen habe ich folgende Wegearten unterschieden: Schotterstraße, flacher Fußweg, Waldweg, Wurzelweg, Almwiesenweg, steiniger Weg, alpiner Wanderweg, felsiger alpiner Weg und gesicherter Pfad. Diese Wegearten sind sowohl für uns Wanderer von Bedeutung als auch für unsere Hunde.

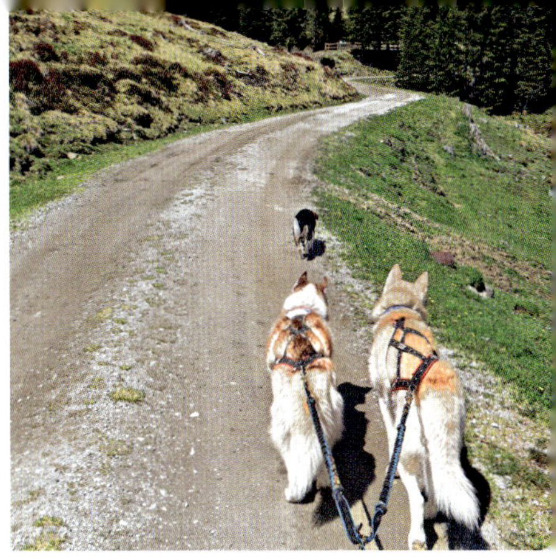

Schotterstraße.

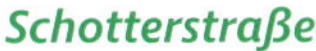

Schotterstraße

Hierbei handelt es sich um eine relativ flache, manchmal leicht ansteigende befestigte Straße. Diese Art von Wegen ist grundsätzlich für alle Hunderassen geeignet. Doch Vorsicht, manchmal werden sie von Autos (Forstarbeiter, Jäger oder Almhüttenbesitzer) benutzt.

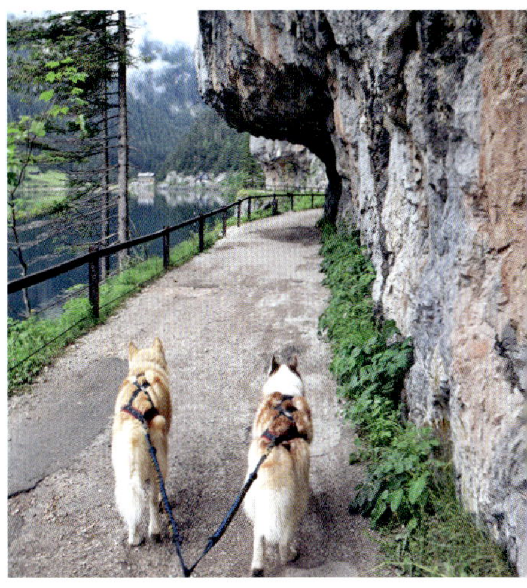

Oben: Flacher Fußweg.

Unten: Waldweg – Naturpfad.

Flacher Fußweg

Der flache Fußweg ist meist ein Weg rund um einen See, weist keine Stolperfallen auf, ist gut befestigt, verläuft auf Schotter oder Wiese. Grundsätzlich für alle Hunderassen geeignet.

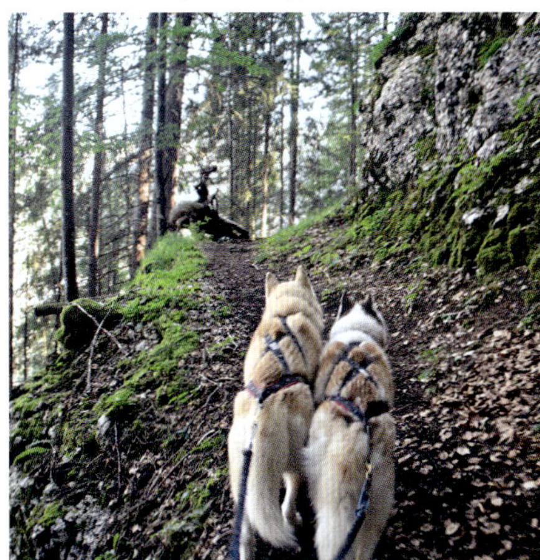

Waldweg – Naturpfad

Der Waldweg kann für einige schon eine Herausforderung werden, denn so mancher Waldweg geht steil nach oben. Grundsätzlich stellt er für Hunde aber kein Problem dar. Meist ist der Untergrund ein Nadelwald- oder ein Laubwaldboden. Hier liegt das Problem eher bei den Hundebesitzern mit wenig Kondition.

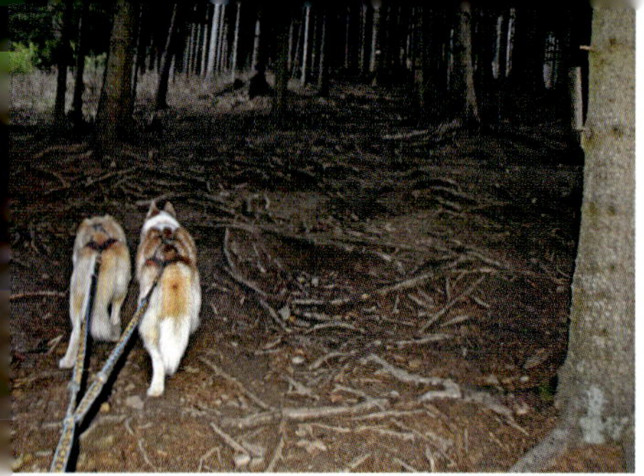

Wurzelweg.

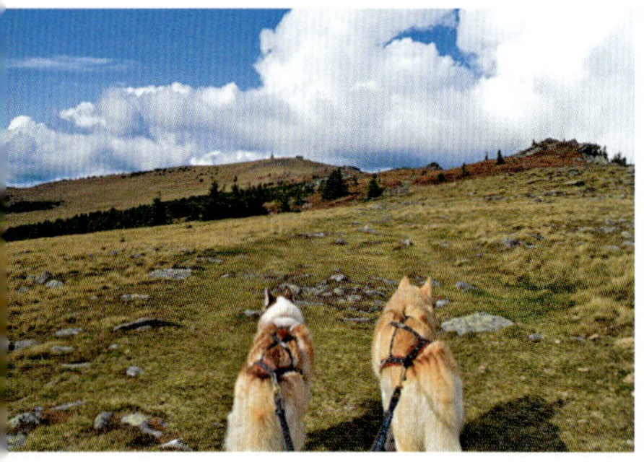

Almwiesenweg.

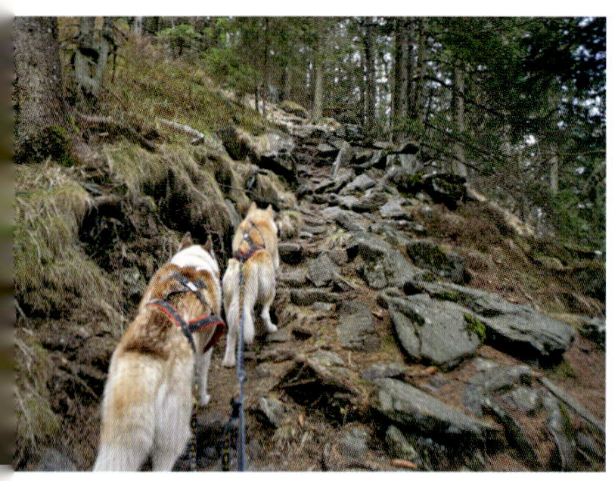

Oben: Steiniger Weg.

Unten: Alpiner Wanderweg.

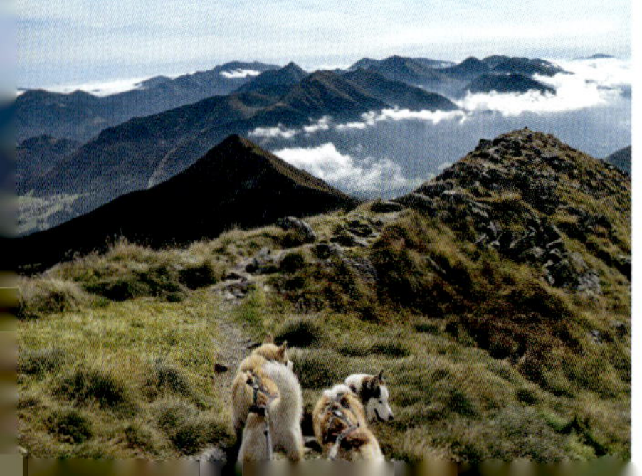

Wurzelweg

Beim Wurzelweg steigt langsam die Herausforderung. Eine Gefahr besteht insbesondere bei Nässe, Müdigkeit oder beim Bergabgehen. Hier heißt es konzentriert einen Schritt bewusst vor den anderen zu setzen, um ein Stolpern oder Umknicken zu vermeiden. Für kleine Hunde kann es anstrengend werden, für mittlere und große Hunde sind Wurzelwege absolut einfach.

Almwiesenweg (wenige Steine)

Die Almwiesenwege sind sowohl für Wanderer als auch für Hunde sehr angenehm zu gehen. Bei solchen Wegen kann es aber durchaus vorkommen, dass zwischendurch Steinfelder zu überqueren sind. Erfahrungsgemäß sind diese Felder aber gut begehbar. Grundsätzlich sind sie für alle Hunderassen geeignet. Doch Vorsicht in der Zeit von Ende Mai bis Mitte September, denn auch Kühe lieben solche weiten Flächen!

Steiniger Weg

Für kleine Hunderassen wird es jetzt immer schwieriger, denn zur Steigerung legen jetzt auch noch die großen Steine in den Weg. Aber so manch »Kleiner« hat mich schon überrascht und fröhlich den Gipfel erklommen. Vorsicht beim Bergabgehen und bei Nässe.

Alpiner Wanderweg

Mit alpinen Wanderwegen sind Wege oberhalb der Baumgrenze gemeint. Sie sind grundsätzlich schön zu gehen, können aber auch mal steiler werden oder über kleine Felsen und Geröllfelder führen. Hunde lässt man sich am besten langsam an solche Wege herantasten. Grundsätzlich bilden sie aber kein Problem für mittlere und große Hunde.

Felsiger alpiner Weg

Hier wird es für Mensch und Hund herausfordernd. Felsige Wegabschnitte, bei denen die Hunde bis zu eineinhalb Meter hoch springen müssen oder ihre Kletterkünste einsetzen müssen. Für kleine Hunde sind diese Wege nicht mehr selbstständig bezwingbar. Mittlere Hunde müssen wir unterstützen und ihnen helfen.

Gesicherter Pfad

Gesicherte Pfade haben seilversicherte Passagen, die noch ohne alpine Ausrüstung überwunden werden können. Hier ist Trittsicherheit sowohl für Mensch, als auch für Tier gefragt. In diesem Buch gibt es nur zwei Routen bei denen eine seilversicherte Stelle zu überwinden ist: die Route »Vom Loser zum Wildensee« und eine ganz kurze Stelle bei der Route zum »Drei-Seen-Blick«.

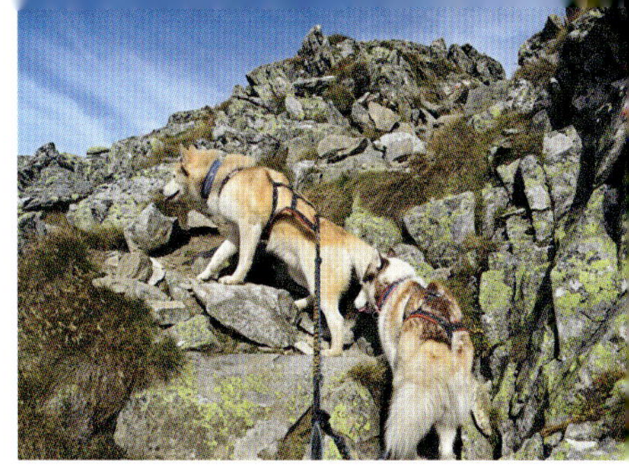

Oben: Felsiger alpiner Weg.

Unten: Gesicherter Pfad.

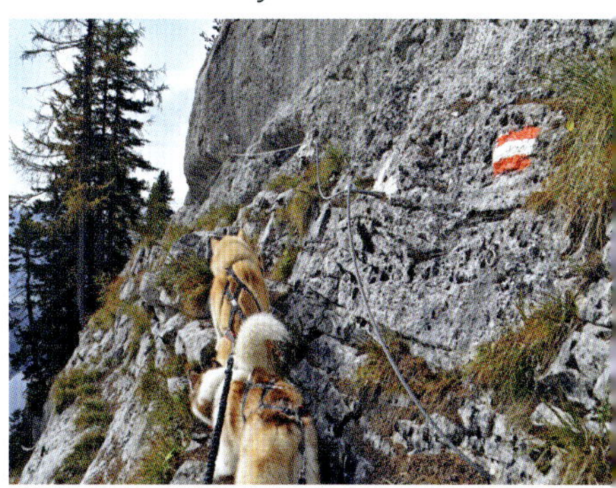

Ein felsiger Weg nach oben.

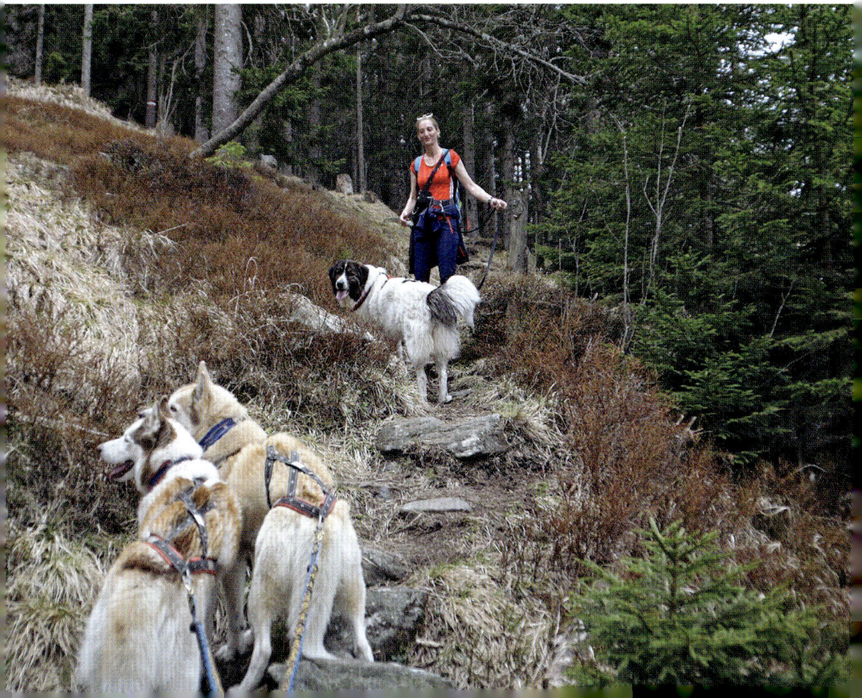

Wanderzeiten – selbst berechnen

Die Angaben der Etappenzeiten entlang der Wanderrouten sind in vielen Fällen sehr hilfreich. Einerseits kann das eigene Tempo und somit die Dauer für die verbleibende Strecke besser eingeschätzt werden und andererseits kann auch besser abgewogen werden, ob eine Strecke noch vor einem Gewitter oder nahender Dunkelheit geschafft werden kann.

Für die Berechnung der Gehzeiten gibt es vom Alpenverein eine Formel. Als Grundlage dient die Strecke, die ein Wanderer in einer Stunde zurücklegt.

- 300 Meter im Aufstieg.
- 500 Meter im Abstieg.
- 4 km Horizontalentfernung

Die Formel lautet: Die tatsächliche Gehzeit einer Strecke ergibt sich, indem von den für Horizontal- und Vertikalentfernung errechneten Zeiten der kleinere Wert halbiert und zum größeren addiert wird.

Ein Beispiel (aus dem Wegehandbuch des Alpenvereins):

Bei 900 m Höhenunterschied sollen 8 km Horizontalentfernung zurückgelegt werden.

Für den Höhenunterschied ermittelt man eine Zeit von 3 Std. (900 : 300), für die horizontale Wegstrecke 2 Std. (8 : 4) – dieser Wert wird halbiert (1 Std.) und zu den 3 Std. addiert, womit eine Gesamtgehzeit von 4 Std. resultiert.

Natürlich sind die so ermittelten Werte immer nur eine Näherung. Wegbeschaffenheit, Wetterbedingungen und persönliche Verfassung führen in der Regel zu Abweichungen – auch die Leistungsfähigkeit der Vierbeiner spielt im Mensch-Hund-Team eine gewichtige Rolle. Als Faustregel ist die Berechnungsformel jedoch nützlich.

Pausen sind in den angegebenen Zeiten nicht eingerechnet.

Die Wegweiser des Österreichischen Alpenvereins mit Zeitangaben.

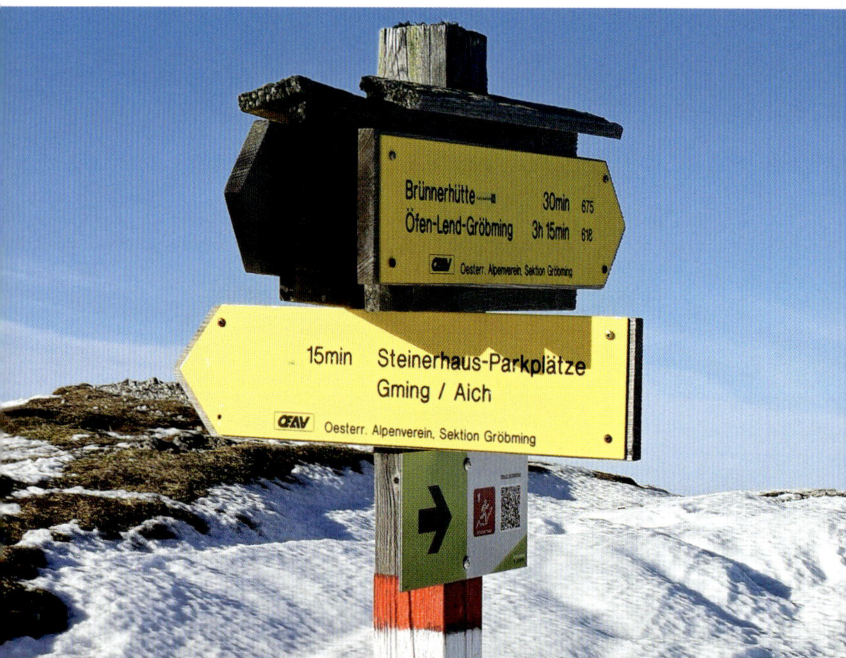

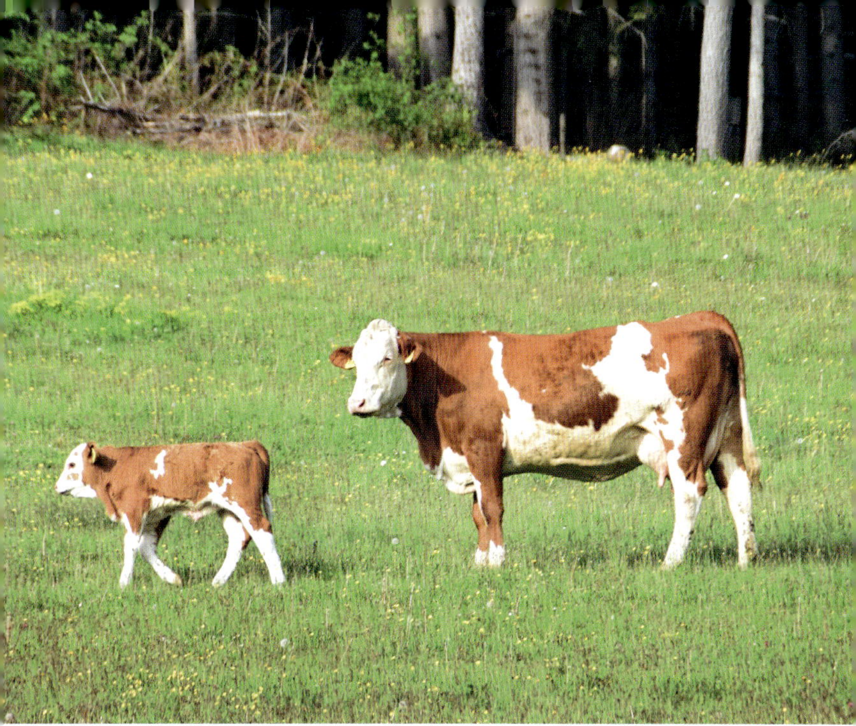

Die Mutterkuhhaltung kann für Hundebesitzer eine Herausforderung sein.

Weidevieh – Rinder auf der Alm

Unsere Almlandschaften und Berge sind nicht nur für uns Wanderer mit Hunden beliebte Ziele. Sie sind auch der Lebensraum für viele Almtiere wie Schafe, Ziegen und auch Kühe. Während bei Schafen und Ziegen eine Gefahr für Mensch und Hund eher gering ist, kann es bei Kühen durchaus zu heiklen Situationen kommen. Um das zu vermeiden, gibt es Tipps zum richtigen Verhalten. Rinder sind von Natur aus grundsätzlich friedfertige Tiere und weichen bei einer Bedrohung eher aus. Anders kann es aber sein, wenn wir uns mit Hunden einer Herde nähern. Der Hund erfüllt nämlich das Schema für einen potenziellen Feind der Herde und insbesondere der Jungtiere. Deshalb reagieren Muttertiere auf Hunde oft mit einem Verteidigungsverhalten.

Bei Weidetieren unterscheidet man grundsätzlich drei Arten von Rinderherden:

Mutterkuhherden

Mutterkuhherden bestehen aus Muttertieren und ihren Kälbern. Die Verteidigung der Kälber durch die Mutterkuh und die Neugierde der Jungtiere steht hier im Vordergrund. Man sollte auf keinen Fall auf die Jungtiere zugehen oder versuchen, sie zu streicheln.

Jungtierherden

Diese halbwüchsigen Tiere sind sehr neugierig und ihr Bewegungsdrang und Übermut stehen im Vordergrund.

Kuhherden

Kuhherden bestehen aus Kühen, die regelmäßig gemolken werden. Diese Tiere sind an Menschen gewöhnt, haben einen engen Kontakt mit der Sennerin oder dem Senner durch das regelmäßige Melken. Diese Herden verhalten sich grundsätzlich am ruhigsten. Vorsicht ist aber notwendig, sobald männliche Tiere die Kuhherde begleiten.

Das Drohverhalten von Rindern

Es ist sehr wichtig, das Verhalten der Tiere einschätzen zu können. Denn zu Beginn bleiben die meisten Rinder stehen und fixieren ihr Ziel. Sie heben und senken den Kopf, gehen etwas in die Knie und schnauben. Die Tiere gehen dann meist ein paar langsame Schritte in Richtung ihres Ziels, bevor sie loslaufen. Daher sollte man den Tieren auch nie den Rücken zukehren!

Das Bundesministerium für Landwirtschaft, Region und Tourismus in Verbindung mit der Landwirtschaftskammer hat allgemeine Verhaltensregeln für den Umgang mit Weidevieh ausgearbeitet.

Diese sind:

- Kontakt zum Weidevieh vermeiden, Tiere nicht füttern, sicheren Abstand halten!
- Ruhig verhalten, Weidevieh nicht erschrecken!
- Mutterkühe beschützen ihre Kälber, Begegnung von Mutterkühen und Kälbern vermeiden!
- Hunde immer unter Kontrolle halten und an der kurzen Leine führen. Ist ein Angriff durch ein Weidetier abzusehen: Sofort ableinen!!!
- Wanderwege auf Almen und Weiden nicht verlassen!
- Wenn Weidevieh den Weg versperrt, mit möglichst großem Abstand umgehen!
- Bei Herannahen von Weidevieh: Ruhig bleiben, nicht den Rücken zukehren, den Tieren ausweichen!
- Schon beim ersten Anzeichen von Unruhe der Tiere Weidefläche verlassen.
- Zäune sind zu beachten!
  Falls es ein Tor gibt, dieses nutzen,

Eine Kuhherde unterhalb des Gipfels am Reinischkogel.

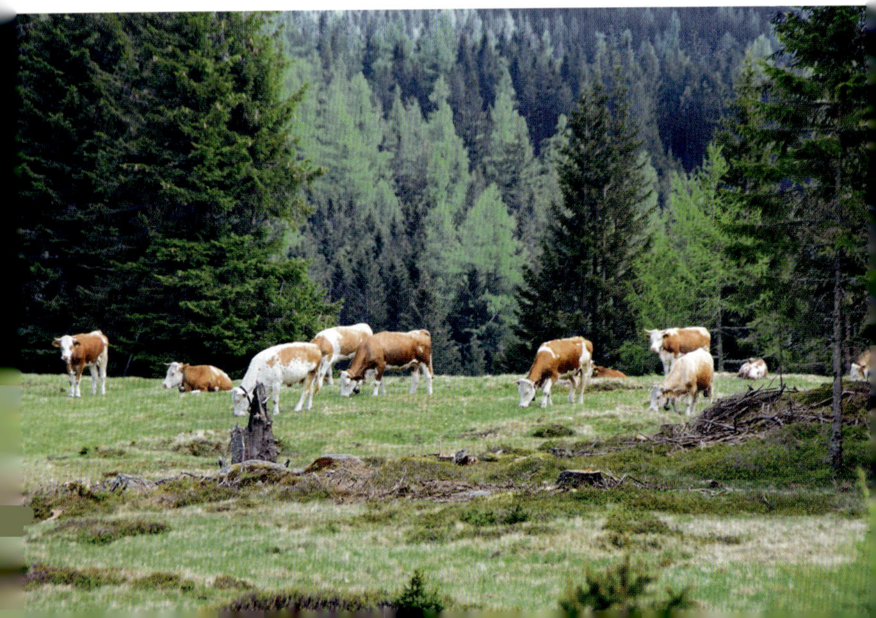

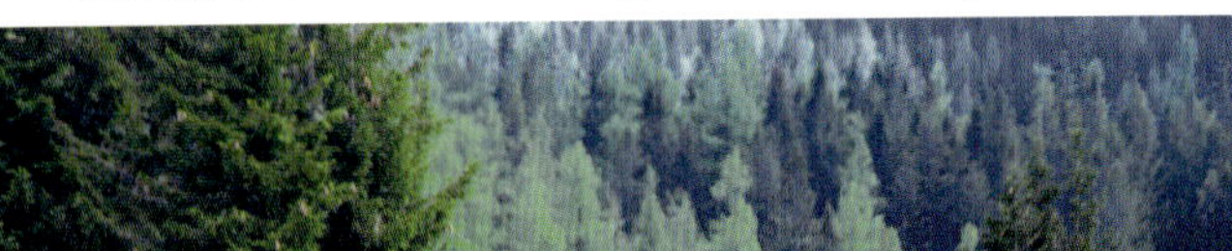

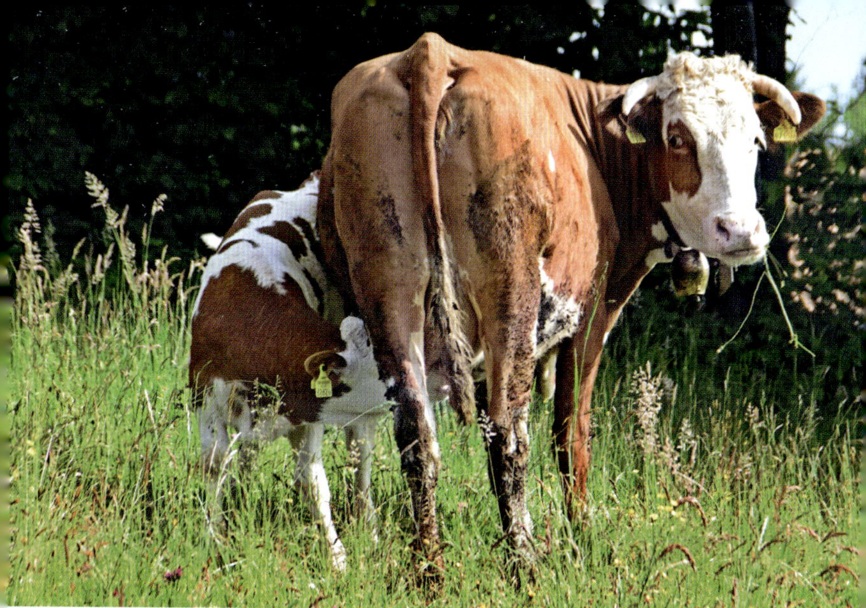

Besondere Vorsicht bei Mutterkühen mit Kälbern!

danach wieder gut schließen und die Weide zügig queren!

- Begegnen Sie den hier arbeitenden Menschen, der Natur und den Tieren mit Respekt!

Beste Wanderzeit – VORSICHT!

Nicht jede vorgestellte Tour ist »kuhfrei«, daher kann es durchaus sinnvoll sein, auf eine Wanderung während des Almbetriebs zu verzichten. Die Natur und die Lage geben den Termin vor, beispielsweise ist der Almauftrieb auch in der »kleinen« Steiermark nicht überall zur gleichen Zeit. Manche Almbauern geben die Tiere auf die Alm, wenn ein Drittel der Alm grün, ein Drittel braun und ein Drittel weiß ist. Es gibt aber auch Gründe, die Kühe erst später auf die Alm zu bringen. Das kommt dann vor, wenn die Kühe im Herbst zuvor zu lange auf der Alm waren und sich die Grasnarbe noch nicht richtig erholt hat oder nach einem schneereichen Winter. Für uns Hundebesitzer heißt das, wenn wir keinen Kuhkontakt wollen, endet, bzw. pausiert zirka Mitte bis Ende Mai die »kuhfreie« Wandersaison.

Daher bitte Vorsicht, auch wenn der Mai in der Beschreibung schon als empfohlen angegeben wird, kann es durch milde Winter trotzdem vorkommen, dass die Weidetiere schon auf der Alm sind. Bei all den angegebenen Routen waren bis Mitte Mai allerdings noch keine Kühe auf der Alm.

Wann endet die Almzeit?

Auch das ist relativ und abhängig von der Region, den ersten Kälteeinbrüchen bzw. dem Ende des Graswachstums. Grundsätzlich wird eher früher abgetrieben, damit die bereits erzielte Gewichtszunahme der Kühe nicht verloren geht und die Tiere nicht durchgefroren ins Tal kommen. Eine Almbauernregel besagt: »Lieber früher auftreiben als im Herbst zu spät abtreiben«. In den meisten Regionen waren die Kühe Mitte September bereits weg von den Almen

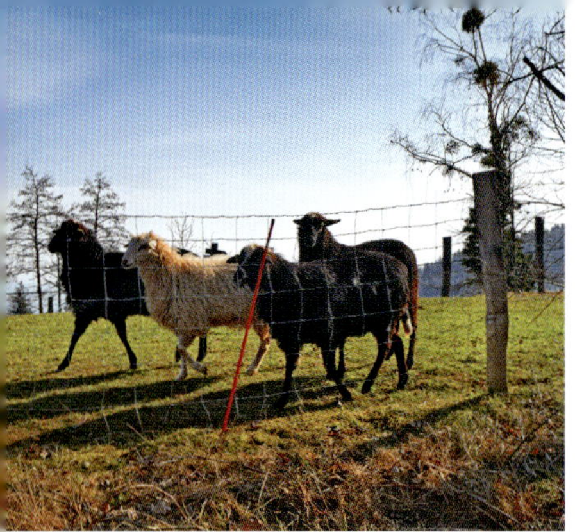

Auch Schafe sind auf den Almen anzutreffen.

und grasten wieder auf den unteren Weideflächen. Für Hundebesitzer, die keinen Kuhkontakt wollen, beginnt jetzt wieder die »Saison« – Wandern mit Hund! Bei milden Herbsttemperaturen kann dann die Saison oft richtig lange dauern.

»Kuhfreie« Wanderungen

- Tour 4 Tressenstein (Kühe eingezäunt)
- Tour 5 Altausseersee Runde
- Tour 9 Wörschachklamm
- Tour 15 Ingeringsee – Geierhaupt
- Tour 16 Hochreichart – Brandstätterkogel
- Tour 18 Hinterlobming (Kühe eingezäunt).
- Tour 27 Raabklammwanderweg
- Tour 28 Raabklamm
- Tour 29 Niederschöckl (Kühe eingezäunt)
- Tour 30 Hohe Rannach (Kühe eingezäunt)
- Tour 31 Gamskogelrunde (Kühe eingezäunt)
- Tour 32 Buchkogel
- Tour 34 Kitzecker Weinwanderweg
- Tour 35 Heiligengeistklamm (Kühe eingezäunt)
- Tour 36 Altenbachklamm (Kühe eingezäunt)
- Tour 37 Deutschlandsberger Klause
- Tour 42 Gleinalm – Speikkogel (vom Parkplatz bis zum Gleinalmschutzhaus)

Warnschilder sollten unbedingt ernst genommen werden.

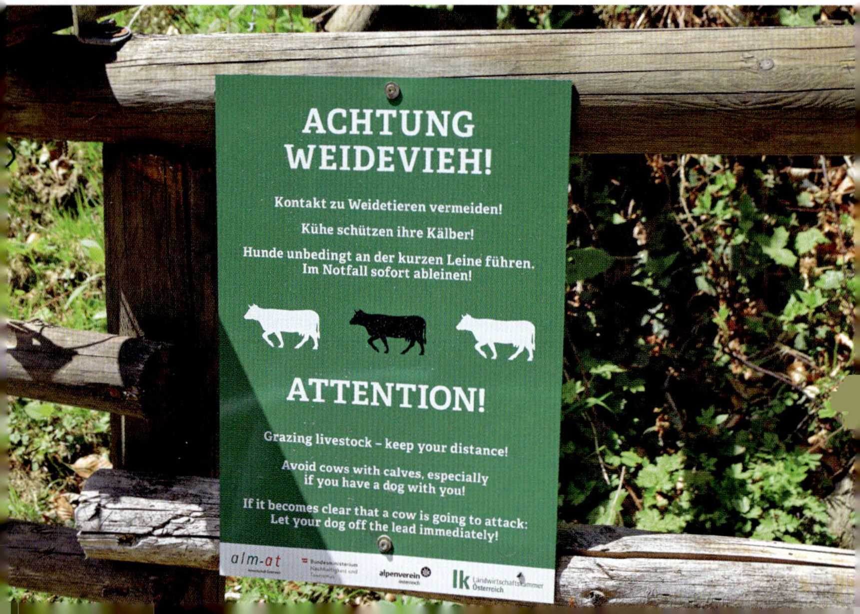

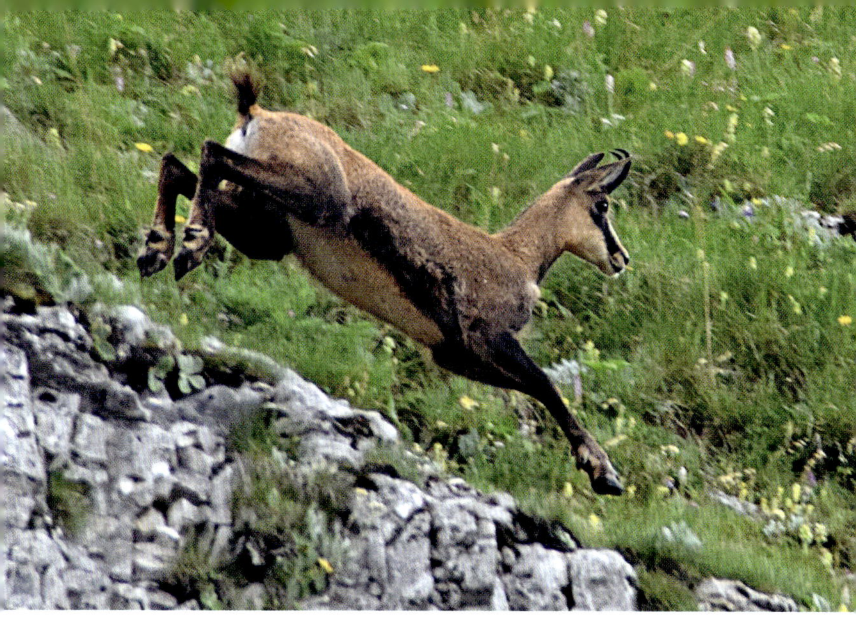

Gämsen treten meist die Flucht an, wenn sie Menschen begegnen.

Wildtiere entlang des Weges

Die Berge sind ein Naturraum, und mit Wildkontakt ist in höheren Lagen immer zu rechnen.

Die Gefahr bei Begegnungen mit Wildtieren geht mehrheitlich vom Mensch-Hund-Team aus, und nicht vom Wild selbst. Pro Jahr werden in der Steiermark über 300 Rehe von Hunden getötet oder durch Bisse schwer verletzt. Diese verenden dann qualvoll.

Wenn Hunde jagen ist dies ein selbstbelohnendes Verhalten. Denn beim Aufspüren und Verfolgen der Beute werden im Hund Hormone ausgeschüttet, die ihn in einen Rausch versetzen. Je häufiger der Hund diesen »Jagdrausch« erlebt, umso mehr wird er die Gelegenheit zum Jagen suchen.

Wildtiere, mit denen Wanderer in Kontakt kommen, sind in den meisten Fällen Niederwild, Rehwild, Rotwild, Gamswild, Steinwild und Birkhahn. Diesen Gruppen begegnet man im Gebirge am häufigsten.

Grundsätzlich treten in den meisten Fällen Rehe, Gämsen, Hirsche und Birkhühner bei Kontakt mit Wanderern mit und ohne Hund die Flucht an. Die Gefahr geht dann von uns (Hund/Mensch) aus, da der Jagdinstinkt des Hundes geweckt werden kann.

Anders verhält es sich aber beim Steinwild. Es kann durchaus passieren, dass wir einer Gruppe von Steinböcken begegnen, die mitten am Wanderweg stehen. Wenn so ein Steinbock dich mit seinem stechenden Blick fixiert und keinen Millimeter von der Seite weicht, ist es nicht mehr witzig. Hier ist es wichtig, den Hund zurückzunehmen, keine Aggressionen zu zeigen. Experten raten, zügig, aber nicht zu hastig den Gefahrenbereich zu verlassen. Warum nicht laufen? Steinböcke werten es dann als Gefahr und könnten dann angreifen. Es wird daher geraten, zurückzugehen, auszuweichen und einen Bogen um die Tiere zu machen. Das stärkste Tier wird alles

Steinböcke bleiben stehen und beobachten unsere Hunde ganz genau.

genau beobachten, und wie dieses Tier entscheidet, so verhält sich auch die Gruppe. Es ist so ähnlich wie bei den Kühen. Daher auf keinem Fall das Tier reizen. Ich bin Steinböcken im Bereich Rote Wand, Hochlantsch und Hochreichart begegnet.

Eine besondere Gefahr, die wiederum vom Mensch-Tier-Team ausgeht, sind Begegnungen mit Rotwild im Winter. Auch im Winter sind schöne Wanderungen mit Hund möglich. Ganz im Trend sind jetzt Schneeschuhwanderungen. Hier ist aber unbedingt darauf zu achten, dem Wild aus dem Weg zu gehen, damit es nicht unnötig die Flucht antreten muss. Aber was ist daran so gefährlich? Das Wild fährt im Winter seinen Stoffwechsel herunter. Jede Flucht und körperliche Belastung schwächt die Tiere und führt möglicherweise dazu, dass das Wild verendet. Daher bei Winterwanderungen besonders rücksichtsvoll und umsichtig sein!

Jagende Hunde stellen für Wildtiere eine große Gefahr dar. Das Jagen ist grundsätzlich ein natürliches Verhalten des Hundes, denn sein wilder Verwandter, der Wolf, musste jagen, um zu überleben. Viele Hundehalter sind davon überzeugt, dass ihre Hunde nicht jagen. Doch schon der Geruch, ein Rascheln im Gebüsch oder eine Bewegung im Dickicht können den Jagdinstinkt im eigenen Vierbeiner wecken. Sobald er das Beutetier sieht, gibt es oft kein Halten mehr. Sofort wird das Beutetier verfolgt, gestellt und unter Umständen verletzt oder sogar getötet. Ein trächtiges Reh hat dann keine Chance. Und wenn der Hund das Reh auch nur hetzt, ohne es zu verletzen, besteht die Gefahr des Verwerfens oder dass das Kitz tot geboren wird. Es gibt in der Steiermark aber auch Fälle, wo Rehe in einen Teich gehetzt wurden und dort ertrunken sind. Es kommt auch vor, dass Rehe in einen Zaun getrieben und schwer verletzt wurden. Mit einer Leine können wir Hundebesitzer dies aber verhindern! Mit einem gezielten »Antijagd-Training« lässt sich das Jagdverhalten umleiten. Dazu muss aber der Hundehalter interessanter sein als das Beutetier. Hund bleibt Hund, und wer auf der sicheren Seite sein will, der verwendet eine Leine oder einen Maulkorb.

Manchmal zu sehen: die seltenen Birkhühner.

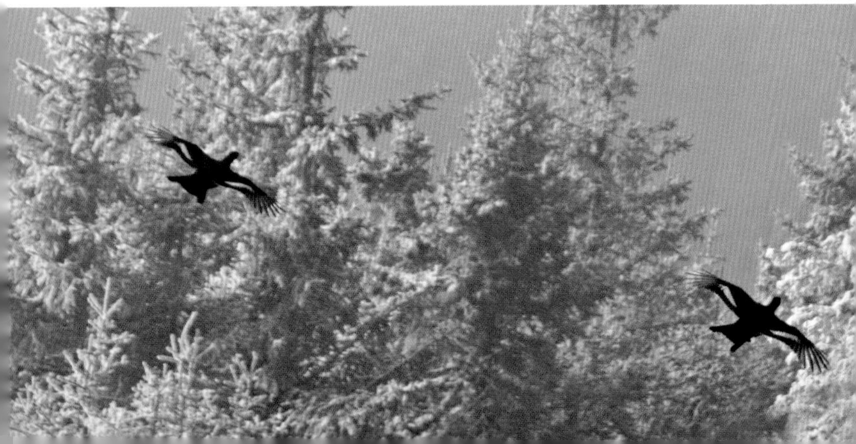

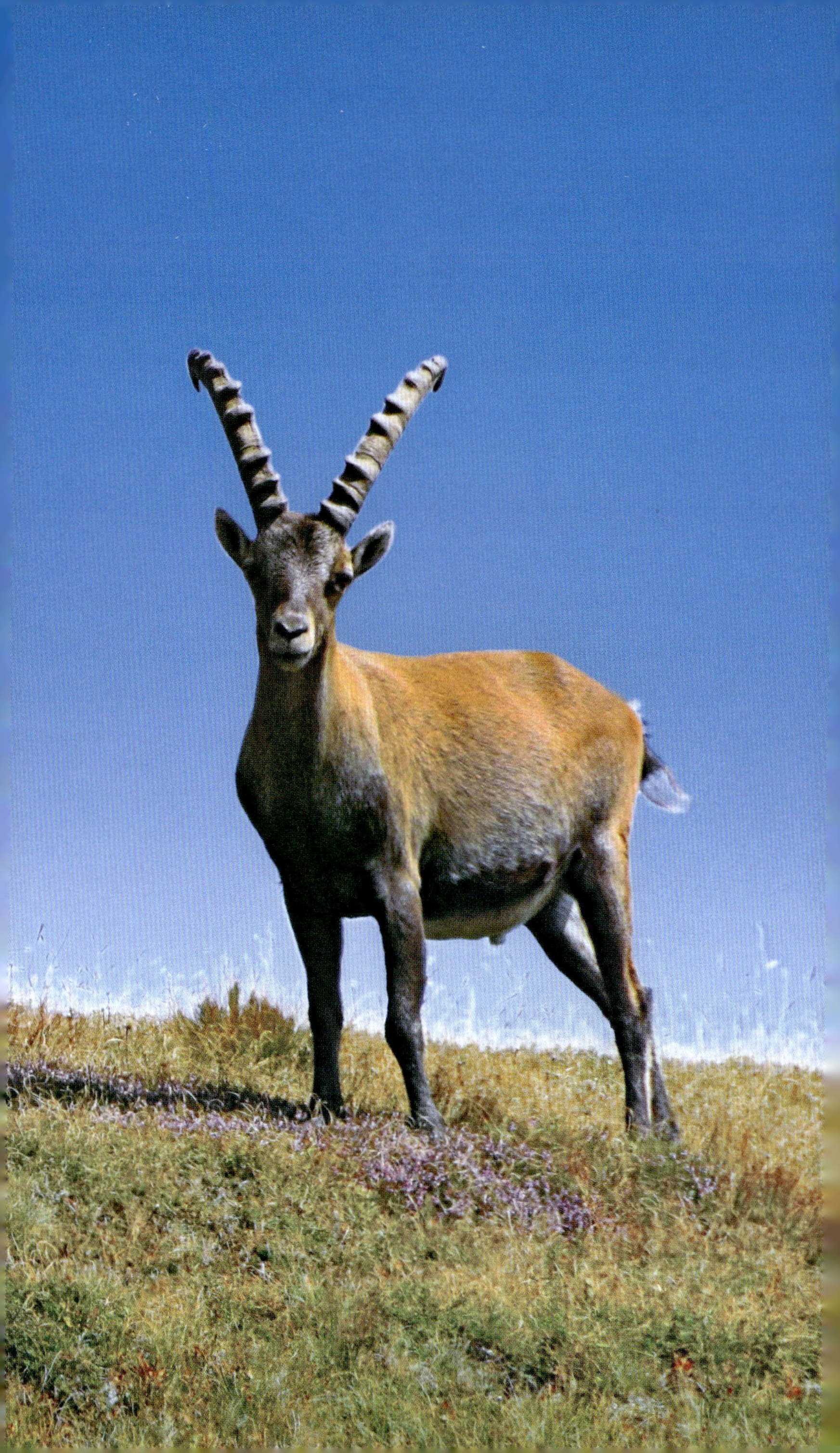

Baden mit Hund

Wenn die Kühe auf den Almen sind und die Hitze immer weiter zunimmt, dann ist Zeit zum Baden. Aber mit Hunden einen geeigneten Badeplatz zu finden, ist oft gar nicht so einfach. Denn nicht nur Zweibeiner freuen sich im Sommer auf eine Abkühlung, sondern auch unzählige »gewöhnliche« Touristen. In der Steiermark gibt es einige Plätze, bei denen man mit oder ohne Fellnasen richtig gut entspannen kann. Es sollte aber eine Selbstverständlichkeit sein, immer auf die anderen Badegäste Rücksicht zu nehmen. Die Steiermark ist ja etwas ganz Besonderes, und sie ist auch sehr abwechslungsreich. Es gibt eine Vielzahl an Bademöglichkeiten. So locken vor allem glasklare Bergseen, auf die man bei Wanderungen trifft, ebenso wie zahlreiche Bäche und Flüsse, in denen sich die Hunde während des Wanderns erfrischen können. Es gibt aber auch Schotterteiche, Naturbadeseen oder Stauseen, die zum Baden mit Hund einladen. Außer dass es Spaß macht, gibt es auch andere gute Gründe, warum Schwimmen mit Hund eine tolle Bereicherung ist. So regt das Schwimmen den Stoffwechsel an, es verbessert die Kondition, stärkt das Herz-Kreislauf-System und erhält die Beweglichkeit bei älteren Hunden. Außerdem stärkt es die Bindung zwischen Mensch und Hund.

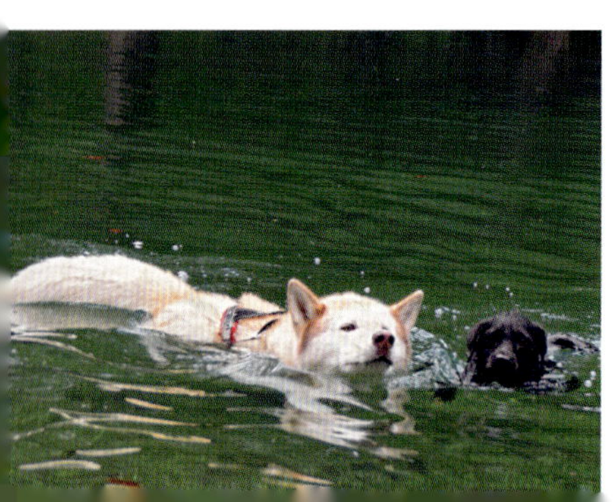

Ausseerland

■ Altausseer See

Einer der schönsten Seen des Salzkammergutes. Hier sind Hunde erlaubt, je weiter man vom Strandcafé Richtung Seewiese geht, umso schöner werden die Plätze.

■ Grundlsee

Am Steirischen Meer sind Hunde grundsätzlich erlaubt. Es gibt aber Bereiche (auf Tafeln in der Nähe von Parkscheinautomaten ersichtlich), wo Hunde nicht erwünscht sind. Dazu gehören das Freizeitzentrum Gößl, Murboden, Freibad auf der Au, Gemeindepark, Badeplatz Schachen-Siedlung, Holzplatz, Gaiswinkl, Dhalke.

■ Ödensee:

Der Ödensee bei Pichl-Kainisch liegt sehr idyllisch und Hunde sind grundsätzlich erlaubt. Die Ausnahme ist das Gebiet bei den Bootshütten und Stegen (Tafel).

■ Salza Stausee

Beim Salza Stausee am Fuß des Grimming in der Nähe von Bad Mitterndorf sind Hunde generell erlaubt.

Obersteiermark

■ Leopoldsteinersee

Am Leopoldsteinersee in Eisenerz ist Baden auch für Hunde ein Erlebnis. Das türkisblau leuchtende Wasser des naturbelassenen Bergsees im Landschaftsschutzgebiet ist einfach schön. Am Strand sind Hunde nicht gerne gesehen, sonst ist aber Baden überall möglich.

■ Erlaufsee:

Der Erlaufsee liegt auf 827 m Höhe, ca. 3 km nordöstlich von Mariazell. Hier finden zwei- und vierbeinige Seebesucher eine tolle Erfrischung.

Schwimmen in klaren Seen macht fast allen Hunden viel Spaß.

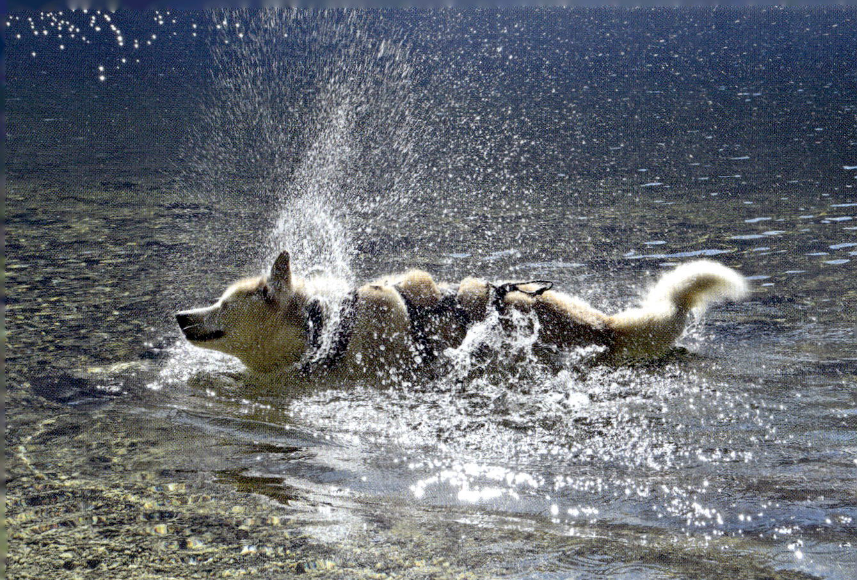

Bei Wanderungen tut eine Abkühlung gut.

Für Hundebesitzer gibt es am Westende des Erholungsgeländes eine rund 1000 m² große Hundezone, in der Hunde ins Wasser dürfen.

■ Badesee Gaishorn

Der Gaishorner See ist ein kleinerer und nicht so tiefer, aber sehr gemütlicher See. Er liegt südlich des Gesäuses zwischen Trieben und Leoben. Östlich des Kiosks sind auch Hunde im Wasser erlaubt.

■ Podoler Teich

Mitten im Wald bei Sankt Blasen (Richtung Grebenzen) versteckt sich der höhergelegene Podoler Teich. Auch hier sind Hunde gestattet.

■ Teichalmsee

Der Teichalmsee liegt auf 1200 m Höhe im Naturpark Almenland. Dieses ist Teil des Grazer Berglandes und befindet sich nur 50 km nördlich der Landes- und Kulturhauptstadt Graz. Der Teichalmsee umfasst eine Fläche von 5 ha. Hunde dürfen hier grundsätzlich in den See.

■ Camping Murinsel

Dieser Campingplatz in der Nähe von Großlobming (nahe Knittelfeld) bietet für heiße Sommertage einen 1,5 ha großen Teich in Trinkwasserqualität, der im Sommer bis zu 25 °C warm wird. »Camping Murinsel« ist ein hundefreundlicher Campingplatz. Am südöstlichen Ende des Teichs befindet sich ein kleiner Hundeschwimmbereich mit Hundedusche. Angrenzend an den Campingplatz gibt es auch schöne Spazierwege.

■ Ingeringsee

Der Ingeringsee ist ein Gebirgssee auf 1221 m Höhe mit einem traumhaften Bergpanorama.

Südsteiermark

■ Röcksee

Am 17 ha großen Röcksee (zwischen Gosdorf und Mureck) sind auf dem Gelände Hunde an der Leine erlaubt. Es gilt aber in beiden Seen Badeverbot für Hunde!

■ Aldrian See – Ankerpunkt

Beim Restaurant Ankerpunkt in Tillmitsch bei Leibnitz sind Hunde und deren Besitzer im Restaurant willkommen. Im Gelände dürfen sie leider nicht ins Wasser und auch nicht auf die Liegewiese! Einige Meter weiter besteht aber ein freier Zugang zum Schotterteich, wo die Hunde ins Wasser dürfen.

■ Sulmsee

Am Sulmsee bei Leibnitz sind Hunde auf dem Gelände erlaubt, Baden im Sulmsee ist für Hunde leider nicht gestattet! Sie haben in der angrenzenden Sulm die Möglichkeit, sich abzukühlen. Die Einstiegsstellen sind gekennzeichnet. Der Sulmsee liegt eingebettet zwischen dem Landesweingut Silberberg und dem Schloss Seggau.

Weststeiermark

■ TSV-Stelzl Freizeitanlage (Stainz)

Auch in Stainz am Gelände der Freizeitanlage des TSV-Stelzl dürfen unsere Fellnasen ins Wasser.

■ Stausee Soboth

Der fjordartige Bergsee liegt auf 1080 m Höhe und hat im Sommer eine Badetemperatur von 18 bis 24 °C. Hunde dürfen nur in jenen Bereichen baden, in denen keine Liegewiesen sind. Entlang des Stausees gibt es schöne Spazierwege. Es ist aber zu beachten, dass die Hunde an der Leine zu führen sind.

■ Hirzmann Stausee

In Edelschrott, beim Hirzmann Stausee gibt es rund um den See einen schönen Wanderweg (Gehzeit ca. 2,5 Std.). Baden für Hunde ist grundsätzlich erlaubt aber nicht beim öffentlichen Badesteg. Sehr schön ist die strohgedeckte Brücke (»Ströhberne Brücke«). Sie ist unter Denkmalschutz gestellt und in jedem Fall sehenswert.

■ Rudolfsee

In Hirschegg sind am 2500 m² großen Rudolfsee Hunde grundsätzlich erlaubt.

Region Graz

■ Ganz im Süden von Graz (Murfeld, Bezirk Liebenau – Eisbachgasse, südlich der Autobahn) gibt es eine 1900 m² große Hundewiese mit einem 970 m² großen Hunde-

Baden mit Hund ist ein Erlebnis.

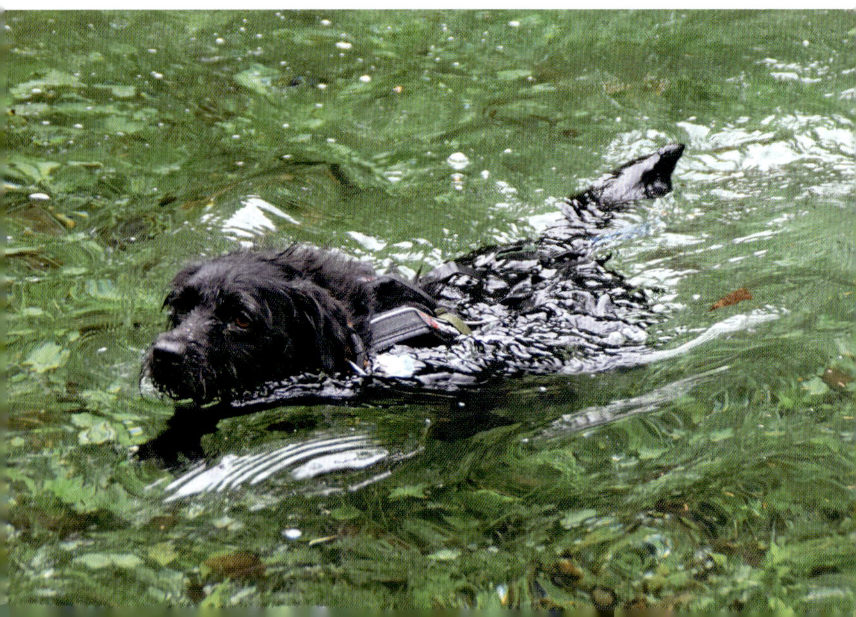

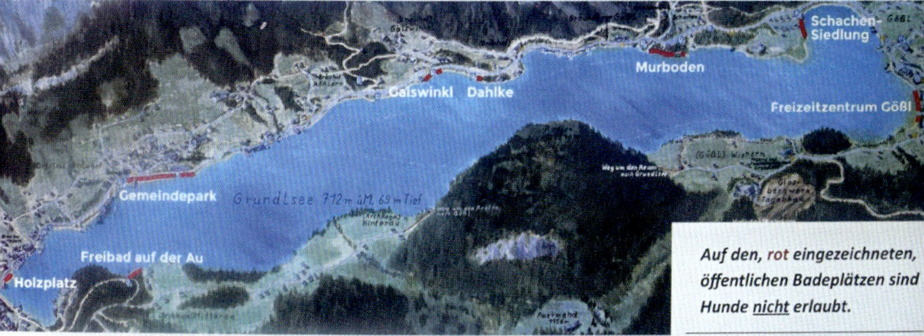

Am Grundlsee gibt es Informationstafeln zum Baden mit Hunden.

badeteich, eine tolle Einrichtung der Stadt Graz.

Hier bietet sich zuerst der Spaziergang zum Kraftwerk Gössendorf an und danach ein Abstecher auf die Hundewiese mit Bademöglichkeit.

■ Hundeschwimmbad Eckhansl

Etwas ganz Besonderes gibt es in St. Oswald bei Eibiswald. Das Hundeschwimmbad Eckhansl bietet ein Schwimmvergnügen der besonderen Art. Ganzjährig ist es hier möglich bei angenehmen 28 °C gemeinsam baden zu gehen. Das Becken hat eine Größe von 10,5 m × 4 m, ist 1,40 m tief und hat eine rutschfeste Rampe für einen leichteren Einstieg. Durch die Auftriebskraft des Wassers werden Gelenke, Wirbelsäule und Bänder entlastet und schonend bewegt. Dadurch können Hunde jeden Alters aktiv schwimmen gehen.

Öffnungszeiten und Preis sind auf der Homepage www.eckhansl.at/hundeschwimmbad/ ersichtlich.

Wo Baden nicht erlaubt ist

In den sozialen Medien liest man immer wieder von Seen oder Gewässern, wo sich die Fellnasen abkühlen können. Mag schon sein, dass die eine oder andere Abkühlung in diversen Gewässern möglich ist, aber ob sie erlaubt ist, ist eine andere Frage. Bei den oben genannten Bademöglichkeiten war das Baden mit Hund zum Zeitpunkt der Recherche jedenfalls erlaubt. Es kann durchaus vorkommen, dass es Beschwerden gibt und dann beim jeweiligen See das Baden mit Hund verboten wird.

Nach Rückfragen ist es sicher nicht erlaubt am

- Packer Stausee
- Trabochersee
- Schwarzlsee
- Copacabana
- Stubenbergsee
- Sommerbergersee
- Puttererersee.

Hundekekse selbstgemacht

Bereits bei meinen ersten Wanderungen mit Hunden haben wir die Tradition des Gipfelwürstels eingeführt. Meist war es ein Frankfurter Würstel mit dem wir den Gipfelsieg »feierten«. Mittlerweile überrasche ich meine Hunde mit selbst gebackenen Hundekeksen. Die unten angegebenen Rezepte haben sich bestens bewährt.

Zur Haltbarkeit von selbst gebackenen Hundekeksen: Grundsätzlich sind die Hundekekse bei normaler Lagerung ca. eine Woche haltbar. Da aber alle Hundekekse nach der Zubereitung immer einen gewissen Anteil an Feuchtigkeit haben, sollten die Hundekekse nie in luftdichten Dosen aufbewahrt werden. Das führt nämlich dazu, dass sie schon nach kurzer Zeit zu schimmeln anfangen. Mit kompletter Trocknung im Dörrautomaten oder im leicht geöffneten, niedrig temperierten Ofen können die Kekse auch länger haltbar gemacht werden.

Thunfischknochen

Zutaten:

- 1 Dose Thunfisch in Olivenöl
- 100 ml Wasser
- 200 g Vollkornmehl

Zubereitung:

Alle Zutaten miteinander vermischen, bis ein gleichmäßiger Teig entsteht. Den fertigen Teig auf einer mit Mehl bestreuten Unterlage mit der Hand flachdrücken oder ausrollen. Danach Kekse ausstechen und auf ein mit Backpapier vorbereitetes Backblech legen. Die Thunfischkekse bei 180 °C je nach Stärke 12 – 15 Minuten backen.

Gute-Laune-Kekse

Zutaten:

- 120 g Dinkelmehl
- 120 g Haferflocken
- 180 g Leberwurst
- 1 Ei
- 2 EL Olivenöl

Zubereitung:

Alle Zutaten miteinander vermischen, bis ein gleichmäßiger Teig

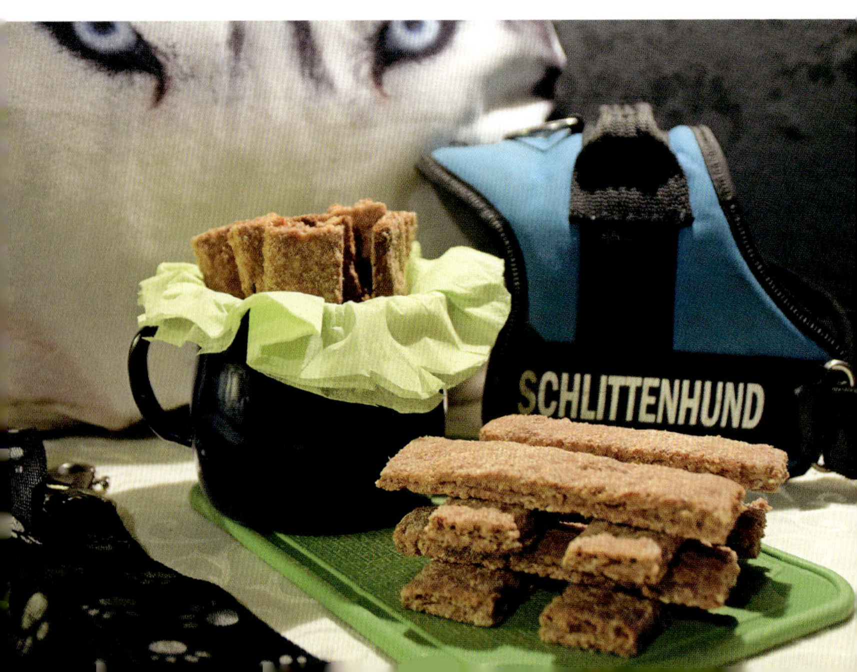

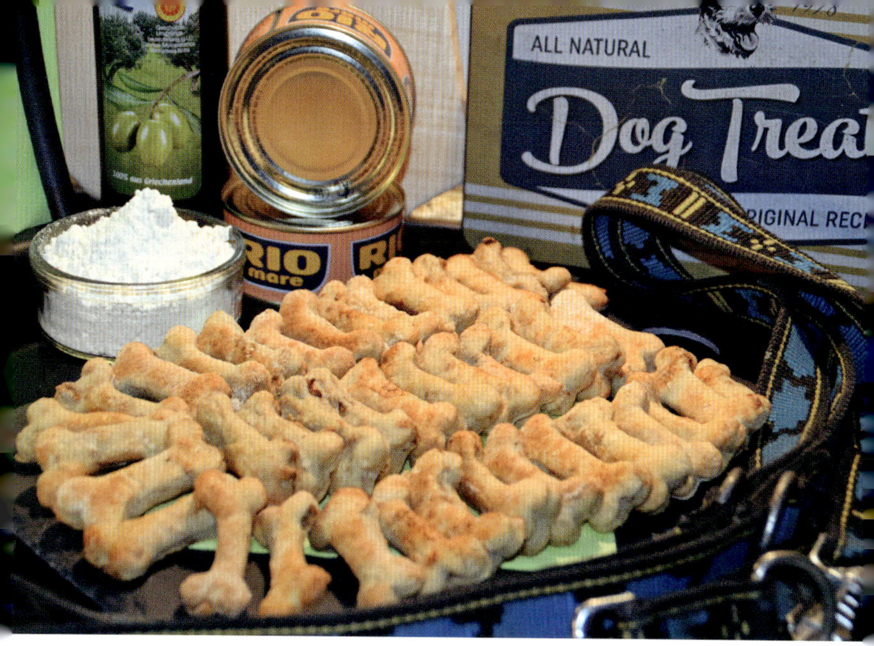

Thunfischknochen.

entsteht. Damit der Teig geschmeidig wird nach Gefühl etwas Wasser bzw. Öl hinzugeben. Am Ende soll eine Masse herauskommen, die nicht zu klebrig ist und sich gut ausrollen lässt. Den fertigen Teig auf einer mit Mehl bestreuten Unterlage mit der Hand flachdrücken und ausrollen. Jetzt kann man nach Belieben mit Förmchen ausstechen, kleine Kugeln rollen (Hundepralinen), oder einfach kleine Quadrate oder Streifen mit einem Pizzaschneider schneiden – das geht am schnellsten.
Im vorgeheizten Backrohr bei 180 °C ca. 20 – 25 Minuten backen.

Powersnack

Zutaten:

- 400 g Mehl (Weizen oder Dinkel)
- 300 g fettreicher Seefisch (oder Lachs), püriert
- 50 g Quark
- Wasser (nach Gefühl – max. 2 – 4 Schnapsgläser, 40 – 80 ml)

Zubereitung:

Alle Zutaten im Mixer mit etwas Wasser zu einer homogenen Masse verarbeiten und aus dem Teig Kekse ausstechen. Anschließend 30 Minuten bei 150 °C im Backofen backen. Die Menge reicht für 30 Stück Pfotenkekse und 30 Stück Knochenkekse.

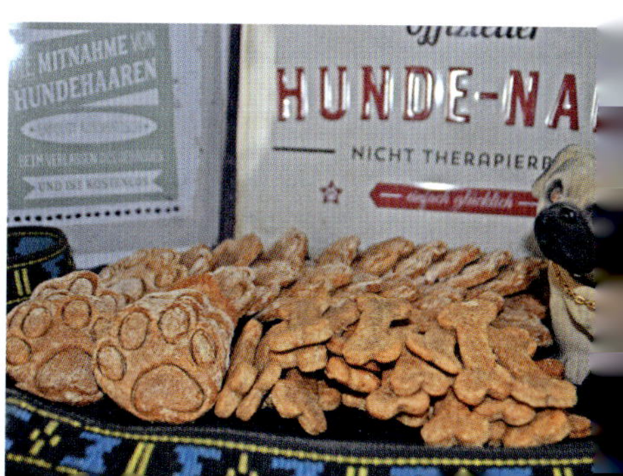

Links: Gute-Laune-Kekse.
Rechts: Powersnack.
Folgende Doppelseite: Die Hochalm und Maria Schnee auf einen Blick.

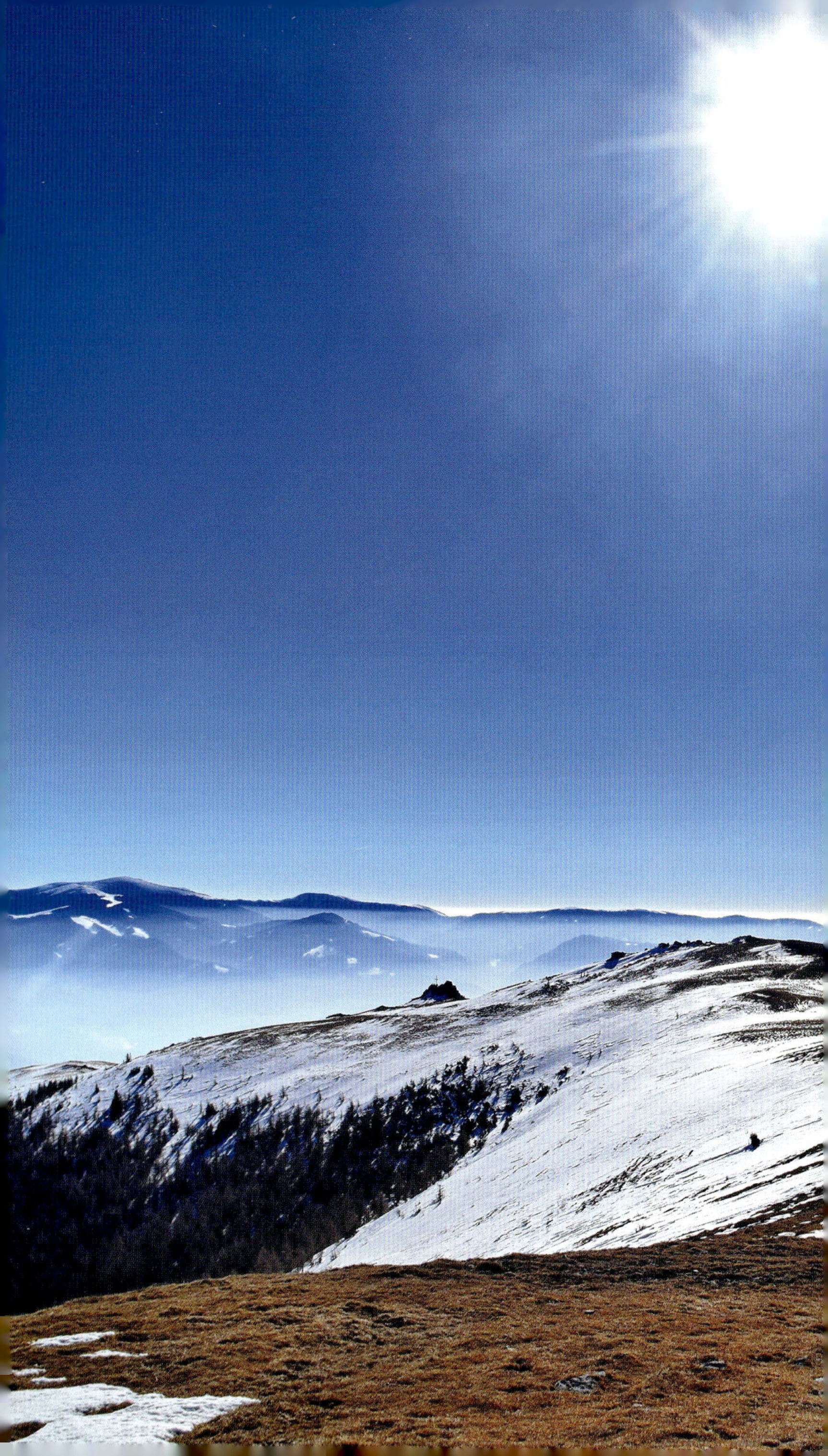

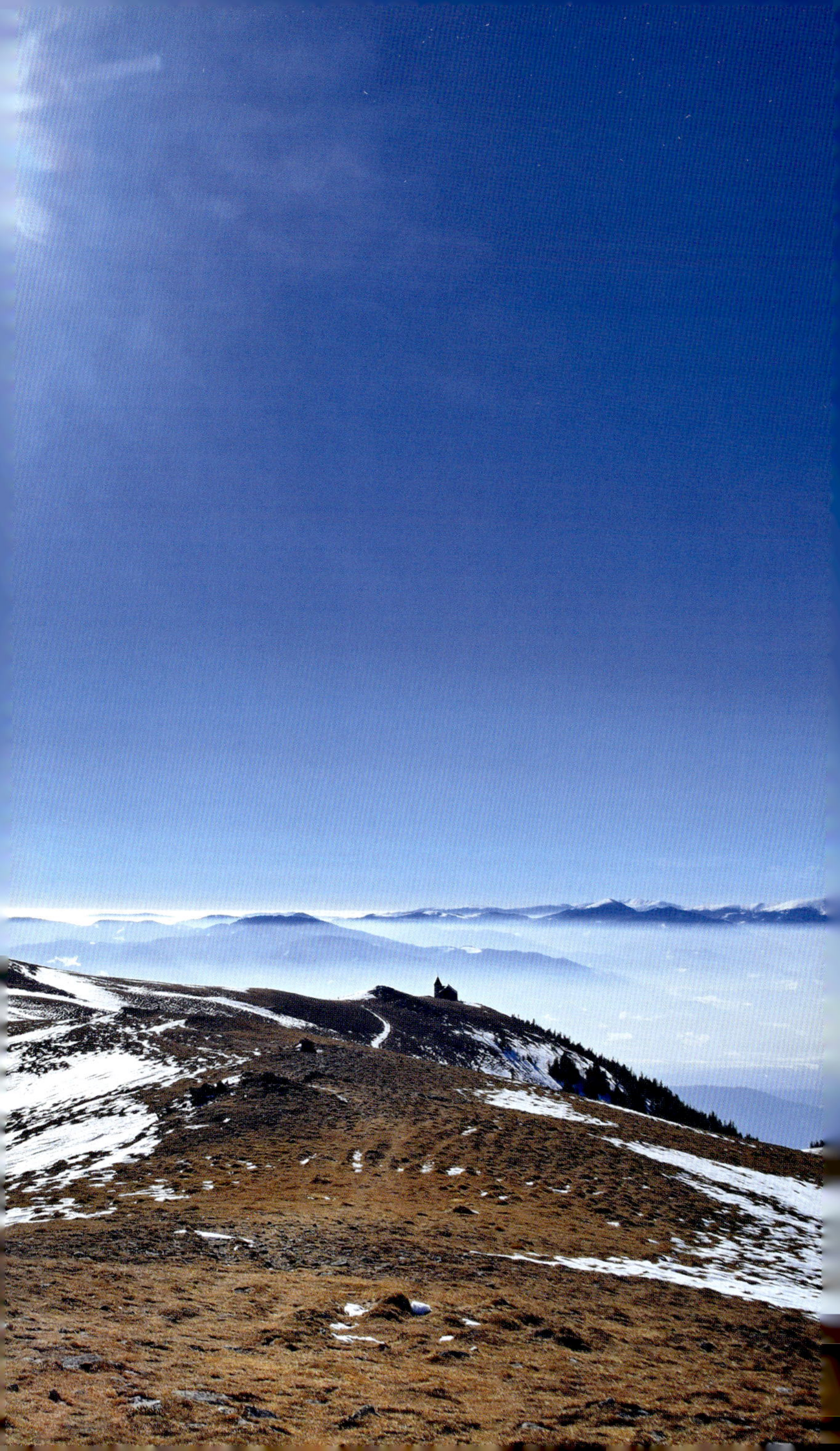

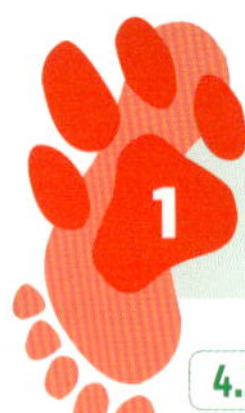

Grundlsee – Drei-Seen-Blick, 1190 m

Die drei Juwelen des Salzkammergutes

4.30 Std. | 12,2 km | ↗ 540 m | ↘ 540 m

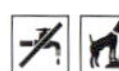
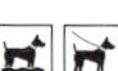
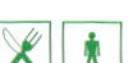

Durch schattige Wälder zu einem besonderen Ausblick im Ausseerland

Das Salzkammergut ist eine besonders schöne Gegend zum Wandern. Kammersee, Toplitzsee und Grundlsee gleichzeitig zu sehen, ist aber etwas ganz Besonderes – und das kann man nur auf dieser noch nicht so bekannten Wanderung. Es ist wohl der einzige Platz im Toten Gebirge, bei der alle drei Seen gleichzeitig zu sehen sind. Am Beginn und am Ende der Tour haben Hunde die Möglichkeit zum Planschen. Knapp vor dem Aussichtspunkt ist eine kurze mit Drahtseil gesicherte Stelle mit einigen hohen Stufen zu überwinden. Für kleine Hunde dürfte diese Stelle nur zu schaffen sein, wenn man sie über die hohen Trittstufen hebt. Für bergerfahrene Hunde ist diese Stelle leicht zu meistern.

Für Mensch und Hund eine gleichermaßen beeindruckende Aussicht: der Drei-Seen-Blick im Ausseerland.

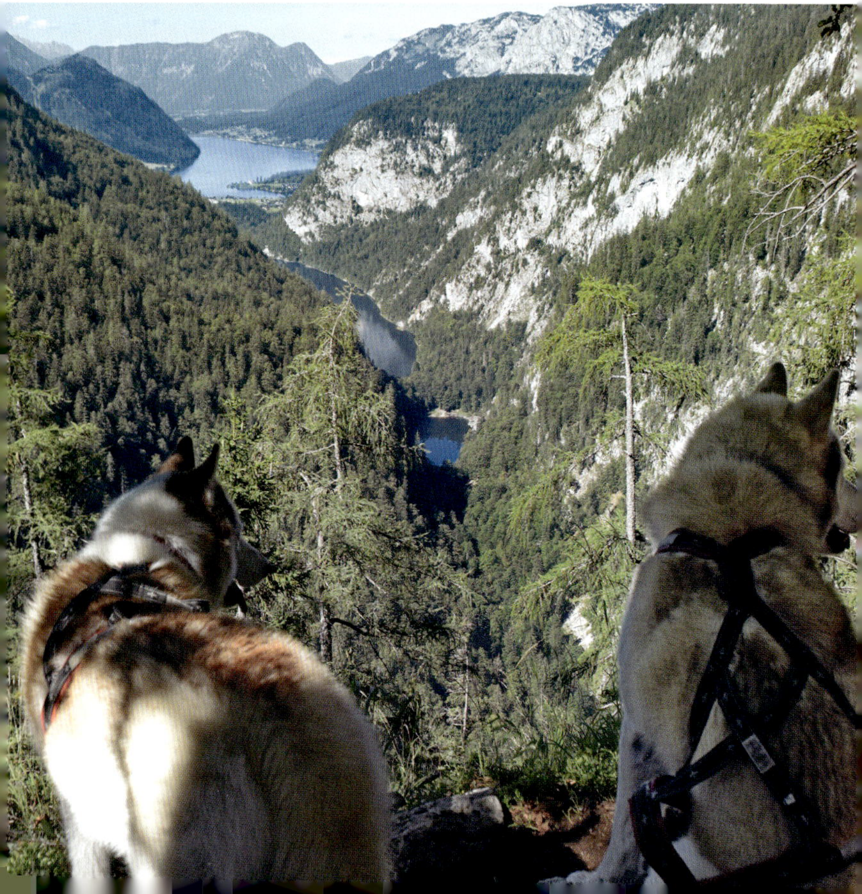

Ausgangspunkt: Parkplatz (gebührenpflichtig) nach dem Gasthof Rostiger Anker, Anfahrt bis Bad Aussee, weiter nach Grundlsee-Ort bis Gößl dann zum Gasthof. Auf der gegenüberliegenden Seite des Parkplatzes befindet sich der Einstieg zur Tour. Nach dem Gasthof befindet sich der gebührenpflichtige Parkplatz auf der rechten Seite.
Öffentliche Verkehrsmittel: Mit der Bahn direkt zum Bahnhof Bad Aussee. Von dort fährt der Regionalbus 956 direkt bis zur Haltestelle Gößl Strandbad.
Anforderungen Mensch: Trittsicherheit und aufgrund der Länge eine gute Kondition.
Anforderungen Hund: Die Tour verläuft großteils im Wald und ist daher meist schattig. Zuerst begeht man eine Schotterstraße und kommt danach auf einen Naturpfad. Der kurze, mit einem Stahlseil gesicherte Pfad ganz am Ende der Tour könnte für sehr kleine Hunde ein Problem darstellen. Bitte unbedingt genügend Wasser mitnehmen, denn nach der Ranftlmühle gibt es keine Möglichkeit mehr zum Trinken. Sowohl am Anfang als auch am Ende der Tour gibt es bei der Ranftlmühle, im Stimitzbach oder gleich im Grundlsee die Möglichkeit zu baden. (Achtung, es gibt Stellen, an denen Hunde im Grundlsee nicht baden dürfen!)
Beste Wanderzeit: April bis Oktober.
Weidevieh: Nach der Ranftlmühle ist hinter dem Bach auf der rechten Seite eine Kuhweide. Ein Hinweisschild weist darauf hin. Normalerweise durchqueren die Tiere aber nicht den Bach.
Einkehr: Unterwegs keine; am Ausgangspunkt Gasthof Rostiger Anker, www.rostiga-anker.at.
Karten: freytag & berndt WK 0082 Totes Gebirge.

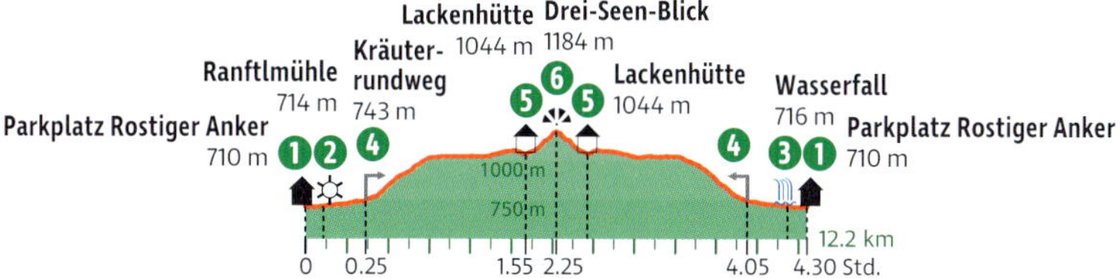

Vom **Parkplatz** nach dem **Gasthof Rostiger Anker** ❶ in Gößl starten wir entlang der Forststraße Richtung **Ranftlmühle** ❷. Es ist ein kleiner Umweg, der sich aber lohnt. Denn hinter der alten Mühle sind ein **Wasserfall** ❸ und einige Gletschermühlen zu sehen. Benannt ist die Mühle nach dem Maler Matthias Ranftl (1805–1854). Da in seinen Genrebildern sehr oft Hunde auftauchten, führte er den Beinamen »Hunde-Raffael«.
Dem Flusslauf folgend, kommen wir wieder auf die Forststraße, die zum »Drei-Seen-Blick« führt. Der Stimitzbach trennt die Forststraße von der Wiese, auf der Kühe sein können. Ein Warnschild weist darauf hin, dass Hunde an der Leine zu führen sind! Bei diesem Teil des Weges handelt es sich um den »Geotrail Grundlsee«, der an 34 gekennzeichneten Stationen in übersichtlicher und verständlicher Form die Entstehung der Landschaft und die Geländeerscheinungen erklärt. Zudem gibt es einen **Kräuterrundweg** ❹, der zur Gößler Wiese führt. Wir folgen aber immer der Beschilderung »Drei-Seen-Blick«, verlassen dann die Forststraße und biegen links in einen Naturpfad. Wenn wir zurückschauen, haben wir hier einen wunderschönen Ausblick auf den Grundlsee. Der Pfad ist manchmal wurzelig, aber grundsätzlich immer gut zu begehen und für unsere Hunde sicher kein Hindernis.

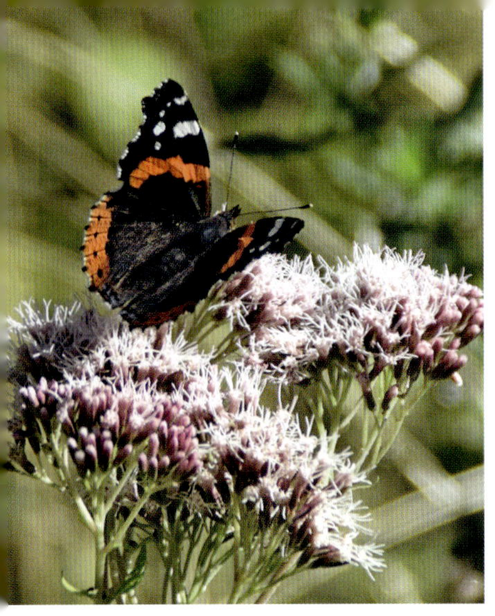

Links: Auch der Admiral genießt diese Umgebung.
Rechts: Der letzte Anstieg ist mit Seil gesichert.

Nach einiger Zeit hören wir das Rauschen eines Wasserfalls. Es kommt vom Vorderbach-Wasserfall, der in den Toplitzsee stürzt. Im Wald ist es angenehm kühl und die Steigung ist leicht zu bewältigen. Danach erreichen wir wieder die Forststraße. Wenn wir Glück haben, flattern uns hier zahlreiche Schmetterlinge über den Weg. Auf dem letzten Wegstück sind wir dann wieder auf einem Naturpfad unterwegs, der rechts von der Forststraße Richtung **Lackenhütte ❺** abbiegt. Hier gilt es, etwas aufzupassen, denn die Abzweigung ist oft nicht leicht zu finden, weil die Beschilderung verwachsen sein kann. Auch dieser letzte Wegabschnitt ist kein Problem, da der Weg großteils im Schatten liegt. Bei Nässe kann es mitunter aber sehr rutschig werden, daher Vorsicht beim Auf- und Abstieg! Für unsere Vierbeiner ist es aber kein Problem. Ein Hindernis steht aber nach ca. 100 m noch an: Eine durch ein Drahtseil gesicherte Felspassage ist zu bewältigen. Diese kurze felsige Stelle ist aber grundsätzlich gut zu gehen, kleine Hunde müssen jedoch über diese felsigen Stufen unterstützt werden. Das Panorama am **Drei-Seen-Blick ❻** gleich ums Eck entschädigt aber die Mühe.
Zurück zum **Ausgangspunkt ❶** geht es auf demselben Weg.

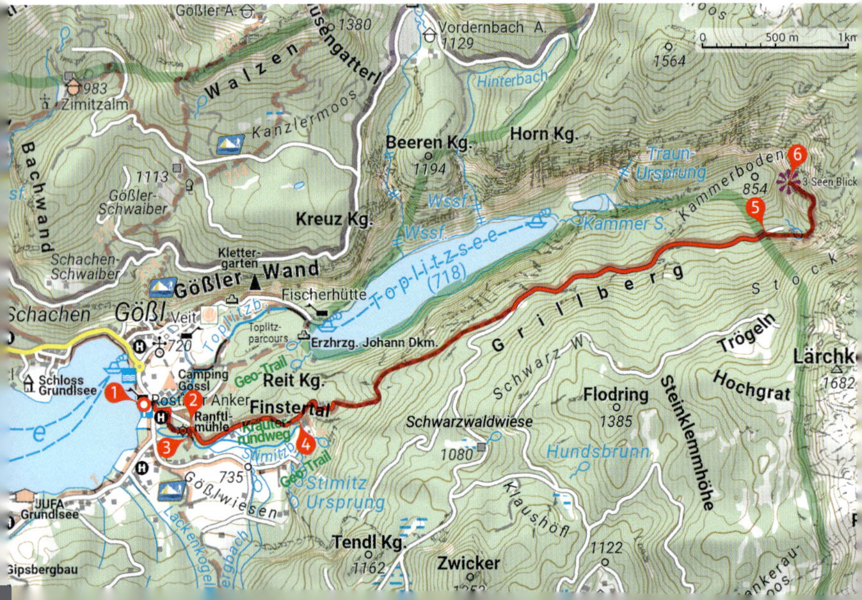

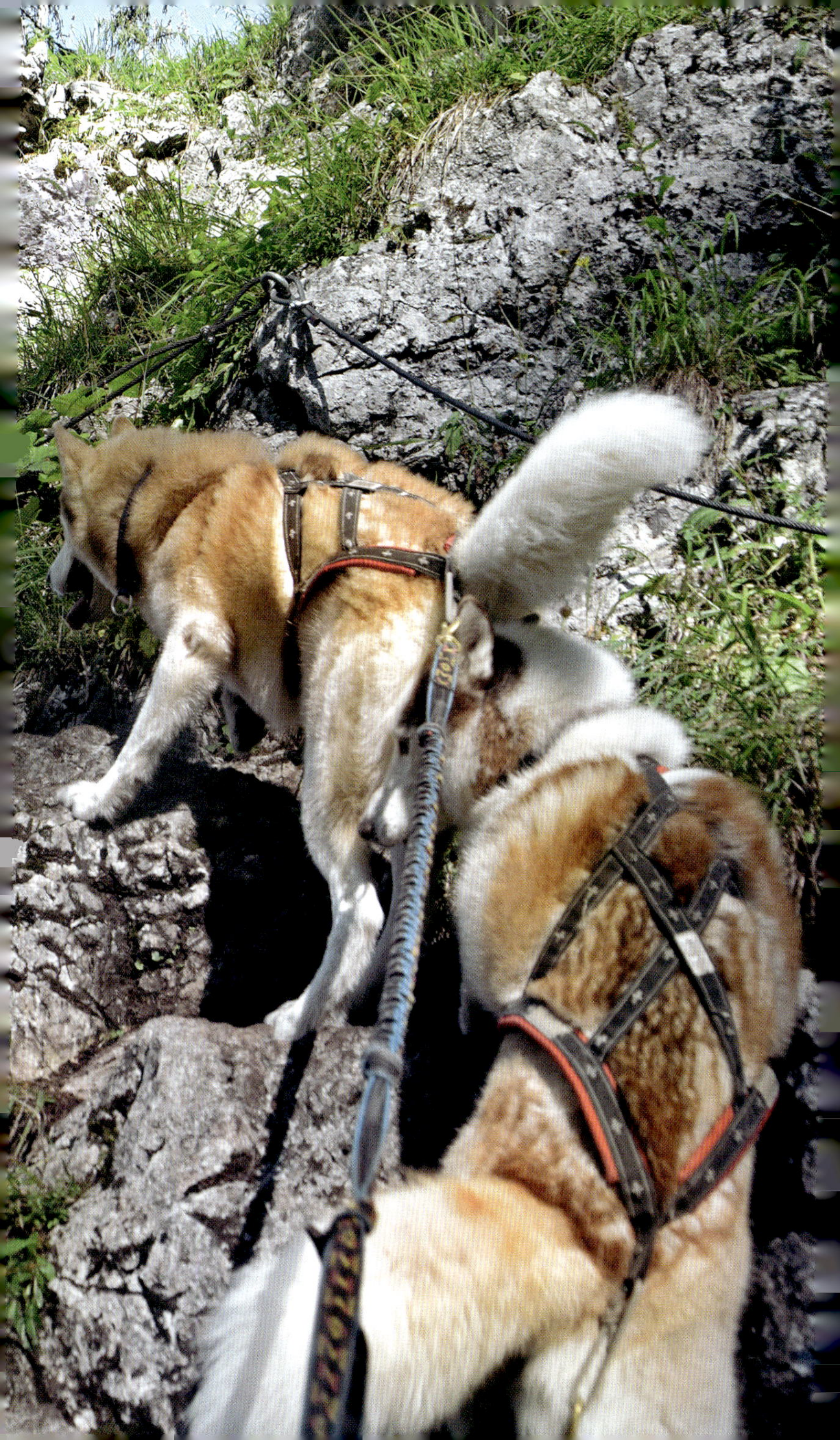

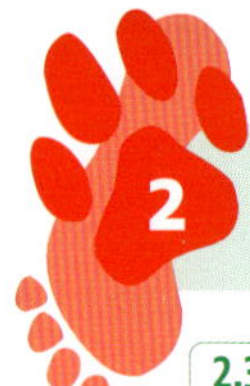

2 Von der Loserhütte zum Loser, 1837 m

Das Tote Gebirge – lebendig nah

2.30 Std. | 5,2 km | ↗ 450 m | ↘ 450 m

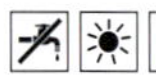 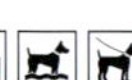 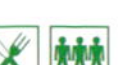

Wo schon Kaiserin Elisabeth am Gipfel stand

Majestätisch wacht der Loser über das Ausseerland. Die markante Felsformation, die wie eine Krone aussieht und auch »die Loser Krone« genannt wird, ist das Herzstück des steirischen Salzkammergutes. Sisi, die Kaiserin von Österreich-Ungarn hat den Loser ebenfalls bestiegen und ihn mit dem »Loserlied« gepriesen. Auch für Mensch und Hund ist der Loser ein lohnendes Ziel.

Ausgangspunkt: Ausgangspunkt Loserhütte; dazu die 9 km lange gebührenpflichtige Panoramastraße nach oben fahren. Am Parkplatz der Loserhütte sind genügend Parkflächen vorhanden.
Öffentliche Verkehrsmittel: Zur Zeit ist es nicht möglich mit dem öffentlichen Verkehrsmittel bis zum Parkplatz Loserhütte zu gelangen. Der Postbus führt von Bad Aussee über Altaussee bis zur Loser Mautstation. Von dort besteht die Möglichkeit, mit einem der beiden Ausseer Taxiunternehmen den Ausgangspunkt zu erreichen.
Info: Taxi Gasperl, Tel. +43 664 2000 902 bzw. Taxi Zwetti, Tel. +43 676 3622-605.
Anforderungen Mensch: Trittsicherheit, eine gute Kondition und gutes Schuhwerk sind in diesem mittelschweren Gelände erforderlich.
Anforderungen Hund: Die Tour verläuft großteils auf längeren Passagen ohne Schatten. Wandern im Sommer zur Mittagszeit ist daher nicht empfehlenswert! Es geht sowohl beim Aufstieg als auch beim Abstieg über Felsstufen. Für kleine Hunde könnte das eine Herausforderung darstellen, und sie müssen eventuell getragen werden. Bitte unbedingt genügend Wasser mitnehmen, denn eine Trinkmöglichkeit für unsere Fellnasen gibt es erst wieder beim Augstsee.
Beste Wanderzeit: April bis Oktober.
Weidevieh: Beim Ausgangspunkt der Loserhütte grasen die Kühe hinter einem Elektrozaun. Beim Augstsee ist aber eine offene Weidefläche und hier könnte es zu einem Kuhkontakt kommen.
Einkehr: Loserhütte, Tel. +43 3622 71202 www.loserhuette.at; Loser Alm. Web: www.loseralm.at, Tel. +43 3622 71 315-600.
Karten: freytag & berndt WK 0082 Totes Gebirge.

Der Ausgangspunkt ist der **Parkplatz** bei der **Loserhütte** ❶. An der Loserhütte führt auch die Ski-Talabfahrt vorbei und hier grasen Kühe hinter einem Elektrozaun. An der Loserhütte vorbei, geht es gleich rechts durch den Lärchenwald nach oben. Der Weg (Nr. 255) ist mit den üblichen rot-weiß-roten Markierungen gut sichtbar. Es folgt dann eine kleine »Kletterei« über **Felsen** ❷, die aber für mittlere und große Hunde aufgrund der stufenförmigen Anordnung kein Problem darstellt. Trittsicherheit für uns Zweibeiner ist aber auf alle Fälle notwendig. Danach folgt die Querung des Hanges auf einem **alpinen Wanderweg** ❸, der gut zu gehen ist. Man hat von hier auch einen großartigen Ausblick auf den Altausseer See und den Dachstein.

In diesem Bereich ist es möglich, dass man Gämsen sieht. Es ist daher

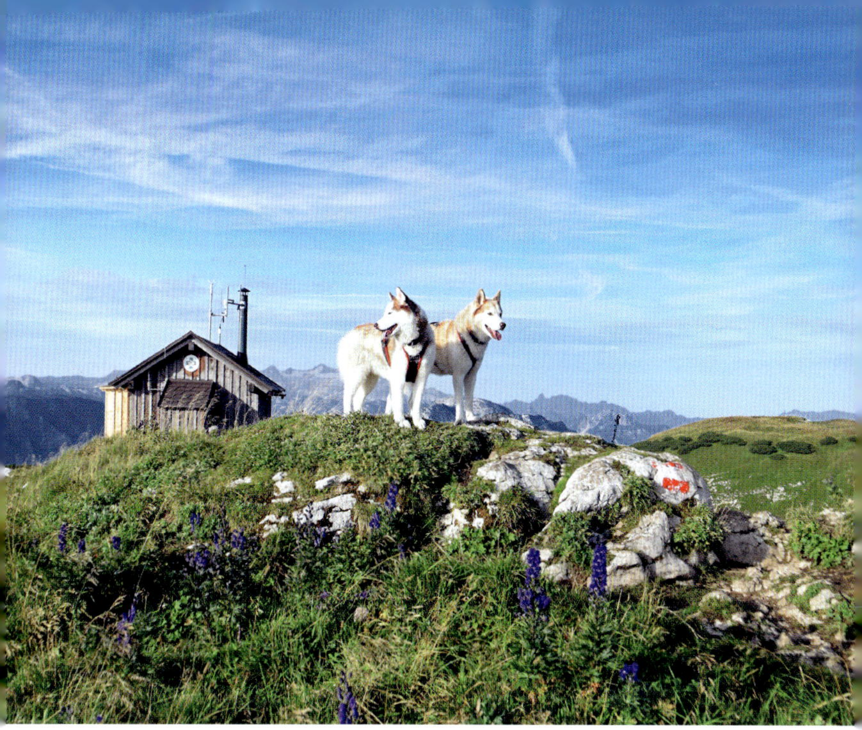

Die Funkhütte am Hochanger.

unbedingt notwendig, dass die Hunde angeleint sind. Auf dieser Route gibt es keine Quellen, aber durch das Schmelzwasser im April, Mai und Juni bilden sich kleine Wassertümpel. Den Weg immer weiter nach oben schreiten, bis man am **Losersattel** 4 angekommen ist. Dort gabelt sich der Weg und man hält sich links und geht auf den Loser (1837 m) zu. Oben auf dem **Gipfel** 5 angekommen, überrascht einen das große grüne Plateau, auf dem manchmal auch Schafe anzutreffen sind. Der Ausblick auf den Dachstein, die Salzkammergutberge und das Tote Gebirge sind einfach nur schön. Wer den Kühen in den Sommermonaten am Augstsee nicht begegnen möchte, der geht denselben Weg wieder zurück und hat einen »leicht« verdienten Gipfelsieg erreicht.

Wenn man aber die Loserrunde fertig gehen möchte, wandert man vom Gipfel zurück bis zur Weggabelung »Losersattel« 4 und nimmt den Weg Nr. 256 links durch ein Latschenfeld auf den Hochanger. Es ist wieder eine Steigung zu erklimmen, die für Hunde kein Problem darstellt.

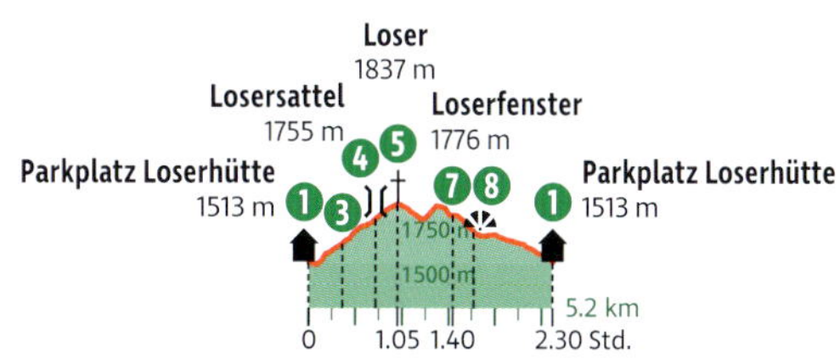

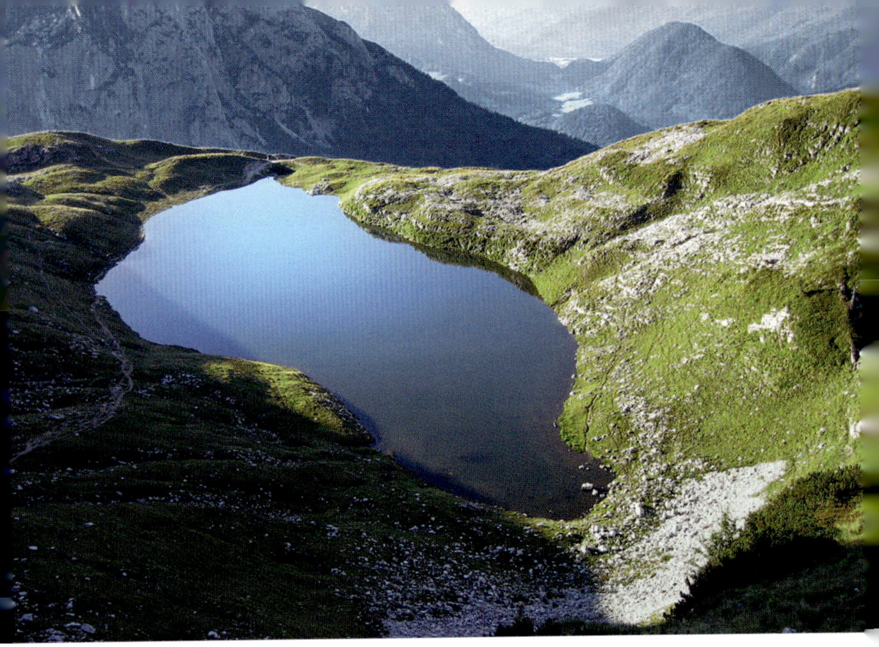

Der glasklare Augstsee am Fuß des Loser.

Oben angekommen, sieht man die **Funkhütte ❻** der österreichischen Bergrettung. Geht man den Bergrücken weiter, erreicht man das **Loserfenster ❼**, eine interessante Felsformation, die auch schon als Kulisse für die Fernsehserie »Die Bergretter« diente. Wenn man durch das Loserfenster schaut, sieht man die Gschwandalm und auf der gegenüberliegenden Seite auf den Schönberg. Danach führt der Weg oberhalb der Bergstation des Loserfenster-Liftes über sehr felsiges Karstgelände Richtung Atterkogel und etwas später sehr steil nach rechts, hinunter zum **Augstsee ❽**. Für kleinere Hunde ist dieser mit Drahtseil gesicherte Abstieg eine große Herausforderung. Von hier genießt man wieder die Ausblicke ins Tote Gebirge. Das gefällt aber nicht nur Wanderern, sondern auch die Kühe fühlen sich hier in der Zeit von Mitte Mai bis Mitte September sehr wohl. Vom Augstsee geht es weiter zum hundefreundlichen Bergrestaurant »Loser Alm«, und dann die Skipiste entlang. Unterhalb der Sonnenkollektoren der Solarstromanlage erreicht man wieder den Ausgangspunkt, den **Parkplatz** der **Loserhütte ❶**.

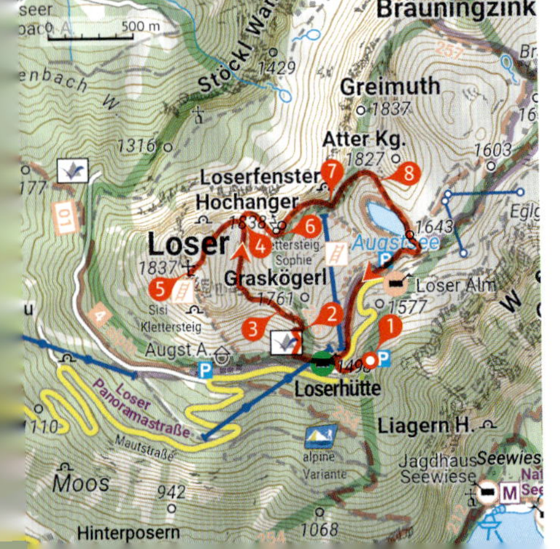

Wenn im Tal der Schnee schon lange geschmolzen ist, kann auf den Bergen noch jede Menge Schnee liegen.

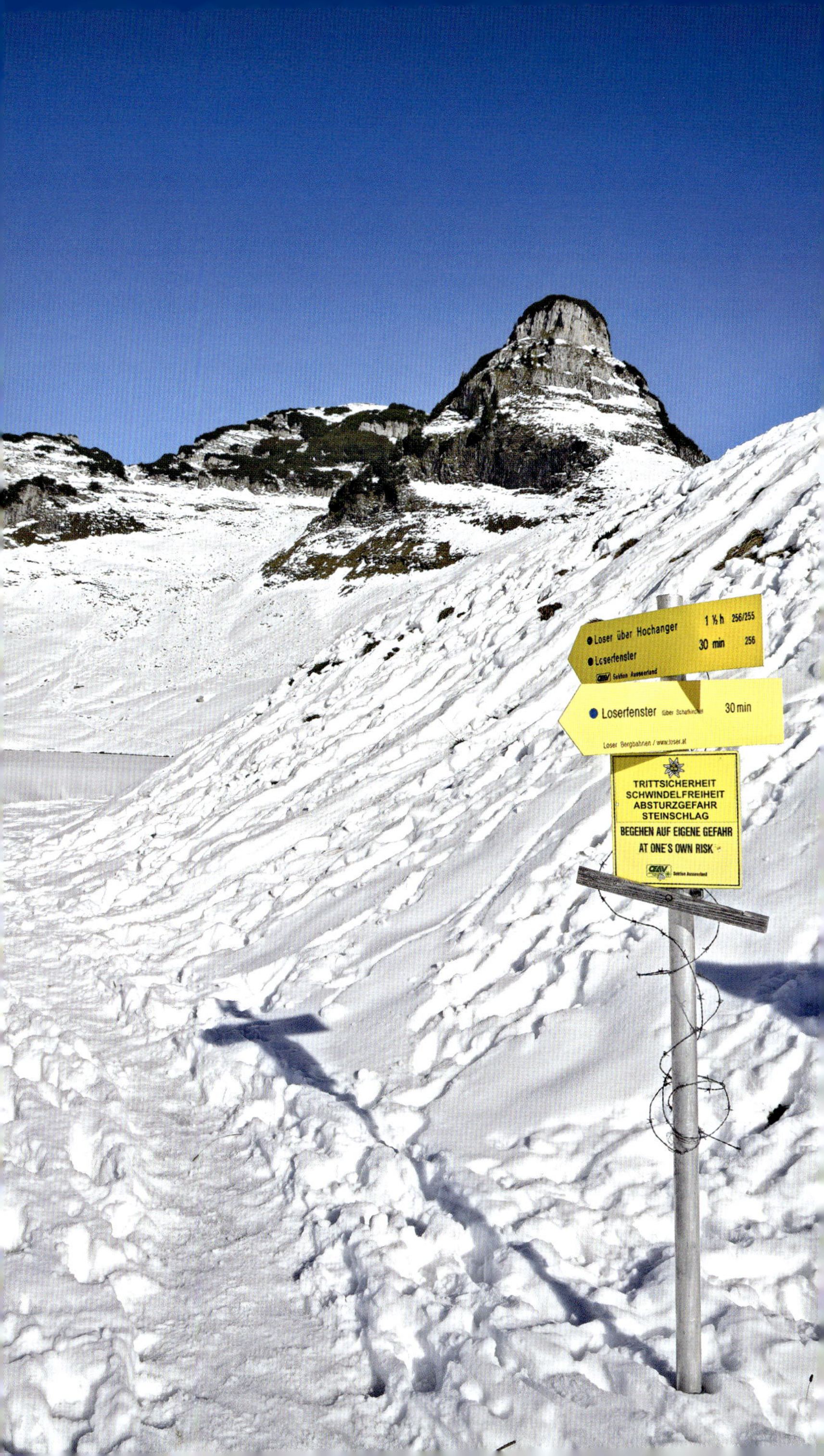
Loser über Hochanger 1 ½ h 256/255
Loserfenster 30 min 256
Sektion Ausseerland
Loserfenster 30 min
Loser Bergbahnen / www.loser.at
TRITTSICHERHEIT
SCHWINDELFREIHEIT
ABSTURZGEFAHR
STEINSCHLAG
BEGEHEN AUF EIGENE GEFAHR
AT ONE'S OWN RISK
Sektion Ausseerland

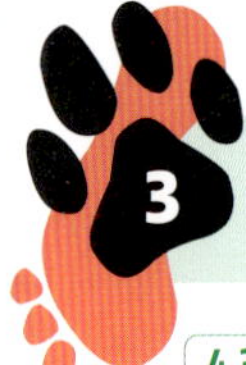

Trisselwand, 1755 m

Dem Himmel ein Stück näher

4.30 Std. | 8,0 km | ↗800 m | ↘800 m

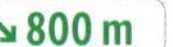 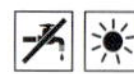 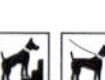 

Die Westwand erfordert Ausdauer und Trittsicherheit

Neben dem Loser gilt die Trisselwand als Hausberg von Altaussee. So mancher Skydiver nutzte die markante 600 Meter hohe Felswand schon für einen Sprung. Diese imposant steil abfallende Felswand ist faszinierend und rahmt den Altauseer See im hinteren Bereich ein. Auch mit »geländegängigem« Hund ist ein Erklimmen dieses Naturjuwels möglich und auf alle Fälle lohnend.

Ausgangspunkt: Parkplatz am Tressensattel; in der Nähe des Gasthofes Trisselwand. Am leichtesten ist die Anfahrt über Grundlsee. Am Beginn des Sees ist auf der linken Seite der Kaiserliche Stall, danach sofort links abfahren (Mosern) der Straße folgen und dann rechts auf die Sattelstraße abbiegen. Der Parkplatz ist auch an Sonn- und Feiertagen gebührenpflichtig. Man muss genügend Münzen mitnehmen, da der Automat nicht wechseln kann.
Öffentliche Verkehrsmittel: Es fährt kein öffentliches Verkehrsmittel bis zum Gasthof Trisselwand. Es besteht nur die Möglichkeit mit einem der beiden Ausseer Taxiunternehmen den Ausgangspunkt zu erreichen. Info: Taxi Gasperl, Tel. +43 664 2000-902 bzw. Taxi Zwetti, Tel. +43 676 3622-605.
Anforderungen Mensch: Trittsicherheit, eine gute Kondition und gutes Schuhwerk erforderlich.
Anforderungen Hund: Es geht sowohl beim Aufstieg als auch beim Abstieg über hohe Felsstufen. Für kleine Hunde ist das eine große Herausforderung. Am Gipfel gibt es steile Geländeabbrüche. Die Hunde sollten bei dieser Tour schon Bergerfahrung haben. Unbedingt genügend Wasser mitnehmen, denn es gibt keine Trinkmöglichkeit für unsere Hunde.
Beste Wanderzeit: April bis Oktober.
Weidevieh: Beim Gasthof Trisselwand grasen Kühe gesichert hinter einem Elektrozaun.
Einkehr: Gasthof Trisselwand, Untertressen 37, 8993 Grundlsee, Tel. +43 3622 530-08 (keine Homepage).
Karten: freytag & berndt WK 0082 Totes Gebirge.

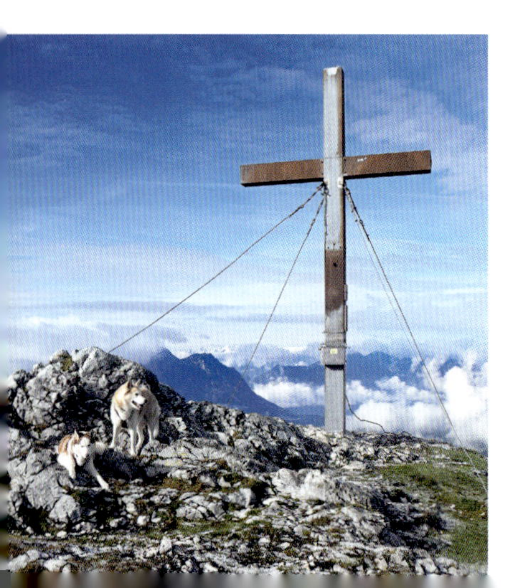

Vom **Parkplatz Tressensattel** ❶ geht es am Gasthaus Trisselwand vorbei. Die Kühe des benachbarten Bauernhofes grasen neben dem Parkplatz, hinter einem Elektrozaun, sodass keine Gefahr besteht. Ein großes gelbes Hinweisschild des Österreichischen Alpenvereins warnt Wanderer gleich zu Beginn: Trittsicherheit, Kondition, Sturzgefahr, Steinschlag – Begehen auf eigene Gefahr! Ein Hinweis der ernst zu nehmen ist.

Das Gipfelkreuz der Trisselwand. Die Rast ist für alle verdient.

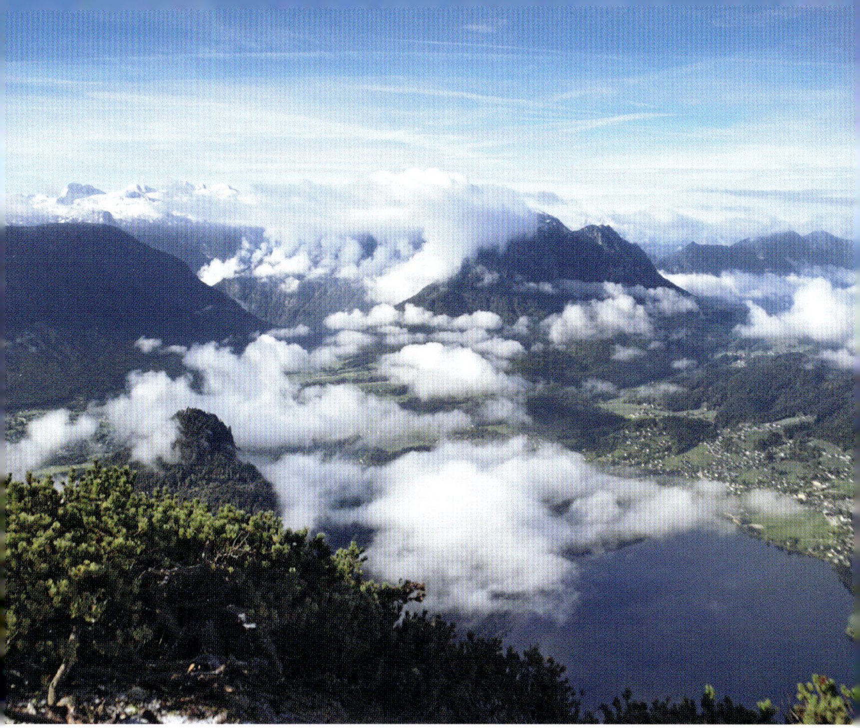

Ein Ausblick auf den Altausseer See und im Hintergrund der Dachstein.

Nach dem Wiesenstück führt der Weg weiter nach oben durch ein Hochwaldgelände. Hinweistafeln zeigen uns an, dass wir uns im Europaschutzgebiet »Totes Gebirge mit Altausseer See« befinden. In einem solchen Naturschutzgebiet gelten folgende Regeln: Berücksichtigung der lokalen Hinweise zum Schutz der Natur, nicht abseits der Wege gehen, keinen Lärm machen, keine Hunde frei laufen lassen, keine Drachen und Modellflugzeuge fliegen lassen, keinen Müll liegen lassen und keine Tiere füttern – eigentlich ganz logische Verhaltensregeln. Der gut markierte rot-weiß-rote Alpin-Weg 233 führt uns über die Kleber Forststraße und die Loitzl Kluft an die Baumgrenze.

Der Ausblick auf den Altausseer See, Tressenstein, Grundlsee und Dachstein beeindrucken bereits auf dem halben Weg. Der Steig führt uns weiter nach oben und zu einer Querung im Felsen. Jetzt wird es für Mensch und Hund anstrengend. Denn

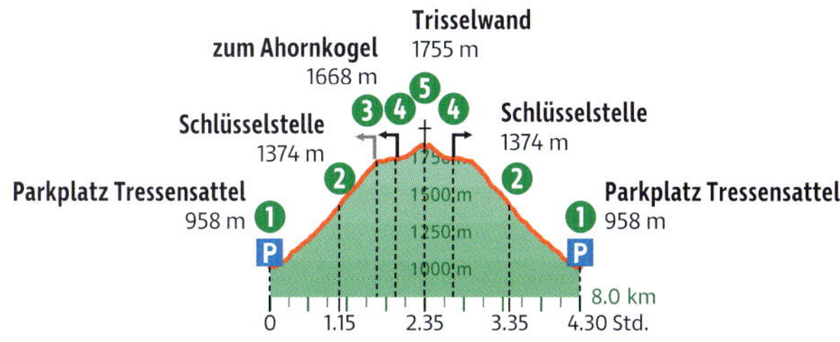

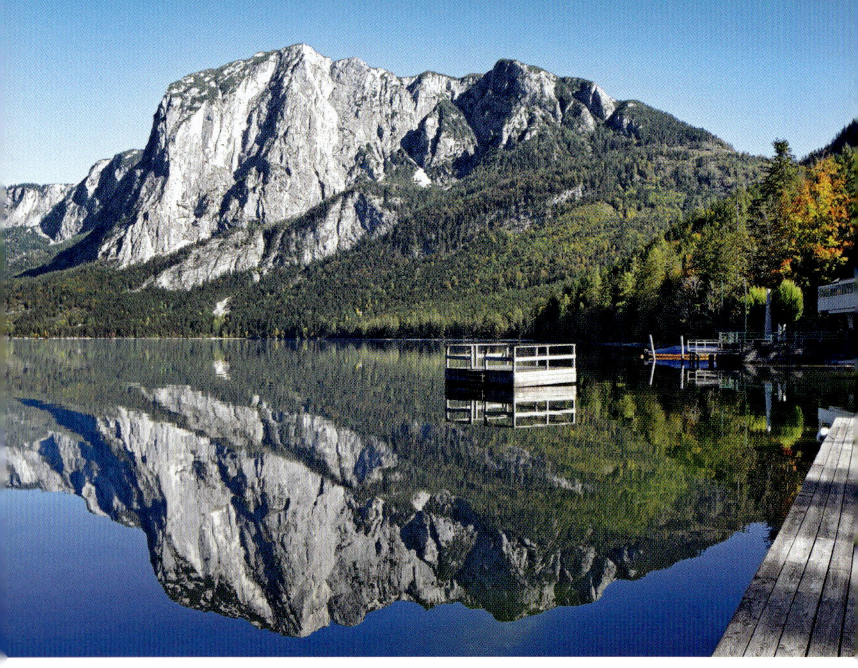

Beeindruckende Trisselwand.

manchmal ist das Geröll ziemlich locker. Der Steig ist aber mit einem Drahtseilgeländer gut gesichert. Nach dieser **Schlüsselstelle** ❷ folgen einige Kehren und Kletterhürden für die Hunde. Es gibt hier nur sehr wenig Schatten und daher ist es wichtig, die Tour mit Hunden früh zu starten. Auch Quellen sucht man auf dem Weg zum Gipfel vergebens. Der Weg führt dann in einen breiten Kessel und verläuft relativ flach weiter. Auf der linken Seite könnte man den **Ahornkogel** ❸ als zweiten Gipfel noch »mitnehmen«. Wir gehen aber weiter bis zu einer **Weggabelung** ❹. Dort folgen wir dem Weg 233. Er führt uns durch einen Latschenwald. Wild gibt es auch im Gebiet der Trisselwand reichlich. Im unteren Bereich sind es die Rehe und in Gipfelnähe die Gämsen. Nach rund 500 m erreichen wir den Gipfel der 1755 m hohen **Trisselwand** ❺. Die Wand geht steil runter und erinnert an einen norwegischen Fjord. Für so einen Ausblick lohnt sich die Anstrengung des Aufstieges. Zurück geht es dann wieder denselben Weg bis zum Ausgangspunkt, dem **Parkplatz** ❶.

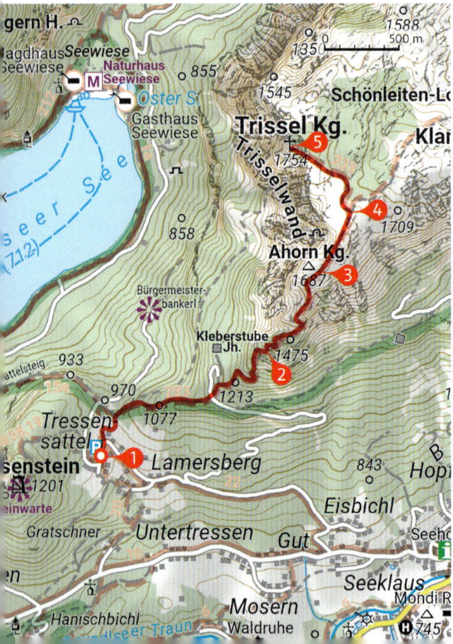

Altausseer See – Tressenstein, 1201 m

Ein Panorama auf die schnelle Tour

4

3.15 Std. | 9,6 km | ↗480 m | ↘480 m

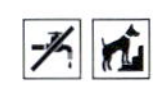
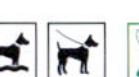
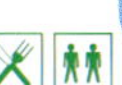

Ein kleiner Gipfel mit großer Aussicht und absolut sehenswert!
Wer im Ausseerland schnell ein Gipfelerlebnis haben möchte und eine großartige Aussicht genießen will, ist am Tressenstein bestens aufgehoben. Markant ist der Tressenstein durch seine Sendeanlage und die quadratische, 15 Meter hohe Aussichtswarte. Das Interessante an dieser Warte ist der umfassende Rundblick. Man sieht die Ausseer Bergwelt wie Sarstein, Sandling, Loser, Trisselwand, Radling und Zinken, aber auch den Altausseer See und den Grundlsee sowie das weiße Dachsteinmassiv. Das alles auf einmal zu sehen ist echt grandios, und das hat man nicht alle Tage. Danach noch der gemeinsame Sprung in den See ist das Sahnehäubchen.

Der Tressenstein mit Aussichtswarte oberhalb der Nebelschicht.

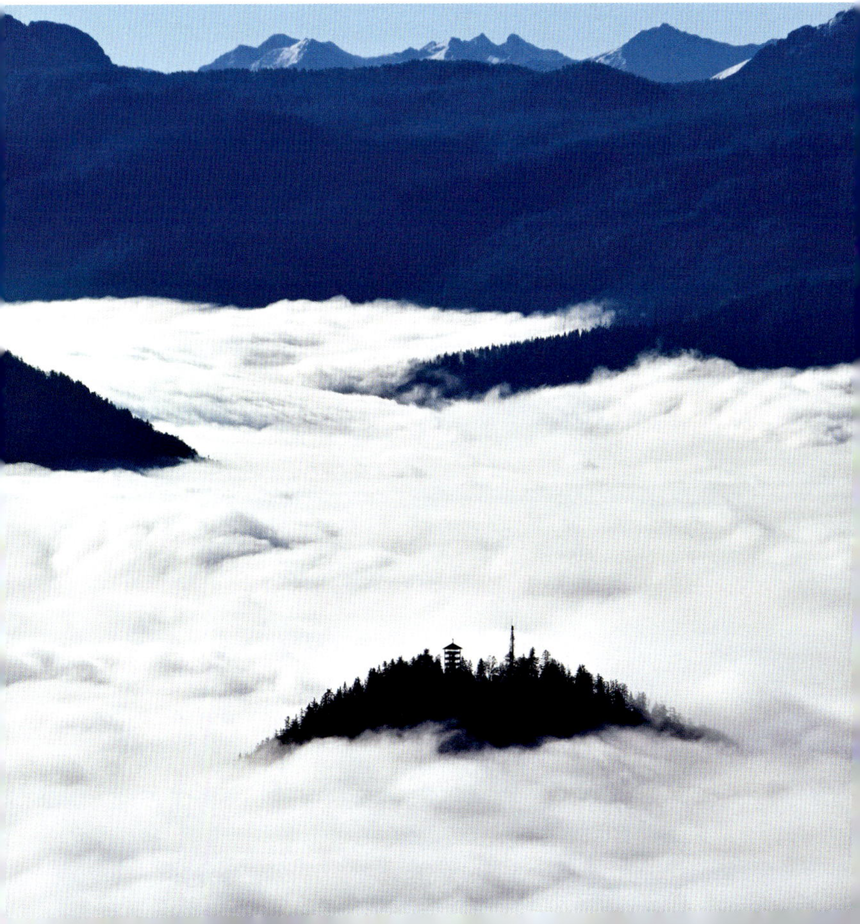

Ausgangspunkt: Anfahrt bis Altaussee, am ersten öffentlichen Parkplatz »Scheichlmühle« auf der rechten Seite parken. Dieser Parkplatz ist gebührenpflichtig! Adresse für das GPS: Puchen 20, 8992 Altaussee.
Öffentliche Verkehrsmittel: Mit der Bahn direkt zum Bahnhof Bad Aussee. Von dort fährt der Regionalbus 955 direkt bis zur Haltestelle Scheichlmühle.
Anforderungen Mensch: Aufgrund der Länge wird eine mäßig gute Kondition benötigt. Der Anstieg auf den Gipfel ist kurz, aber steil. Bei Nässe kann es beim Abstieg im Wald rutschig sein.
Anforderungen Hund: Die Tour verläuft großteils im Wald und ist daher meist schattig. Bis zum See begeht man aber eine Asphaltstraße und erst bei der Seepromenade beginnt die Schotterstraße. Entlang der Seepromenade ist ein Planschen für die Hunde möglich. Im Waldstück vor dem Tressensattel gibt es Stufen zu überwinden. Es sind mit Schotter aufgefüllte Stufen und somit kein Problem für größere Hunde. Für kleine Hunde könnte es anstrengend werden. Der Weg auf den Gipfel ist kurz, aber steil und ohne eine Quelle oder einen Bach. Daher unbedingt genügend Wasser mitnehmen!
Beste Wanderzeit: April bis Oktober. Achtung, im Winter ist die Tressensteinwarte und der Weg dorthin gesperrt!
Weidevieh: Es sind entlang der Wege 233 und 258 Kuhweiden, die aber mittels Elektrozaun gesichert sind.
Einkehr: Strandcafé, www.strandcafe.at, Tel. +43 664 2129309.
Karten: freytag & berndt WK 0082 Totes Gebirge.

Vom Parkplatz der **Scheichlmühle ❶** geht es zuerst rund 50 m nach rechts die Mösernstraße entlang und danach die erste Einfahrt links in die mäßig befahrene Moosstraße zum Altausseer See. An der Kreuzung beim Hotel Seevilla biegen wir rechts ab zur **Seepromenade ❷**. An dieser Kreuzung befindet sich auch eine Brücke, bei der sich unsere Hunde schon mal erfrischen können. Nach zirka 400 m rechts der Beschilderung ❸ »Weg über Tressensattel nach Grundlsee und auf den Tressenstein« folgen. Diese Schotterstraße führt zuerst Richtung Campingplatz. Wir biegen aber davor links den **Weg 233 ❹** in den Wald ab. Diesem Wald und Wiesenweg einfach bis zum Tressensattel folgen. Auf dem Weg zum Tressensattel gibt es traumhafte Ausblicke auf den Altausseer See und den Loser. Ein Hindernis gibt es kurz vor dem Tressensattel. Hier sind einige **Stufen ❺** zu überwinden, für die man kleine Hunde eventuell motivieren bzw. unterstützen muss. Am Tressensattel angekommen, geht es

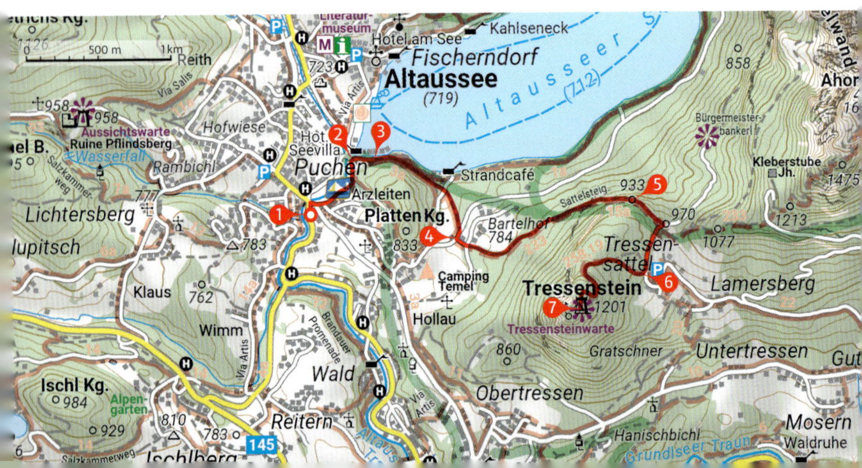

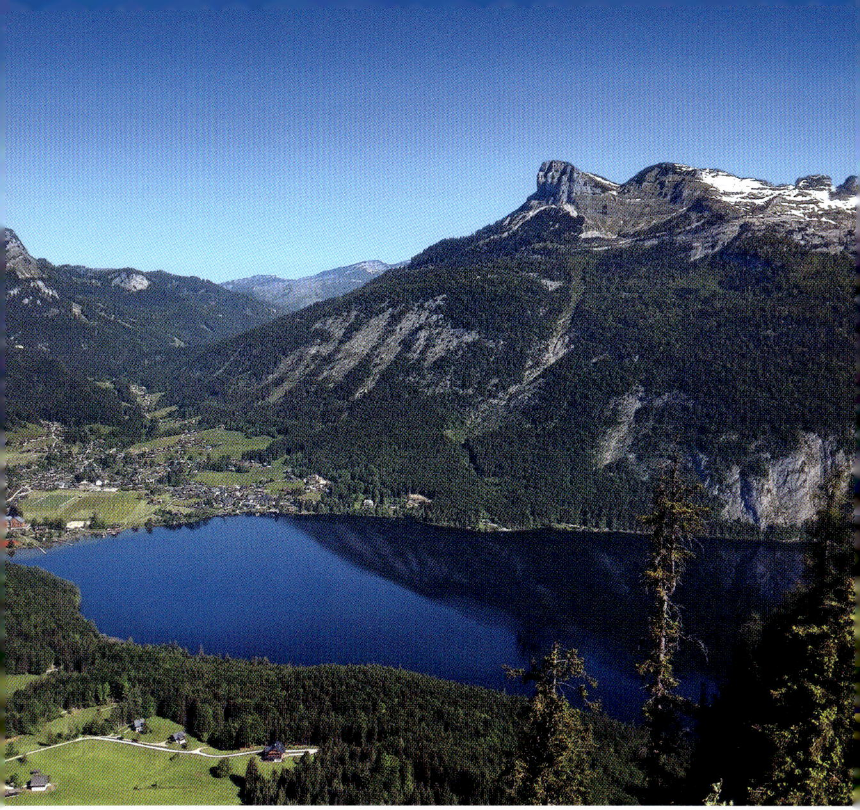

Am Fuß des Altauseer Sees der burgartige Gipfelaufbau des Loser.

am Waldrand an einer mit Zaun gesicherten Kuhweide vorbei. Jetzt nehmen wir den **Weg mit der Nummer 258** **6**. Dieser führt durch den Wald hinauf zum **Tressenstein** (1201 m) bzw. zur **Tressensteinwarte** **7**, 1183 m. 230 Höhenmeter auf kurze Distanz, können einen ins Schwitzen bringen, aber für unsere Hunde ist dieser schöne Waldweg ganz einfach zu gehen. 20 Minuten Anstrengung, die sich lohnen. Was wir aber berücksichtigen müssen, ist das Wasser, denn nach dem Altausseer See, gibt es keine Trinkmöglichkeit mehr für unser Vierbeiner. Daher unbedingt genügend Wasser mitnehmen!

Zurück geht es auf derselben Route. Nach dem Abstieg steht einer herrlichen Abkühlung im Altausseer See nichts mehr im Weg. Aber Vorsicht, Suchtgefahr! Denn wer einmal mit Hund im Altausseer See geschwommen ist, will wieder hierher kommen.

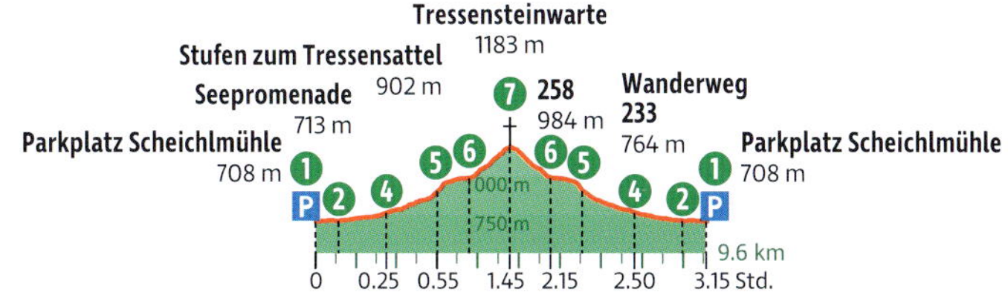

5 Altausseer See – Gaisknechtstein, 824 m

Wo Gott das Paradies erschaffen hat

3.00 Std. | 11,4 km | ↗ 130 m | ↘ 130 m

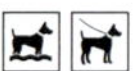
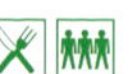

Hier holt man sich die Kraft, Energie und Lebensfreude!

Dieser Spaziergang bzw. diese Wanderung zählt zweifelsohne zu den Favoriten. Sie führt an drei Bergen vorbei, die in diesem Buch als Wanderung vorgeschlagen sind. Das sind der Tressenstein, die Trisselwand und der Loser. Ein Baden für die Hunde ist sehr oft möglich und der Kraftort »Gaisknechtstein« bietet eine Aussicht bis auf den Dachsteingletscher. Dieser Rundweg ist einer der schönsten und romantischsten Wanderwege des Salzkammergutes. Traumhaftes Bergpanorama, Badebuchten und Gastronomie machen diesen Ausflug zu einem Erlebnis.

Ausgangspunkt: Anfahrt bis Altaussee und am ersten öffentlichen Parkplatz »Scheichlmühle« auf der rechten Seite parken. Dieser Parkplatz ist gebührenpflichtig! Adresse für das GPS: Puchen 20, 8992 Altaussee.

Öffentliche Verkehrsmittel: Mit der Bahn zum Bahnhof Bad Aussee. Von dort fährt der Regionalbus 955 direkt bis zur Haltestelle Scheichlmühle.

Anforderungen Mensch: Die Schwierigkeit ist leicht. Aufgrund der Länge wird eine mäßig gute Kondition benötigt. Von der Seewiese zum Gaisknechtstein sind es rund 40 Minuten. Dieser Weg hat eine leichte Steigung. Ein Teil des wenig begangenen Weges zum Kraftort ist ein Naturpfad und kann daher verwachsen sein.

Anforderungen Hund: Die Tour verläuft entlang der Seenpromenade und im Wald. Unsere Hunde haben viel Schatten. Bis zum See begeht man aber eine Asphaltstraße und erst bei der Seepromenade beginnt die Schotterstraße. Entlang der Seepromenade ist ein Planschen für die Hunde möglich. Der Naturpfad zum Gaisknechtstein ist verwachsen und erfordert ein Springen über so manche Wurzel im Wald – das ist ohne Probleme für Hunde aller Größen machbar.

Beste Wanderzeit: März bis November.

Weidevieh: Hinter dem Restaurant Seewirt und bei der Festzeltwiese grasen Kühe. Diese Weiden sind aber mit einem Elektrozaun gesichert.

Einkehr: Strandcafé an der Uferpromenade, www.strandcafe.at, Tel. +43 664 2129309. Gasthof Seewiese, www.seewiesealtaussee.at, Tel. +43 3622 71205. Jagdhaus Seewiese, www.jagdhaus-seewiese.com, Tel. +43 664 3387622. Jausenstation Kahlseneck, www.kahlseneck.at, Tel. +43 664 4102545.

Karten: freytag & berndt WK 0082 Totes Gebirge.

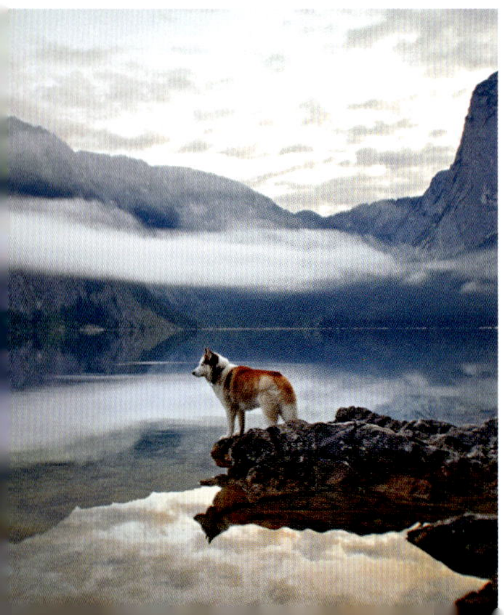

Als Lohn des frühen Aufstehens genießen wir jedesmal die Morgenstunden am Altausseer See.

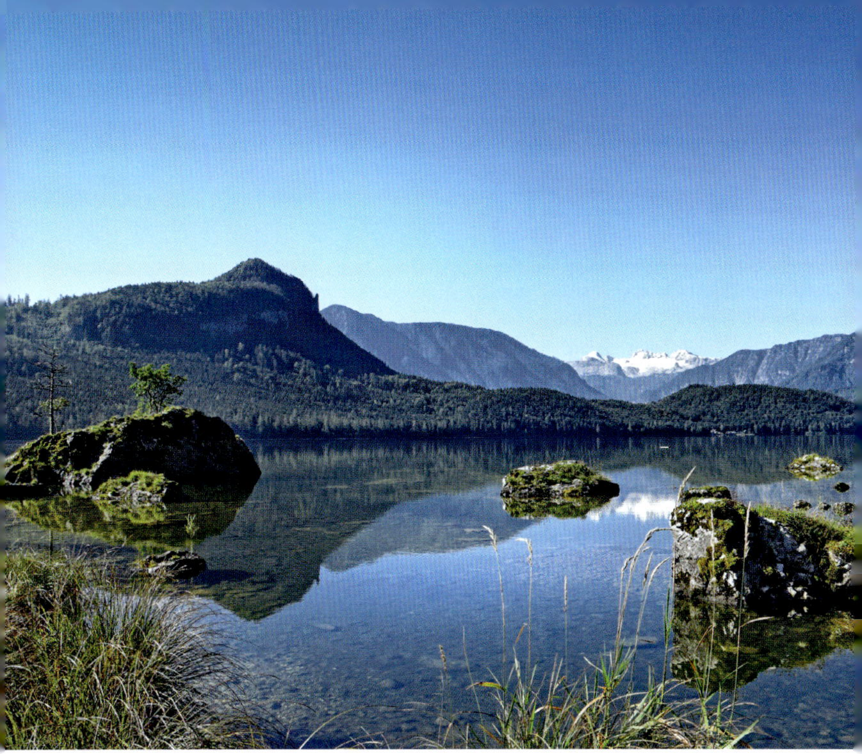

Die Magie der Seewiese, einem Platzerl, das einen verzaubern kann.

Der Ausgangspunkt für diese Tour ist der **Parkplatz Scheichlmühle** ❶. Von dort folgt man der Altausseertraun entlang einer wenig befahrenen Straße Richtung **Hotel Seevilla** ❷. Ob man den See im oder entgegen dem Uhrzeigersinn umrundet, ist grundsätzlich egal. Wenn man aber baden gehen will, und es ist Nachmittag, dann sollte man wissen, dass das Südufer durch den Tressenstein früher im Schatten liegt. Was an heißen Tagen für Hundebesitzer natürlich auch ein Vorteil sein kann, da es kühler ist.

Nach der Seevilla geht es durch einen schattigen Wald bis zum **Strandcafé** ❸ (Weg Nummer 233). Vom Strandcafé aus führt der flach verlaufende Weg immer am Seeufer entlang. Je weiter man geht, desto schönere kleine idyllische Badebuchten sind zu finden. Man hat von dieser Seite aus einen tollen Ausblick auf den Loser. Und die imposante Trisselwand kommt immer näher, ehe man links die Abzweigung **Seewiese** ❹ erreicht.

Wer jetzt schon eine Pause einlegen möchte, hat hier die Möglichkeit

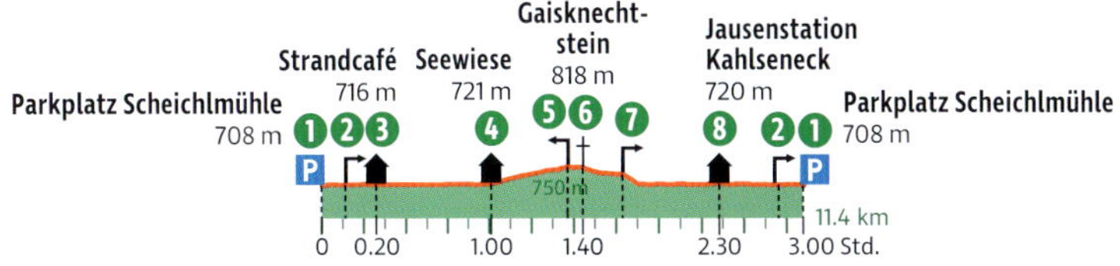

beim hundefreundlichen **Gasthof Seewiese** einzukehren. Hier zu speisen, den Hund dabei zu haben, und den Blick auf den Dachsteingletscher zu genießen, das ist wirklich etwas Besonderes. Geht man einige Hundert Meter weiter, so kommt man zum Jagdhaus der Seewiese, wo es

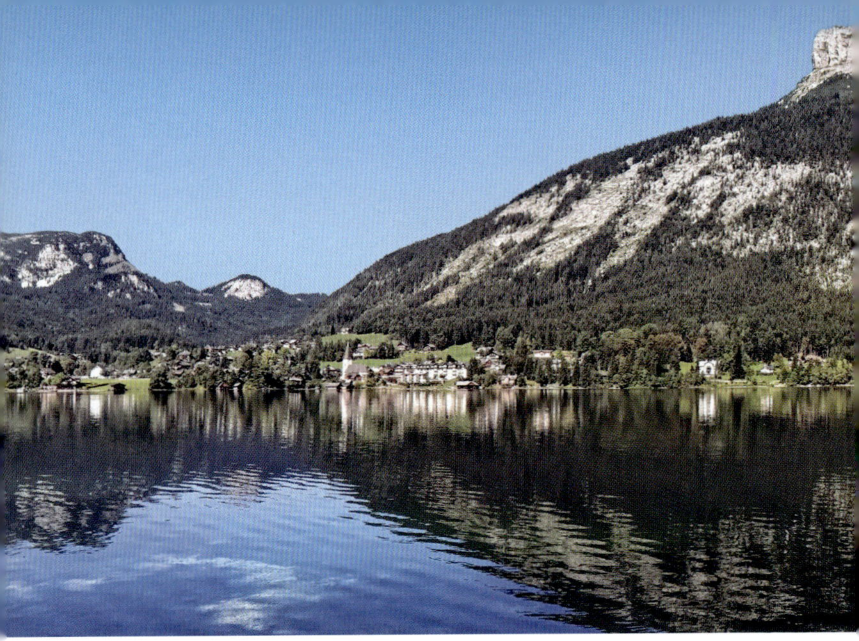

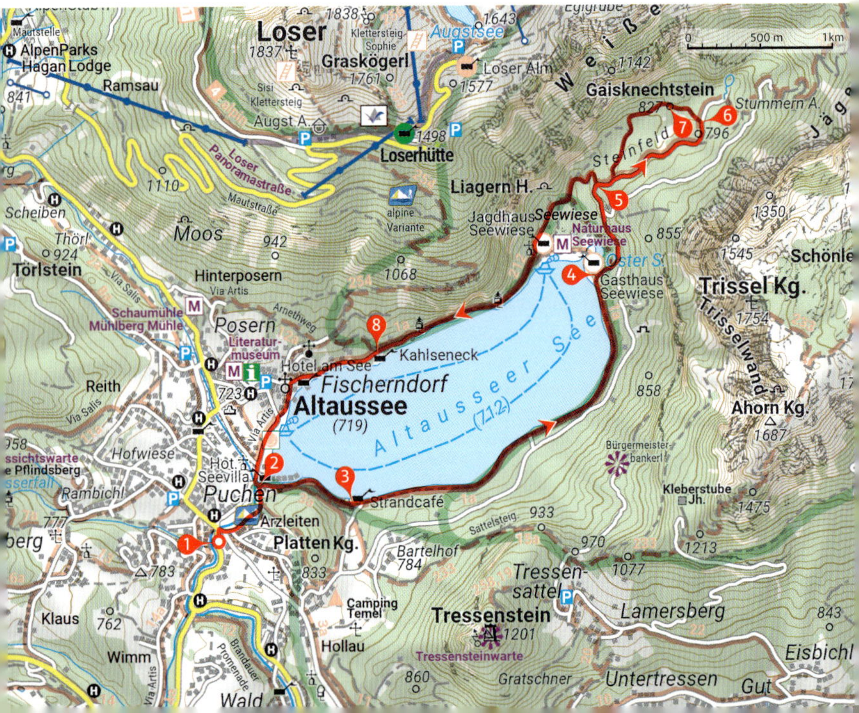

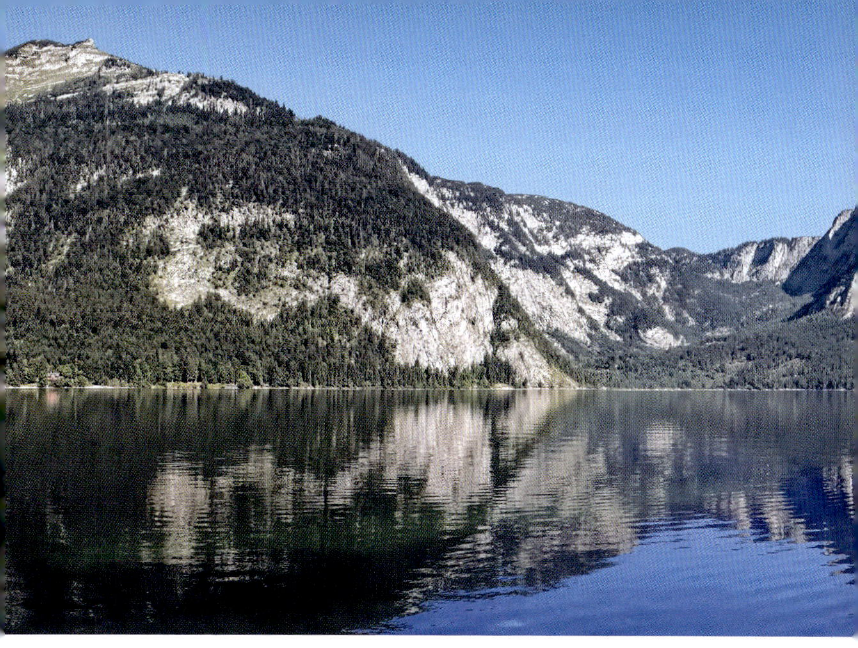

Das Wahrzeichen des Ausseerlandes, der Loser.

ebenfalls sehr gute Mehlspeisen gibt. Diese Jausenstation war 2015 auch die Filmkulisse für den James Bond Film »Spectre« mit Daniel Craig in der Hauptrolle.

Wer sich aber gleich die Kraft beim starken Energiestein, dem »Gaisknechtstein«, holen möchte, der muss vor der Seewiese rechts gehen und immer der Forststraße folgen, die links in einen Naturpfad mündet. Die **Hinweistafel 5** ist ein wenig versteckt. Der Naturpfad ist wurzelig und manchmal auch steinig. Die Hunde können aber perfekt vorbeilaufen oder darüber springen. Auch für kleine Hunde ist dieser Naturpfad ein Erlebnis. Auf der linken Seite kommt dann der Energieplatz, er wirkt von hinten ein wenig unscheinbar. Ist man aber erst mal auf dem **Gaisknechtstein 6**, sieht man vor sich den Altausseeer See und die umliegende Ausseer Bergwelt. Eine Bank lädt zum Verweilen und Kraft tanken ein.

Dem Naturpfad folgend, geht es durch den Wald weiter, bis man wieder auf die Forststraße kommt. Diese folgt man bis zur Gabelung, ehe man rechts auf den **Wanderweg Nr. 212 7** abzweigt und hinter dem Jagdhaus der Seewiese wieder auf den Uferweg gelangt.

Auf der gegenüberliegenden Seite hat man eine wunderschöne Aussicht auf den Tressenstein und den Dachsteingletscher. Es ist ein schöner Spazierweg. Ab der hundefreundlichen **Jausenstation Kahlseneck 8** ist es schwieriger, mit den Hunden ins Wasser zu gelangen. Man geht auf einer Forststraße, vorbei am Friedhof, dem Restaurant Seewirt, der Kirche, der Festzeltwiese (da können Kühe hinter einem Elektrozaun sein) und dem Tennisplatz, ehe man wieder zum Hotel Seevilla gelangt. Nach der Brücke links, unterhalb die Hunde nochmals abkühlen lassen, ehe es dann wieder zurück zum Ausgangspunkt geht.

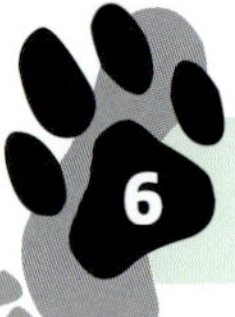

Loser Alm – Wildensee, 1535 m

Vom Loser zu einem ruhigen See

8.30 Std. | 21,7 km | ↗ 880 m | ↘ 880 m

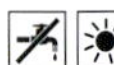 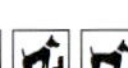 

Karstgestein, weite Wiesen, jede Menge Ruhe – und ein Echo!

Eine herausfordernde, aber lohnende Tour, Trittsicherheit und Kondition für Mensch und Tier sind aber unbedingt notwendig! Im hinteren Teil des Wildensees unbedingt das Echo ausprobieren und die Reaktion der Hunde beobachten! Die Weite der Almwiesen, der ruhig eingebettete See und die Aussicht während dieser Wanderung entschädigen für jegliche Anstrengung. Diese Tour gehört aber neben der Bösensteinrunde, und dem Geierhaupt zu den herausforderndsten, aber auch schönsten Touren in diesem Buch.

Ausgangspunkt: Ausgangspunkt Loser Alm; Dazu muss man die 9 km lange gebührenpflichtige Panoramastraße nach oben fahren. Am Parkplatz der Loser Alm sind genügend Parkflächen vorhanden.

Öffentliche Verkehrsmittel: Zur Zeit ist es nicht möglich, mit dem öffentlichen Verkehrsmittel bis zum Parkplatz der Loser Alm zu gelangen. Der Postbus fährt von Bad Aussee über Altaussee bis zur Loser Mautstation. Von dort besteht die Möglichkeit, mit einem der beiden Ausseer Taxiunternehmen den Ausgangspunkt zu erreichen: Taxi Gasperl, Tel. +43 664 2000-902 bzw. Taxi Zwetti, Tel. +43 676 3622-605.

Anforderungen Mensch: Trotz des nicht allzu großen Höhenunterschiedes darf diese Tour nicht unterschätzt werden. Durch das Karstgebirge gibt es schroffe Passagen. Der zu überwindende Steig ist sehr eng und durch ein Drahtseil gesichert. Bei Nässe kann so manche Stelle rutschig sein. Trittsicherheit ist daher unbedingt erforder-

Die Selbstversorgerhütte am Wildensee.

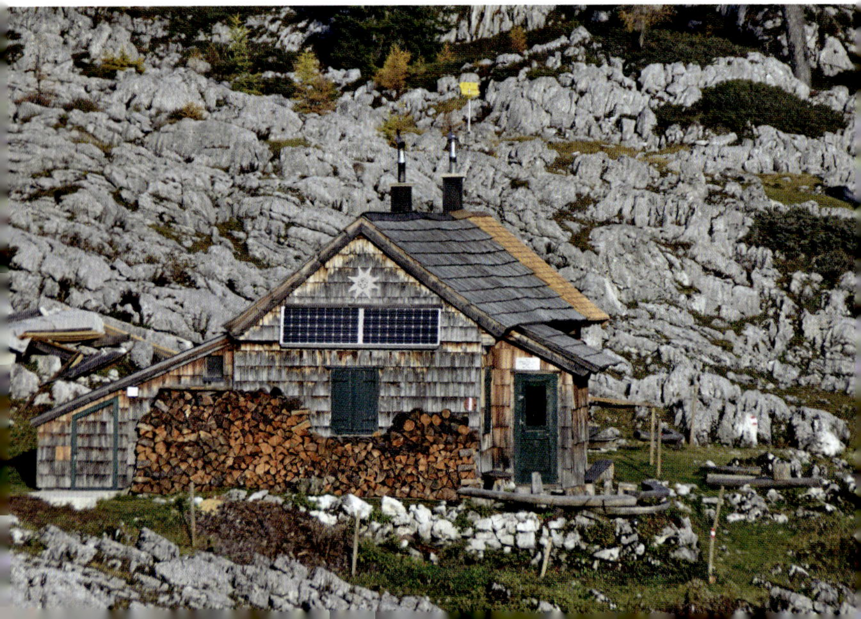

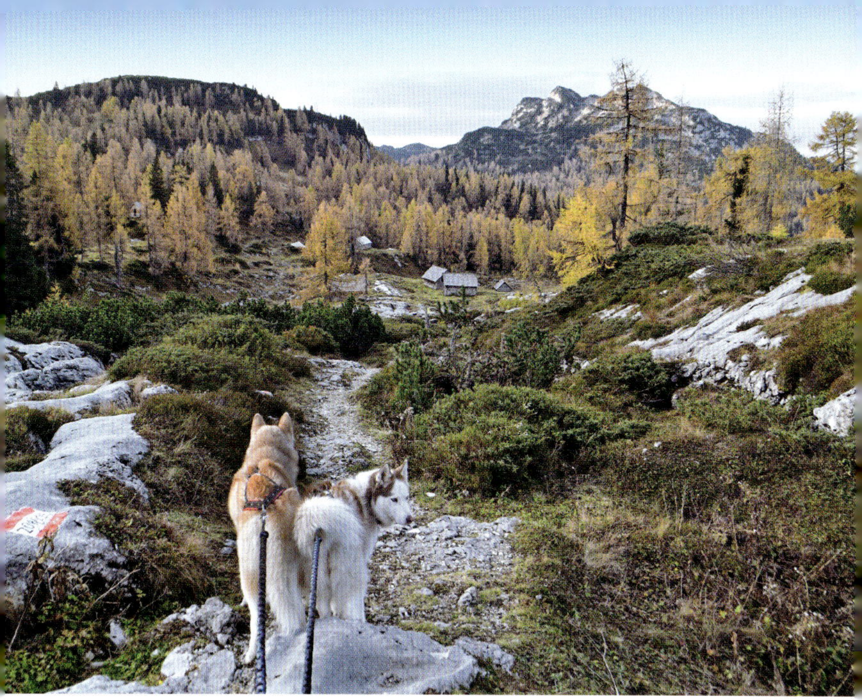

Nach dem Auf und Ab endlich der Blick auf die Augstwiesalm.

lich! Gute Kondition wird bei der Länge der Tour auch benötigt.

Anforderungen Hund: Die Tour verläuft anfangs auf alpinen Wanderwegen,danach wird es felsig. Felsplatten, Felsstufen und Felsen mit Spalten sind für unsere Vierbeiner zu überwinden. Bei so manchen Felsspalten sind große Schritte bis Sprünge notwendig. Kleine Hunde müssen hier unterstützt werden. Bergerfahrenheit und Grundkondition sind erforderlich. Hat man den Steig überwunden, geht der alpine Wanderweg weiter, ehe die offenen und weiten Wiesenflächen kommen. Die ersten anstrengenden rund 5 km sind ohne Trinkmöglichkeit. Danach folgen Quellen bei der Augstwiesalm und der Wildenseehütte. Es ist daher angesagt, genügend Wasser mitzunehmen.

Beste Wanderzeit: Grundsätzlich Mai bis Oktober, aufgrund der Kühe vor dem Almauftrieb (Mai bis Mitte Juni) und nach dem Almabtrieb (meist Mitte September) empfohlen.

Weidevieh: Weidevieh trifft man beim Augstsee, der Augstwiesalm, und der Wildenseealm, sowie um das Appelhaus. Mit »Kuhkontakt« ist daher zu rechnen.

Einkehr: Albert-Appel-Haus (1638 m), Tel. +43 676 3336668, www.albert-appelhaus.at.

Karten: freytag & berndt WK 0082 Totes Gebirge.

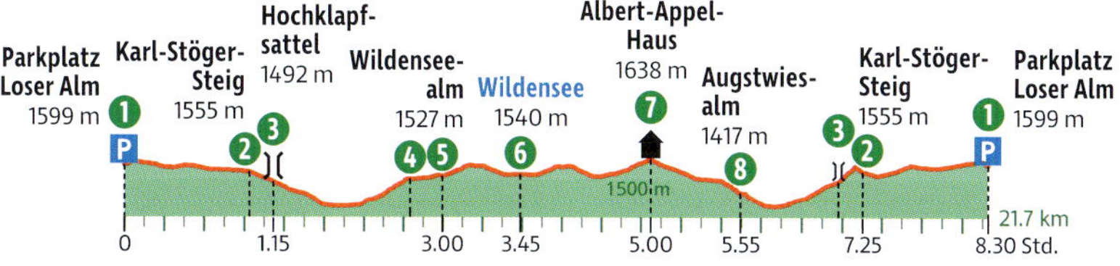

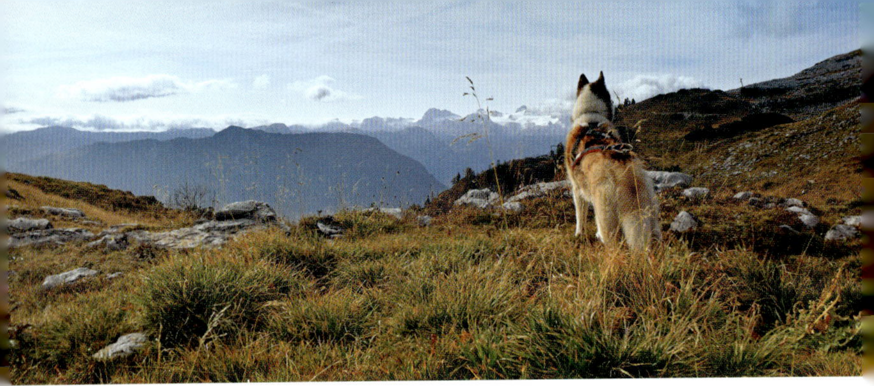

Vom Toten Gebirge aus, der Blick auf den Dachsteingletscher.

Am Ende der gebührenpflichtigen Loser Panoramastraße ist der **Parkplatz Loser Alm ❶** der Startpunkt dieser Tour. Leicht steigend geht es los Richtung Augstsee, dort aber nicht zum See gehen, sondern leicht rechts den Wanderweg 201/212 (Wildenseehütte/Selbstversorgerhütte) nehmen. Der Weg geht zuerst gemütlich über Almwiesen, auf der jede Menge Kuhfladen liegen. Dann geht es aber los mit den typischen Karsterscheinungen. Felsspalten und ausgeschwemmtes Gestein sind abwechselnd rauf und runter zu besteigen. Für die Hunde ist das Springen über solche Spalten oder das Raufklettern eine ganz schöne Herausforderung! Bei so mancher »Rinne« kommt man ins Schwitzen. Man kommt auch an einer Höhle vorbei, aus der ein kalter Luftzug weht – an warmen Tagen sehr angenehm. Immer wieder hat man einen schönen Blick runter zum Altausseer See, oder zur Trisselwand. Die Schwierigkeit steigert sich dann mit dem Betreten des alpinen **Karl-Stöger-Steiges ❷** Grundsätzlich ist alles gut gesichert und wenn es richtig steil runtergeht, ist ein Drahtseil gespannt, das einem Sicherheit gibt. Es ist für mittlere bis große Hunde allemal machbar, aber Kondition und Trittsicherheit sind auf alle Fälle gefordert. Die nächste Weggabelung heißt **Hochklapfsattel ❸**. Hier stößt der Weg, der direkt vom Altausseer See kommt hinzu. Vor der Gabelung auf der linken Seite gibt es zwischen den Latschen eine kleine Quelle. Die Augstwiesalm ist ein richtiges Highlight. Die Größe und Weite der Almwiese ist beeindruckend. Im Sommer grasen hier aber jede Menge Kühe. Auf der rechten Seite ganz hinten, sieht man die Hütten der Augstwiesalm, zunächst geht es aber nach links. Der Weg steigt dann nochmals und man passiert eine **Jagdhütte ❹** namens »Füchsleins Not«. Nach rund 700 m kommt dann die **Wildenseealm ❺** mit einer Quelle. Auf der Wildenseealm liegt die Wildenseehütte. Das ist eine Selbstversorgerhütte, die von der Alpenvereinssektion Ausseerland geführt wird. Man kann sich über den Alpenverein den Schlüssel aus-

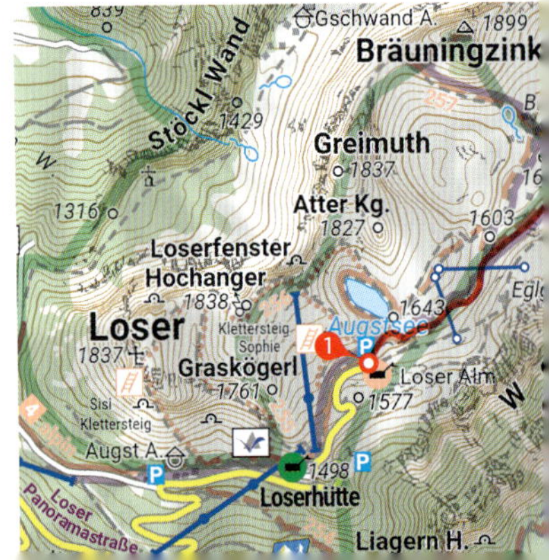

borgen. Hunde dürfen aber nicht in den Schlafraum. (Schild an der Tür: »Warnung vor dem Hüttenwirt, sollte er im Schlafraum Hunde sehen!«). Von der Wildenseehütte zum **Wildensee** ❻ sind es noch rund 2 km bzw. eine halbe Stunde. Der Rückweg (Weg 235) führt dann über das Albert-Appel-Haus. Ab der **Wildenseealm** ❺ geht es der Markierung entlang zum Albert-Appel-Haus (gut 30 Min., 1,4 km und 110 Hm). Das **Albert-Appel-Haus** ❼ liegt auf 1638 m und ist ein Schnittpunkt für viele Wanderungen. Der Weg 201 führt dann über die **Augstwiesalm** ❽ (Quelle), den **Hochklapfsattel** ❸ und den **Karl-Stöger-Steig** ❷ zurück zum Ausgangspunkt dieser Tour, der **Loser Alm** ❶.

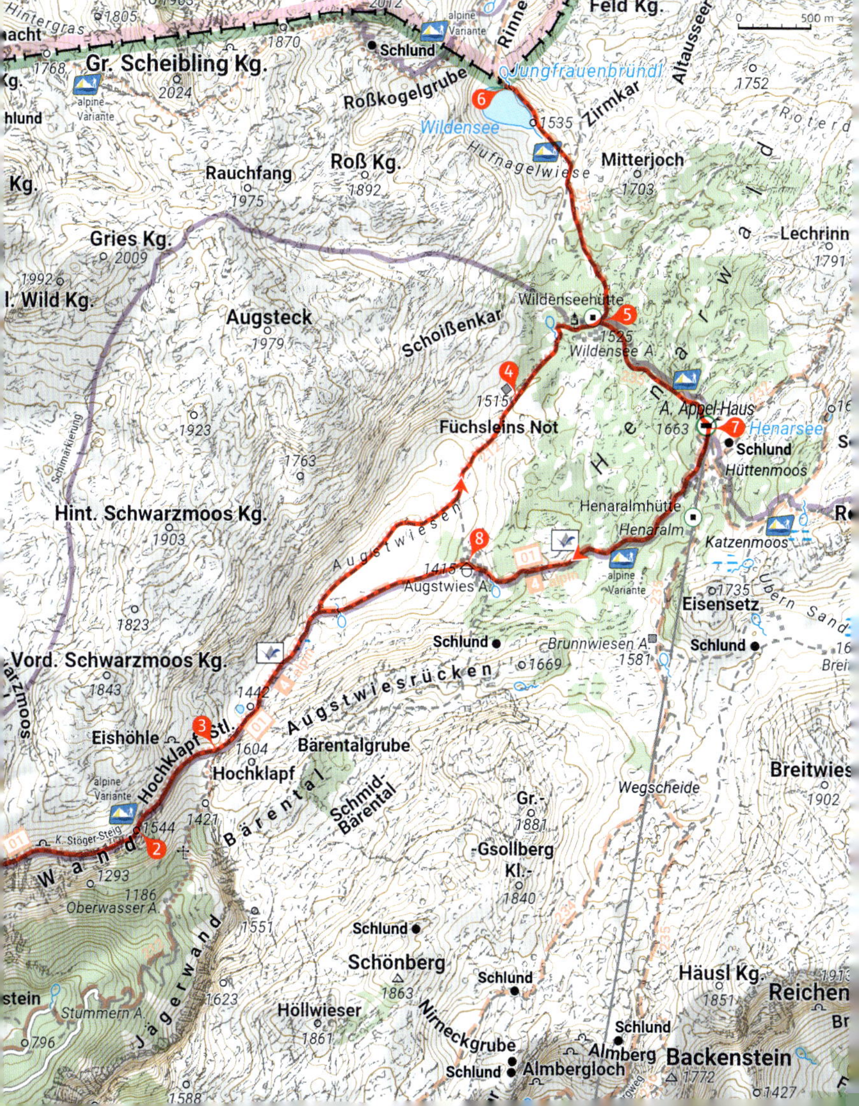

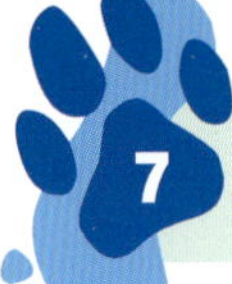

Ödenseemoor und Ödenseerunde, 776 m

Filmreife Alaskastimmung

1.30 Std. | 5,9 km | ↗ 20 m | ↘ 20 m

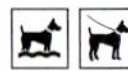

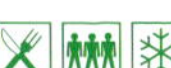

Eine angenehme Wanderung, die zum Baden und Genießen einlädt

Der Ödensee ist ein Schatz in der Region Pichl-Kainisch und zum Spazieren ideal. Die Umgebung hat ein Flair von Alaska. Das nutzte man 1973, um hier den Jack-London-Film »Wolfsblut« zu drehen. Wie bei vielen schönen Plätzen, ist der Zeitpunkt der Wanderung ein entscheidender Faktor. Mittags und nachmittags kann durch den »Genuss am See« in der Kohlröserlhütte, oft ganz schön viel los sein. Wer eine ruhige Stimmung im Moor und am See genießen möchte, der sollte daher sehr früh mit dieser Wanderung beginnen. Auch am späteren Nachmittag kann die Ruhe und die Kulinarik entspannt genossen werden. Für Hund und Mensch ein Genuss und absolut empfehlenswert!

Ausgangspunkt: Der Salzkammergutstraße/B 145 bis Pichl-Kainisch folgen, danach rechts abbiegen auf Kainisch und den Schildern zum Ödensee folgen.

Öffentliche Verkehrsmittel: Mit der Bahn direkt zum Bahnhof Pichl-Kainisch. Von dort sind es rund 500 m bis zum Ausgangspunkt der Wanderung.

Anforderungen Mensch: Leichte und beliebte Wanderung mit Abkühl- und Genusseffekt. Kurzer Waldweg, ansonst sehr schöne Wege am Seeufer.

Anforderungen Hund: Für alle Hunde geeignete Tour. Sie verläuft großteils im Schatten und bietet mit dem Ödensee eine großartige Bademöglichkeit.

Beste Wanderzeit: Ganze Wanderung März bis Oktober, nur Seerunde ganzjährig.

Weidevieh: Vor dem Parkplatz der Kohlröserlhütte können Kühe weiden. Rund um den See ist es kuhfrei.

Einkehr: Kohlröserlhütte, Ödensee 144, 8990 Bad Aussee, Telefon:+43 3624 213 Web: www.genussamsee.com

Variante: Wer in den Monaten Mai – September den Kühen aus dem Weg gehen möchte, der sollte nur die Seenrunde (2,5 km) machen. Diese ist dann kuhfrei und startet vom großen Parkplatz der Kohlröserlhütte.

Karten: freytag & berndt WK 0082 Totes Gebirge.

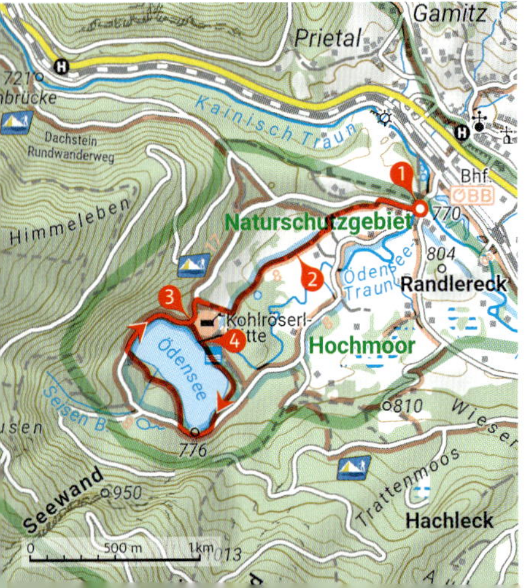

Nach dem Überqueren der Kainischtraun sind auf der linken Seite einige **Parkplätze ❶**. Von hier geht es ein kurzes Stück der Straße entlang und danach sofort links in einen Naturpfad, der den Waldrand entlang führt. Von Mitte Mai bis Ende Mai, findet man hier sehr viele Narzissen. Die Narzissen sind die Grundlage für das größte Blumenfest Österreichs in Bad Aussee, das immer Ende Mai/Anfang Juni stattfindet. Der Naturpfad mündet dann in eine Schotterstraße, die entlang der alten Torfstechereien und des **Ödenseemoores**

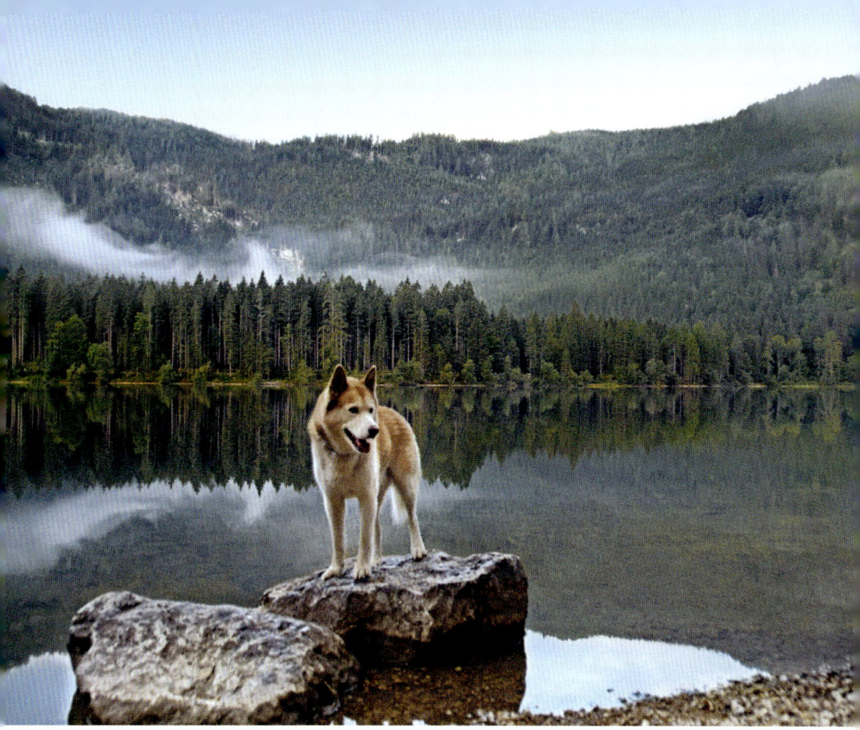

Der Ödensee, »Ruf der Wildnis« in der Steiermark.

❷ führt. Interessante Erklärungen findet man auf großen Schautafeln. Weiter geht es durch einen schattigen Wald, und der Weg kommt beim Parkplatz der Kohlröserlhütte wieder raus. Dieser Weg ist romantisch und erinnert an die Wildnis von Alaska. Knapp vor dem Parkplatz ist eine Wiese mit grasenden Kühen, die schwer zu umgehen ist – Vorsicht ist geboten! Über die kulinarisch ausgezeichnete **Kohlröserlhütte** ❸ führt der Weg zum See. In diesem Restaurant sind Hunde erlaubt. Gutes Benehmen der Hunde wird hier aber vorausgesetzt. In welcher Richtung der **Ödensee** ❹ umwandert wird, ist grundsätzlich egal. Wir gehen im Uhrzeigersinn Richtung Steg und Bootshütten. Hier bitte das Badeverbotsschild für Hunde beachten. Danach ist es aber überall möglich, mit den Hunden ins Wasser zu gehen. Auf der gegenüberliegenden Seite gibt es sehr schöne Plätze, um sich abzukühlen und gemeinsam zu schwimmen. Danach geht es über die Kohlröserlhütte wieder zurück zum **Ausgangspunkt** ❶. Der Weg ist gut markiert und ein Verlaufen ist fast nicht möglich. Im Winter gibt es neben der Langlaufloipe einen Winterwanderweg, der zum Spazieren einlädt.

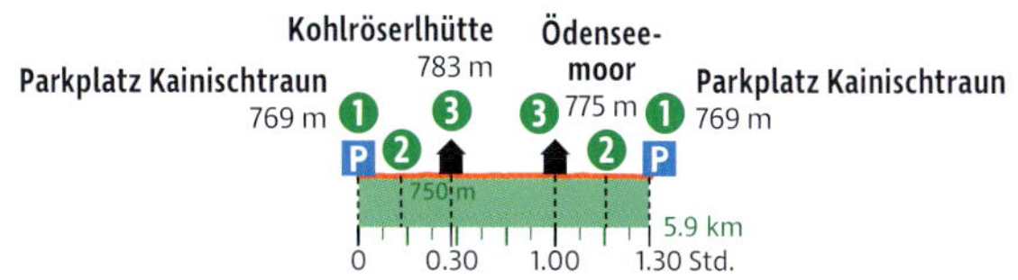

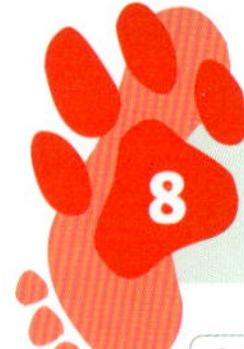

Sechs Seen auf der Tauplitz, 1650 m

Romantisch schöne Wanderung

4.30 Std. | 14,4 km | ↗430 m | ↘430 m

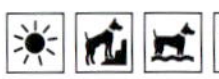

Reine Bergluft, viele Seen und Entspannung pur

Es ist eine schöne Wanderung auf das höchst gelegene Seenhochplateau Mitteleuropas, die Tauplitzalm. Die sechs klaren Seen und die weiten Almwiesen versprühen ein Gefühl der Freiheit. Der Zeitpunkt dieser Wanderung ist entscheidend, denn leichte Erreichbarkeit (durch die Alpenstraße) und überschaubare Anzahl von Höhenmetern laden viele Wanderer ein. Wenn man den Touristenströmen ausweichen will, ist es besser, die Tour sehr früh zu starten. Wer diese Tour im Frühjahr macht, wird von dem blühenden Almrausch begeistert sein. Geht man diese Tour jedoch im Herbst, dann beeindrucken einen die »goldenen« Lärchen.

Ausgangspunkt: Der Ausgangspunkt ist der Parkplatz am Ende der 10 km langen kostenpflichtigen Alpenstraße. Der Beginn der Alpenstraße liegt auf 804 m Höhe und das Ende auf 1586 m. Schon bei der Auffahrt hat man einen tollen Blick auf den Grimming und den Dachstein. Das Mauthäuschen in Bad Mitterndorf-Thörl ist ab 7 Uhr besetzt (Thörl 2, 8983 Thörl). Man hat aber die Möglichkeit, neben dem Mauthäuschen einen Jeton zu kaufen, um früher auf das Hochplateau der Tauplitzalm zu kommen.
Öffentliche Verkehrsmittel: Mit der Bahn direkt zum Bahnhof Bad Mitterndorf. Von dort fährt der Bus 8610 über die Alpenstraße direkt zum Ausgangspunkt unserer Wanderung.
Anforderungen Mensch: Für die ganze Runde sind rund 14 km zu bewältigen. Natürlich stellt es für unsere Hunde kein Problem dar. Aufgrund der Länge wird eine gute Kondition benötigt. Bis zum Steirersee sind alle Wege gut und leicht zu begehen (blau). Vom Steirersee zum Schwarzsee ist ein Naturpfad zu bewältigen. Dieser Pfad ist felsig und zum Schluss sind viele Wurzeln zu überwinden. Man kann diese Tour aber individuell kürzer gestalten und jederzeit den einen oder anderen See auslassen.
Anforderungen Hund: Die Tour ist für unsere Vierbeiner leicht zu bewältigen. Schöne Wege führen entlang der Seen. Bademöglichkeiten bestehen beim Großsee, Märchensee, Steirersee und Schwarzsee. Bis zum Steirersee ist die Wanderung auch für ganz kleine Hunde leicht zu bewältigen. Eine Herausforderung für unsere kleinen Hunde könnte der Naturpfad vom Steirersee zum Schwarzsee werden. Auf diesem Naturpfad sind so manche Steinstufen und Wurzeln zu überwinden.
Beste Wanderzeit: April bis Oktober.
Weidevieh: Dieses Hochplateau gefällt nicht nur uns Wanderern und Hunden so gut, sondern auch unseren Kühen. Entlang der Seen gibt es überall Almwiesen auf denen Kühe grasen. Die Wanderung ohne Kühe ist am besten vor dem Almauftrieb und nach dem Almabtrieb.
Einkehr: Mehrere Möglichkeiten: ÖAV-Berggasthof Hollhaus, Alpengasthof Steirerhof, Linzerhaus Tauplitzalm, oder das Naturfreundehaus Tauplitzalm.
Karten: freytag & berndt WK 0082 Totes Gebirge.

Der Ausgangspunkt dieser Route ist der **Parkplatz Tauplitzalm** ❶. Von dort geht es erstmal hinauf Richtung Hollhaus. Am Hollhaus vorbei und

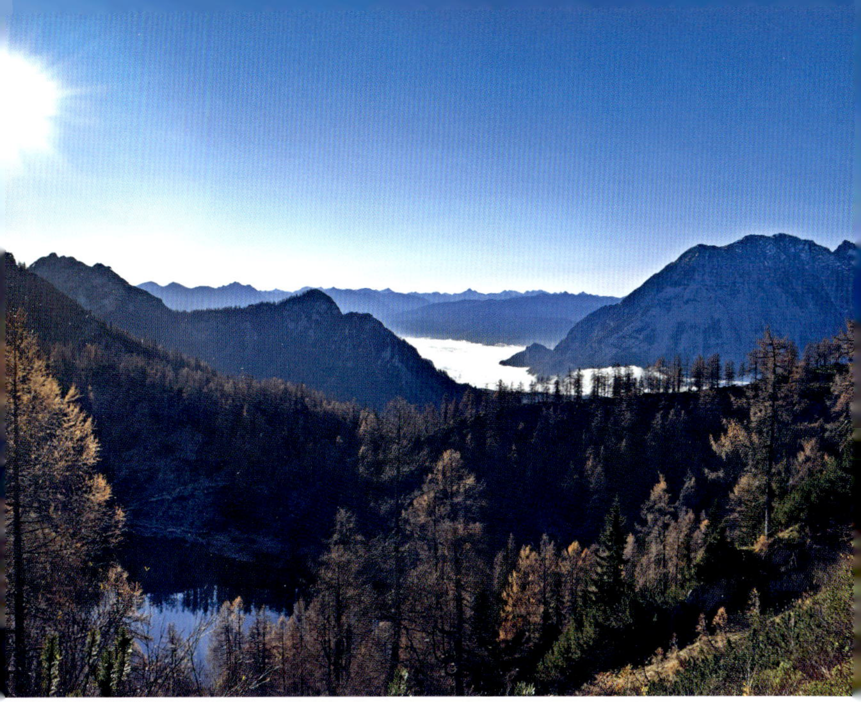

Herbststimmung auf der Tauplitzalm – Blick vom Steirersee Richtung Grimming.

gleich runter zum ersten See, dem **Kraller See ❷**. Dieser ist ein Moorsee und liegt am Fuß des Lawinensteins. Man umrundet den See und folgt weiter dem Weg, vorbei an zwei Hotels, den Weg leicht bergauf und biegt dann links auf einen Naturpfad ab. Hier kommt See Nummer zwei, der **Großsee ❸**. Nach dem Kraller See überrascht die Größe dieses Gewässers. Hunde haben hier eine große Freude, da sie an vielen Stellen gleich ins Wasser können. Leicht zu übersehen ist die Abzweigung zum **Märchensee ❹**. Diese Abzweigung liegt nämlich genau im hinteren Eck des Großsees. Nur wenige Gehminuten sind es, und man erreicht den kleinen smaragdgrünen Märchensee, der idyllisch zwischen Bergen und Bäumen eingebettet ist. Man besucht den See und kommt dann wieder zum Großsee. Den Weg einfach weitergehen, und man gelangt zu See Nummer vier, den kleinen **Tauplitzsee ❺**. In so manchen Karten wird er auch als Quendlingsee bezeichnet. Von dort geht es relativ flach weiter, an der Grazer Hütte vorbei und man gelangt zu See Nummer fünf, dem Steirersee. Dieser ist wohl der bekannteste. Bevor es aber zu den Steirerseehütten runtergeht, verläuft links der Weg zum **Steirer-**

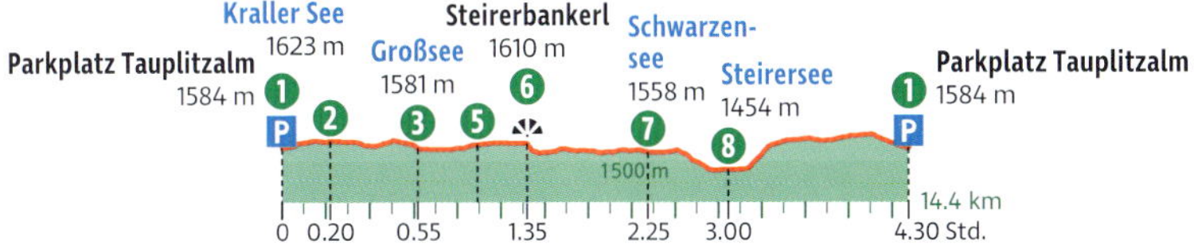

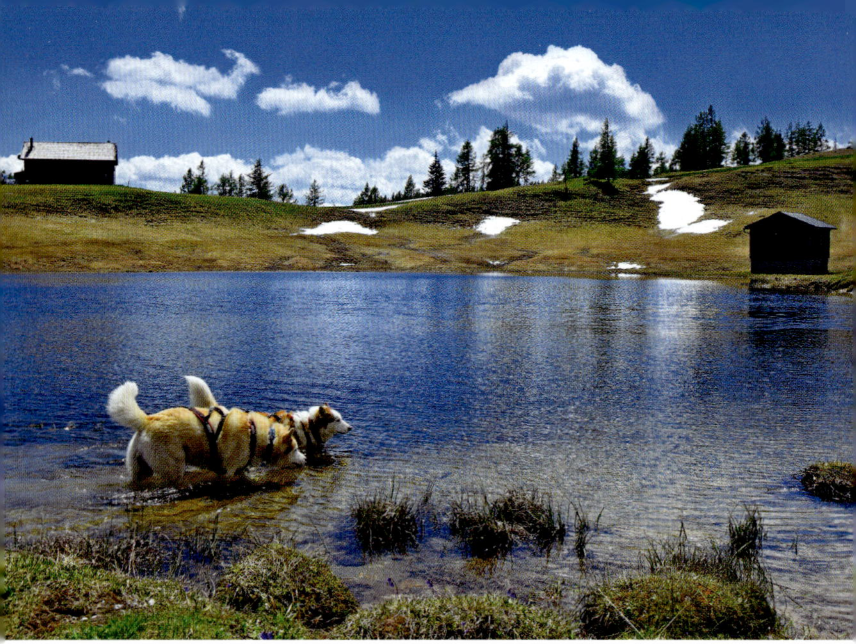

Einer von sechs glasklaren Bergseen: zum Genießen.

bankerl ❻, einem sehr beliebten Aussichtspunkt, der zu einer Pause einlädt, um das Panorama zu genießen. Beeindruckend ist auch der links liegende 2031 m hohe Sturzhahn, den auch schon Bergsteigerlegende Heinrich Harrer (7 Jahre Tibet) bestiegen hat. Weiter geht es die Forststraße runter und an den Steirerseehütten vorbei zum Höhenweg. An das Ufer des Steirersees gelangt man aber erst beim Rückweg. Weiter geht es auf einem schmalen Pfad mal rauf und mal runter und dann erreicht man See Nummer sechs, den **Schwarzsee ❼**. Der kleine, aber feine Bergsee erinnert an einen Spiegel und ist sehr romantisch in die Landschaft eingebettet. Zurück geht es dann entlang des Uferweges am **Steirersee ❽**, wieder vorbei an den Steierseehütten und auf das Hochplateau der Tauplitzalm. Hier hält man sich links und geht die wenig befahrene Straße zurück zum **Parkplatz ❶**.

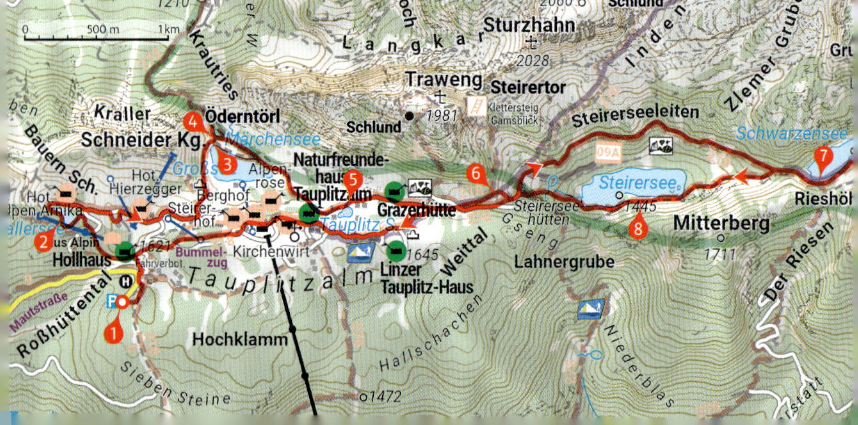

Wörschachklamm – Ruine Wolkenstein

9

Eine wildromatische Klamm im Ennstal

2.00 Std. | 4,7 km | ↗ 230 m | ↘ 230 m

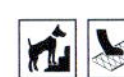
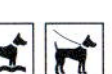

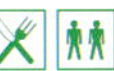

Eine schnelle Tour, die sich leicht erweitern lässt

Eine interessante Wanderung, die sich im Sommer bestens für einen Ausflug oder auch »nur« einen Spaziergang eignet, denn es ist für jeden etwas dabei, ob tosendes Wasser, großartige Ausblicke, interessante Informationen oder eine historische Burg. Eine Erweiterung der Wanderung zum Spechtensee (Tour 10) ist ebenfalls möglich.

Ausgangspunkt: Von der B320 nach Wörschach fahren, abbiegen und den Schildern zur Wörschachklamm folgen. Parkplatz direkt am Ausgangspunkt der Wörschachklamm.

Öffentliche Verkehrsmittel: Mit der Bahn direkt zum Bahnhof Stainach Irdning. Von dort fährt der Regionalbus 940 nach Wörschach. Bei der Haltestelle »Wörschach Ort« aussteigen und der Beschilderung folgen.

Anforderungen Mensch: Trittsicherheit und gutes Schuhwerk wird empfohlen. Auf dem Weg nach unten gibt es eine felsige Passage. Bei Nässe können die Holzstege rutschig sein.

Anforderungen Hund: Durch die Klamm gibt es viele Stege, Stufen und Brücken. Der Großteil des Weges sind aber Stege, die mit quer angebrachten Holzsprossen versehen sind. Damit wird die Möglichkeit des Ausrutschens minimiert. Für den Weg nach unten sind ein wurzeliger Waldweg und einige Felsstufen zu überwinden. Für gesunde Hunde ist der Weg grundsätzlich kein Problem.

Beste Wanderzeit: Die Klamm ist täglich von Mai bis Oktober in der Zeit von 8 – 18 Uhr geöffnet.

Wanderung ins Mittelalter bei der Burgruine Wolkenstein.

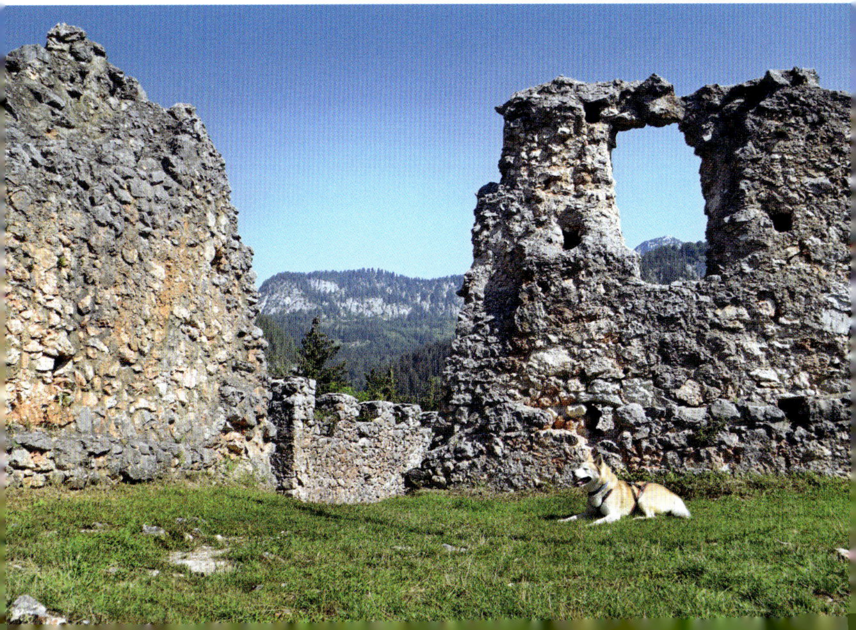

Varianten: Der Rückweg kann über die Kalköfen um 15 Min. verlängert werden. Außerdem lässt sich die Wanderung auch mit dem Spechtensee (Tour 10) kombinieren (Info siehe dort).

Weidevieh: Auf dieser Route sind keine Kühe. Wer aber nicht über die Schwefelquelle, sondern über die Kalköfen geht, muss mit Kuhkontakt rechnen.

Einkehr: Klammstüberl: Tel. +43 676 87837334, Esel Ranch Tel. +43 664 4220265.

Karten: freytag & berndt WK 0082 Totes Gebirge.

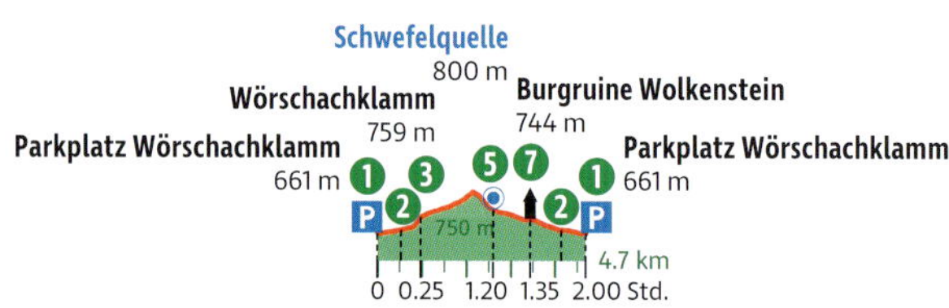

Start ist am gebührenfreien **Parkplatz** der **Wörschachklamm** ❶. Am schönsten ist es zeitig in der Früh. Vom Parkplatz dort geht es entlang des Wörschachbaches ca. 10 Minuten bis zur **Mauthütte** ❷. Der Weg dorthin ist durch blumengeschmückte Häuser und Gärten schon sehr romantisch. Informationstafeln zeigen die heimische Artenvielfalt auf. Nach der Mauthütte sieht man noch die Überreste des alten Klammschwefelbades, ehe es die Stufen, Stege und Brücken hochgeht. Hier haben die Hunde nochmals die Möglichkeit im Bach Wasser zu trinken. Dann kommt der Einstieg in die bizarre enge Klamm. Es ist total beeindruckend, wie sich das Wasser seinen Weg durch die Felsen gegraben hat. Kaum vorstellbar, dass hier vor langer Zeit Händler mit Pferdegespannen gefahren sind und Holzknechte mit Kraft des Wassers das Holz ins Tal transportiert haben. Für unsere Hunde sind die Stege der **Wörschachklamm** ❸ gut zu gehen, denn auf ihnen befinden sich quer angebrachte Holzsprossen. Das minimiert die Möglichkeit des Ausrutschens. Bei vielen Stufen gibt es eine Möglichkeit, seitlich auszuweichen. Für gesunde Hunde ist der Weg grundsätzlich kein Problem, und nach rund 30 Minuten erreicht man den Klammausgang. Hier besteht wieder die Möglichkeit, die Hunde im Bach mit Wasser zu versorgen. Man folgt danach der Forststraße und geht rechts der Markierung nach »Schwefelquelle – Ruine Wolkenstein«. Wenn man links abbiegt ❹, erreicht man nach ca. 1,5 Stunden den Spechtensee (siehe Variante). Der Weg führt jetzt durch den Wald bis zu einer Aussichtsbank. Von dort

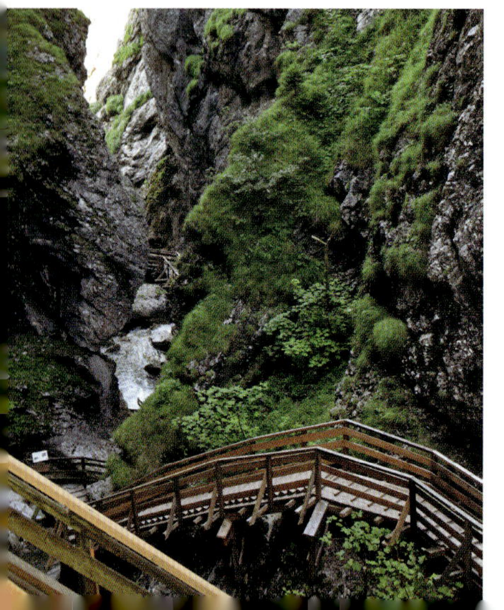

Die wildromantische Wörschachklamm mit ihren Stegen und Brücken.

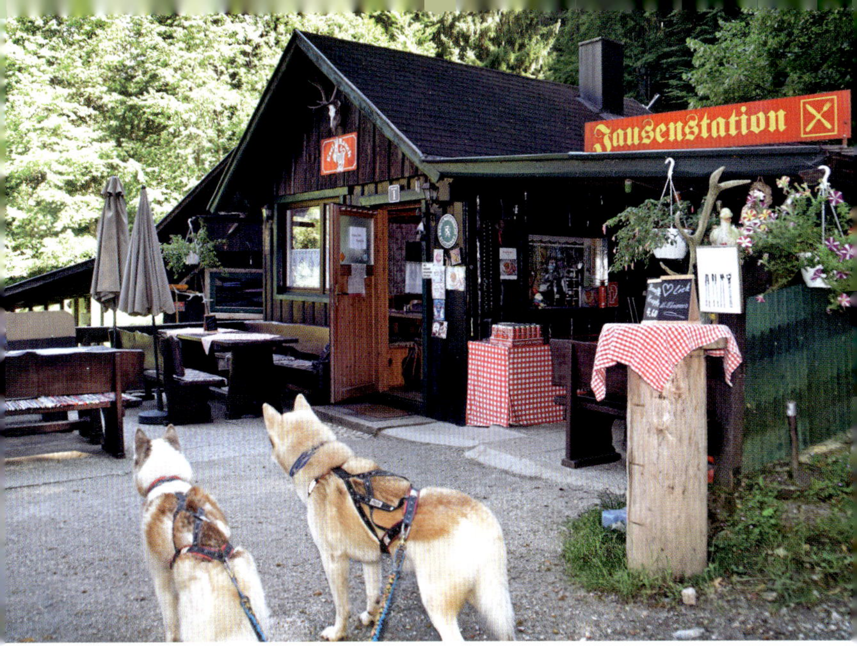

Kühle Erfrischungen bei der Jausenstation Eselranch.

hat man einen großartigen Blick in das Ennstal. Der Weg ist an einer Stelle sehr alpin mit Felsstufen, ehe man einem Hohlweg nach unten in Richtung »Schwefelquelle« bzw. »Eselranch« folgt. Es ist die kürzere Runde zur Ruine. Bei der längeren Runde über die Kalköfen, hat man einen Kuhkontakt! Nach ca. 5 Minuten erreicht man die **Schwefelquelle** **5**. Eine Quelle entspringt aus der Tiefe des Wörschacher Kalkgebirges mit einer Temperatur von 15 Grad und einer Tagesausschüttung von ca. 15.000 bis 20.000 Liter. Der Weg führt weiter nach unten zur **Eselranch** **6**, einer netten Jausenstation mit Streichelzoo (Esel, Lamas und Ziegen), bei der auch Hunde willkommen sind. Von der Jausenstation sind es nur mehr wenige Stufen, die zur **Burgruine Wolkenstein** **7** führen. Diese Ruine war einst eine der wehrhaftesten Burgen im Ennstal. Ihre Geschichte reicht bis in das Jahr 1099 zurück. Von der Burg sind noch zahlreiche Burgmauern, Tore und Türme erhalten. Sie soll auch ein Kraftort sein, an dem man wieder Energie tanken kann. Sehenswert ist auf alle Fälle der Ausblick auf das Ennstal. Von der Burg geht man dann wieder rund 10 Minuten zum Ausgangspunkt, dem **Parkplatz Wörschachklamm** **1** zurück.

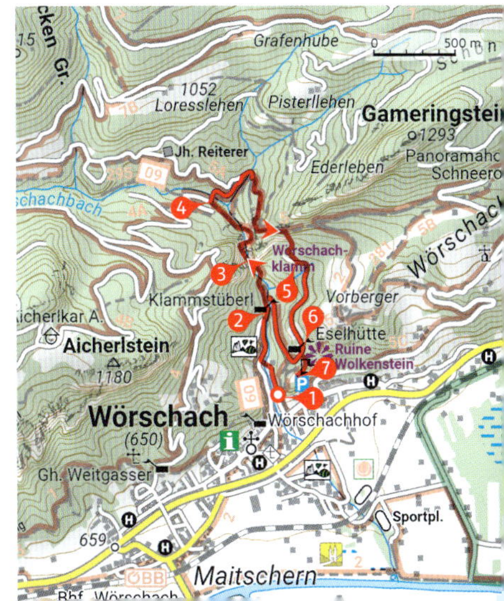

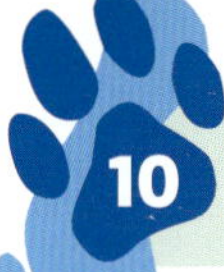

10 Rund um den Spechtensee, 1050 m

Eine feine Runde zwischen Wald und Wasser

0.30 Std. | 1,4 km | ↗10 m | ↘10 m

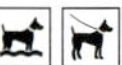 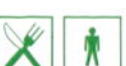

In der Kürze liegt die Würze

Seen üben auf uns immer eine Faszination aus. Der Spechtensee bei Wörschach ist ein kleiner, aber feiner Bergsee, der auf ca. 1050 Meter liegt. Er hat am Ufer ein »Schwingmoor«, das sich mit Schaukelbewegungen hin und her bewegt. Wer auf dem Weg ins Salzkammergut ist, vom Salzkammergut rausfährt, der ist bei diesem Naturjuwel gut aufgehoben. Ein ganz idyllischer Spaziergang bzw. eine sehr kurze Wanderung, die für alle Hundegrößen geeignet ist. Aber Vorsicht, es kann im hinteren Bereich des Sees, trotz Hackschnitzel am Weg sehr matschig sein aber das Erlebnis Schwingmoor ist einzigartig!

Ausgangspunkt: Mit dem Auto bis zum Bahnhof Tauplitz, dann der Beschilderung Richtung Wörschachwald, auf den Wörschachbergweg (mit dem Auto sind es 7,8 km und ca. 15 Minuten Fahrzeit).

Öffentliche Verkehrsmittel: Mit der Bahn direkt zum Bahnhof Tauplitz. Von dort besteht jedoch keine Möglichkeit mit öffentlichen Verkehrsmitteln den See zu erreichen (Fußweg rund 7,8 km).

Anforderungen Mensch: Keine besonderen Anforderungen.

Anforderungen Hund: Keine besonderen Anforderungen.

Beste Wanderzeit: April bis November.

Weidevieh: Am Ende der Seenrunde gibt es Kuhweiden, die aber mittels Elektrozaun gesichert sind.

Einkehr: Spechtenseehütte, www.spechtensee.com/.

Variante: Diese Tour lässt sich auch mit der Wörschachklamm (Tour 9) kombinieren. Es empfiehlt sich als Ausgangspunkt die Wörschachklamm, dann zum See und wieder zurück. Streckenlänge: 13,7 km Dauer: rund 5 Stunden.

Karten: freytag & berndt WK 0082 Totes Gebirge.

Der Wegweiser für die Seerunde.

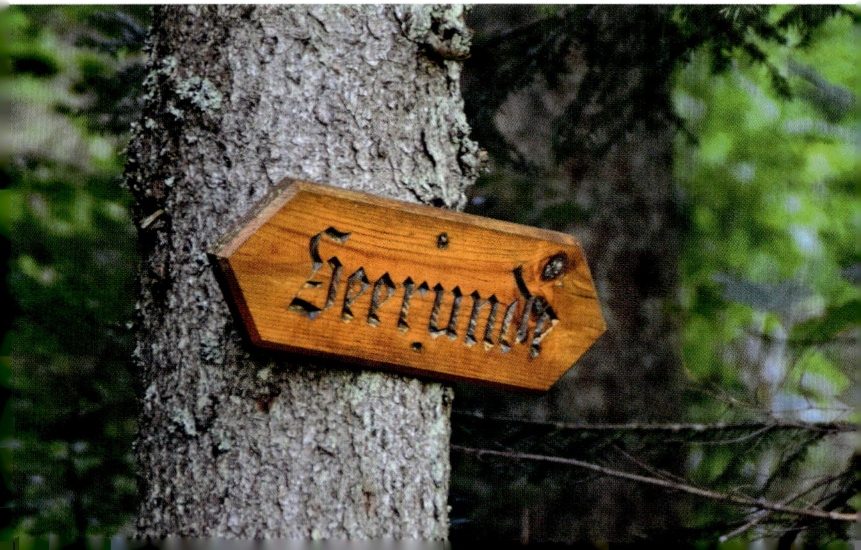

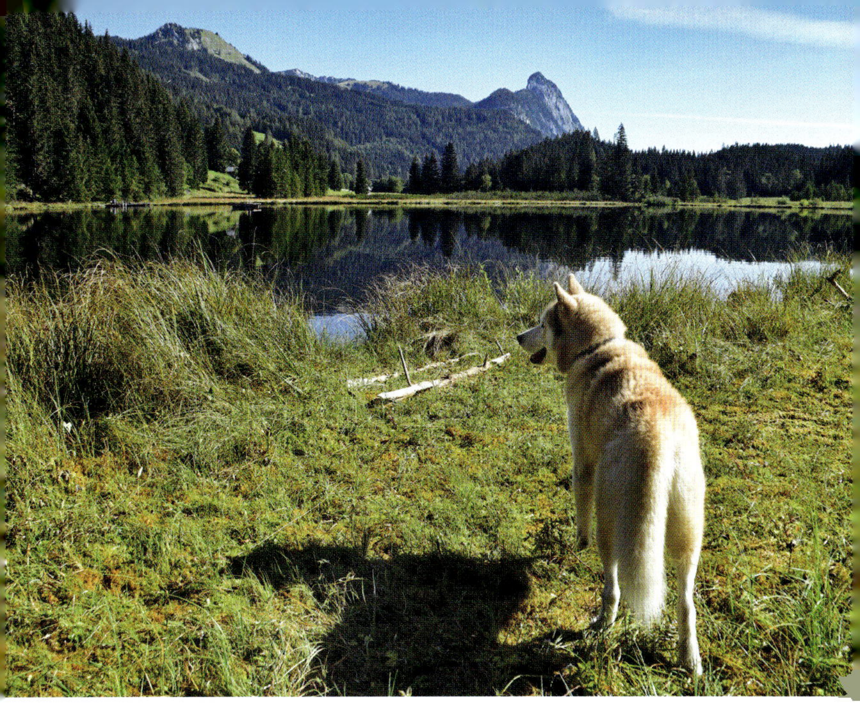

Der idyllische Spechtensee.

Ausgangspunkt dieser Wanderung ist der **Parkplatz** der **Spechtenseehütte** ❶. Parkgebühr ist eine freiwillige Spende. Vom Parkplatz aus geht es zur **Alpenvereinshütte Spechtensee**, die hausgemachte Mehlspeisen anbietet und eine schöne große Terrasse hat. Von dort geht es rechts die Forststraße entlang, weiter bis links ein kleiner **Naturpfad** ❷ um den See führt.

Dieser Pfad kann aber nach Regen ganz schön matschig sein. Der Weg führt dann an das andere Ufer des Sees, wo die Hunde leicht zum Wasser hinkönnen. Aufgrund des schwankenden Moores kann es durchaus vorkommen, dass die Hunde nicht ins Wasser gehen. Das Spechtensee-Biotop ist ein hochsensibles Ökosystem. Daher wird empfohlen, sich nur auf den markierten Pfaden (Seenrundweg) aufzuhalten. Der Naturpfad führt dann über eine Wiese zurück zur Alpenvereinshütte und zum Parkplatz. Auf der Wiese befinden sich Kühe, die aber durch einen **Elektrozaun** ❸ abgesperrt sind. Im Winter verläuft um den See eine idyllische Langlaufloipe, weshalb die Wander-Empfehlung sich auf April bis November beschränkt.

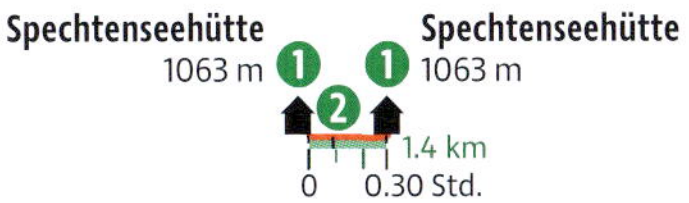

Spechtenseehütte 1063 m ❶ ❷ ❶ **Spechtenseehütte** 1063 m

1.4 km

0 0.30 Std.

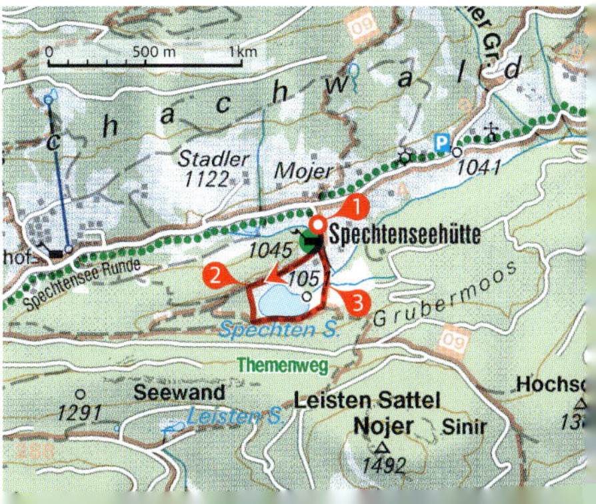

Stoderzinken, 2048 m

Der schönste Platz Österreichs

2.30 Std. | 4,6 km | ↗ 450 m | ↘ 450 m

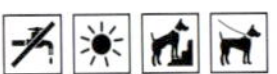 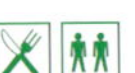

Eine Kirche, ein Denkmal und ein Gipfel

Hoch über dem Ennstal ragt es hinaus, das Friedenskircherl. Eine kleine Kirche, die 1902 von Ritter Emil von Horstig zur Einheit der Konfessionen als unübersehbares Zeichen erbaut wurde. Dazu ein schöner Rundwanderweg, ein 2000er mit toller Aussicht auf den Dachstein, den Großglockner, die Niederen Tauern, die Hohen Tauern und das Ennstal. Das sollte man mit seinem Hund unbedingt genießen. Das Kirchlein im Felsen, das große Denkmal und die Aussicht machen diese Wanderung sehr beeindruckend.

Ausgangspunkt: Mit dem Pkw auf der B320 bis nach Gröbming, dort den Schildern »Stoderzinken« folgen. Dann ca. 12 km auf der Mautstraße Stoderzinken-Panoramastraße bis zum Steinerhaus. Die Mautstraße ist sowohl im Sommer als auch im Winter befahrbar. Im Winter besteht allerdings Ketten- bzw. Allradpflicht.
Öffentliche Verkehrsmittel: Mit dem Zug bis zum Bahnhof Gröbming. Danach mit dem Regionalbus 948 bis zur Haltestelle Winkl (Gröbming) Mautstelle. Von dort besteht die Möglichkeit mit dem Taxi zum Ausgangspunkt zu gelangen.
Anforderungen Mensch: Trittsicherheit und die übliche Grundkondition reichen bei dieser Tour grundsätzlich aus. Vom Roseggerdenkmal auf den Gipfel sind einige Felsstufen zu bewältigen. Beim Abstieg kann es durch Nässe sehr rutschig sein. Diese Tour bietet in manchen Teilen wenig Schatten.
Anforderungen Hund: Der Weg zum Friedenskircherl ist für alle Hunde geeignet. Auf dem Weg zum Gipfel gilt es, einige Felsstufen zu passieren, bei der kleine Hunde etwas Unterstützung benötigen. Unbedingt genügend Wasser mitnehmen, da sich auf dem Weg keine Quellen befinden!
Beste Wanderzeit: April bis Oktober.
Weidevieh: Auf den Wiesen der Rosemi Alm (unterer Parkplatz) und der Brünnerhütte sind Weiden zu durchqueren!
Einkehr: Berggasthof Steinerhaus, Brünnerhütte (gehören zusammen): Tel. +43 3686 2646, www.steinerhaus.at; Rosemi Alm: Tel. +43 3686 30960, www.rosemi-alm-25.webself.net.
Karten: freytag & berndt WK 201 Schladminger Tauern – Radstadt – Dachstein.

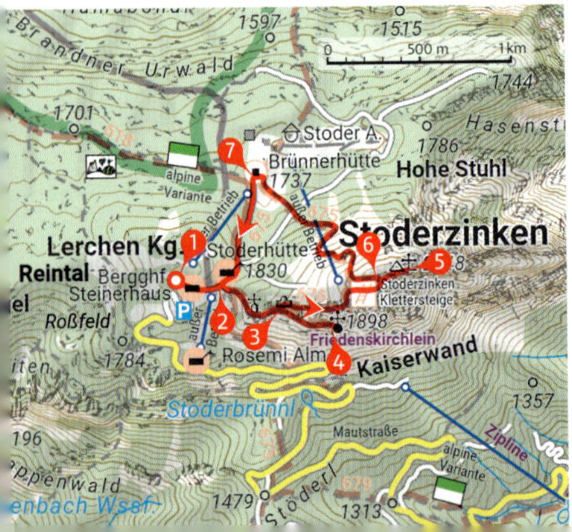

Am Ende der Bergstraße auf den Stoderzinken gibt es einen Parkplatz bei der Rosemi Alm und einen beim Berggasthof Steinerhaus. Die Beschreibung startet vom obersten Parkplatz, dem **Parkplatz Berggasthof Steinerhaus ❶**). Am Berggasthof Steinerhaus vorbei und an der nächsten Weggabelung gleich **rechts ❷**, folgen wir dem Weg 676. Ein leicht steigender Wurzelweg führt uns immer näher zum ersten

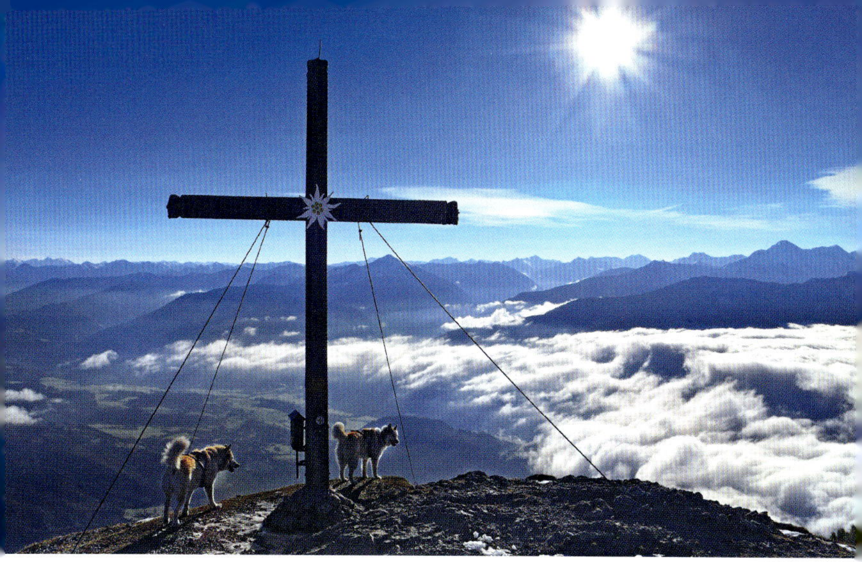

Hoch über dem Ennstal, der Gipfel des Stoderzinken.

Ziel, dem Friedenskircherl. Nach dem Wurzelweg wird es ein schöner, aber steiniger Naturpfad, der bis zum **Roseggerdenkmal ❸** führt. Peter Rosegger besuchte den »Stoder« in den Jahren 1902 und 1904 und schrieb: Was soll ich schreiben in diesen Bergen voll Sonnenschein, ich kann nur in Andacht schweigen und selig sein! Vom Roseggerdenkmal sind es dann noch circa 10 Minuten, bis man das **Friedenskircherl ❹** erreicht. Für eine Spende darf man auch mal läuten und man hat einen Wunsch frei.

Von der Kirche gehen wir zurück zum **Roseggerdenkmal ❸** und beginnen mit dem Aufstieg. Dieser dauert rund eine Stunde und der Weg führt uns zwischen Latschenfeldern weiter durch felsdurchsetztes Gelände. Für kleine Hunde kann es aufgrund Felsstufen, auf dem Weg nach oben manchmal ein wenig schwierig werden, aber es ist grundsätzlich zu schaffen. Oben, am **Stoderzinken ❺** auf 2048 m angekommen, hat man einen faszinierenden 360-Grad-Panoramablick! Diese besonderen Momente eines gemeinsamen Gipfelsieges sind für Mensch und Hund immer etwas Besonderes. Runter geht es jetzt den **Weg 675 ❻** zur Brünnerhütte, zuerst wieder zwischen den Latschen und später durch einen Lärchenwald. Nach rund 30 Minuten erreichen wir die **Brünnerhütte ❼**, auf der im Sommer die Kühe weiden! Von der Brünnerhütte geht es jetzt den markierten Weg (blauer Punkt) zu unserem Ausgangspunkt, dem **Parkplatz** beim **Berggasthof Steinerhaus ❶**.

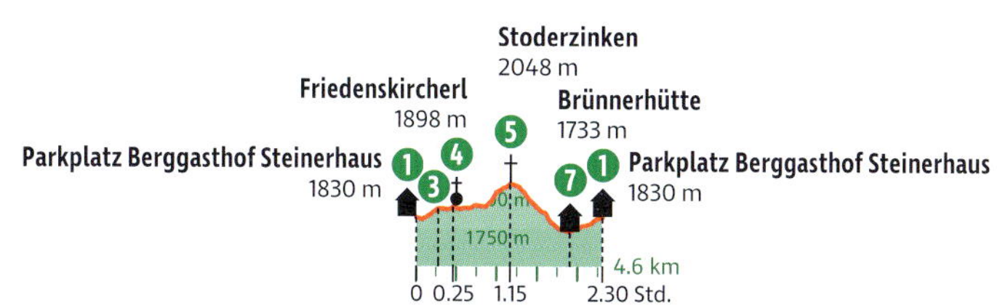

Spiegelsee und Rippetegg, 2126 m

Spieglein, Spieglein auf dem Berg

3.15 Std. | 6,2 km | ↗370 m | ↘370 m

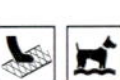

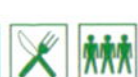

Von See zu See auf den Gipfel

Wer sagt, er wandert zum Mittersee, erntet meist fragende Blicke. Sagt man aber, man wandert zum Spiegelsee, weiß jeder Bescheid. Eine sehr beeindruckende Tour mit toller Aussicht, drei Seen und zwei Gipfeln. Bei dieser Wanderung ist der richtige Zeitpunkt ausschlaggebend. Je früher man auf dem Berg ist, umso weniger ist los, denn der Ausgangspunkt ist leicht zu erreichen. Der Weg zum Spiegelsee ist nicht schwer und das lockt viele Besucher an. Bei Windstille spiegelt sich die Südwand des Dachsteins wider, was diesem See auch seinen Namen verleiht. Ab Mitte Juni, wenn die Alpenrosen zu blühen beginnen und der Himmel blau ist, wird diese Wanderung zu einem ganz besonderen Farbspektakel. Etwas weiter oben erreicht man den Obersee, einen richtig kleinen Eiszeitsee, bevor es auf den Gipfel geht.

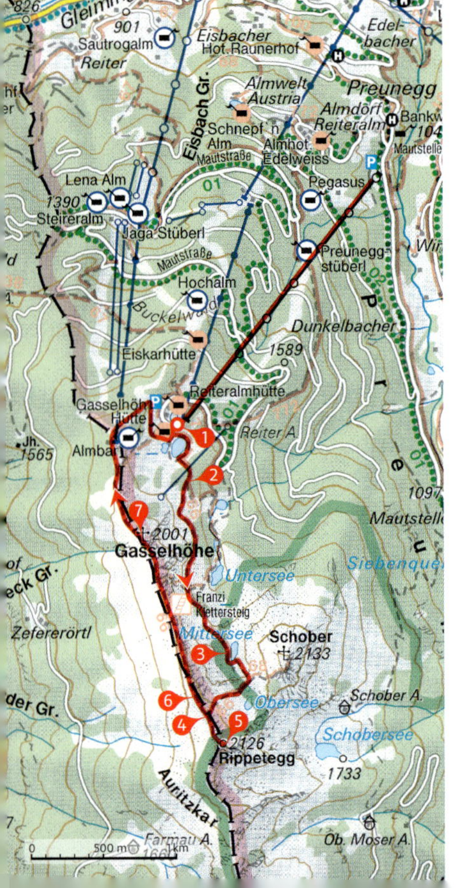

Ausgangspunkt: B320 Ennstalbundesstraße, bis Abzweigung Reiteralm – Preuneggjet, Richtung Preuneggtal bis zur Talstation des Preunegg Jets. Danach die Mautstraße rauf bis zum Parkplatz Gasselhöh Hütte. Adresse: Reiteralmstr. 52, 8973 Schladming.

Öffentliche Verkehrsmittel: Mit dem Zug über Schladming bis zum Bahnhof Pichl fahren (alternativ mit dem Zug bis Schladming und danach mit dem Regionalbus 902 bis Pichl). Von dort sind es 3,9 km Fußweg (oder Taxifahrt), um zur Talstation des Preunegg Jets (Seilbahn) zu gelangen. Die Seilbahn fährt Fr., Sa. und So. bis Mitte Oktober zum Ausgangspunkt der Wanderung. In den Sommerferien gibt es einen Wander- und Bikebus, der 4 mal täglich von Schladming zum Preunegg Jet fährt (Info unter: www.schladming-dachstein.at/.

Anforderungen Mensch: Der Weg zum Spiegelsee ist einfach und verlangt keine besondere Anforderung. Der weitere Weg setzt allerdings Trittsicherheit und Orientierungssinn voraus, da die Markierungen auf den Steinen aufgemalt sind und bereits bei wenigen Zentimetern Schnee nicht mehr zu sehen sind.

Anforderungen Hund: Vom Spiegelsee

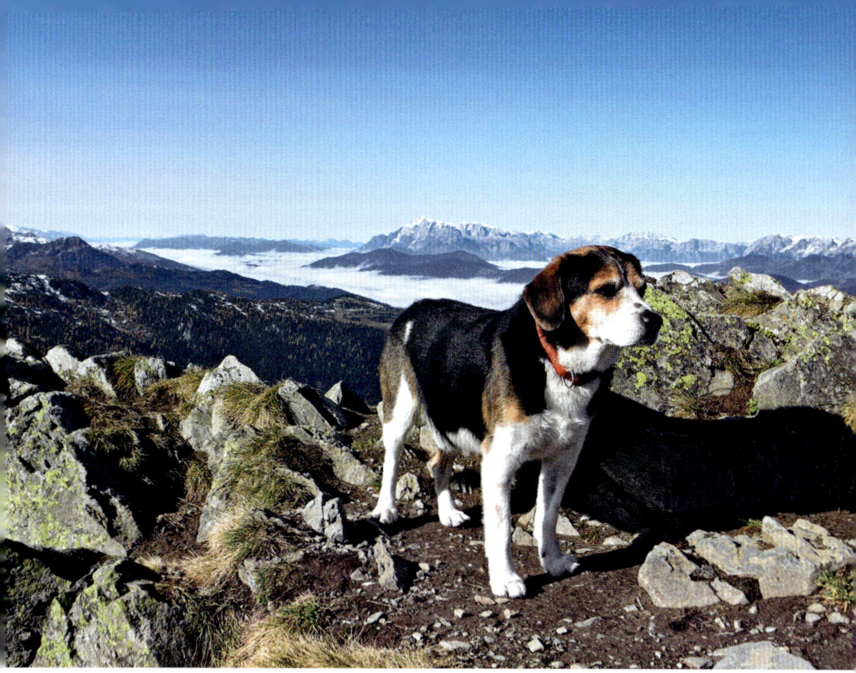

Beaglemischling Rocky, auch mit über 12 Jahren mit dabei.

auf das Rippetegg benötigen die Hunde Bergerfahrung, da einige Felsstufen zu meistern sind. Auf dem Weg zur Gasselhöh gilt es eine Eisenleiter zu bezwingen. Alternativ dazu führen daneben auch steile Felsstufen nach oben. So manche Hunde werden diese bevorzugen. Kleine Hunde müssen hier unterstützt werden. Da man sich über der Baumgrenze befindet, ist man stark der Sonne ausgesetzt! Trotz der Seen unbedingt genügend Wasser mitnehmen! Das Baden im Spiegelsee ist verboten!

Beste Wanderzeit: April bis Oktober.
Weidevieh: Auf den Wiesen rund um die Bergstation weiden Kühe, die man aber über den Damm des Speichersees gut umgehen kann. Von der Gasselhöh hinunter zum Reiteralmlift ist die Skipiste im Sommer eine Almwiese, auf der Kühe und Ziegen grasen.
Einkehr: Gasselhöh Hütte Tel. +43 664 4513435; www.gasselhoehhuette.at.
Karten: freytag & berndt WK 201 Schladminger Tauern – Radstadt – Dachstein.

Am **Parkplatz** der **Gasselhöh Hütte** ❶ startet diese einzigartige Rundtour. Vom Parkplatz aus muss man sich links Richtung Speichersee halten. Man folgt dann dem **Weg Nr. 66** ❷ Richtung Spiegelsee (Mittersee). Er ist ein schöner breiter Naturpfad, der stetig nach oben führt und auch für kleine Hunde kein Problem darstellen sollte. Vom Speichersee zum Spiegelsee (Mittersee) benötigt man rund 45 Minuten. Auf diesem Weg hat man auch einen schönen Blick runter zum Untersee. Oben am **Spiegelsee** ❸ angekommen, blicken wir auf das gegenüberliegende, gewaltige Dachsteinmassiv und wenn man Glück hat, spiegelt sich dieses im See wider. Wer sehr früh startet, um den vielen Wanderern auszuweichen, erlebt leider eine kleine negative Überraschung. Denn die Sonne muss erst über den Schober (2133 m), ehe sie den Spiegelsee erreicht. Nach dem

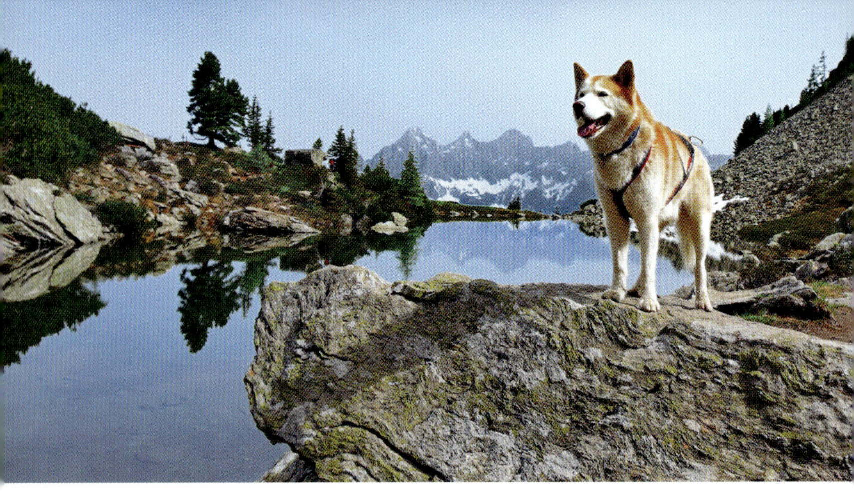

Oben: Der Spiegelsee, eines der beliebtesten Fotomotive.
Rechts: Blick nach unten zum Spiegelsee und gegenüber der Dachstein.

Fotoshooting geht es weiter auf den Gipfel des Rippetegg. (Weg Nr. 66). Man benötigt rund 1 Stunde, um vom Spiegelsee auf den Rippetegg zu gelangen. Dieser Weg führt zunächst über einen Anstieg zum Obersee, ein kleiner Eiszeitsee. Das ist auch die letzte Trinkmöglichkeit für unsere Fellnasen. Dann geht es einem alpinen Weg steil hinauf. Ist man oben angekommen, trifft man auf eine **Gabelung ❹**. Rechts verläuft der Reiteralm Höhenrundweg und links geht es über felsiges Terrain auf den Gipfel des **Rippetegg ❺**. Der Ausblick auf die umliegenden Berge ist hier auf 2126 m einfach gewaltig. Nach dem Gipfel geht der Rundweg wieder zurück bis zur **Gabelung ❹** und wir folgen der Markierung »Reiteralm Höhenrundweg« Es geht dann nur mehr leicht bergab, ehe man vor großen **Eisenstufen ❻** steht. So manche Hunde scheuen diese Stufen, sie haben aber die Möglichkeit, seitlich die hohen Felsstufen zu überwinden. Wichtig ist, dass man eine lange Leine dabei hat, um dem Hund die nötige Freiheit zum Klettern zu geben. Ist dieses Hindernis überwunden, geht es den Bergkamm entlang, zum zweiten Gipfel dieser Runde. Das Gipfelkreuz der **Gasselhöhe ❼** liegt auf 2001 m Meereshöhe und auch von hier hat man einen wunderbaren 360-Grad-Rundblick. Jetzt geht es den Berg wieder runter Richtung Bergstation Gasselhöhebahn. Zuerst verläuft der Weg etwas steiler und dann leicht fallend über die Skipiste bis zum **Parkplatz Gasselhöh Hütte ❶**, dem Ausgangspunkt dieser Wanderung, hinunter.

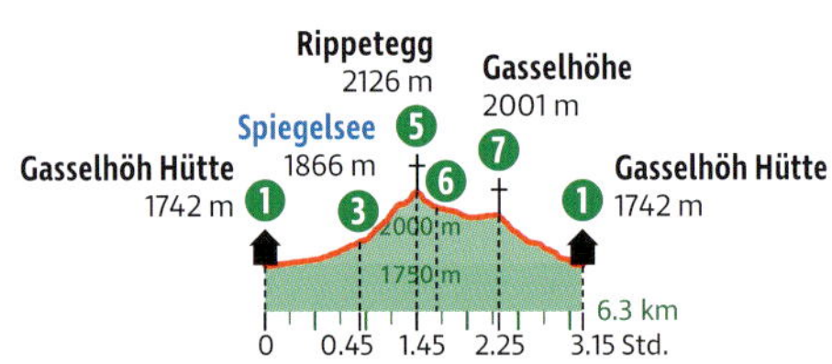

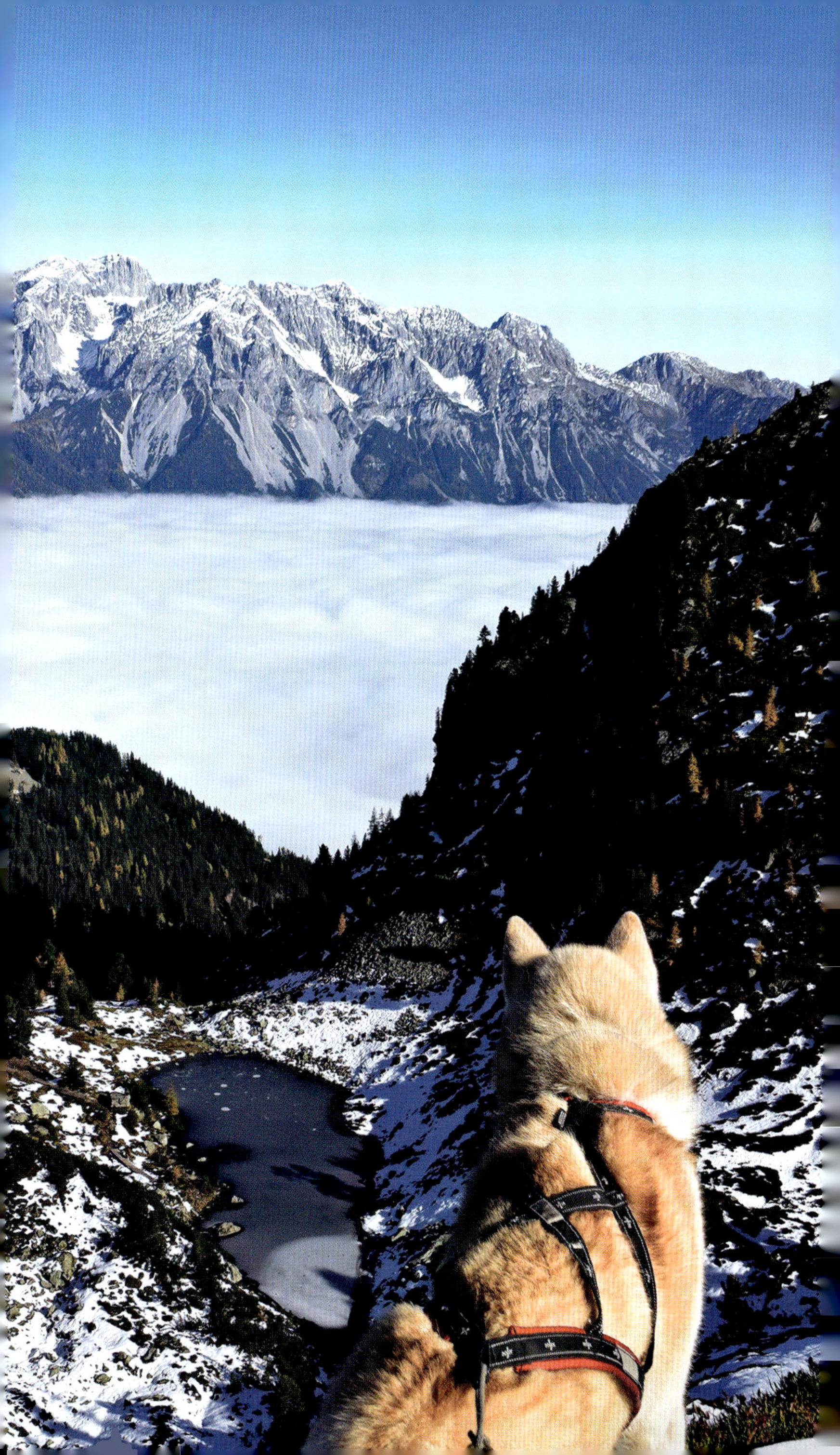

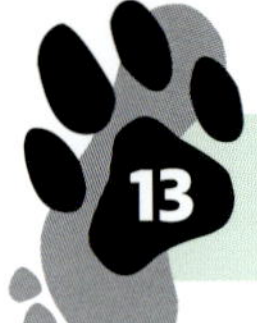

Bösensteinrunde, 2248 m

Felsig, felsig und dazu auch steil

4.30 Std. | 9,2 km | ↗ 930 m | ↘ 930 m

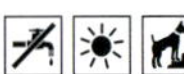
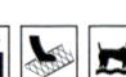
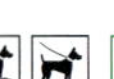
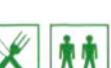

Ein schmaler Grat zum Himmel mit drei Gipfeln

Eine herausfordernde Tour, die Mensch und Hund ordentlich Kondition abverlangt. Der Erfolg über das Erreichte und der Ausblick entschädigt aber für die unzähligen Schweißperlen auf der Stirn. Unseren Hunden kann man aber nach der Wanderung mit einem »Relaxbad« im See noch eine große Freude machen.

Ausgangspunkt: Von Trieben oder von Judenburg in den Ort Hohentauern, danach Richtung Langlaufzentrum und dann die Mautstraße hinauf bis zum Parkplatz kurz vor der Edelrautehütte.

Öffentliche Verkehrsmittel: Mit der Bahn direkt zum Bahnhof Trieben. Von dort fährt der Regionalbus 6948 bis nach Hohentauern. Die 5,5 km lange Mautstraße nach oben zur Edelrautehütte muss zu Fuß zurückgelegt werden.

Anforderungen Mensch: Anspruchsvolle Bergwanderung mit teilweise schmalen Wegen und steilen hohen Stufen. Trittsicherheit, Schwindelfreiheit und aufgrund der Länge und Höhenmeter auch eine gute Kondition erforderlich.

Anforderungen Hund: Die Tour verläuft weite Strecken über der Baumgrenze. Man findet daher nur sehr wenig Schatten. Auf dem Weg nach oben gibt es nur eine Quelle. Daher unbedingt genügend Wasser mitnehmen! Bei dieser Tour sollten die Hunde Bergerfahrung haben. Es gibt auf dem Weg zum großen Bösenstein viele hohe Stufen zu überwinden. Für kleine Hunde ist das eine große Herausforderung. Hier ist die Variante auf alle Fälle empfehlenswert. Nach dem großen Bösenstein geht es steil und steinig bergab, der Weg ist dann aber wieder für alle Hunderassen geeignet.

Beste Wanderzeit: Mai bis Oktober.

Weidevieh: Sowohl nach dem Parkplatz als auch vor dem Scheiblsee können Kühe weiden. Eine Empfehlung ist daher die Wanderung vor dem Almauftrieb oder nach dem Almabtrieb zu unternehmen.

Einkehr: Die Edelrautehütte, www.edelrautehuette.com.

Variante: Man quert ab ❺ unterhalb des Großen Bösenstein. Es ist ein steiniger Pfad, der für nicht so »alpine« Hunde leichter zu bewältigen ist. Man geht diesen Pfad so weit, bis der Wanderweg von oben herunterkommt und dann den Grat nach oben zum Gipfel. Ohne auf den Gipfelsieg verzichten zu müssen, wird der Aufstieg von »schwer« zu »mittel«, wenn man die Variante wählt.

Karten: freytag & berndt WK 203 Wölzer Tauern – Sölktal – Rottenmanner Tauern.

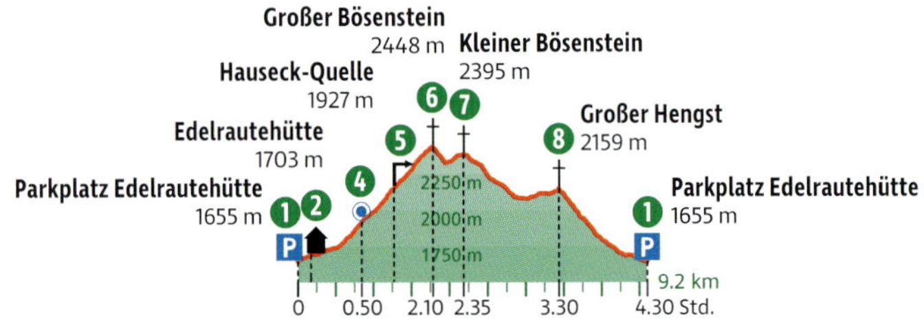

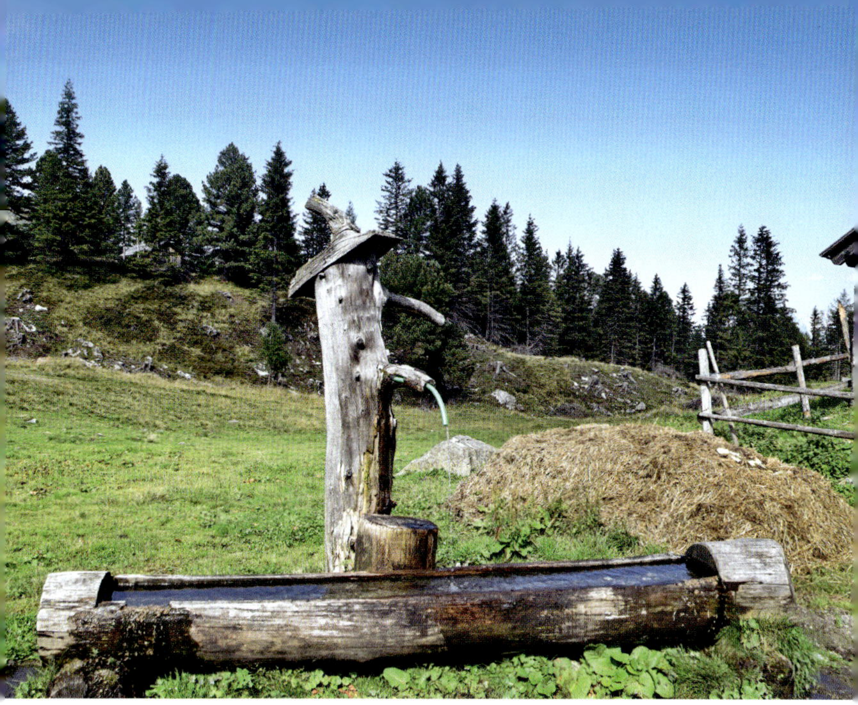

Ein uriger Brunnen nahe der Scheibelalm lädt zum Trinken ein.

Vom **Parkplatz** ❶ zur Edelrautehütte führen zwei Wege. Der erste entlang der Schotterstraße und der zweite gleich auf der rechten Seite über die Wiese zur rund 500 m entfernten **Edelrautehütte** ❷. Dort links vorbei in Richtung **Scheibelsee** ❸. Bei einer urigen Wegmarkierung folgen wir dem Weg 946 über eine kleine Holzbrücke. Danach führt die Wanderung durch einen kleinen Zirbenwald, und dann geht es schon rauf. Bis hierher können die Kühe weiden. Die ersten herausfordernden Sprünge für unsere Hunde werden notwendig. Im oberen Drittel des ersten Aufstieges haben wir eine schöne Aussicht auf den Scheibelsee und es befindet sich dort die **Hauseck-Quelle** ❹. Dies ist die letzte Möglichkeit, um die Wasservorräte aufzufüllen. Weiter geht es nach oben bis zur nächsten Weggabelung. Rechts verläuft der Weg zum Hauseck (Tour 12) und links führt uns der Weg zum Bösenstein. Es folgt eine Querung und danach geht es in Kehren eine steile Schuttrinne hinauf. Oben angekommen, sieht man schon den Weg, der zum Gipfel führt. An dieser Gabelung ❺ ist dann auch zu entscheiden, ob man es sich zutraut, den alpinen Weg weiter zu gehen oder die Variante der Querung nimmt.

Wer sich für den alpinen Weg entscheidet, kann vor so mancher Herausforderung stehen. Denn mit Hunden an der Wanderleine muss man ganz schön vorsichtig sein. Der alpine Weg ist gut markiert und die Hunde haben so manchen Sprung nach oben zu vollziehen. Knapp vor dem Gipfel kommt dann noch ein »Schlussgrat«, ehe wir den Gipfel des **Großen Bösensteins** ❻, 2448 m, erreichen. Von nun an gehts bergab. Der Weg führt jetzt ziemlich steil

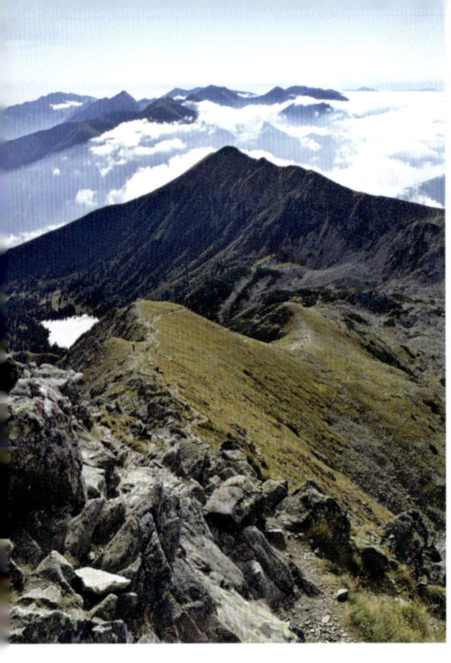

Links: Alpiner und felsiger Anstieg. Rechts: Am Gipfel des Großen Bösensteins (2395 m).

wieder runter. Hier ist als Hundebesitzer wieder darauf zu achten, dass der Hund hinter einem geht. Denn, wenn er vorne ist und zieht, besteht sehr leicht die Gefahr eines Absturzes. Hat man die Senke erreicht, sieht man den steinigen Pfad von der Querung kommen.

Weiter geht es nun zum kleinen Bösenstein, und dazu führt der markierte Weg wieder nach oben. Bei der letzten Wanderung hatte der **Kleine Bösenstein 7**, 2395 m, kein Gipfelkreuz, sondern lediglich ein Steinmanderl.

Jetzt den Langmannweg absteigen, sich links halten und den gut markierten Weg durch Latschengassen Richtung großer Hengst weiter entlanggehen. Auf diesem Grat hat man einen sehr schönen Ausblick auf die beiden Scheibelseen und das umliegende Bergland. Danach erreicht man den nächsten Gipfel, den **Großen Hengst 8** mit 2159 m den dritten (für manche, die das Hauseck auch gleich mitgemacht haben, sogar den vierten) Gipfel. Der Ausblick ist auch hier grandios. Hunde haben aber auf dieser Strecke keine Möglichkeit, Wasser aus Quellen oder einem See zu trinken! Daher nicht vergessen: genügend Wasser für die Vierbeiner mitnehmen! Runter geht es dann wieder mal in ziemlich steilen Kehren Richtung Edelrautehütte bzw. **Scheibelalm 9** und wieder zurück zum **Parkplatz 1**. Vor der Scheibelalm befindet sich dann auch ein Brunnen.

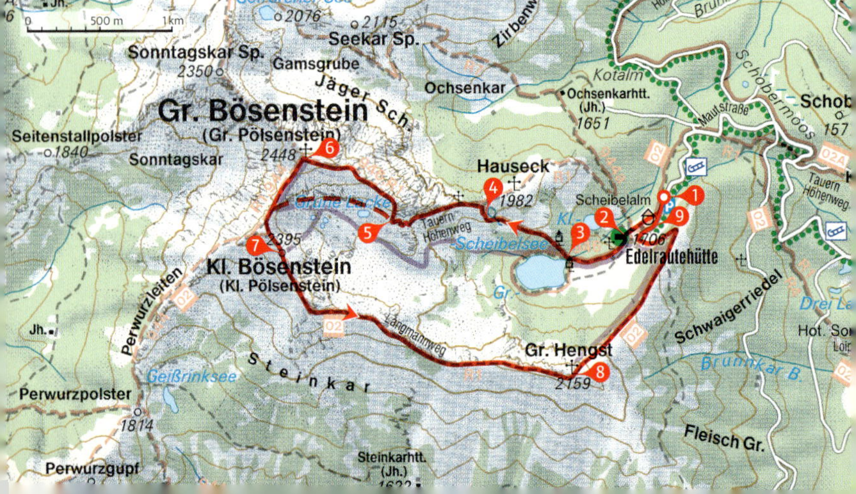

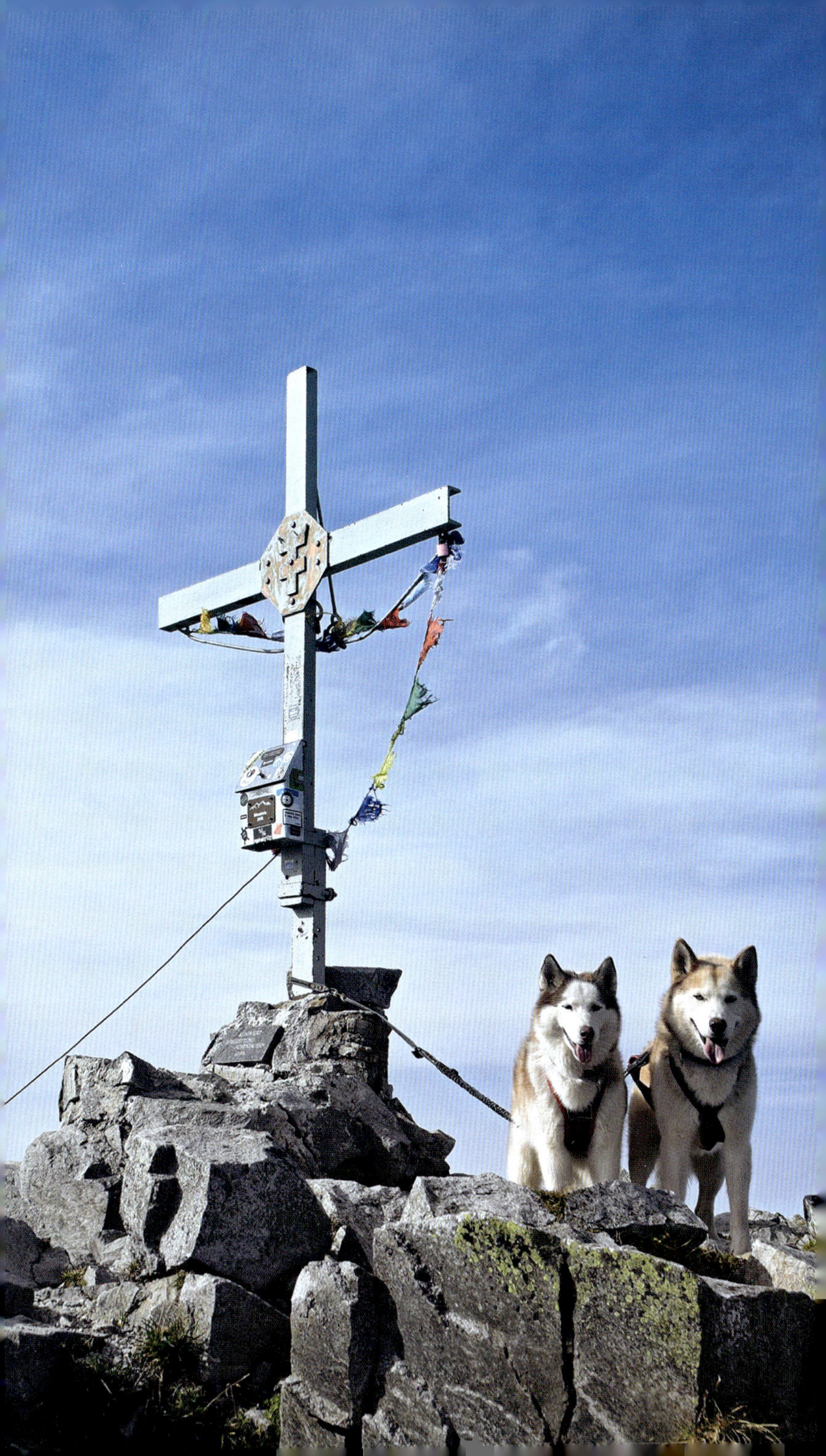

Scheibelseen und Hauseck, 1982 m

Ein Gipfel und zwei Seen

2.30 Std. | 3,8 km | ↗ 350 m | ↘ 350 m

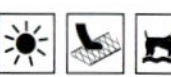

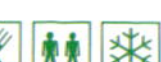

Die Familientour für alle mit Gipfelglück

Eine sehr schöne mittelschwere Tour. die im kurzen Steilstück anspruchsvoll sein kann. Hunde kann man bei dieser Tour fordern und beobachten, wie sie mit den unterschiedlichen Wegearten klarkommen. Auch im Winter ist diese Runde mit Schneeschuhen gut zu gehen. Ein wunderschöner Bergspaziergang, der einem in Erinnerung bleibt. In der Edelrautehütte sind die Fellnasen willkommen und die frischen Fische oder das Wildgulasch sind auf alle Fälle eine Fahrt auf rund 1700 Meter Höhe wert.

Ausgangspunkt: Von Trieben oder von Judenburg in den Ort Hohentauern fahren. Danach Richtung Langlaufzentrum und dann die Mautstraße hinauf bis zum Parkplatz kurz vor der Edelrautehütte.

Öffentliche Verkehrsmittel: Mit der Bahn direkt zum Bahnhof Trieben. Von dort fährt der Regionalbus 6948 bis nach Hohentauern. Die 5,5 km lange Mautstraße nach oben zur Edelrautehütte muss zu Fuß zurückgelegt werden.

Anforderungen Mensch: Eine mittelschwere Bergwanderung mit einem kurzen Steilstück nach den Seen. Trittsicherheit ist erforderlich!

Anforderungen Hund: Bei dieser Tour können Hunde Bergerfahrung sammeln. Vom flachen Wiesenweg über einen Naturpfad bis hin zum alpinen Weg ist in kurzen Abschnitten alles dabei. Auch die Überquerung eines Baches auf einem kleinen Holzsteg kann geübt werden. Diese Tour ist herausfordernd, überanstrengt aber unsere Hunde nicht. Im steilen Stück vom Scheibelsee zur Quelle Hauseck kann es sein, dass kleine Hunde unterstützt werden müssen.

Beste Wanderzeit: Mai bis Oktober.

Weidevieh: Sowohl nach dem Parkplatz, als auch vor dem Scheibelsee können Kühe weiden. Eine Empfehlung ist daher, die Wanderung vor dem Almauftrieb oder nach dem Almabtrieb zu unternehmen.

Einkehr: Die Edelrautehütte, www.edelrautehuette.com.

Variante: Diese Route kann mit dem Umrunden des Großen Scheibelsees ergänzt werden (leicht). Dabei kommt man vorbei an einem »himmlischen Platzerl«, bei dem man das Hauseck und den Bösenstein bewundern kann. Der Gebirgssee hat liebevoll errichtete Stege und kleine Brücken. Das Besondere an dieser Runde ist, dass sie auch für kleine Hunde geeignet ist. Wer zusätzlich die Seerunde wandert, geht um 1,1 km und ca. 20 Minuten Gehzeit länger.

Karten: freytag & berndt WK 203 Wölzer Tauern – Sölktal – Rottenmanner Tauern.

Ausgangspunkt ist wie bei der Tour 11 der **Parkplatz ❶** zur Edelrautehütte. Rauf geht es zur **Edelrautehütte ❷** und über den Waldsteig (R1) zum **Großen Scheibelsee ❸**. Vor dem See ist ein uriger **Wegweiser ❹**, der uns rechts Richtung Großer Bösenstein (Weg 946) führt.

Was jetzt folgt ist ein Anstieg, der zuerst durch einen lichten Wald führt, dann wird der Weg steinig und führt entlang eines kleinen Geröllfeldes. Mit den Hunden kann man auf dieser Runde aber Erfahrungen sammeln. Denn das kurze, steile Stück, es heißt »Bürstling-

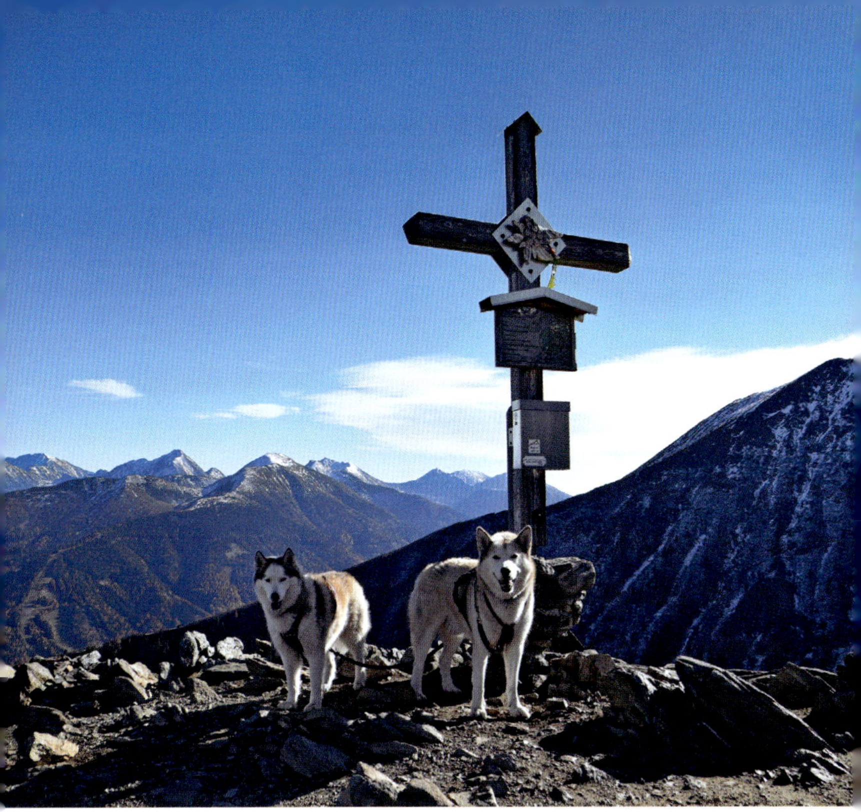

Am Gipfel des Hauseck: »Nur wo du zu Fuß warst, bist du auch wirklich gewesen«.

hang«, besteht aus mehreren Wegearten, wie Wiese, Matsch, Steine, Geröll, aber auch einigen Stufen zum Springen (für die Hunde). Im oberen Drittel des Weges gibt es auch eine Quelle, bei der sich die Hunde erfrischen und man auch seinen Trinkvorrat wieder auffüllen kann. Oben angekommen, hat man es eigentlich geschafft. Der Ausblick an der **Weggabelung 5** ist schon beeindruckend. Links gehts zum Bösenstein, aber wir halten uns rechts, zum Gipfel des Hauseck. Es sind nur mehr wenige leicht steigende Meter zum Gipfelkreuz. Das **Gipfelkreuz Hauseck 6**, 1982 m, wartet mit einer lehrreichen Goethe-Weisheit auf: »Nur wo du zu Fuß warst, bist du auch wirklich gewesen« und da hat der Herr Geheimrat völlig recht. Womit man überall in den Bergen rechnen muss, ist mit Wind. Der weht in diesem Bereich oft sehr heftig.

Der Abstieg ist dann relativ einfach. Denn man folgt dem Bergrücken

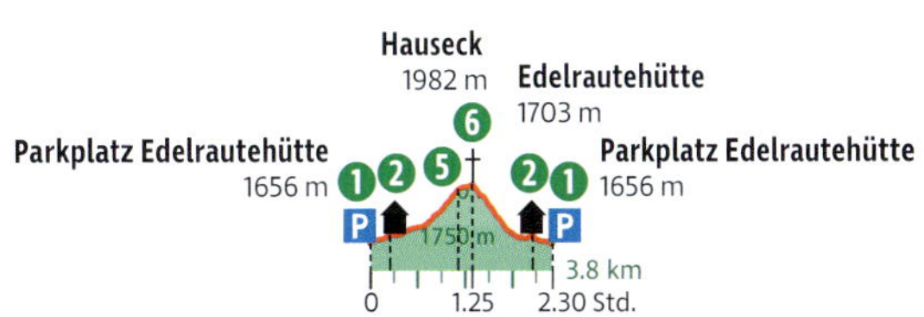

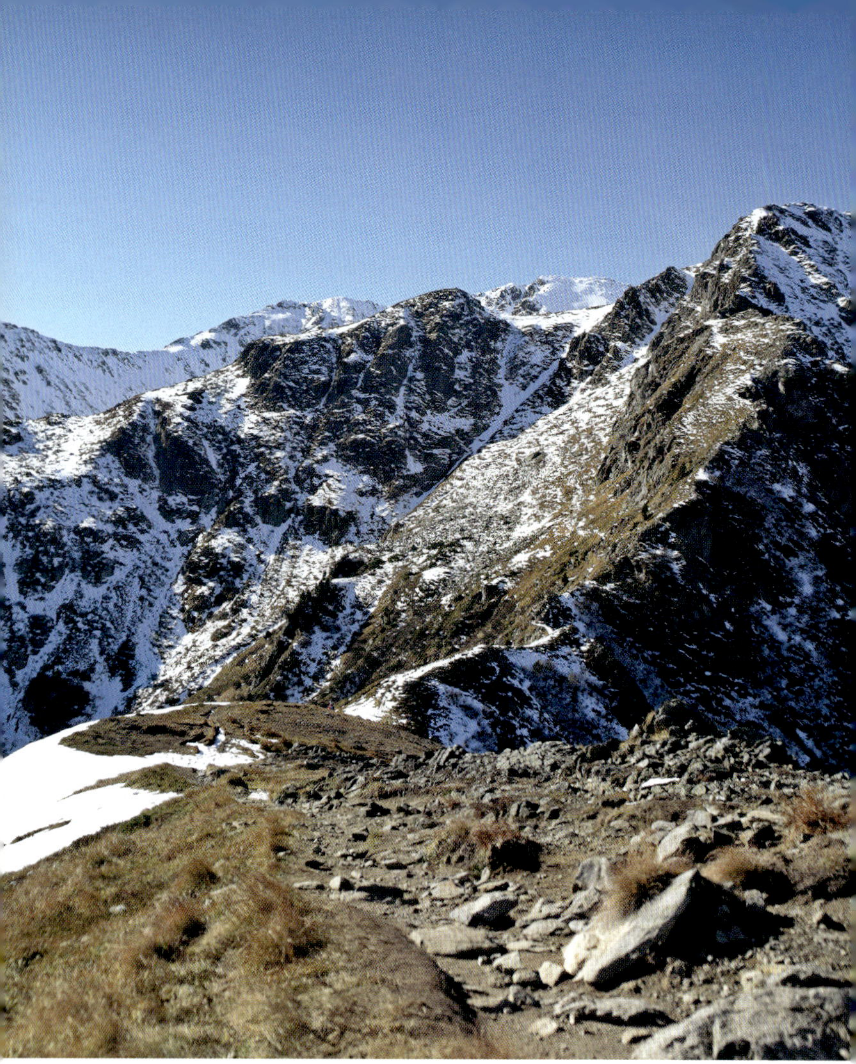

Der Blick zurück zur Weggabelung.

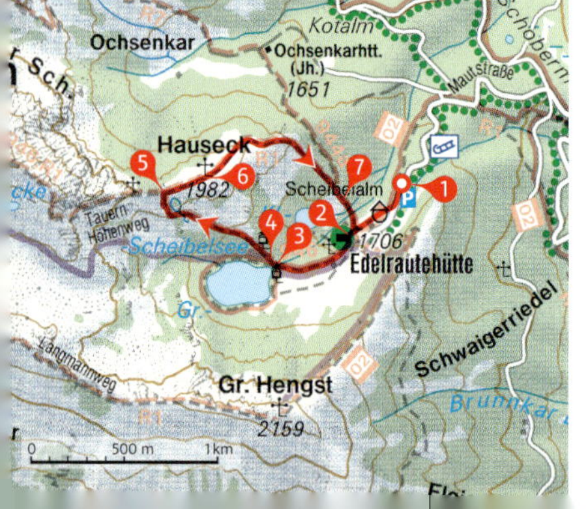

entlang Richtung Tal. Es empfiehlt sich, die Hunde hinter einem gehen zu lassen. Denn wenn der Hund vorne an der Zugleine ist, zieht er einen förmlich runter und dafür ist der Hang zu steil! Man hält sich weiter links und gelangt dann in einem großen Bogen um den **Kleinen Scheibelsee 7** zurück zur **Edelrautehütte 2**. Von dort geht es wieder zurück zum **Parkplatz 1**.

Ingeringsee – Geierhaupt, 2417 m

Über Stock und Stein zum Gipfel

15

6.00 Std. | 11,9 km | ↗1200 m | ↘1200 m

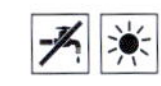 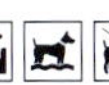  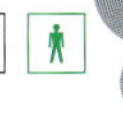

Wo die Seckauer Alpen eine Herausforderung sind

Was für ein Berg, was für eine Aussicht! Diese Tour beginnt langsam und idyllisch und entwickelt sich zur ganz großen Herausforderung für das Mensch-Hund-Team. Denn mit 2417 Meter ist das Geierhaupt der höchste Berg in den Seckauer Alpen und gleichzeitig auch die Grenze zwischen den Bezirken Murtal und Leoben. Eine sehr herausfordernde Tour, die nur erfahrenen Wanderhunden und konditionsstarken Herrchen oder Frauchen zu empfehlen ist. Und wer im Mensch-Hund-Team aber diese Wanderung bestreitet und gemeinsam den Gipfel erreicht, bekommt jede Menge Glückshormone. Ein Vorteil der Tour ist, dass sie vollkommen kuhfrei ist. Nach der Waldpassage sind alle Markierungen auf den Steinen angebracht und sind bei Schnee nicht mehr zu sehen! Daher empfiehlt sich für alle, die diese Strecke zum ersten Mal gehen, sie nur in den schneefreien Monaten zu erwandern.

Ausgangspunkt: Von der Murtalschnellstraße bei Knittelfeld West abfahren, dann Richtung Gaal und bei Ingering II rechts abzweigen. Von hier sind es 9 km bis zum Ingeringsee. Wichtig, es ist der Parkplatz am Ende der Schotterstraße!

Öffentliche Verkehrsmittel: Keine.

Anforderungen Mensch: Eine sehr anspruchsvolle Tour. Der Weg führt über teils sehr steile Passagen und auf schmalen mit Wurzeln durchwachsenen Naturpfaden. Ist man über der Baumgrenze, beginnt der felsige Teil. Hier sind Felsstufen zu überwinden. Oberhalb der Baumgrenze gibt es auch keinen Schatten. Nach Regen aber auch bei Nebel sind die Felsen sehr rutschig und verlangen besondere Sorgfalt.

Anforderungen Hund: Nur für bergerfahrene, kletterbegeisterte Hunde mit guter Kondition. Hunde mit kurzen Beinen werden bei dieser Tour keine Freude haben. Nach dem Jagdhaus gibt es für unsere Hunde keine Quelle und auch keinen Bach. Daher unbedingt genügend Wasser mitnehmen! Vor dem Gipfel bzw. im letzten Drittel des Weges felsiger alpiner Weg mit hohen Felsstufen.

Beste Wanderzeit: Mai bis Oktober.

Weidevieh: Keines.

Einkehr: Keine.

Karten: freytag & berndt WK 212 Seetaler Alpen – Seckauer Alpen – Judenburg – Knittelfeld.

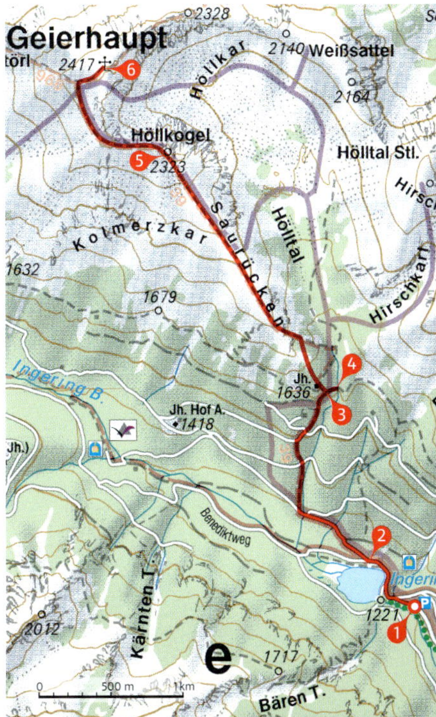

Der idyllisch gelegene Ingeringsee, den man auch einfach nur so umrunden kann, (Länge 1,7 km und Dauer ca. 30 Minuten) liegt auf 1221 m Höhe und lädt Hunde auch zum Abkühlen ein. Am See befindet sich auch die Klementi-Kapelle. Diese Kapelle wurde erst 2015 von der Forstverwaltung Wasserberg aus Zirbenholz errichtet und ist dem heiligen Klemens, der als Patron der Forstarbeiter verehrt wird, geweiht. Man startet diese Tour am letzten **Parkplatz »Ingeringsee« ❶**. Von dort sind es rund fünf Minuten, bis man den See erreicht. Vorbei geht es an der **Klementi-Kapelle ❷** und dann der Forststraße entlang. Hier steht die erste Hinweistafel. Bald danach folgt die zweite, und weist durch den Wald nach oben. Ab jetzt heißt es, immer der rot-weiß-roten Markierung folgen. Man quert dabei auch mehrmals die Forststraße, bis man an eine kleine **Lichtung ❸** kommt, die nahe bei einem Jagdhaus liegt (1636 m Höhe). Von hier kann man ein lautes Rauschen hören. Auf dem Pfad rechts entdeckt man nach weniger als 100 m einen tollen Bach mit **Wasserfall ❹**. Wieder zurück an der Lichtung geht es jetzt einen sehr steilen Steig über eine Wiese nach oben. Wenn man oben angekommen ist und nach unten zurückschaut, sieht man den Ingeringsee in seiner ganzen Größe. Weiter geht es jetzt den Bergrücken stetig hinauf. Ist der Bergrücken (»Saurücken«) zuerst ein Wiesenweg, verwandelt er sich dann in einen felsigen alpinen Steig. Hier befinden sich sehr große Felsen, die nicht von jedem Hund bewältigt werden können. Hohe Sprünge müssen durch unsere Hunde gemacht werden.

Überqueren von Geröllfeldern, tief unten der Ingeringsee.

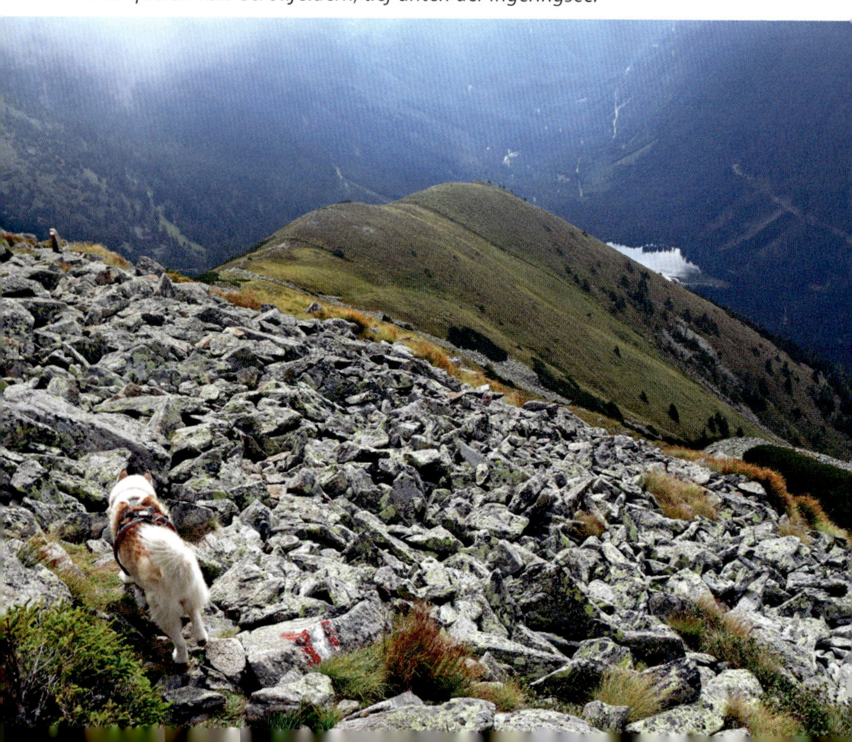

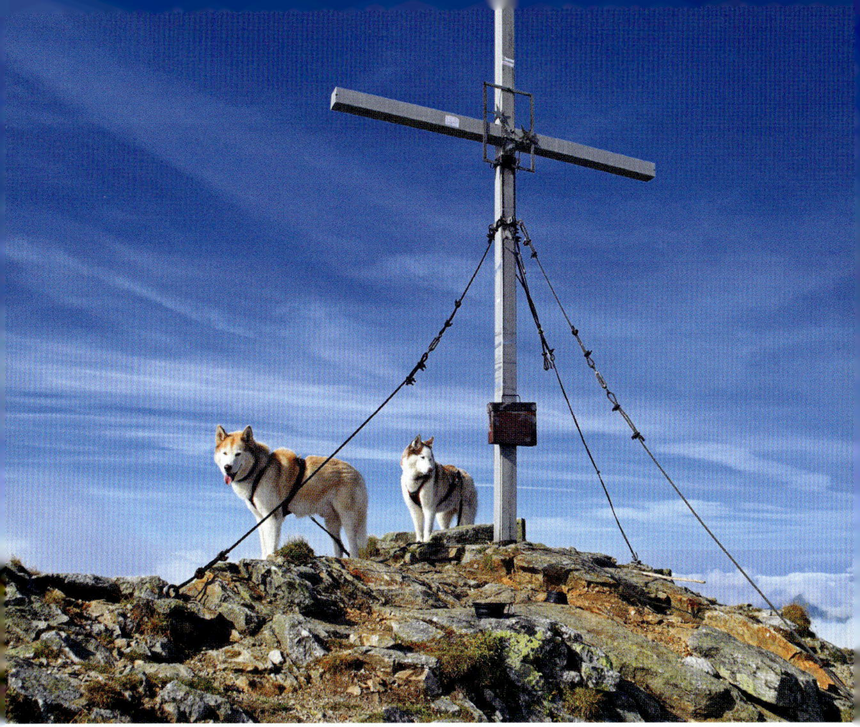

Am Gipfel des Geierhaupt.

Kleine Hunde müssen in diesem Bereich unterstützt werden. Bei diesen »Geröllfeldern« können einen die Hunde schon mal mit fragendem Blick ansehen »ob das notwendig ist«. Unterhalb des 2323 m hohen **Höllkogels** ❺ geht es vorbei bis zu einem markanten Steinmandl. Hier kann man das Ziel schon sehen. Bis ganz oben sind aber noch einige Höhenmeter zurückzulegen. Auf dem Gipfel des **Geierhaupt** ❻, 2417 m, ist die Aussicht genial. Nach einem Gipfelsnack geht es denselben Weg wieder zurück. Vorsicht beim Runtergehen, denn die Felsen können aufgrund von Nebel oder Regen sehr rutschig sein. Wenn der Hund an einem Hüftgurt angeleint ist, sollte er hinter einem gehen, damit ein Hinunterziehen unmöglich wird. Unten angekommen, wartet dann der Ingeringsee, wo unsere Hunde sich ein kühles Bad verdient haben.

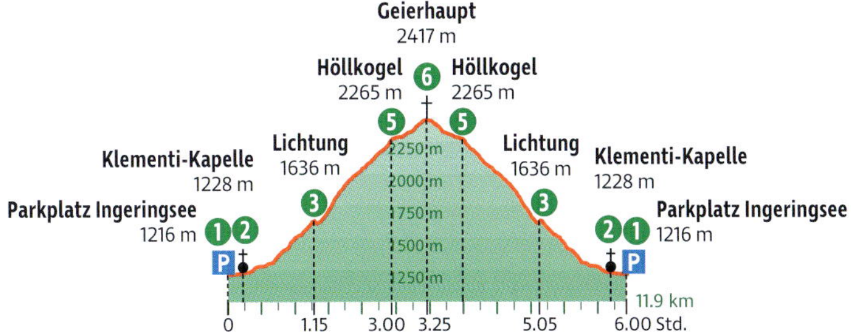

16 Hochreichart und Brandstätterkogel

Zwei Gipfel auf einen Streich

7.00 Std. | 13,3 km | ↗1460 m | ↘1460 m

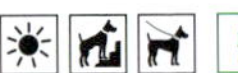

Wo sich Gams und Steinbock treffen

Zwei Gipfel, zwei Schwierigkeitsstufen so kann man die beiden Routen zum Gipfel beschreiben. Denn der Hochreichart ist mit seinen 2416 Metern nur über ein steiles Geröllfeld zu besteigen, und der 2234 Meter hohe Brandstätterkogel lässt sich über einen sanften Wiesen-Naturpfad erklimmen. Eines haben aber beide gemeinsam: einen lohnenden Ausblick, und wer vergleichen möchte, sollte bei dieser Route unbedingt beide Gipfel ersteigen.

Ausgangspunkt: Von der Murtalschnellstraße bei Knittelfeld West abfahren, dann Richtung Gaal und bei Ingering II rechts abzweigen und der Beschilderung Ingeringsee folgen. Der Ausgangspunkt für diese Wanderung ist der Parkplatz 4 (P4).
Öffentliche Verkehrsmittel: Keine.
Anforderungen Mensch: Sehr lohnende Tour mit zwei Gesichtern. Für den Hochreichart ist mit seiner steilen felsigen Serpentinen Passage zum Gipfel Trittsicherheit und gute Kondition notwendig. Beim Abstieg kann es bei Nässe mitunter sehr rutschig sein und es bedarf einer guten Konzentration. Für den Brandstätterkogel reicht die für Wanderer notwendige Grundkondition.
Anforderungen Hund: Bergerfahrene Hunde mit guter Kondition sind im Vorteil, denn der Weg nach oben zum Hochreichart geht auch über ein Geröllfeld. Die restliche Strecke sind Forststraßen, Waldwege und Naturpfade. Wasser gibt es für unsere Hunde bei dieser Runde des Öfteren. Sobald man über der Baumgrenze ist, gibt es aber keinen Schatten mehr!
Beste Wanderzeit: Mai bis Oktober.
Weidevieh: Keines.
Einkehr: Keine.
Karten: freytag & berndt WK 212 Seetaler Alpen – Seckauer Alpen – Judenburg – Knittelfeld.

Wir starten diese Wanderung beim **Parkplatz P4** ❶ und folgen der Beschilderung. Dabei handelt es sich um den Wanderweg 974. Die ersten Kilometer führen auf gut markierten Waldwegen. Zwischen den Bäumen befinden sich unzählige Heidelbeersträucher und wer zur richtigen Jahreszeit geht (Tipp August), wird hier zu Beginn schon eine kleine Jausenpause machen. Der Waldweg wird allmählich steiler, und wir queren auch die Forststraße. Bei der Weggabelung mit dem »holzgeschnitzten Marterl« ❷ gehen wir rechts die Forststraße entlang. Wir überqueren den Brandstätterbach. Es besteht die Möglichkeit für unsere Hunde, ins Wasser zu steigen und zu trinken. Danach die Forststraße verlassen und dem gut markierten und beschilderten Weg 974 folgen. Hier, im **Brandstättergraben** ❸, beginnt

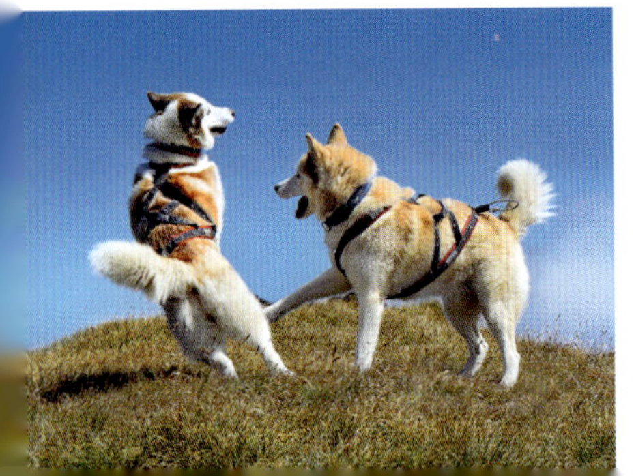

Ausgelassenes Spielen am Wiesenplateau des Brandstätterkogels.

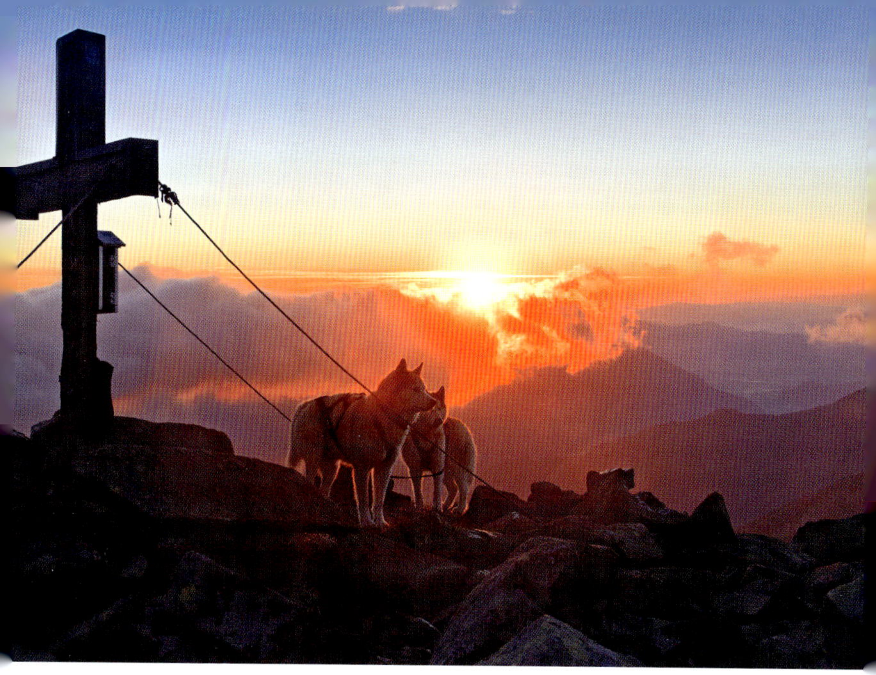

Der Sonnenaufgang am Hochreichart ist ein Erlebnis.

auch das Wildschutzgebiet. Eine Tafel weist darauf hin, dass es in der Zeit von Mitte Oktober bis Ende April ein Wegegebot gibt. Darunter versteht man, dass Besucher auf den bestehenden Wegen bleiben müssen, aber das Gebiet betreten dürfen. Auch jetzt geht es stetig nach oben, ehe wir die Baumgrenze erreichen. Nach der Baumgrenze kommen wir dem Brandstätterbach immer ganz nahe und eine Erfrischung für die Hunde ist willkommen. Bei der Quelle **Peters Bründl** ❹ können wir auch die Trinkflaschen auffüllen. Jetzt geht es hinauf bis kurz vor dem Brandstättertörl. Wir halten uns aber links und gehen die steilen Serpentinen nach oben. Immer wieder verläuft der Weg über Geröllfelder, die für unser Hunde sehr herausfordernd sein können. Auch der Weg zum Gipfel des **Hochreichart** ❺ ist sehr steinig. Die grandiose Rundsicht, entlohnt die Strapazen des anstrengenden Aufstiegs. Beim Abstieg zum **Brandstättertörl** ❻ ist aber wieder größte Konzentration gefor-

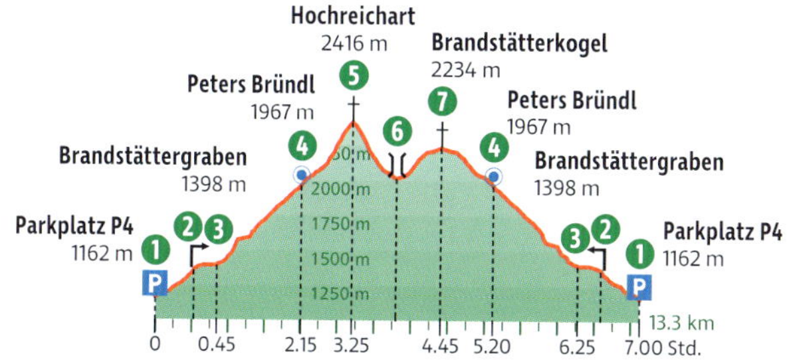

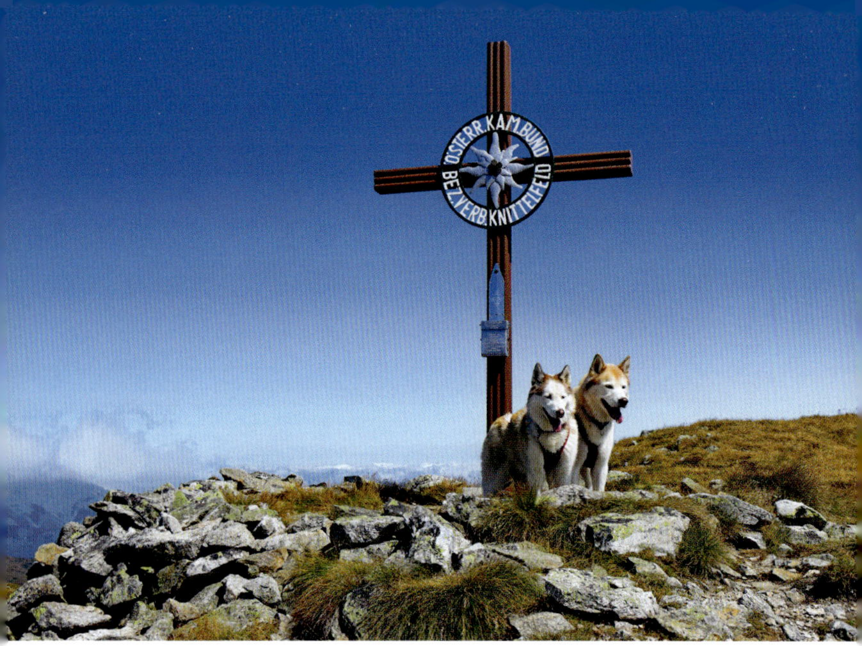

Am Gipfel des Brandstätterkogels.

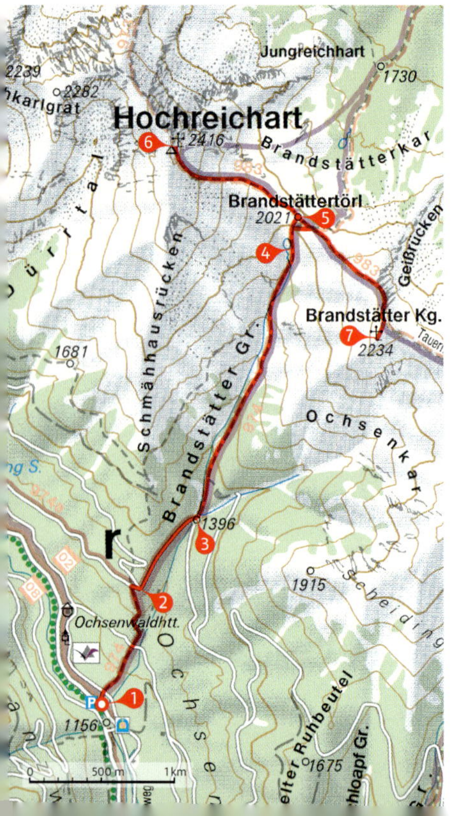

dert, denn die Steine im Geröllfeld können sehr rutschig sein. Ist das Brandstättertörl erreicht, geht es auf den »leichteren« Gipfel, den Brandstätterkogel. Der Weg führt über einen Naturpfad und später über kleine Felsstufen zum Gipfel des **Brandstätterkogels ❼**. Das Gipfelkreuz steht auf einem kleinen Wiesenplateau und unsere Hunde haben hier noch mal so richtig Auslauf, ehe es wieder nach unten zum **Brandstättertörl ❺** geht. In diesem Bereich die Augen offen halten, denn es besteht immer wieder die Möglichkeit, Steinböcke zu sichten. Manchmal sind hier ganze Herden anzutreffen, ein Anblick, den man nicht so schnell vergisst! Aufgrund des Wildreichtums sind die Hunde in diesem Gebiet auch an der Leine zu führen, damit es zu keinen Problemen kommen kann. Vom Brandstättertörl geht es wieder denselben Weg zurück zum Ausgangspunkt, dem **Parkplatz P4 ❶**.

Maria Schnee – Kumpitzstein, 1924 m

Wenn einem das Murtal zu Füßen liegt

17

5.30 Std. | 15,2 km | ↗ 870 m | ↘ 870 m

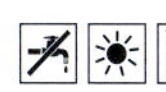

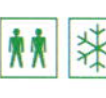

Von der Wallfahrtskirche zu zwei Gipfeln

Maria Schnee ist die höchstgelegene Wallfahrtskirche der Ostalpen. Ursprünglich wurde sie als Trostspender für Almhirten und Senner gebaut. Wegen der Marienstatue, die in den Sommermonaten in der Kirche steht, ist die Kirche jetzt ein beliebtes Ausflugsziel und die Aussicht ist in alle Richtungen beeindruckend. Vom Judenburger und Knittelfelder Becken über das Steirische Randgebirge bis zu den Seetaler Alpen reicht der Blick. Etwas unterhalb der Kirche stehen Bänke und Tische, die zum Verweilen einladen und rund um die Kirche gibt es Plätze, die zum Besinnen einladen. Zur richtigen Jahreszeit ist diese Wanderung auch für Hundebesitzer sehr interessant. Eine Tour, die für Hunde grundsätzlich sehr gut geeignet ist! Die nahe gelegenen Gipfel des Kumpitzstein und der Gipfel der Hochalm sind auf alle Fälle die Besteigung wert. Ein weiterer Vorteil dieser Tour ist, dass sie auch mit Schneeschuhen gut zu gehen ist und somit ganzjährig ein lohnendes Ziel ist.

Ausgangspunkt: Abfahrt Knittelfeld, dann Richtung Seckau, Beschilderung »Maria Schnee« folgen, bis zum Parkplatz Kühbergerhof. Achtung, dieser Parkplatz ist gebührenpflichtig! Adresse: Kühbergerhof, Sonnwenddorf 19, 8732 Seckau. Die Auffahrt ist eine Privatstraße, darf aber als Zufahrt zum kostenpflichtigen Parkplatz befahren werden. Sollte das Befahren nicht möglich sein (z. B. durch Glatteis), sind 2 km Fußmarsch bis zum Kühbergerhof hinzuzurechnen.

Öffentliche Verkehrsmittel: Mit dem Zug bis zum Bahnhof Knittelfeld. Danach mit dem Regionalbus 844 bis zur Haltestelle Seckau Hauptschule. Von dort sind es noch 3,9 km (ca. 1 Std.) bis zum Ausgangspunkt der Wanderung.

Anforderungen Mensch: Keine besonderen, außer einer Grundkondition.

Anforderungen Hund: Für alle Wanderhunde geeignet.

Beste Wanderzeit: Ganzjährig, von Dezember bis Februar gut mit Schneeschuhen zu begehen.

Die Wetterlärche auf der Grafenalm trotzt schon sehr lange Zeit den Einflüssen von Wind und Wetter.

Weidevieh: In den Sommermonaten (Juni bis Mitte September) weiden Kühe im Gebiet um und unterhalb der Grafenalmhütte und unterhalb sowie rund um die Kirche Maria Schnee.

Einkehr: Keine. In der kleinen Ortschaft Seckau gibt es aber die Café Konditorei Regner, die für den Seckauer Lebkuchen sehr bekannt ist. Tel. +43 3514 5207, Adresse: 8732 Seckau 39, Web: www.regner.at.

Karten: freytag & berndt WK 212 Seetaler Alpen – Seckauer Alpen – Judenburg – Knittelfeld.

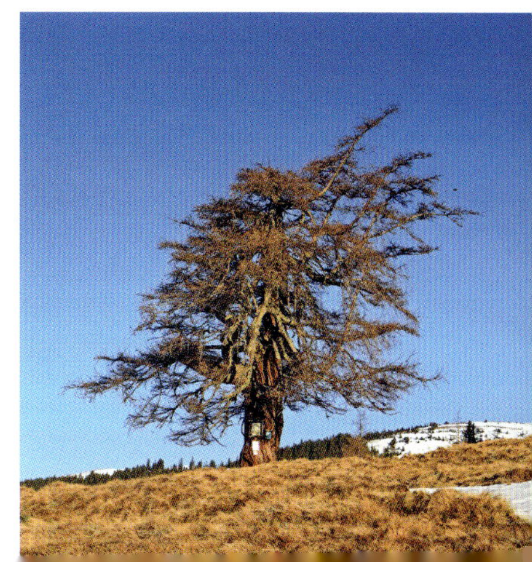

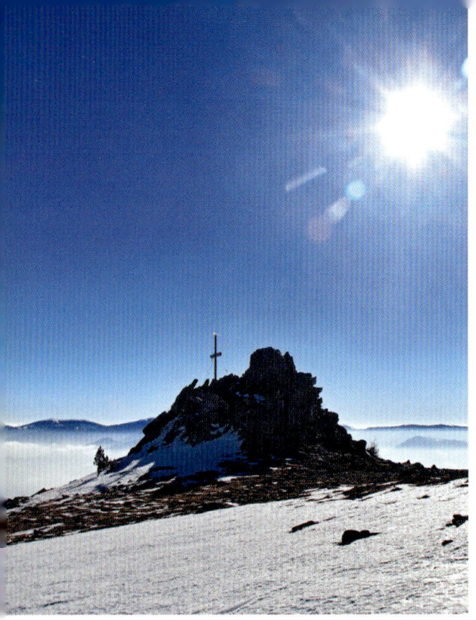

Der nahe Gipfel der Hochalm.

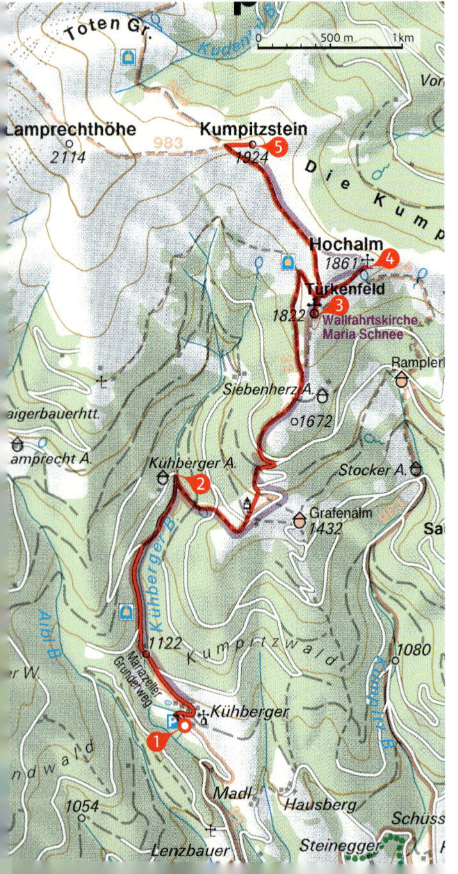

Diese Tour beginnt am gebührenpflichtigen **Parkplatz des Kühbergerhofes** ❶ auf 1080 m Höhe. Der herausforderndste Teil der Wanderung erfolgt gleich zu Beginn, denn man muss durch den Bauernhof (Hof und Stallgebäude) gehen – und in einem Gebäude sind Hühner, davor Hasen, rechts Kühe (hinter einem Zaun), im Wohnhaus gibt es zwei Katzen sowie einen Schweißhund. Hat man das als Wanderer mit Hund gut überwunden, wird es einfacher. Denn ab jetzt geht es die Forststraße entlang nach oben (Wanderweg 32). Man passiert ein kleines Forsthaus und geht dann immer entlang des Kühberger Baches. Wer diese Tour in der Übergangszeit geht (für Schneeschuhe zu wenig Schnee), sollte hier unbedingt Grödel anlegen, denn es kann durch die Feuchtigkeit sehr eisig sein. Man quert dann ein Wildgatter und man entdeckt interessanterweise rechts unten eine kleine rot-weiß-rote Porsche-Wegmarkierung. Bei der **Kühbergeralm** ❷ zweigt der Weg dann rechts ab (Wegmarkierung »Hochalm 1 Std. 40 Min.«). Der Naturpfad geht dann steinig und wurzelig durch den Wald nach oben. Hier passiert man noch eine Wasserstelle, es ist die letzte auf diesem Weg. Man quert die Straße und stößt auf eine große Almwiese (Grafenalm). Diese Alm ist zurzeit nicht mehr bewirtschaftet. Eine markante Wetterlärche auf der großen Almweide, lädt zu einer kurzen Rast ein. Es geht weiter nach oben, wieder ein Stück durch den Wald und dann erreicht man die nächste Almwiese. Von hier aus hat man den ersten Blick auf die Kirche. Es besteht jetzt die Möglichkeit, direkt den Weg über die Wiese nach oben zu gehen oder auf dem markierten Weg zu

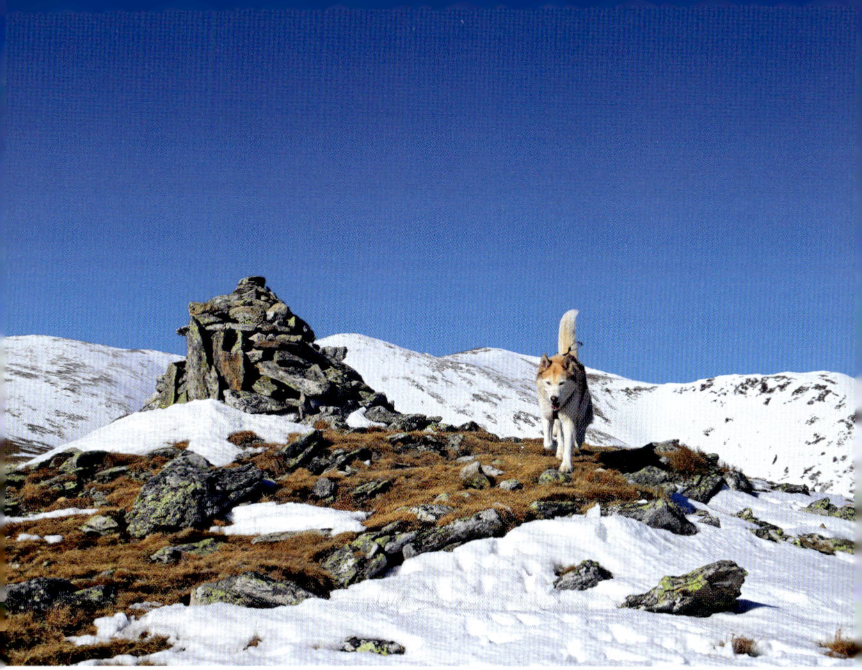

Aufgeschichteter Steinhaufen am Gipfel des Kumpitzstein.

bleiben, um zur Kirche **Maria Schnee** ❸, 1822 m, zu gelangen. Hinter der Kirche gibt es auch einen Winterraum, der einem bei schlechtem Wetter Schutz geben kann. Die Kirche ist etwas Besonderes. Denn an den Almtagen – diese sind: der erste Sonntag im Juli und im August, der 26. Juli und der 5. August – pilgern Gläubige zur Wallfahrtskirche und verehren die Hochalm-Mutter-Gottes-Statue. Auch der »steirische Prinz« Erzherzog Johann besuchte diese Wallfahrtskirche. In Sichtweite und unmittelbarer Nähe warten schon das Gipfelkreuz der **Hochalm** ❹, 1861 m. Sie ist über das »Türkenfeld« leicht zu erreichen (ca. 10 Min.). Wer als Gipfelfreund dann gleich einen zweiten Gipfel erklimmen möchte, geht über die Hochalm entlang der Markierung (Wanderweg 983) weitere 20 Min. zum **Kumpitzstein** ❺ auf 1924 m. Doch statt eines Gipfelkreuzes erwartet einen ein aufgestapelter Steinhaufen, aber der Ausblick auf Maria Schnee und das Hochalmkreuz ist diesen Aufstieg wert. Zurück geht es denselben Weg über Maria Schnee, den Wanderweg 32, bis zum **Parkplatz** des **Kühbergerhofes** ❶.

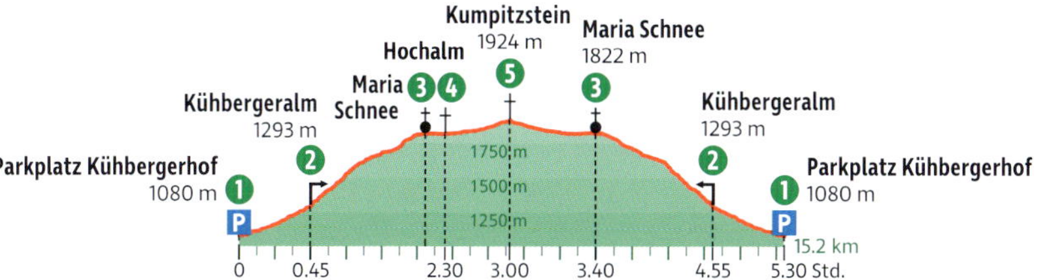

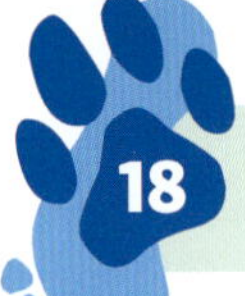

18

Hinterlobming, 965 m

Wo Erika den Nikolaus trifft

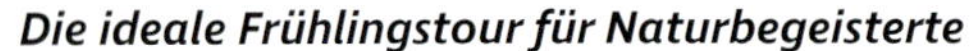

2.30 Std. | 7,9 km | ↗ 280 m | ↘ 280 m

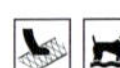

Die ideale Frühlingstour für Naturbegeisterte

Wenn der Schnee schmilzt und die Vegetation noch ziemlich braun ist, lohnt es sich, nach Hinterlobming zu kommen. Denn hier beginnt am Matzlerberg Anfang März die Erikablüte. Genauer gesagt, handelt es sich um die Schneeheide bzw. das Frühlingsheidekraut und diese kleinen Zwergsträucher färben den Wald in ein Purpurlila. Es ist auch ein Anziehungspunkt für viele Schmetterlinge und Bienen, denn diese Pflanze ist für sie eine wichtige Nahrungsquelle. Eine Tour, die speziell im Frühjahr ein richtiges farbliches Wunder ist. Für unsere Fellnasen bietet diese Tour viel Schatten, und speziell im unteren Teil reichlich Wasser. Die Weideflächen sind durch Zäune getrennt, sodass einem schönen Spaziergang bzw. einer schönen Wanderung nichts im Wege steht.

Ausgangspunkt: Auf der S36 die Ausfahrt St. Stefan ob Leoben, danach Lobmingstraße, nach Vorlobming und die Lobmingstraße bis Hinterlobming nehmen. Adresse: 8713 Lobming, Hinterlobming 10.

Öffentliche Verkehrsmittel: Mit dem Zug bis zum Bahnhof St. Michael in der Obersteiermark, umsteigen in den Regionalbus 840 bis Hinterlobming, Haltestelle Edlerhof. Von der Haltestelle bis zum Musikheim, dem Ausganspunkt dieser Tour sind es rund 150 m.

Anforderungen Mensch: Für diese Tour benötigt man ein wenig Orientierungssinn, Trittsicherheit bei der Brücke und eine normale Grundkondition.

Anforderungen Hund: Eine Brücke, die aus zwei Baumstämmen besteht, ist zu überqueren. Das ist für den einen oder anderen Hund eine Herausforderung. Es gibt aber bachabwärts eine Stelle, bei der man über Steine den rund 3 m breiten Bach queren kann. Sonst gibt es keine besonderen Anforderungen für Hunde.

Beste Wanderzeit: Ganzjährig; am schönsten von März bis November.

Weidevieh: Die Weideflächen auf dieser Wanderung sind durch Zäune gesichert, sodass diese Wanderung mit Hunden gut gemeistert werden kann.

Einkehr: Jagawirt; Tel. +43 664 738926 88, Adresse: 8713 St. Stefan ob Leoben, Hinterlobming 18.

Karten: freytag & berndt WK 132 Gleinalpe – Lipizzanerheimat – Leoben – Voitsberg.

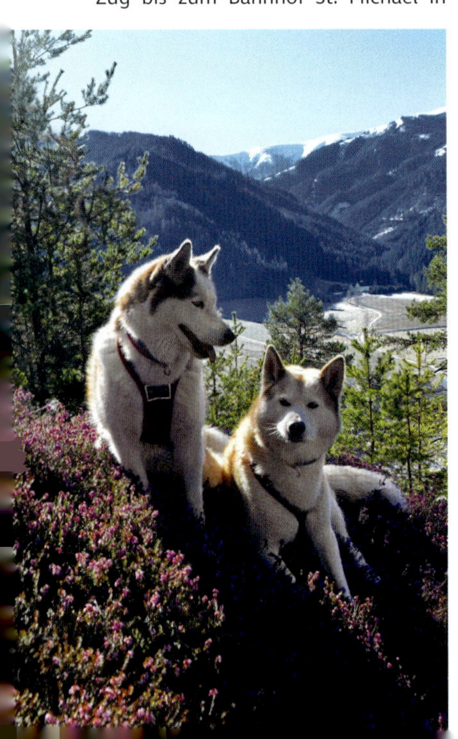

Die Huskys machen eine verdiente Rast im Erikafeld.

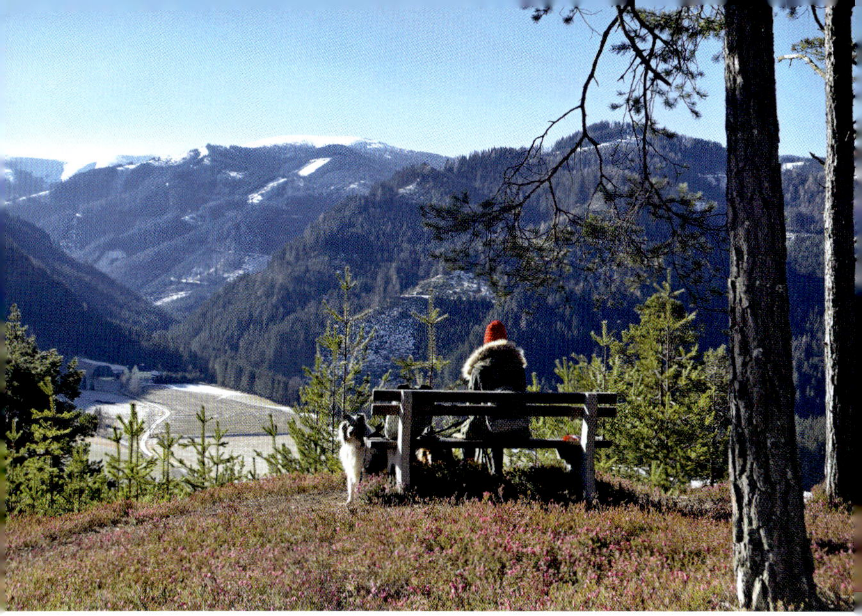

Ein himmlisches Bankerl.

Ausgangspunkt ist der **Parkplatz** vor dem **Musikheim** ❶, das durch seinen alpinen Holzbau irgendwie an Roseggers Waldschule erinnert. Die ersten 700 m geht man auf der wenig befahrenen Straße, ehe es vor der Brücke links den Wanderweg 12 nach oben geht. Nach rund 300 m steht man an einer **Kreuzung** ❷, bei der sich drei Wege teilen. Für diese Wanderung nimmt man die mittlere Schotterstraße und folgt dieser. Sanft führt die Schotterstraße nach oben und bietet einen schönen Ausblick auf Hinterlobming. Bevor man aber den höchsten Punkt des Matzlerberges erreicht, biegt man von der Schotterstraße links in einen **Wiesenweg** ❸ ab. Jetzt geht es durch den farbenprächtigen Weg nach unten. Als Wanderer ist man von diesem farblichen Meisterwerk der Erikablüte begeistert, und die Hunde sind fasziniert von den vielen Spuren der Wildtiere. In diesem Gebiet können Gämsen und Rehe den Weg queren. Es ist daher unbedingt ratsam, die Hunde an der Leine zu führen. Von dem Weg nach unten kommt man wieder auf eine Schotterstraße und vorbei an einer Wiese, wo im Sommer Kühe weiden. Diese Weide ist aber durch einen Zaun gesichert. Bevor es aber jetzt ganz nach unten geht, gelangt man zu einer **Bank** ❹ mitten in den Erikafeldern mit Blick auf Hinterlobming. Dieses »himmlische Bankerl« eignet sich statt des Gipfelsnacks für einen »Waldsnack«. Wenn man jetzt die

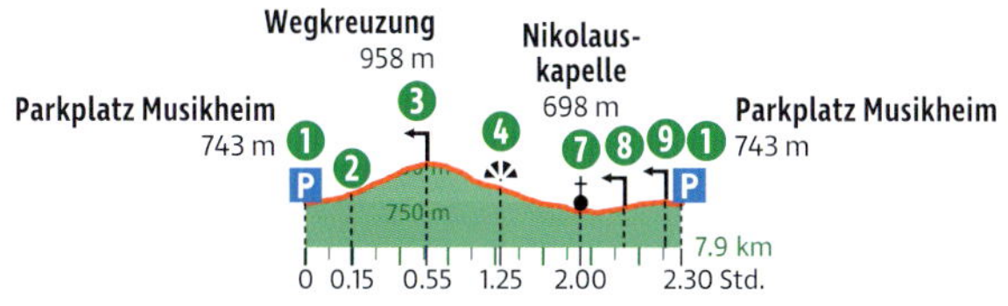

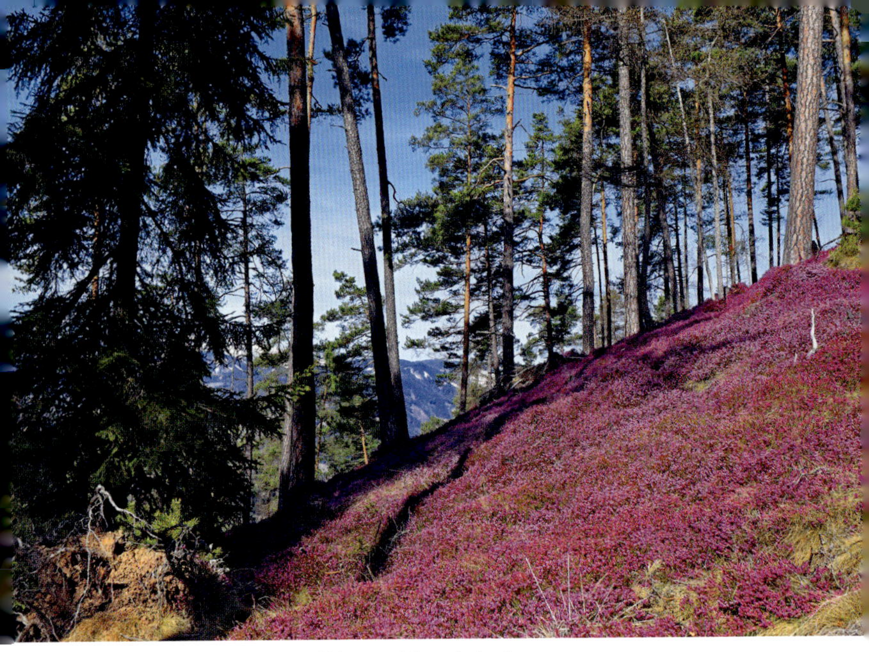

Die farbenprächtigen Wälder um Hinterlobming.

Schotterstraße weiter nach unten geht, kommt man unweit des Musikheimes wieder raus und könnte hier die Tour beenden. Die Wanderung führt aber weiter und so geht es rechts an der Kapelle vorbei. Nach rund 600 m asphaltierter Straße kommt halb links ein kleiner **Waldweg ❺**. Dieser Weg ist nicht markiert und führt nach unten zu einem Bach mit **Brücke ❻**. Diese Brücke besteht aus zwei Baumstämmen mit einem einseitigen Geländer. Für ängstliche Hunde könnte die Brücke ein Problem darstellen! Grundsätzlich sollte sie aber kein Hindernis sein. Auf der gegenüberliegenden Seite des Baches befindet sich die **Nikolauskapelle ❼**. Diese kleine Kapelle wird speziell zu Christi Himmelfahrt gerne aufgesucht, um eine Kerze anzuzünden. Von dort geht es den Wiesenweg nach oben und dann runter zu einer Schotterstraße. Entlang der Schotterstraße rauscht ein kleiner Bach und es geht bis zu einer **Pferdekoppel ❽**, bei der man nicht über die Brücke geht, sondern sich gleich links hält. Diese Schotterstraße führt entlang von Weidewiesen mit Zaunpfählen zurück nach Hinterlobming. In Hinterlobming an einem Bauernhof vorbei bis zur Kreuzung und danach links abbiegen ❾. Auf dieser Straße erreicht man dann wieder den Ausgangspunkt, den **Parkplatz** am **Musikheim ❶**.

Jassing – Pribitz, 1579 m

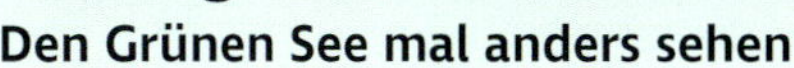

Den Grünen See mal anders sehen

19

6.00 Std. | 15,4 km | ↗1030 m | ↘1030 m

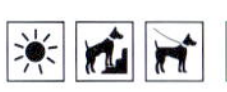

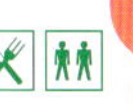

Immer weiter hoch hinaus, und dann steil bergab

Den Grünen See mit viel Wasser, bei herrlichem Wetter zu besuchen, ist einfach wunderschön. Er ist daher ein sehr beliebtes Ausflugsziel und deshalb auch oft überlaufen. Sehr auffällig ist, dass hinter dem Grünen See eine Steilwand emporragt. Der Gipfel dort oben heißt Pribitz und er ist das Ziel dieser Tour. Was sehr erstaunlich ist, dass sich hinter dieser Steilwand bzw. dem Gipfel eine sanfte Almlandschaft zwischen Latschenfeldern und hügeligen Wäldern bis zur Sonnschienalm erstreckt. Eine schöne Rundtour, die hohe Anforderungen an Kondition, Ausdauer und Wegfindungssinn stellt. Wer diesen Steig geht, sollte auf alle Fälle Erfahrung auf alpinen Wegen haben. Unbedingt genügend Wasser mitnehmen! Für den Ausblick vom Pribitz lohnt sich die Anstrengung allemal.

Ausgangspunkt: Richtung Bruck an der Mur – Kapfenberg, beim LKH Hochsteiermark abzweigen, in Richtung Tragöß/Grüner See und der Beschilderung folgen. Am Parkplatz Grüner See das Parkticket lösen und die Schotterstraße rund 4 km weiter zum Parkplatz Jassing fahren.

Öffentliche Verkehrsmittel: Bruck an der Mur ist aus allen Richtungen gut mit Zügen und S-Bahnen erreichbar. Ab dem Bahnhof Bruck an der Mur mit Regionalbuslinie 175 bis Haltestelle Tragöß Postamt fahren. Die rund 4 km lange Straße zum Parkplatz Jassing muss zu Fuß zurückgelegt werden.

Anforderungen Mensch: Diese großartige Bergwanderung verlangt bis zur Sonnschienalm nur eine gute Kondition. Danach erfordert sie, bis zum Gipfel des Pribitz, auch noch einen guten Orientierungssinn. Für den Abstieg über den Mehlofensteig sind Trittsicherheit und Schwindelfreiheit erforderlich!

Anforderungen Hund: Für unsere Hunde besteht die Route aus zwei Teilen. Vom Ausgangspunkt bis auf den Pribitz ist es eine relativ leichte Tour und für alle Hunde gut zu gehen (mittel). Wichtig ist nur, dass man genügend Wasser mitnimmt! Der steile Mehlofensteig ab dem Pribitz mit seinen Stufen und Geröllfeldern ist dann für Hunde sehr herausfordernd und daher mit schwierig einzustufen. Hier sind bergerfahrene Hunde klar im Vorteil. Kleine Hunde müssen bei so manchen Stellen unterstützt werden.

Achtung: Wegen der Kühe auf der Sonnschienalm gibt es ein Hundeverbot! Mit Hunden darf die gesamte Runde nur in den Monaten vor dem Almauftrieb und nach dem Almabtrieb begangen werden! Um aber auch in den anderen Monaten auf den Pribitz

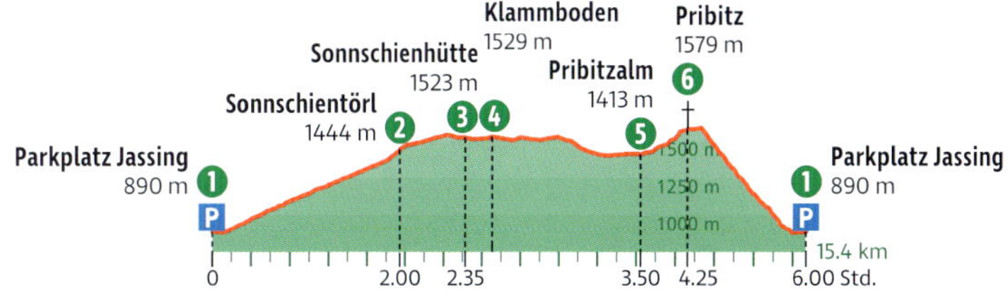

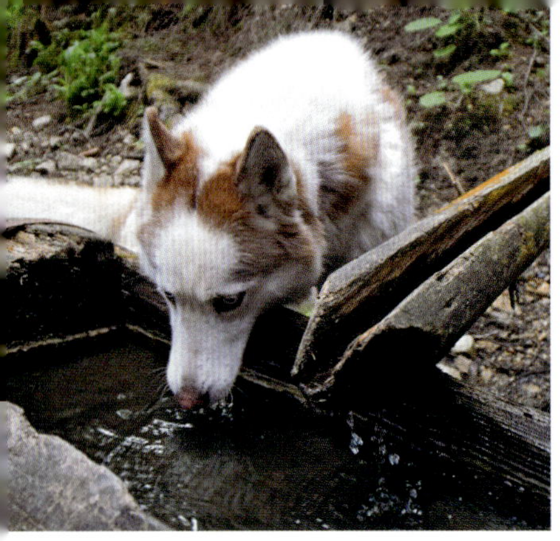

Auf dem Weg nach oben gibt es nur wenige Trinkmöglichkeiten.

zu kommen, den Abstieg einfach auch als Aufstieg nehmen! Es ist dann allerdings kein Rundweg mehr.

Beste Wanderzeit: Ganze Runde Mai/Juni und September/Oktober, nur Pribitz: Mai bis Oktober.

Weidevieh: Kühe, eingezäunt um die Pfarreralm, wo sich auch der Parkplatz Jassing befindet. Daher gibt es ein Hundeverbot auf der ganzen Sonnschienalm!

Einkehr: Sonnschienhütte, www.sonnschienhuette.info.

Karten: freytag & berndt 0041 Hochschwab – Veitschalpe – Eisenerz – Bruck a. d. Mur.

Der Start für diese Tour ist der **Parkplatz Jassing** ❶. Dort befindet sich auch die Pfarreralm. Wir gehen die Schotterstraße entlang, die dann mit der Wegnummer 836 rechts in den Wald führt. Zuerst ist die Beschilderung »Jassing – Tragößß 836«, danach kommt »Sonnschienhütte – Russenstraße 836«, dieser Straße einfach immer folgen. Es würde hier auch die Möglichkeit geben, über Pfade den Weg abzukürzen. Zuerst sind wir im schattigen Wald und im unteren Bereich befindet sich auch eine Quelle. Der Sonnschienbach führt im Sommer leider kein Wasser! Ab dem **Sonnschientörl** ❷ sind wir ziemlich der Sonne ausgesetzt, aber von hier ist es nicht mehr weit zur Sonnschienalm. Nach ca. 6,5 Kilometern und knapp 2½ Stunden erreichen wir die **Sonnschienhütte** ❸, 1523 m, die auf einer sehr großen Almfläche liegt. Jetzt wird die Wegfindung ein wenig komplizierter. Denn wer hofft, dass der Pribitz angeschrieben ist, der irrt. Wir gehen jetzt bis zur Weggabelung **Klammboden** ❹ und halten uns dann rechts. Zuerst einen Hohlweg nach unten und dann entlang der Forststraße, die uns direkt zur Pribitzalm

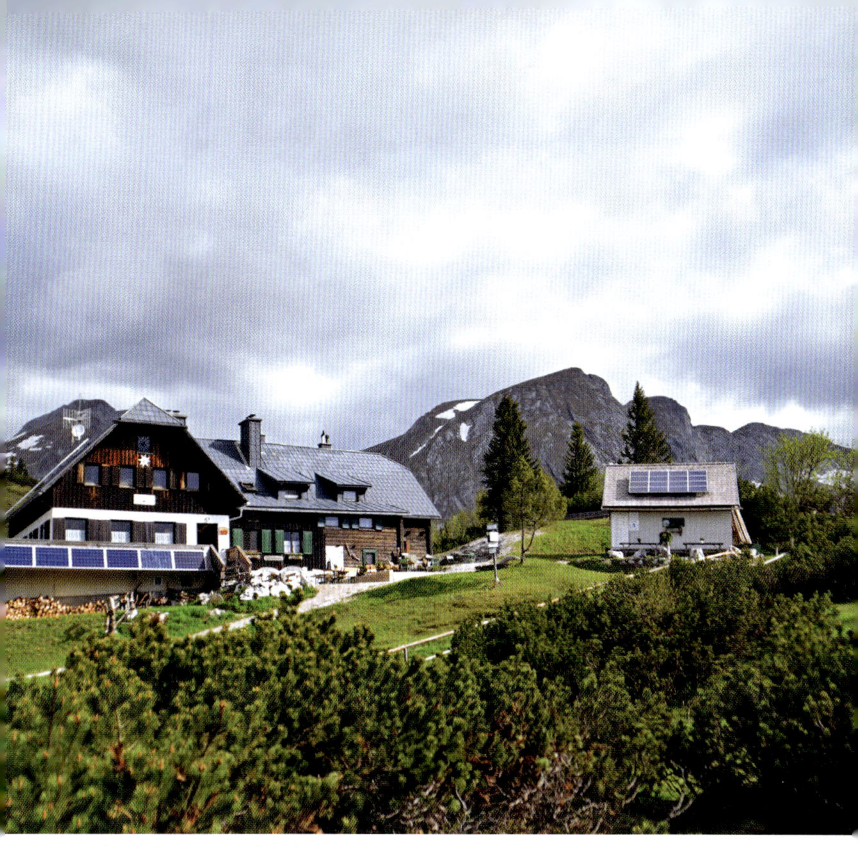

Die gut besuchte Sonnschienhütte.

führt. Quellen entlang des Wegs konnten wir leider keine finden, daher unbedingt genügend Wasser mitnehmen! Nahe der **Pribitzalm** ❺, 1392 m, führt dann der Weg zuerst durch den Wald und dann durch Latschenfelder zum Gipfel des **Pribitz** ❻, 1579 m. Der Tiefblick auf den Grünen See ist einfach spektakulär und der Ausblick auf die umliegenden Berge grandios. Nach einem Gipfelsnack geht es jetzt wieder nach unten. Achtung, dieser Steig, der sogenannte »Mehlofensteig«, ist in manchen Karten nicht eingezeichnet!

Vom Gipfel des **Pribitz** ❻ halten wir uns links und gehen entlang des Pfades, ehe es links nach unten geht. Man braucht ein wenig Umsicht und Gespür für diesen Weg. Was folgt, ist eine Kombination von Kamm- und Rinnenabstiegen, verbunden mit einigen Querungen von Geröllfeldern, aber alles ist grundsätzlich mit geländegängigem Hund ohne Schwierigkeiten zu meistern. Trittsicherheit und Kondition ist allerdings auf alle Fälle erforderlich! Eine Herausforderung folgt ziemlich zum Schluss. Hier gibt es eine kurze Passage von Felsstufen, die für so manchen Hund eine Herausforderung darstellt. Danach geht es nur noch durch ein Waldstück, am Plumpsklo bei der Pfarreralm vorbei, wieder zurück zum **Parkplatz Jassing** ❶, dem Ausgangspunkt dieser Wanderung.

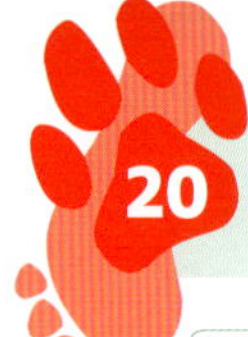

20 Niklasdorfgraben – Mugel, 1630 m

Nach dem Sender kommt das Kreuz

5.00 Std. | 10,2 km | ↗920 m | ↘920 m

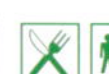
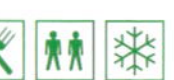

Die Mugel, der Leobner Hausberg

Eine tolle Tour, die grundsätzlich für alle Hunde geeignet ist. Man ist lange im schattigen Wald, am Gipfel hat man eine grandiose Aussicht und auf dem Weg nach oben ist eine Trinkmöglichkeit für unsere Hunde vorhanden. Für Mensch-Hunde-Teams, die gerne Schneeschuhwandern, ist diese Tour auch im Winter gut zu begehen.

Ausgangspunkt: Auf der S6 aus Richtung Bruck die Abfahrt Niklasdorf nehmen, bzw. aus Richtung Leoben die Abfahrt Leoben Ost. In Niklasdorf Richtung Niklasdorfgraben/Mugel abbiegen. Nach der Eisenbahnbrücke zuerst rechts und dann gleich links der Beschilderung »Mugel« folgen. Wer zum ersten Mal hier fährt, glaubt, falsch gefahren zu sein. Aber dann kommen doch zwei Parkplätze, nämlich der Winterparkplatz, und etwas weiter oben, der Sommerparkplatz. Ausgangspunkt für die Wanderung ist der Winterparkplatz.

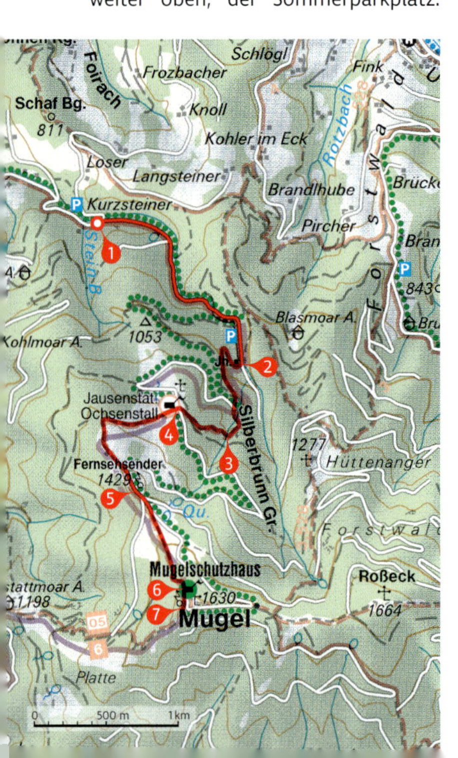

Öffentliche Verkehrsmittel: Mit der Bahn bis zum Bahnhof Niklasdorf, danach zu Fuß über die Bergstraße/Grabenstraße der Markierung »Mugel« folgen. Vom Bahnhof bis zum Ausgangspunkt der Wanderung sind 3,2 km (ca. 50 Min.) zurückzulegen.

Anforderungen Mensch: Der Weg führt über Forststraßen, Wald- und Wiesenwege. Hier sind lediglich Trittsicherheit und Kondition nötig.

Anforderungen Hund: Grundsätzlich für alle Hunde geeignet. Der Weg ist schattig bis zur Querung der großen Wiese beim Ochsenstall. Hier ist in den Sommermonaten mit Kuhkontakt zu rechnen und man ist in diesem Bereich der Sonne stark ausgesetzt. Da es im oberen Drittel für unsere Hunde keine Trinkmöglichkeit gibt, genügend Wasser mitnehmen!

Beste Wanderzeit: Ganzjährig.

Weidevieh: Im Bereich um den Ochsenstall grasen in den Sommermonaten Kühe auf den Weiden.

Einkehr: Ochsenstall; Mugelschutzhaus (Hans-Prosl-Schutzhaus), www.mugel-schutzhaus.at.

Variante: Erweitern kann man die Tour mit einem zweiten Gipfel, wenn man von der Mugel zum Roßeck weiterwandert. Dazu ist eine Distanz von 1,4 km und 124 Höhenmetern zurückzulegen. Der Zeitaufwand ist ca. 30 Min.

Karten: freytag & berndt WK 132 Gleinalpe – Lipizzanerheimat – Leoben – Voitsberg.

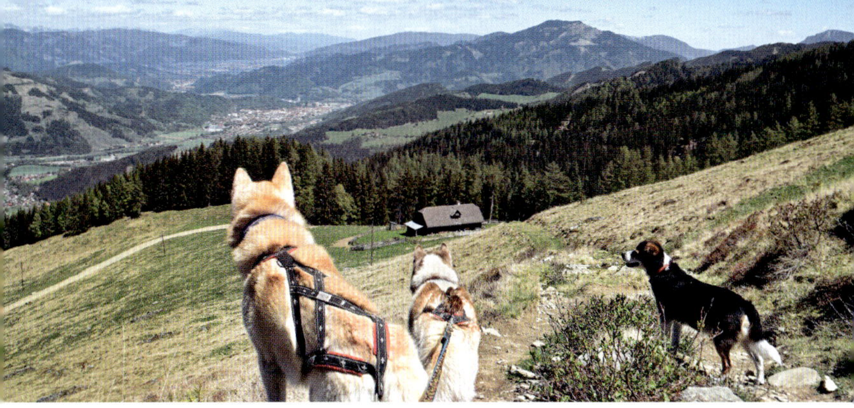

Der Blick hinunter zum Ochsenstall und über das Murtal.

Vom **Winterparkplatz** ❶ folgen wir der Beschilderung »Ochsenstall – Mugel«. Der Weg führt uns auf einer Forststraße nach oben, daneben schlängelt sich ein kleiner Bach, bis wir zu einer **Jagdhütte** ❷ gelangen. Von dort geht es rechts den Alfred-Schmidt-Steig durch den Wald nach oben. Der Weg ist ein schöner Wurzelwaldweg, und in der Mitte des Waldes queren wir auch einen kleinen Bach. Das ist die einzige **Wasserstelle** ❸, die sich auf dieser Wanderung befindet. Eine kleine Trinkpause für Hund und Mensch erfrischt, ehe es weitergeht. Wenn wir nach einiger Zeit den Wald verlassen, öffnet sich das Gelände und wir gehen über eine große Wiese und an der Ochsenstallhütte vorbei. Der **Ochsenstall** ❹ ist in den Sommermonaten eine bewirtschaftete Sennerhütte. Auf dieser Wiese sind in den Sommermonaten auch Kühe anzutreffen! Sehr gut kann man schon den markanten fast 90 m hohen **Sender** ❺ sehen. Der Weg führt uns in weiterer Folge auch an diesem vorbei. Vom Gipfelkreuz ist aber noch weit und breit nichts zu sehen bzw. zu erkennen. Denn man wandert entlang der Forststraße weiter nach oben. Es folgt nochmals ein steilerer Anstieg durch den Wald und dann hat man es geschafft. Zuerst kommt das **Mugelschutzhaus (Hans-Prosl-Schutzhaus)** ❻, das vom Österreichischen Touristenklub (ÖTK) geführt wird und auch sehr hundefreundlich ist. In unmittelbarer Nähe steht dann das vom Niklasdorfer Künstler Georg Brandner entworfene futuristische **Mugel Gipfelkreuz** ❼ auf 1630 m Höhe. Der Ausblick in Mur-, Mürz- und Vordernbergertal ist einfach überwältigend! Gipfelwürstel und Gipfelkeks für unsere Hunde ist natürlich selbstverständlich. Der Abstieg zurück zum **Parkplatz** ❶ erfolgt entlang der Aufstiegsroute.

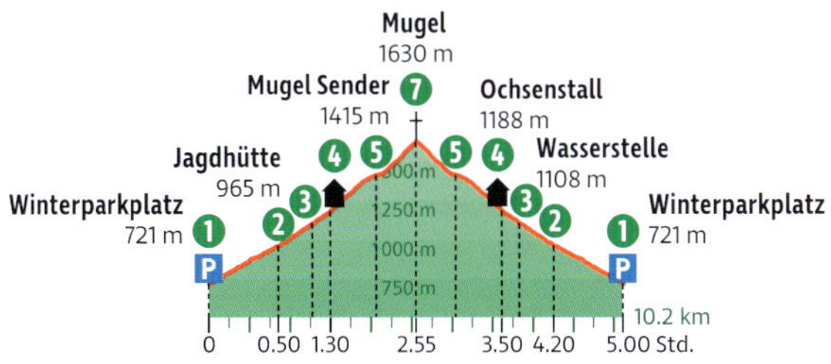

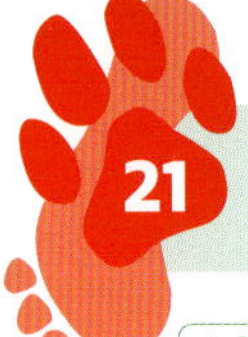

Frauenberg – Rennfeld, 1629 m

Mur und Mürztal auf einen Blick

4.00 Std. | 10,4 km | ↗ 680 m | ↘ 680 m

Ein Feld als Gipfel – das Rennfeld

Wenn man vom Rennfeld erzählt, kann man sich gar nicht vorstellen, dass das ein 1629 m hoher Berg ist. Das Rennfeld ist nämlich der westlichste Gipfel der Fischbacher Alpen und am höchsten Punkt bildet es sogar die Gemeindegrenze von Bruck an der Mur, Pernegg an der Mur und St. Marein im Mürztal. Diesen Panoramaberg, auf dem sich auch ein Hochplateau befindet, kann man von vier Seiten aus besteigen. Im Westen von Bruck an der Mur, über den Kaltenbachgraben und den Glanzgraben, im Südwesten von Pernegg, im Südosten von Breitenau aus oder die folgende Route von Kapfenberg über Frauenberg hinauf auf den Gipfel.

Ausgangspunkt: Auf der S 6 (Semmering-Schnellstraße) bis zur Abfahrt St. Marein bei Kapfenberg und danach Richtung Frauenberg abzweigen, auf einer Bergstraße rund 7 km bis zur Wallfahrtskirche Maria Rehkogel. Adresse: Frauenberg 5, 8600 Frauenberg.
Öffentliche Verkehrsmittel: Diese Route ist mit öffentlichem Verkehrsmittel, nur während der Sommerferien an Sonn- und Feiertagen mit der Regionalbuslinie 188, vom Bahnhof Bruck an der Mur erreichbar.
Anforderungen Mensch: Für diese großartige, schattige, mittelschwere Wanderung mit Almhütte und Panoramagipfel ist Trittsicherheit, Kondition und ein wenig Orientierungssinn notwendig.
Anforderungen Hund: Grundsätzlich für alle Hunde geeignet, da der Weg großteils im Wald verläuft und auch sehr schattig ist. Eine Trinkmöglichkeit gibt es nur beim Abstieg, daher genügend Wasser mitnehmen!
Beste Wanderzeit: Ganzjährig.
Weidevieh: Am Beginn der Tour gibt es eine Wiese, auf der Kühe grasen können. Rund um die Jägeralm wird mit Schildern vor Kühen gewarnt. Es gibt aber eine Umgehungsmöglichkeit: Nach dem Beteggkreuz quert man eine Forststraße. Wenn man dieser folgt, kann man die Jagaalm umgehen.
Einkehr: Ottokar-Kernstock-Haus, www.rennfeld.at; Jagaalm Tel. +43 3864 2222.
Karten: freytag & berndt 0041 Hochschwab – Veitschalpe – Eisenerz – Bruck a.d. Mur.

Ausgangspunkt für diese Wanderung ist die **Wallfahrtskirche Maria Rehkogel**. An der Kirche vorbei befindet sich auch der **Parkplatz ❶**. Von hier aus starten wir diesen schönen Rundweg. Zuerst geht es eine Forststraße entlang und dann rechts durch ein kleines Waldstück. Danach kommen wir zu einer Wiese, die wir durchqueren müssen. Hier könnte es zum ersten Kuhkontakt kommen. Wir halten uns links und kommen dann zu einem **Wegkreuz ❷**. Das ist auch jene Stelle, auf der wir wieder zurückkommen. Unser Weg verläuft rechts und wir folgen dem Weg Nr. 715. Der Weg verläuft im Wald, daher auch meist schattig und führt uns stetig nach oben. Des Öfteren queren wir die Forststraße, manchmal gehen wir auch ein Stück auf ihr entlang, bis wir wieder auf einen Steig (Rudi-Wendlanst-Steig) abbiegen. Dieser ist dann steiniger, sollte

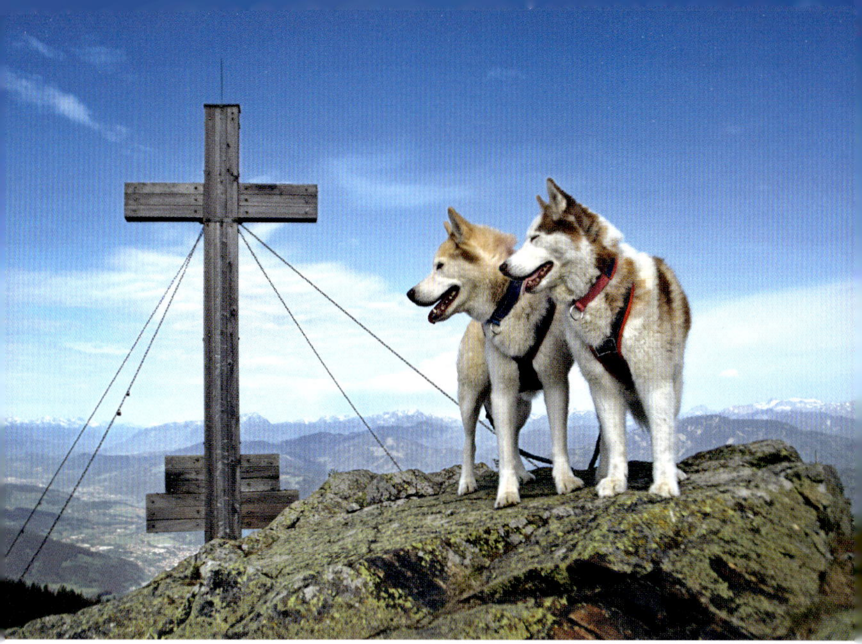

Der Gipfel des Rennfeldes ist der westlichste Gipfel der Fischbacher Alpe.

aber für die Hunde kein Problem darstellen. Da die Wege, Steige und Pfade allesamt im Wald verlaufen, gibt es auch genügend Schatten. Was aber nicht genügend vorhanden ist, ist Wasser. Auf dem Weg zum Gipfel gibt es keine Möglichkeit, für die Hunde, Wasser aus einer Quelle zu trinken! Daher unbedingt genügend Wasser mitnehmen! Bald nach dem Steinernen Steig, kommt die Waldgrenze und das Ziel ist fast erreicht. Zuerst erreichen wir das **Ottokar-Kernstock-Haus** ❸, 1619 m, und von dort ist schon das Gipfelkreuz (1629 m) zu sehen. Hunde sind im Ottokar-Kernstock-Haus willkommen. Über einen Wiesenweg gelangen wir dann zum Gipfel des **Rennfeldes** ❹, 1629 m. Das Panorama ist beeindruckend, denn weite Teile der steirischen Bergwelt haben wir von hier aus im Blick. Vom Hochschwab über den Hochlantsch und das Grazer Bergland gibt es so viel zu sehen! Hilfreich ist da ein runder Metalltisch, auf dem die wichtigsten Namen und die Lage der bekanntesten Berge zu lesen sind. Nach dem Gipfelleckerli und jeder Menge Wasserschlabbern, führt der Abstieg über den Zentralalpenweg zum Buchecksattel. Zuerst gehts über freies Terrain, dann wieder in den Wald, ehe

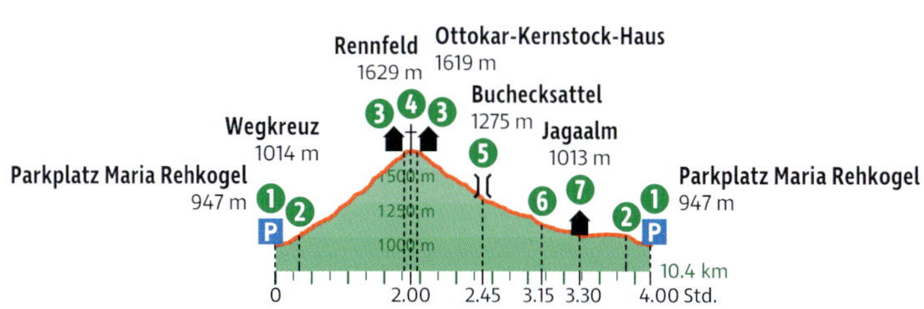

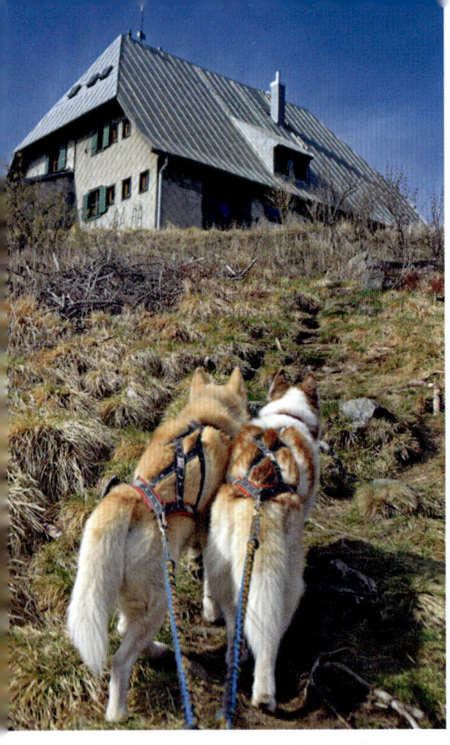

Das Ottokar-Kernstock-Haus ist eine gemütliche bewirtschaftete Alpenvereinshütte.

wir den **Buchecksattel** ❺, 1275 m, mit seinem markanten Wegweiser erreichen. Hier haben wir bereits die Hälfte an Höhenmetern des Abstieges hinter uns gebracht. Weiter geht es den Breitenauer Steig hinunter. Der birgt so manche Herausforderung, denn nach dem Beteggkreuz folgt ein schmaler Steig mit einem Sicherungsseil, an dem nicht so trittsichere Wanderer Halt finden. Für die Hunde ist das aber keine besondere Herausforderung. Danach kommt eine **Wasserstelle** ❻, bei der die Hunde Quellwasser trinken können. Nach einigen Gegensteigungen überqueren wir wieder eine Forststraße und dann geht es runter zur **Jagaalm** ❼. In diesem Bereich kann es wieder zum Kuhkontakt kommen (Alternative siehe Kurzinfo). Dann geht es noch rund 30 Minuten auf einer Forststraße zurück zur **Wallfahrtskirche**, die unbedingt besucht werden sollte, aber leider sind unsere Fellnasen in der Kirche nicht erlaubt.

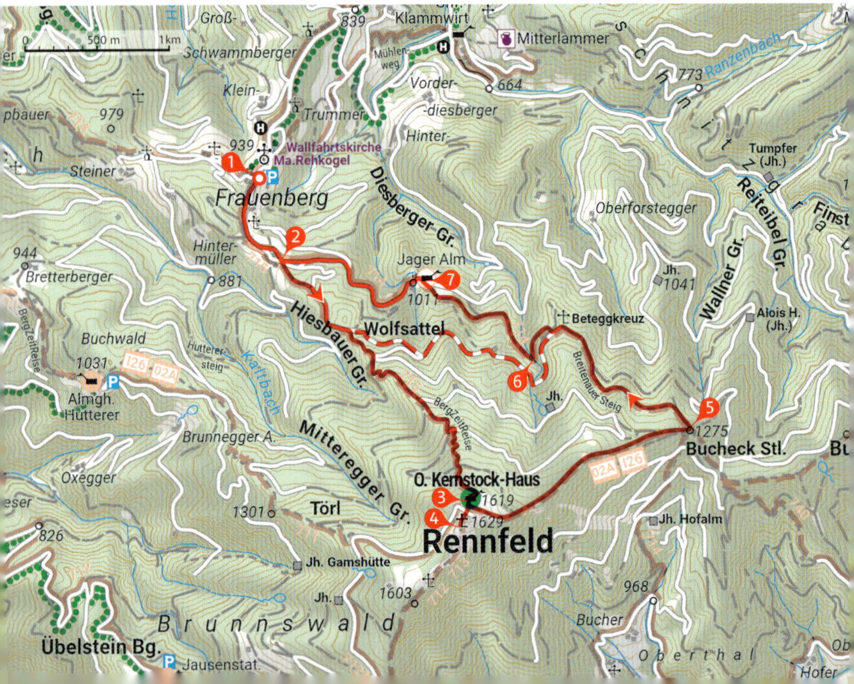

Teichalmsee – Hochlantsch, 1720 m

Wo Städter zu Alpinisten werden

22

4.00 Std. | 12,2 km | ↗ 830 m | ↘ 830 m 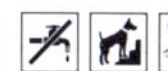 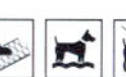  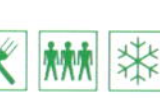

Mit Steinböcken und Gämsen zum Gipfel

Der Hochlantsch ist mit 1720 Meter der höchste Berg im Grazer Bergland, ist leicht zu erreichen, und man hat eine grandiose Aussicht. Auch als Rundweg schön zu gehen, Einkehrmöglichkeiten wie der »Steirische Jockl« oder »Zum Guten Hirten«, machen diese Tour zu einem sehr beliebten Ausflugsziel! Es empfiehlt sich diese Rundtour entgegen dem Uhrzeigersinn zu erwandern. Dadurch erreicht man leichter den Gipfel und beim Zurückgehen entlang des Mixnitzbaches gibt es zahlreiche Möglichkeiten für unsere Hunde, sich abzukühlen. Sowohl beim Aufstieg, als auch beim Abstieg ist man viel im schattigen Wald. Bei der sehenswerten, in den Felsen gebauten Kirche Schüsserlbrunn sind 198 Stufen zurückzulegen. Auch für Tier und Blumenfreunde gibt es unterwegs viel zu entdecken. Steinbockbegegnung mitten am Wanderweg sind ebenfalls nicht auszuschließen. Wer so eine Begegnung hat, weiß woher der Ausdruck »Stur wie ein Bock« herkommt. Denn diese Tiere weichen keinen Millimeter vom Weg! In so einem Fall mit Hunden zügig, aber nicht zu schnell vom Wanderweg weggehen und so das »Hindernis« umgehen. Das Almenland ist bekannt für seine großen Weideflächen. Begegnungen mit Kühen sind daher nicht auszuschließen.

Der Sonnenaufgang am Gipfel des Hochlantsch.

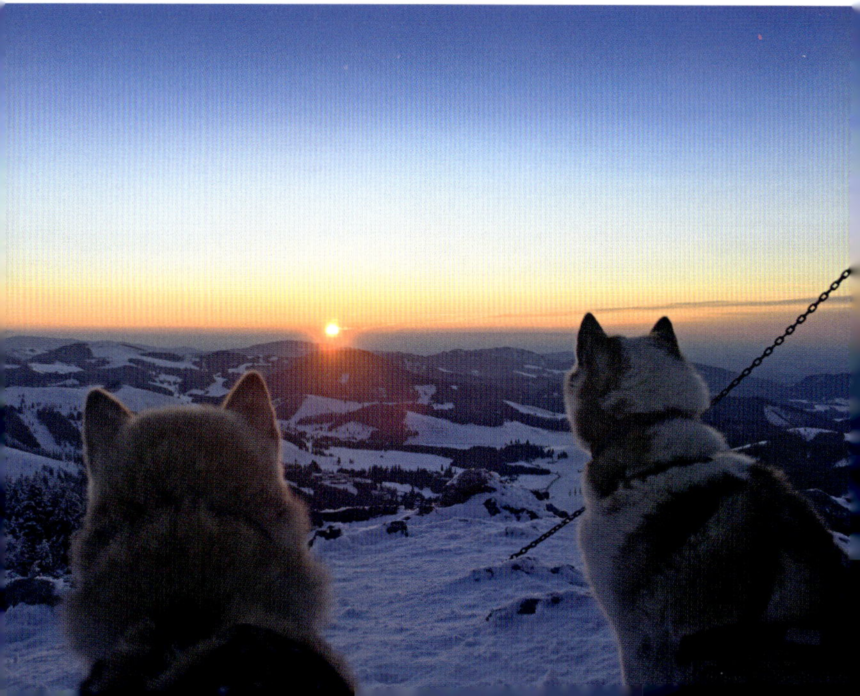

Ausgangspunkt: Von Süden: Über die Brucker Schnellstraße (S35), Abfahrt Frohnleiten – Schrems – Tulwitz – Fladnitz – Teichalm. Von Norden: Über die Brucker Schnellstraße (S35), Abfahrt Mixnitz – Breitenau am Hochlantsch – Wegweiser zur Teichalm (Öko-Park) folgen. Von Osten: über die A2 bis zur Abfahrt Gleisdorf, über Weiz, Passail und Fladnitz hinauf auf die Teichalm und bei den Parkplätzen um den Teichalmsee parken.

Öffentliche Verkehrsmittel: Anreise mit Bus (an Wochenenden in den Sommerferien): ab Graz Andreas-Hofer-Platz mit RegioBus-Linien 200 bis Weiz Zentrum; weiter mit RegioBus-Linie 205 auf die Sommeralm und Teichalm.

Anforderungen Mensch: Ein Aufstieg, der keine besondere Schwierigkeit bietet. Er ist durch den Wald wurzelig und weiter oben steinig. Der Abstieg durch die Latschenfelder ist aber steiler und führt über große Steine bzw. Steinstufen nach Schüsserlbrunn. Bei Nässe kann es sehr rutschig sein! Hat man aber Schüsserlbrunn erreicht, geht es sehr einfach auf einer für den Autoverkehr gesperrten Forststraße wieder zurück zum Ausgangspunkt.

Anforderungen Hund: Der Aufstieg durch den Wald ist schattig, bietet aber keine Trinkmöglichkeit für Hunde, daher unbedingt genügend Wasser mitnehmen. Auf den letzten 30 m zum Gipfel gibt es große Felsstufen, diese sind für kleine Hunde sehr herausfordernd, können aber auch leicht umgangen werden. Denn ganz rechts außen gibt es einen kleinen Steig, der auch kleinen Hunden den Weg nach oben erleichtert. Im Abstieg sind mehrere Felsstufen zu überwinden. Für kleine Hunde ist diese Passage anspruchsvoll. Danach nur mehr eine Forststraße und ein Bach, der zum Abkühlen einlädt.

Beste Wanderzeit: Die ganze Runde von März – November, Teichalmsee – Hochlantsch ganzjährig.

Weidevieh: Am Beginn der Tour gibt es eine Wiese, auf der im Sommer manchmal Kühe und Pferde grasen. An den restlichen Stellen weiden alle Kühe entweder hinter einem Elektrozaun oder festen Zaun.

Einkehr: Gasthof Steirischer Jockl, Tel. +43 664 1526845; Gasthof Zum Guten Hirten, Telefon: +43 664 1636046.

Tipp: Die Route Teichalmsee – Hochlantsch und wieder zurück ist auch im Winter ein lohnendes Ausflugsziel, je nach Schneelage, mit Schneeschuhen, Grödln oder festen Bergschuhen eine großartige Abwechslung.

Variante/Abkürzung: Wer vor dem Gasthof Zum Guten Hirten abkürzen möchte, geht den Weg Nr. 3 bei der Abzweigung ❻ nach links.

Karten: freytag & berndt WK 131 Grazer Bergland – Schöckl – Teichalm – Stubenbergsee.

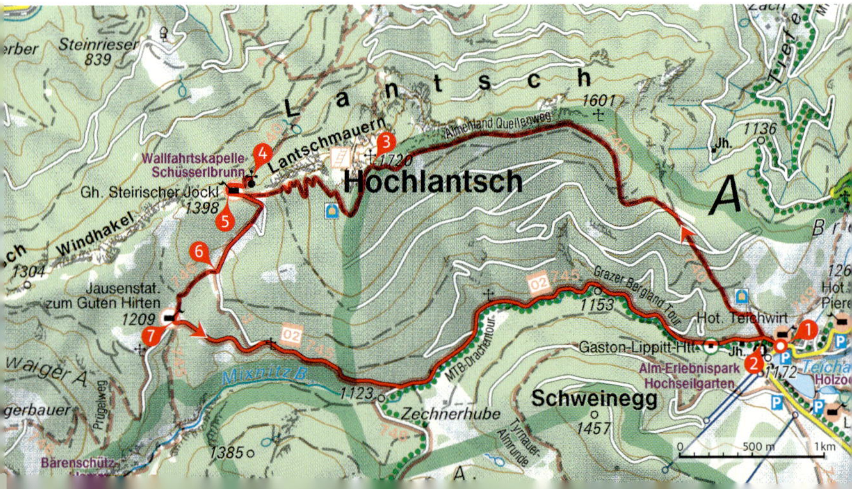

Ab hier sind es für Mensch und Hund nur noch wenige Schritte bis zum Gipfel des Hochlantsch.

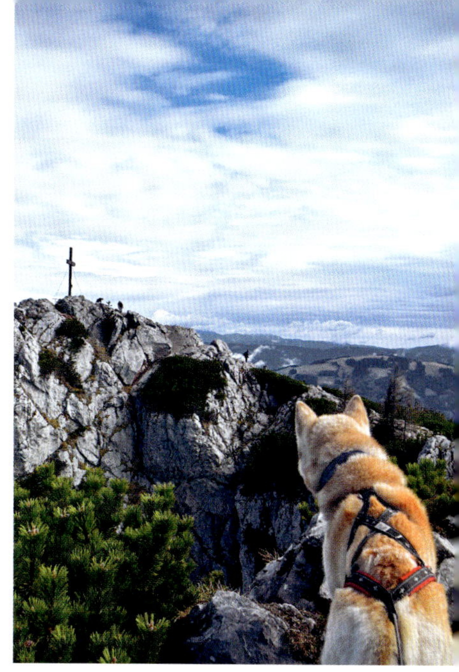

Ausgangspunkt für diese Tour sind die **Parkplätze** um den **Teichalmsee** ❶. Von hier geht es zum Teichwirt und man folgt dem Weg 740. Zuerst über die Wiese (Achtung, Weidevieh!) und danach an der **Gabelung** ❷ rechts stetig bergauf durch den Wald. Wenn man oben aus den Bäumen herauskommt, wird es zum Gipfelkreuz hin ein wenig felsig. Das sollte aber für unsere Hunde keine besondere Herausforderung sein. Vom Teichalmsee bis auf den Gipfel des **Hochlantsch** ❸ benötigt man ca. 1½ Std. Am Gipfel angekommen, hat man bei Schönwetter eine traumhafte Aussicht! Da dieser Gipfel relativ leicht zu erreichen ist, ist oft richtig viel los. Es empfiehlt sich daher, diese Tour so früh wie möglich zu starten. Nach dem Gipfelsnack geht es runter zum nächsten beliebten Ausflugsziel **Schüsserlbrunn** ❹, einer Wallfahrtskirche auf 1363 m Höhe. Der Weg nach unten erinnert ein wenig an das Tote Gebirge. Über große schroffe Felsen und durch Latschenfelder führt dieser Weg ziemlich steil zum Holzkirchlein an der Lantschmauer. Zur Kirche gelangt man dann über 198 Stufen nach unten. Der Name »Schüsserlbrunn« leitet sich von der heilsamen Quelle ab, die aus der Felswand entspringt und dort in einem kleinen »Felsen-Schüsserl« gesammelt wird. Sie soll auch eine heilsame Wirkung haben, vor allem bei Augenleiden. Oben beim Abstieg ist der **Steirische Jockl** ❺ ein Gasthof mit großer Terrasse und einer traumhaften Aussicht. Weiter geht es nach unten entlang des Wanderweges 746 zum **Gasthof Zum Guten Hirten** ❼. Ab dort folgt man dem Weg 745/702, später geht es entlang des Mixnitzbaches zurück zum **Teichalmsee** ❶, dem Ausgangspunkt dieser schönen Rundwanderung.

Die Strecke Teichalmsee – Hochlantsch – Teichalmsee ist auch im Winter ein lohnender Ausflug, je nach Schneelage, mit Schneeschuhen, Grödeln oder festen Bergschuhen eine großartige Abwechslung.

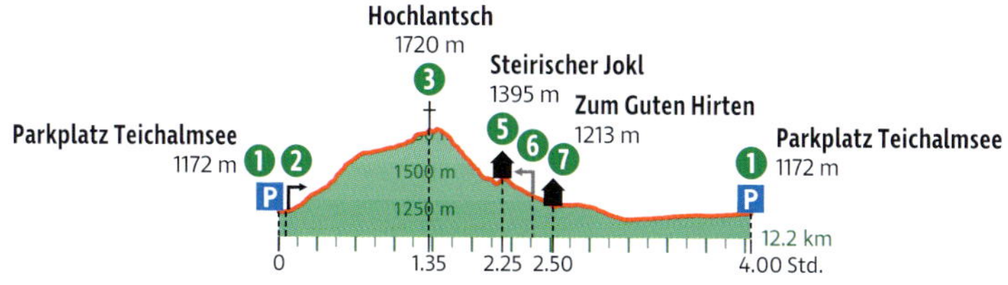

23 Rote Wand, 1505 m

Auge in Auge mit den Steinböcken

4.30 Std. | 12,6 km | ↗ 810 m | ↘ 810 m

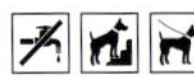
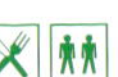

Entlang der Wand ist Schwindelfreiheit von Vorteil

Wer diese Tour in den frühen Morgenstunden beginnt, kann den rotgefärbten Kalkstein am besten bewundern und weiß dann auch, warum dieser Berg »Rote Wand« heißt. Bekannt ist der Berg auch für seine Steinbockkolonie, denn vor Jahrzehnten hat man in Gattern um die Rote Wand und Röthelstein, Steinböcke aus der Schweiz angesiedelt. Diese Gatter gibt es jetzt schon lange nicht mehr, aber die Tiere fühlen sich hier wohl und meistens kann man sie in der Nähe des Gipfels beim Äsen beobachten. Eine sehr interessante Tour, die für Mensch und Hund nicht zu anstrengend ist, durch die steile Felswand eindrucksvoll und aufgrund der Steinböcke etwas ganz besonderes. Für unsere Hunde bietet sie viel Schatten, aber wenig Wasser. Daher unbedingt genügend Wasser auf die Tour mitnehmen! Diese Wanderung ist aufgrund der Geländegegebenheiten sehr einfach zum Orientieren.

Ausgangspunkt: Nach Frohnleiten, weiter über Tyrnau und kurz nach dem Ort links zum gebührenpflichtigen Parkplatz Rote Wand abbiegen. Adresse Rote Wand Parking, Tyrnau 20 – 23, 8130 Tyrnau.
Öffentliche Verkehrsmittel: Der Parkplatz Rote Wand ist mit öffentlichen Verkehrsmittel nicht direkt erreichbar. Es besteht aber die Möglichkeit, mit der Bahn bis zum Bahnhof Mixnitz-Bärenschützklamm zu fahren und von dort den markierten Weg 747 bis zur Wegkreuzung ❷ zu gehen. Die Tour verlängert sich dann um rund 2 Std.
Anforderungen Mensch: Trittsicherheit, Schwindelfreiheit. Bei Nässe kann es um den Gipfel sehr rutschig sein.
Anforderungen Hund: Bis nach Bucheben keine besonderen Anforderungen, danach wird es wurzeliger und später felsig. Kleine Hunde könnten im felsigen Teil Unterstützung benötigen. Bei Kontakt mit den Steinböcken ist ein Grundgehorsam notwendig. Mit angeleinten Hunden ist man dann auf der sicheren Seite.
Beste Wanderzeit: Ganzjährig.
Weidevieh: Auf dem Weg vom Gipfel zur Tyrnauer Alm und um die Tyrnauer Alm befinden sich Weideflächen mit Mutterkuhhaltung. Daher ist eine Wanderung in den Monaten von Mitte Mai bis Mitte September nur mit großräumigem Umgehen möglich.
Einkehr: Tyrnauer Alm, Tel. +43 664 2603725, www.almerich.at.
Karten: freytag & berndt WK 131 Grazer Bergland – Schöckl – Teichalm – Stubenbergsee.

Wir starten am **Parkplatz Rote Wand** ❶ auf ca. 880 m Höhe. Gleich zu Beginn steht eine hölzerne Hinweistafel, die uns einen guten Überblick über diese Tour gibt. Nach dem Wegweiser führt uns eine Forststraße nach oben. Dabei passieren wir die **Wegkreuzung** ❷, von wo der Wanderweg Nr. 747 aus Mixnitz-Bärenschützklamm (siehe öffentliche Verkehrsmittel) in die Forststraße mündet. Die Forststraße weiterfolgend, erreichen wir die nächste **Weggabelung** ❸. Hier kommt der Weg 748, der unterhalb der roten Wand führt (unser Rückweg), mit dem Weg 747 zusammen. Wir gehen den Weg 747 und dieser führt uns

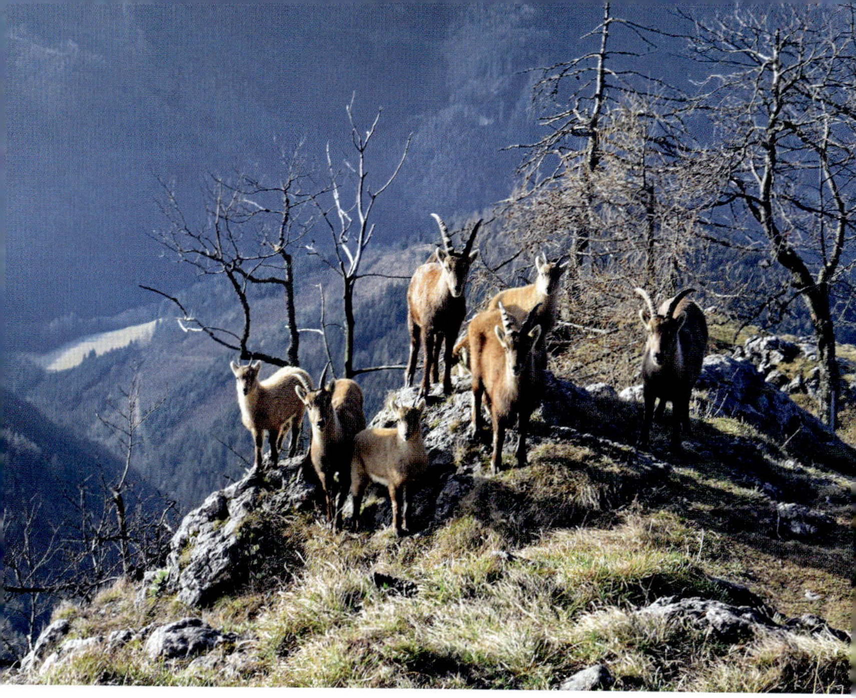

Eine Steinbockherde beobachtet uns ganz genau.

stetig nach oben bis nach **Bucheben** ❹. In Bucheben (1081 m) zweigt dann der Weg nach rechts in den Wald ab. Im schattigen Wald geht es jetzt etwas anspruchsvoller, zum Teil sogar in Serpentinen nach oben. Für Wanderhunde mit ein wenig Kondition sicher kein Problem. Zwischendurch gibt es immer wieder eine tolle Aussicht in das Murtal und auf den Hochschwab. Der Pfad kommt dann schon an der unteren Geländekante der Roten Wand heraus. Jetzt können wir entweder entlang der Geländekante gehen oder dem Wanderweg im Wald weiter folgen. Aufgrund des herrlichen Ausblicks und der Felsen ist die Tour entlang der Geländekante am schönsten. Der Weg bis zum Gipfel entlang der Wand erfordert aber erhöhte Aufmerksamkeit, sowohl für uns Menschen, als auch für unsere Hunde, denn die Aussichtspunkte entlang der Wand sind immer wieder verführerisch und exponiert. Es kann auch vorkommen, dass wir Steinböcken begegnen. Auf dem Gipfel der **Roten Wand** ❺ auf 1505 m Höhe heißt es wieder die Aussicht genießen und unseren Hunden Wasser reichen. Die Tyrnauer Alm ist unser nächstes Ziel. Zuerst

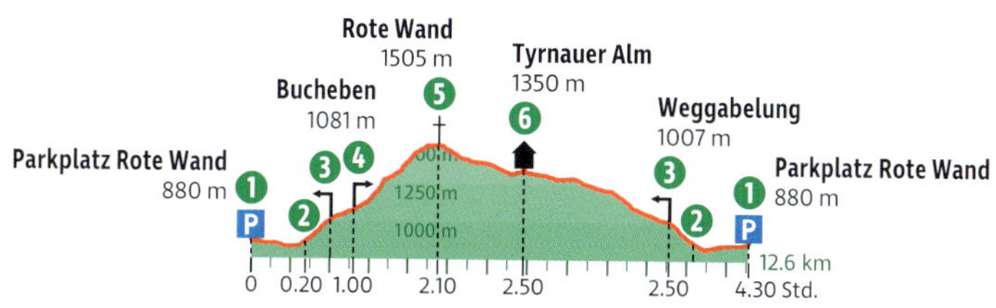

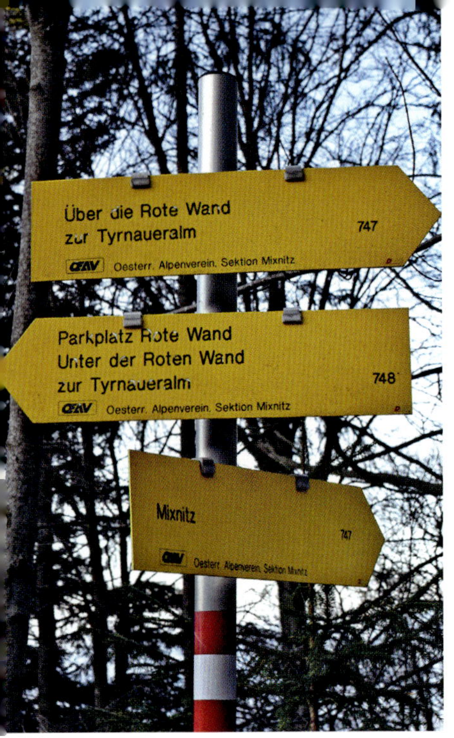

Zum Gipfel ist der Weg mit zahlreichen exakten Schildern ganz genau markiert.

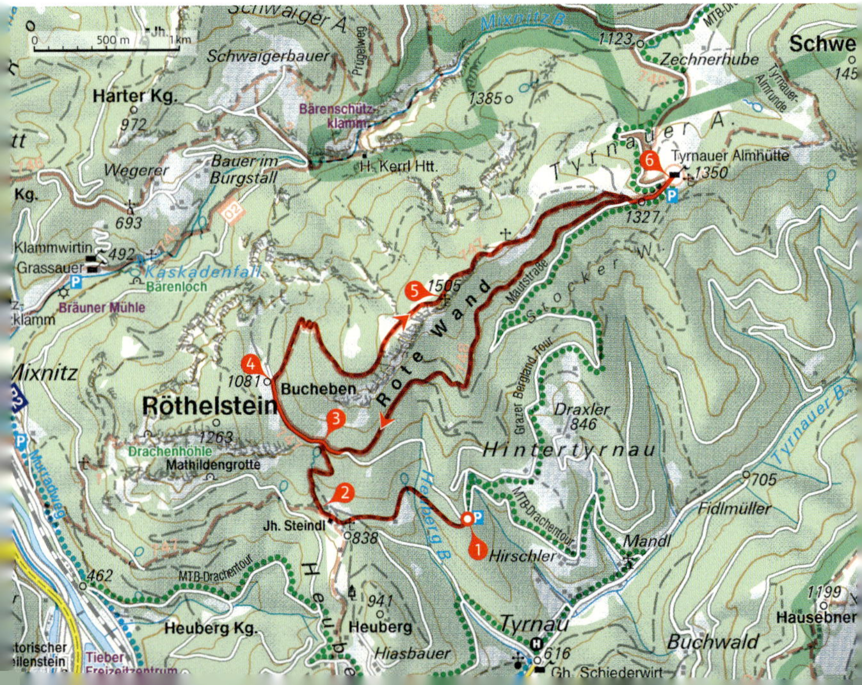

geht es durch den Wald, dann über einen Wiesenweg. Auf dieser Wiese sind in den Sommermonaten jede Menge Kühe anzutreffen! Nicht weit davon ist dann die Einkehrmöglichkeit **Tyrnauer Alm ❻** auf 1350 m. Diese Alm wird von Hüttenwirt Erich Mandl, vulgo Almerich, bewirtschaftet. Der Almerich macht seinen Gästen gerne mal eine Freude und spielt mit der Ziehharmonika auf. Für so manche Hundeohren ist die Ziehharmonika leider kein sehr wohlklingendes Instrument – eher zum Davonlaufen. Für den Weg zurück zum Parkplatz haben wir jetzt zwei Möglichkeiten. Entweder einfach der Mautstraße entlang zum Parkplatz gehen (ist aber sehr eintönig) oder etwas weiter oben den Wanderweg 748 nehmen, der zuerst parallel zur Straße verläuft und dann unterhalb der Roten Wand wieder vorbei an der **Weggabelung ❸** und der **Wegkreuzung ❷** nach unten zurück zum **Parkplatz Rote Wand ❶** führt.

Zellerkreuz – Teufelstein, 1498 m

Wo der Teufel einen Turm bauen wollte

24

3.00 Std. | 9,5 km | ↗440 m | ↘440 m

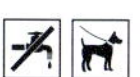
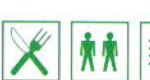
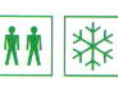

Ein mystischer Kraftplatz, um den sich Sagen ranken

Interessante Wanderung zu einem Kraftplatz mit Gipfelkreuz, danach eine relativ einfache Wanderung durch den Wald, die für Hunde bestens geeignet ist. Achtung, der Kontakt mit Weidevieh ist in den Sommermonaten auf alle Fälle gegeben! Bei der Halterhütte (wie die Unterkünfte der Kuhhirten auch bezeichnet werden) der Teufelsteinalm ist auf der Außenwand folgende Sage zu lesen (aus »Sagen der Grünen Mark« von Hans von der Sann):

Luzifer wollte, nachdem er vom Himmel in die Hölle verstoßen worden war, wieder in den Himmel aufgenommen werden. Dazu musste er in der heiligen Christnacht in einer sehr kurzen Zeit, einen Turm von der Erde bis zum Himmel bauen. Luzifer trug drei große Riesensteine hinauf auf die Fischbacheralpe, doch beim zweiten Versuch brach ihm das Traggestell. So konnte er den Himmel in der auferlegten Frist nicht erreichen. Wild fuhr er in die Hölle zurück, die drei Steine aber ließ er auf der Fischbacheralpe liegen, und sie heißen nach ihm »der Teufelstein«.

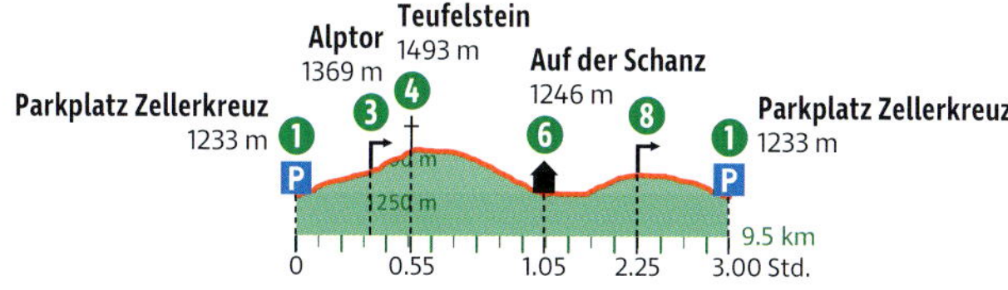

Ausgangspunkt: Von Wien über die Südautobahn A2 und die Semmering-Schnellstraße S6 bis zur Abfahrt Kindberg. Hier durch das Stanzertal auf der Schanzsattel-Landesstraße L114 zum Zellerkreuz – knapp vor Fischbach. Von Graz über die Weizer-Bundesstraße B72 bis Birkfeld und ab hier über die Schanzsattel-Landesstraße L114 nach Fischbach, durch den Ort, nach knapp 2 km zum Zellerkreuz.

Öffentliche Verkehrsmittel: Anreise mit Bahn/Bus bis nach Weiz, von dort mit dem Regionalbus 230 bis Birkfeld. In Birkfeld in den Regionalbus 237 umsteigen und bis zur Station »Zeller Kreuz« fahren. Je nach Fahrplan kann es sein, dass der Bus nur bis zu Station »Untere Gmoa« fährt. Dann ist ein Fußweg von 1,2 km entlang der Straße hinzuzurechnen.

Anforderungen Mensch: Bei dieser Runde gibt es grundsätzlich keine besonderen Anforderungen, lediglich normale Kondition und nach dem Schanzsattel zum Alptor Trittsicherheit.

Anforderungen Hund: Sowohl im Winter als auch im Sommer eine tolle Tour für unsere Hunde. Die Wegearten sind Forststraße, Wiesenweg und Naturpfad. Diese sind auch für kleine Hunde gut begehbar. An Trinkwasser denken.

Beste Wanderzeit: Ganzjährig.

Weidevieh: Durch Weideflächen muss man bei der Teufelsteinalm und nach dem Teufelstein auf der großen Wiese Richtung »Auf der Schanz«.

Einkehr: Gasthof Auf der Schanz, Tel. +43 3865 8244, www.alpengasthof-schanz.at.

Karten: freytag & berndt WK 021 Fischbacher Alpen.

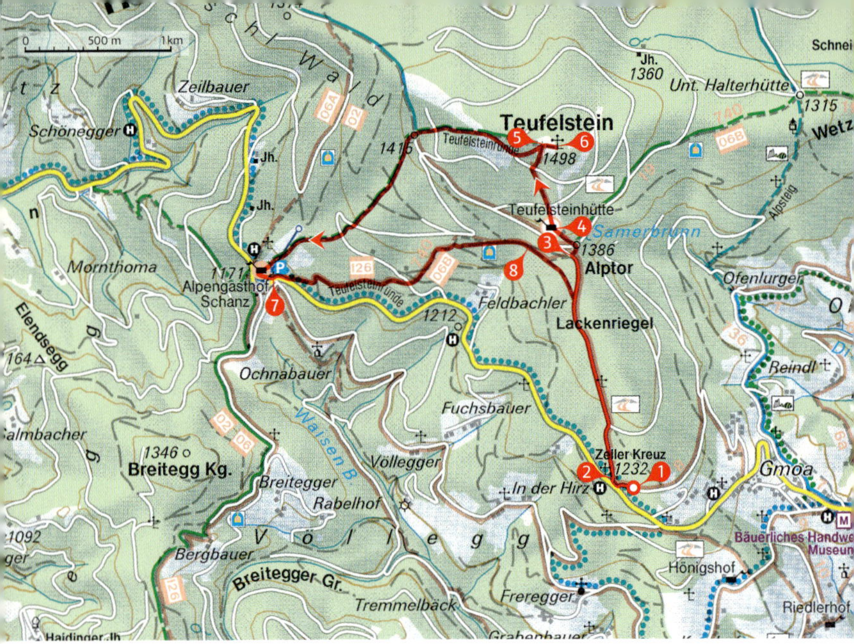

Wir starten diese Tour am **Parkplatz** des **Zellerkreuzes** ❶. Es geht direkt die Forststraße entlang, vorbei am **Zellerkreuz** ❷ Was einem gleich auffällt, ist die Markierung. Statt der üblichen rot-weiß-roten Markierung folgen wir dem Teufelstein Symbol. Nach rund 1,6 km halten wir uns

Imposante und mystische Felsformation mitten auf der Wiese.

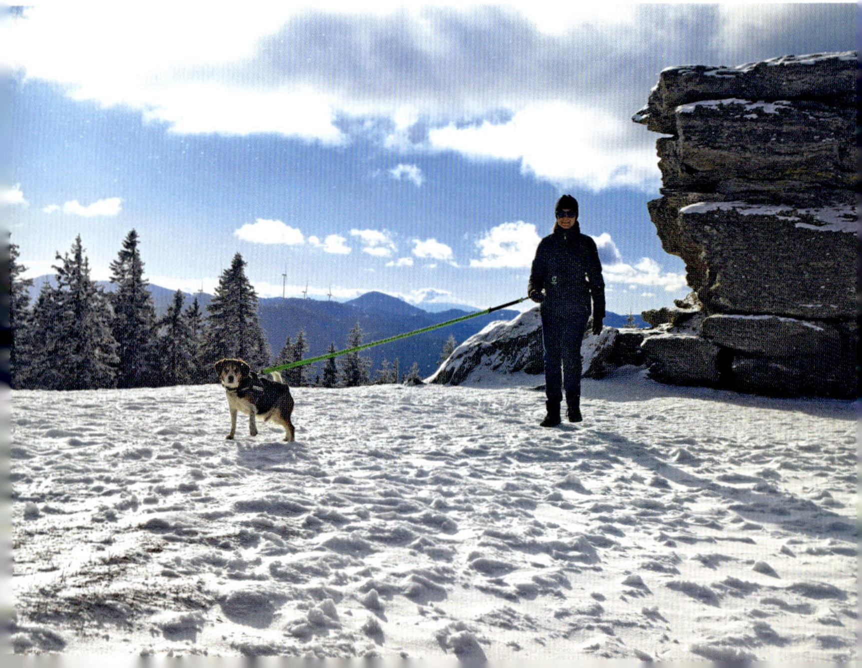

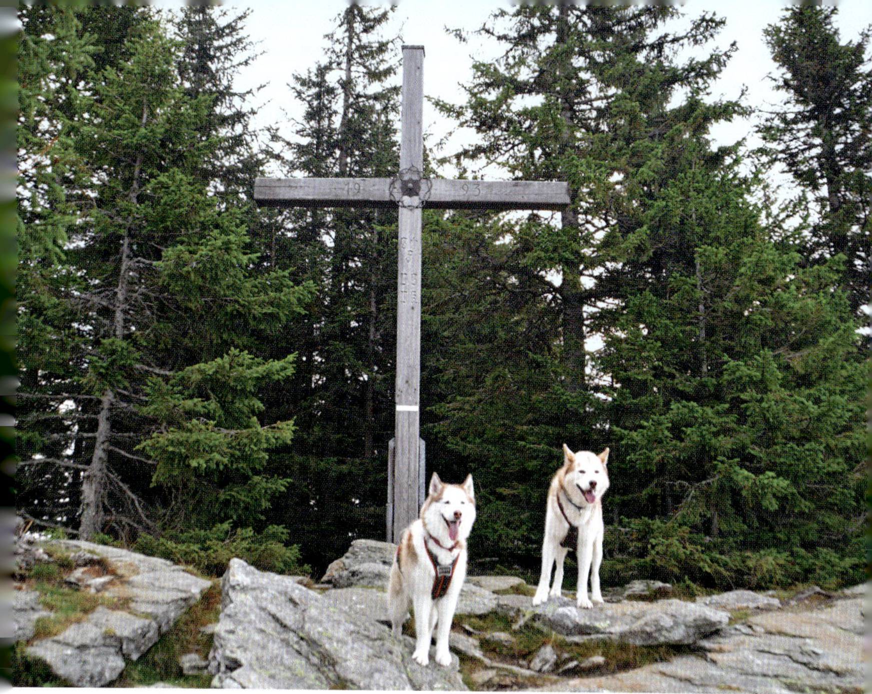

Gegenüber des Felsens das Gipfelkreuz des Teufelsteins.

rechts, verlassen die Forststraße beim **Alptor 3** und gehen halbrechts einen Pfad. Nach rund 100 m halten wir uns links zur »Halterhütte auf der Teufelsteinalm« . Noch haben wir das Ziel aber nicht erreicht, denn wir gehen an der Alm vorbei, über die große Wiese (Im Sommer weiden hier viele Kühe!) und dann dem Waldrand entlang. Nach einer Gesamtstrecke von 2,4 km und einer knappen Stunde haben wir das Ziel, den **Teufelstein 4** erreicht. Oben sind aber nicht nur die drei großen Steine, sondern auch das **Gipfelkreuz Teufelstein 5**, 1498 m, und eine große Wiese. Wir nützen die Zeit hier oben für Fotos und genießen die herrliche Aussicht: Hochschwab, Hochlantsch, Veitsch, Schneealm und Rax und das Hügelland der Oststeiermark sind zu bewundern, ehe wir Richtung »Auf der Schanz« bzw. »Alpengasthof Schanz« absteigen. Die Markierung ändert sich kurzfristig auf grün-weiß und wir halten uns an die Markierung »Teufelsteinrunde«, bis man bei einer Skipiste ankommt. Diese gehen wir nach unten bis zum **Alpengasthof Auf der Schanz 6**. Hunde sind dort willkommen. Vom Gasthof, gehen wir zum **Schanzsattel 7**, 1250 m, und nehmen den kleinen Weg neben der Landstraße, ehe wir wieder links auf den Wanderweg (704 rot-weiß-rote Markierung) weiterschreiten. Auf diesem Weg befindet sich auch die einzige Wasserstelle für unsere Hunde! Der Wanderweg kreuzt einige Forstwege. Wir folgen einfach den Markierungen. An der **Weggabelung 8** Richtung Alptor den rechten Pfad nehmen und man kommt zur Forststraße. Diese führt uns wieder zurück über das **Zellerkreuz 2** zum Ausgangspunkt, dem **Parkplatz Zellerkreuz 1**.

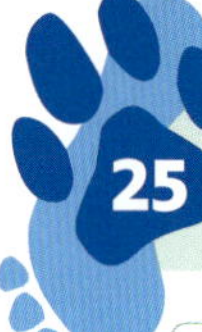

Rabl-Kreuz-Hütte – Hochwechsel, 1743 m

Die Steiermark im Nordosten

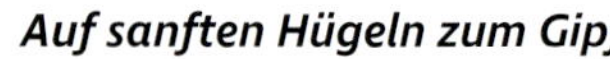

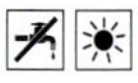
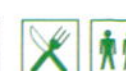

Auf sanften Hügeln zum Gipfel

Eine leichte Tour, mit schöner Aussicht, Einkehrmöglichkeiten, einer schönen Kapelle bzw. einem Kriegerdenkmal, das an die Gefallenen des Zweiten Weltkrieges erinnert. In unmittelbarer Nähe zur Kapelle steht das Gipfelkreuz, das sich direkt auf der Landesgrenze zwischen Steiermark und Niederösterreich befindet. Das leicht ansteigende Gelände ist nicht allzu anstrengend und für kleine und große Hunderassen bestens geeignet. Vom leicht erreichbaren Niederwechsel hat man einen schönen Ausblick auf den Schneeberg und die Rax. Im Winter eignet sich diese Tour für eine gemütliche Schneeschuhwanderung.

Ausgangspunkt: Aus nördlicher Richtung: Von Kapfenberg bzw. Mürzzuschlag kommend bei Krieglach abfahren und auf die B72 wechseln. Weiter bis St. Kathrein, danach links bis Ratten und über St. Jakob im Walde bis Waldbach. Nach dem Ort links Richtung Breitenbrunn, Hinweistafel Rabl-Kreuz-Hütte und Langlaufzentrum Hochwechsel abbiegen. Aus südlicher Richtung: Abfahrt Hartberg, Richtung Rohrbach an der Lafnitz,

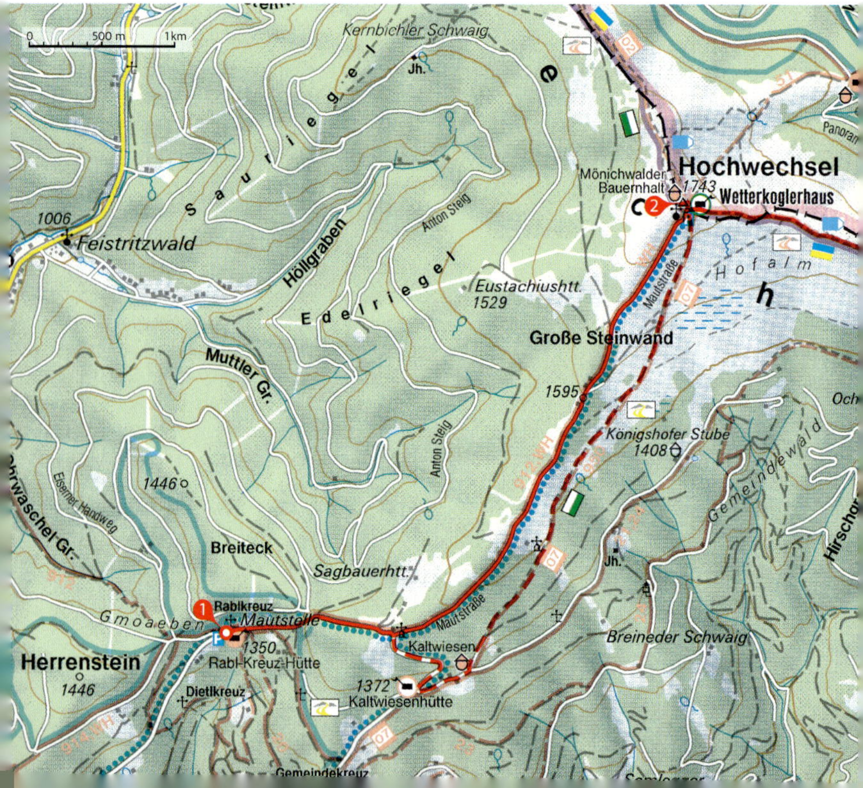

Richtung Mönichwald, weiter Richtung Waldbach und nach ca. 4 km kurz vor Waldbach Richtung Hochwechsel rechts abbiegen siehe Hinweistafel Rabl-Kreuz-Hütte und Langlaufzentrum Hochwechsel. Die Parkplätze befinden sich vor der Rabl-Kreuz-Hütte (Schrimpfviertel 46, 8253 Waldbach).

Öffentliche Verkehrsmittel: Die Rabl-Kreuz-Hütte ist grundsätzlich nicht mit öffentlichen Verkehrsmitteln erreichbar. Es besteht aber die Möglichkeit, mit dem SAM (Sammeltaxi Oststeiermark) zur Rabl-Kreuz-Hütte zu gelangen Tel. +43 5036 3738, http://istmobil.at/istmobil-regionen/sam/.

Anforderungen Mensch: Außer einer Grundkondition keine besondere Anforderung.

Anforderungen Hund: Sowohl im Winter als auch im Sommer eine einfache Tour für unsere Hunde. Auch für kleine Hunde gut begehbar. Ausreichend Wasser mitnehmen!

Beste Wanderzeit: Ganzjährig.

Weidevieh: Durch die großen Almflächen ist mit vielen Kühen zu rechnen!

Einkehr: Rabl-Kreuz-Hütte, www.rabl-kreuz-hochwechsel.at; Wetterkoglerhaus, (nur Sommersaison, im Winter geschlossen!) https://www.alpenverein.at/wetterkoglerhaus.

Variante: Natürlich gibt es auch einen alternativen Weg, der fast parallel neben der wenig, aber immerhin doch befahrenen Mautstraße führt. Ausgangspunkt ist wieder die Rabl-Kreuz-Hütte. Nach der Schranke sich rechts halten zur Kaltwiesenhütte, dann zur Kaltwiese und dem Oststeirischen Grenzlandweg 07 bis zum Gipfel bzw. Wetterkoglerhaus folgen. Diese Strecke ist gut markiert, jedoch etwas weiter. (einfache Strecke= 5,9 km, 476 Hm und 2 Std. Gehzeit bis zum Gipfel des Hochwechsel).

Karten: freytag & berndt WK 021 Fischbacher Alpen.

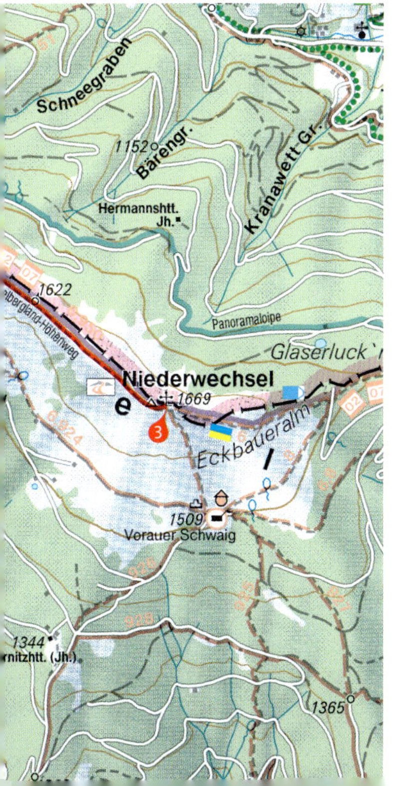

Der **Parkplatz** vor der **Rabl-Kreuz-Hütte** ❶ ist der Ausgangspunkt für diese Wanderung. Die Wanderung auf den Hochwechsel ist orientierungstechnisch sehr einfach. Denn vom Ausgangspunkt führt eine Mautstraße direkt zum Gipfel des Hochwechsel und zum Wetterkoglerhaus. Die achteckige Kapelle kann man schon von unten gut sehen. Daher folgt man einfach der Straße bzw. der Wegnummer 912. Auf dem Weg nach oben gibt es einen markanten großen Wegweiser. Hier einfach der Aufschrift »Hochwechsel Wetterkoglerhaus« folgen. Auf dem Weg nach oben kommt man auch auf eine große Wiese, die eine großartige Aussicht in das steirische Joglland gewährt. Wasserstellen bzw. Quellen sind auf dieser Tour leider nicht vorhanden. Daher unbedingt genügend Wasser mitnehmen! Oben am Gipfel des **Hochwechsel** ❷, 1743 m, angekommen, stehen zur Linken die ein-

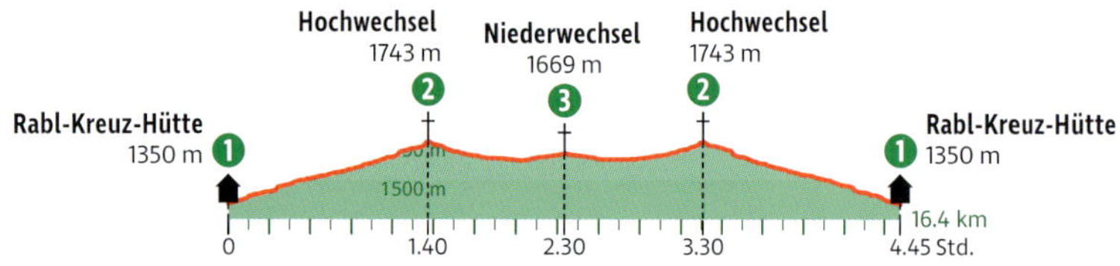

drucksvolle achteckige Heldenkapelle, oberhalb auf einer flachen Wiese das Gipfelkreuz und gegenüber das **Wetterkoglerhaus** (1739 m), ein gut besuchtes Alpenvereinshaus, das aber im Winter geschlossen hat. Der Ausblick auf diese sanften weiten Flächen zeichnet diese Landschaft aus. In den Sommermonaten grasen auf diesen sanften Weiden viele Kühe.

Ist der Hochwechsel einmal bezwungen, ist der Niederwechsel das nächste Ziel. Vom Wetterkoglerhaus ostwärts geht man den markierten Weg zum Niederwechsel. Dieser schöne Wiesenweg mit wenig Steinen ist ein Grenzweg, der zwischen den Bundeländern Niederösterreich und Steiermark verläuft. Nach knapp über 3 km ist man auch schon am Ziel. Gipfelkreuz gibt es leider keines, »nur« ein unscheinbares Schild, das auf den Gipfel des **Niederwechsel** ❸, 1669 m, hinweist. Gleich daneben ist eine Gedenkstätte, die an die Gefallenen des Krieges erinnert.

Zurück nimmt man denselben Weg, über das Wetterkoglerhaus, den Hochwechsel bis zur **Rabl-Kreuz-Hütte** und dem **Parkplatz** ❶.

Rechts: Sanfte Hügel und interessante Fotofelsen entlang des Weges.
Unten: Am Gipfel verläuft die Grenze zwischen Steiermark und Niederösterreich.

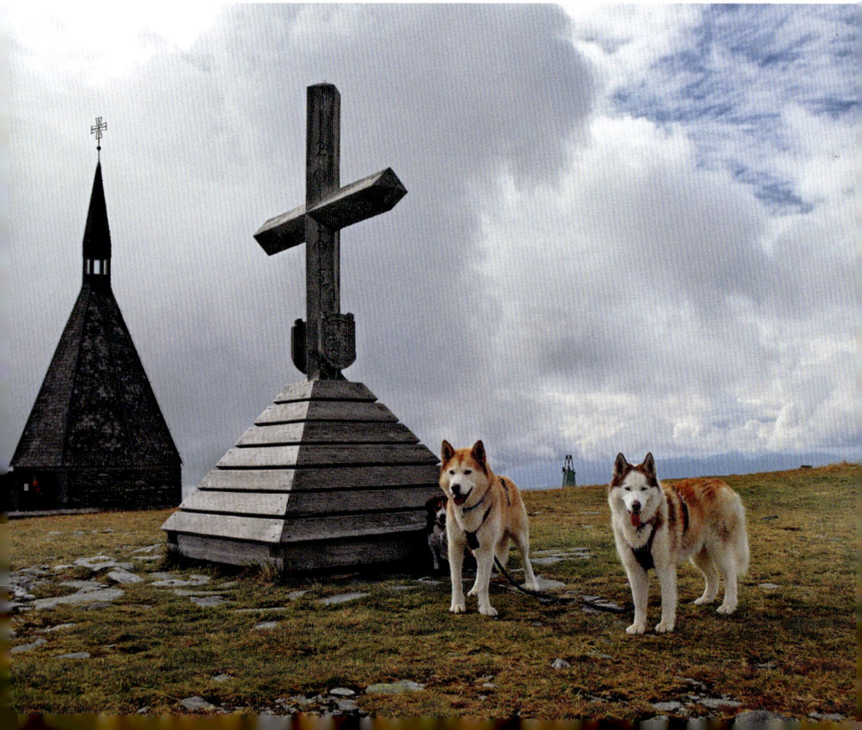

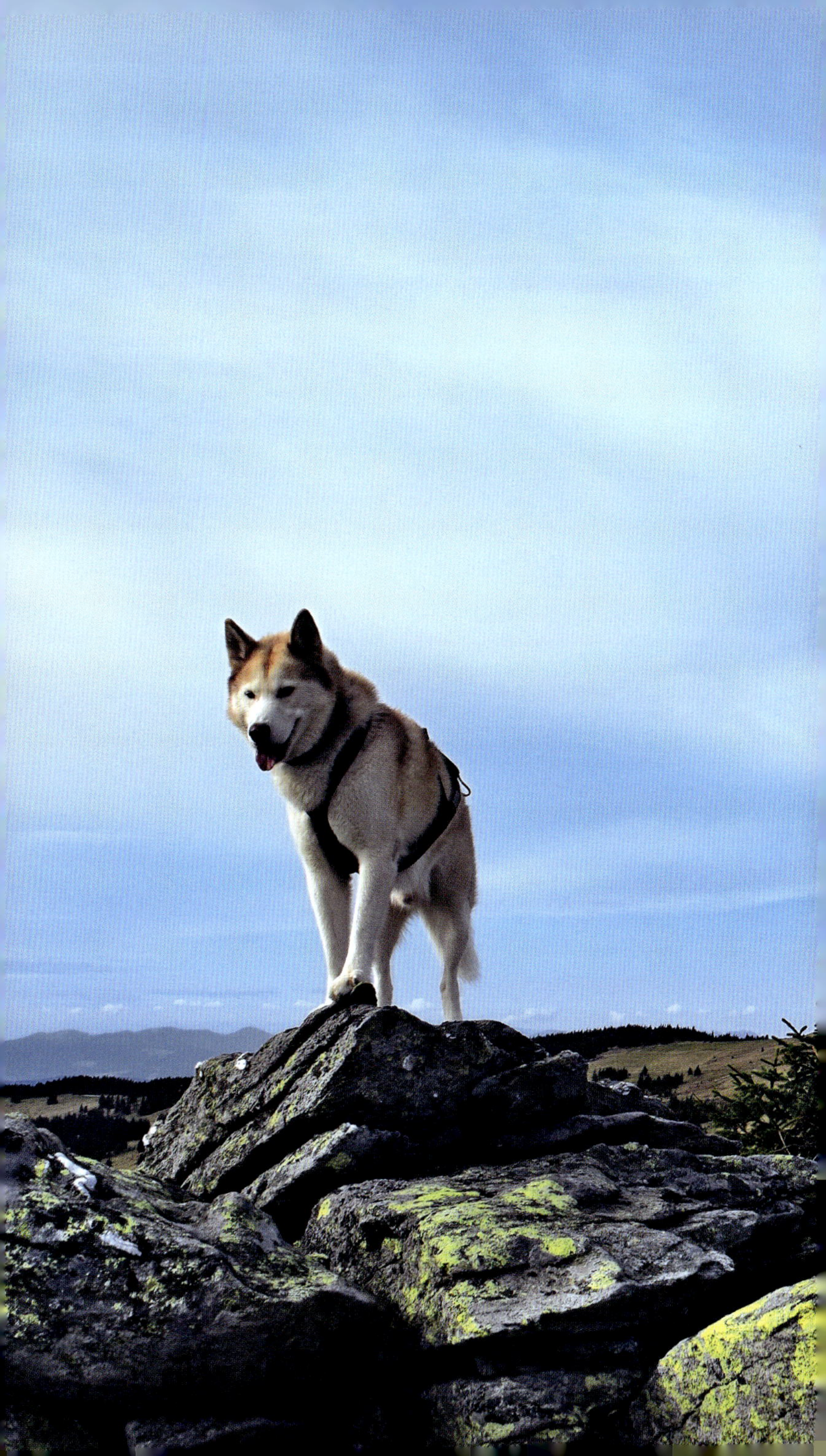

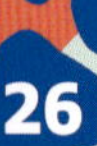

26 Gschnaidter Kreuz – Hoher Zetz, 1264 m

Unterwegs im Apfelland

2.45 Std. | 4,7 km | ↗ 440 m | ↘ 440 m

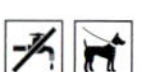

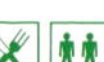

Eine wurzelreiche Familientour mit einem Gipfelerfolg

Dieser Rundwanderweg liegt in der Nähe von Weiz und ist eine angenehme Tour im Oststeirischen Hügelland. Das Apfelland im Oststeirischen Hügelland ist mit über einer halben Million Obstbäumen das größte Apfelanbaugebiet in der Steiermark. Diese Tour bietet durch den Hochwald viel Schatten, aber für unsere Hunde leider kein Wasser entlang des Weges. Diese Tour kann grundsätzlich ganzjährig erwandert werden. Am schönsten ist diese Wanderung aber sicherlich im Frühjahr oder Herbst. Am Gipfel des Hohen Zetz breitet sich das steirische Hügelland richtig vor uns aus.

Ausgangspunkt: B 72 Richtung Weiz, nach Hart abbiegen Richtung Gschnaidt, hinter dem Ortsteil Gschnaidt liegt dann die Kapelle »Gschnaidter Kreuz«, wo man kostenlos parken darf. Adresse: 8184, Viertelfeistritz 55A.
Öffentliche Verkehrsmittel: Bis nach Anger mit dem RegioBus-Linie 230 (Weiz – Anger – Birkfeld – Ratten) fahren. Von dort sind es zu Fuß rund 6 km, um den Ausgangspunkt zu erreichen.
Anforderungen Mensch: Der Wurzelweg vor dem Gipfel erfordert Trittsicherheit, ansonsten, außer einer Grundkondition, keine besondere Anforderung. Bei Nässe kann es bei den vielen Wurzeln sehr rutschig werden.
Anforderungen Hund: Sowohl im Sommer als auch im Winter für kleine und große Hunde eine einfache Wanderung. Genug Wasser mitnehmen!
Beste Wanderzeit: Ganzjährig.
Weidevieh: Bei der großen Weidefläche vor dem Wittgruberhof ist mit Kühen zu rechnen! Die Straße zur Alpenvereinshütte ist eine Möglichkeit, die Kühe zu umgehen.
Einkehr: Wittgruberhof, Tel. +43 676 7608327, www.alpenverein.at/wittgruberhofjugendh/.
Karten: freytag & berndt WK 131 Grazer Bergland – Schöckl – Teichalm – Stubenbergsee.

Wir starten diesen Rundwanderweg beim **»Gschnaidter Kreuz« ❶**, 823 m, einem Marterl, das sich direkt neben dem Parkplatz befindet. Es geht dann gleich einen schattigen Hochwald hinauf zum **Wittgruberhof ❷**, einer sowohl im Sommer als auch im Winter durchgehend bewirtschafteten Alpenvereinshütte. Nach dem Wittgruberhof folgen wir dem »Willi Steig« Nr. 11. Dieser führt durch den Wald direkt auf den Gipfel. Dieser Weg ist auch Teil des Pilgerweges nach Mariazell. Der Hochwald bietet viel Schatten und ist für unsere Fellnasen in den Sommermonaten an-

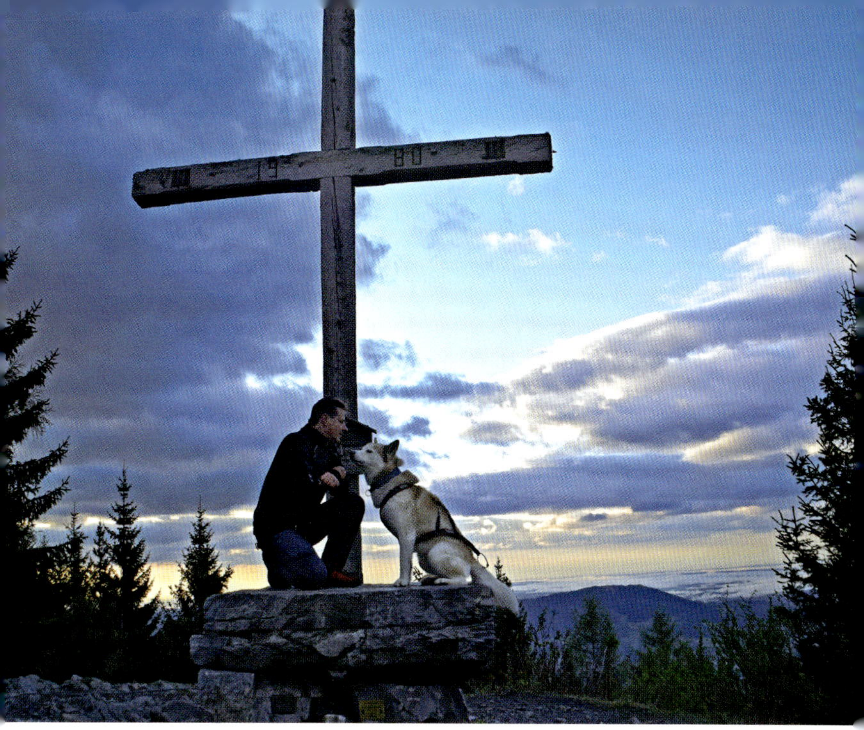

In einer Waldlichtung das Gipfelkreuz des Hohen Zetz.

genehm kühl. Knapp vor dem Gipfel befinden wir uns auf einem richtigen Wurzelweg, der für kleinere Hunde schon eine Herausforderung sein kann. Den Großteil der Strecke geht man im Wald, dann lichtet sich der Wald ein wenig und plötzlich ist es da, das Gipfelkreuz des **Hohen Zetz** **3**, 1264 m. Dort angekommen, haben wir einen schönen Ausblick auf das Oststeirische Hügelland. Eine urige Bank lädt zum Rasten ein und ein Gipfelbuch zum Eintragen ist natürlich auch vorhanden.

Zurück geht es entlang der Beschilderung »Wanderweg Nr. 10«, zuerst Richtung Zetzwand, dann wieder durch den Wald. Diesmal ist der Wald aber nicht so dicht und es ist auch nicht so steil wie beim Aufstieg. Dieser Wanderweg mündet in eine Forststraße, die wir gemütlich entlanggehen. Wir passieren erneut den **Wittgruberhof** **2** und nach ca. 2½ Stunden sind wir wieder am Parkplatz beim Marterl des »Gschnaidter Kreuzes« – Voraussetzung dafür ist, dass wir nicht in der Alpenvereinshütte eingekehrt sind oder mit den Hunden zu lange gespielt haben. In diesen Fällen dauert es halt etwas länger.

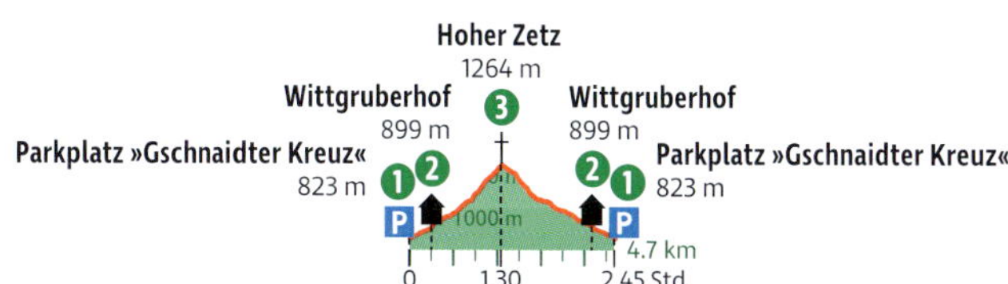

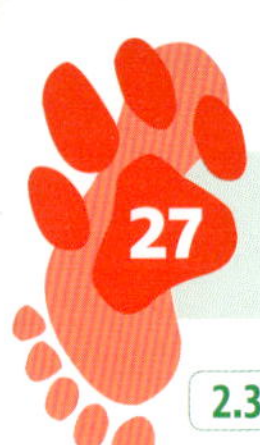

Raabklammwanderweg, 762 m

Die längste Klamm, aber gar nicht so eng

2.30 Std. | 7,7 km | ↗ 260 m | ↘ 260 m

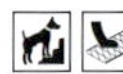
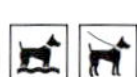
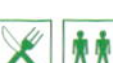

Wo unsere Hunde baden und laufen können

Die Raabklamm bietet urige Schluchten, steile Felsen, romantische Stege und klares Wasser. Sie gehört mit ihrer Länge von 17 Kilometern zu den längsten durchgehenden Schluchten Österreichs. Aufgrund der großen Vielzahl geschützter Tier- und Pflanzenarten ist sie ein EU-Schutzgebiet. Die Raabklamm unterteilt sich in die Große und in die Kleine Raabklamm. Die beschriebene Route verläuft in der Großen Raabklamm. Sie ist gut erreichbar und nicht zu lang. Selbstverständlich ist es möglich, die Strecke zu erweitern – oder auch mit der Tour 23 zusammenzuführen. Für unsere Hunde ist diese Wanderung in den warmen Sommermonaten ideal, denn sie bietet viel Schatten und jede Menge Wasser zum Abkühlen.

Der Wanderpfad verläuft entlang des Flusses.

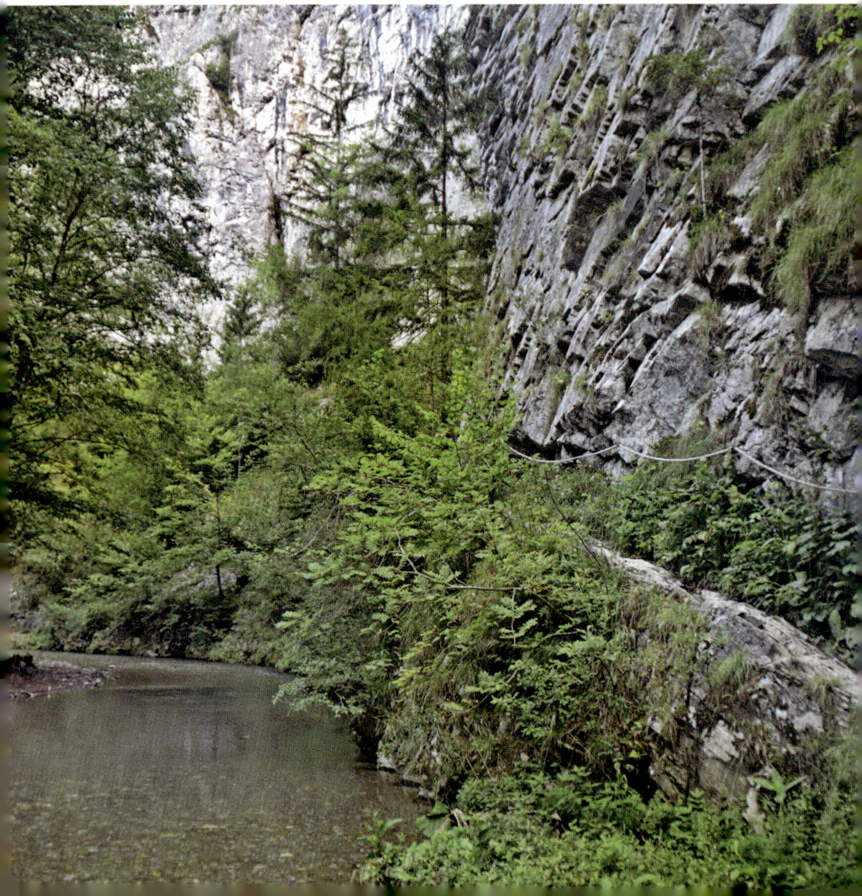

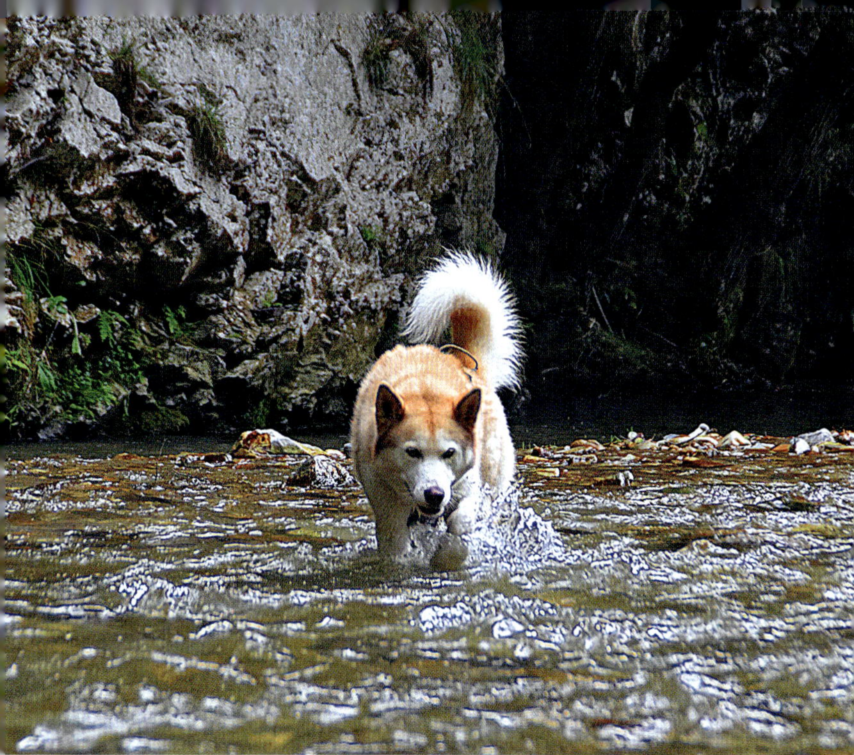

Je nach Wasserstand baden oder »nur« planschen.

Ausgangspunkt: Von Westen und Süden: Über die S 35 bis Frohnleiten, danach die Rechberg-Bundesstraße B64 ca. 20 km in Richtung Weiz bis zur Abzweigung nach Arzberg und der Beschilderung Raabklamm folgen. Von Norden und Osten: über die Süd-Autobahn A2 bis Gleisdorf, dann die Rechberg-Bundesstraße B64 bis Passail, direkt im Ort links in die Untergasse einbiegen, nach ca. 4 km ist das Ortszentrum von Arzberg erreicht, dann weiter der Beschilderung Raabklamm folgen.

Öffentliche Verkehrsmittel: Der Ort Arzberg ist nicht mit öffentlichen Verkehrsmitteln erreichbar.

Anforderungen Mensch: Sehr schöne Wanderwege, Brücken und Stege entlang der Klamm. Trittsicherheit ist erforderlich, da es einige kurze steile Stellen gibt. Bei Nässe kann es mitunter auch rutschig oder eisig (Nov.) sein.

Anforderungen Hund: Grundsätzlich eine perfekte Tour für alle Hunderassen, ohne wackelige Stege und Brücken. Es gibt aber einige, sehr kurze Stellen, die steil sind und bei Nässe rutschig sind – für manchen kleinen Stadthund kann das eine Herausforderung werden.

Beste Wanderzeit: März bis November.

Weidevieh: Entlang der Raabklamm keine Kühe. Auf dem Weg (Weg 17) hinauf Richtung Dürntalwirt könnten Kühe weiden!

Einkehr: Gasthof zum Kirchenwirt, Tel. +43 3179 27510, https://gasthaus-zum-kirchenwirt.eatbu.com/.

Variante: Ab dem Ausgang der Klamm ❷ könnte man die Wanderung mit der Tour 23 verbinden. Bis zum »Anschluss« flussabwärts sind es rund 700 m und 15 Min.

Karten: freytag & berndt WK 131 Grazer Bergland – Schöckl – Teichalm – Stubenbergsee.

Kurze felsige Stufen sind mit Seilen gesichert.

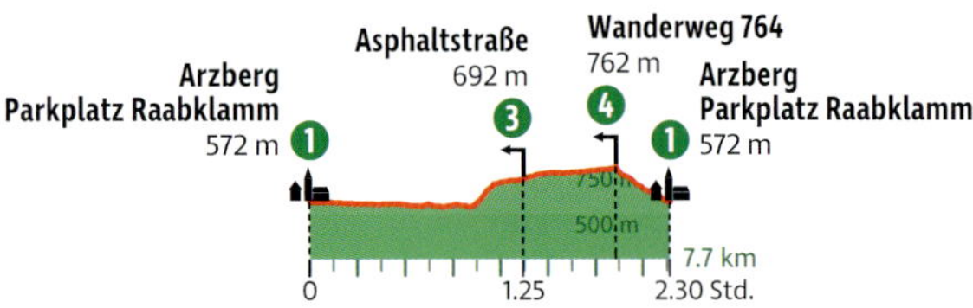

Ausgangspunkt und Endpunkt für diese Tour ist der **Parkplatz Raabklamm ❶** in **Arzberg** in unmittelbarer Nähe zur Kirche. Es geht entlang der Straße Richtung Fluss. Anfangs ist es noch eine breite Schotterstraße, die dann später zu einem schönen Wanderweg wird. Es geht danach über Brücken und Holzstege. Aber auch so manche kleine Kletterei ist zu bewältigen. Die Raabklamm ist ein richtiges kleines Paradies, denn sie verläuft viel im Schatten und bietet immer wieder die Möglichkeit im Fluss zu baden. Nach rund 3,5 Kilometer verlassen wir die **Klamm ❷**.

Da die Runde zuerst (fluss)abwärts verläuft, müssen wir auf dem Rückweg irgendwann wieder nach oben. Wir wandern also den Weg hinauf Richtung Dürntalwirt (Weg 17). Dieser Weg führt stetig bergauf und bald wird aus einem Waldweg ein Wiesenweg, der dann am Waldrand entlangführt. Für unsere Hunde sind die Gerüche spannend, und der Weg ist leicht zu gehen. Der Wiesenweg mündet in eine wenig befahrene **Asphaltstraße ❸**, der wir nach links folgen. Nach rund 1,7 km biegen wir links in den **Wanderweg 764 ❹** ab. Dieser Waldweg führt über einen kurzen Montanlehrpfad, die Kirche Arzberg und den **Kirchenwirt ❺** zum Ausgangspunkt unserer Wanderung, dem öffentlichen **Parkplatz Raabklamm ❶**.

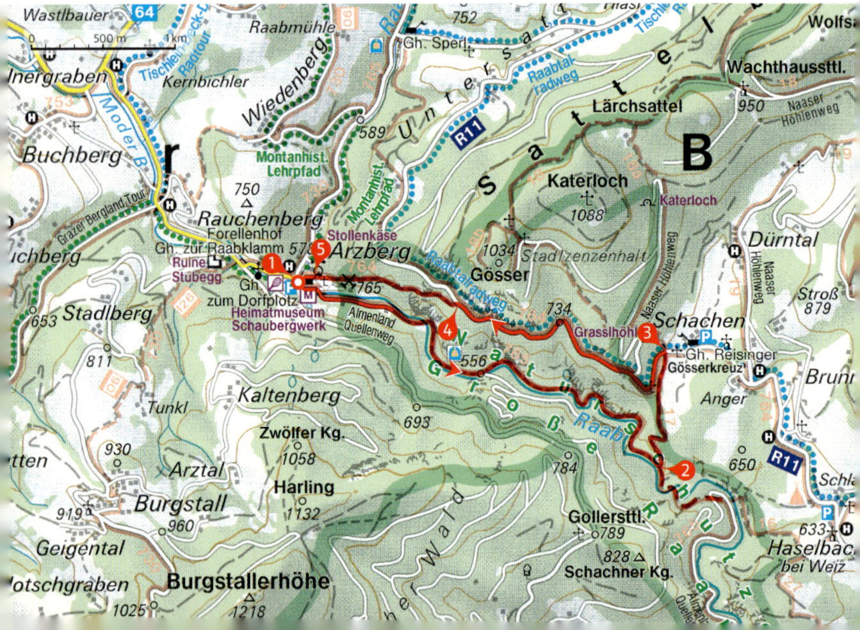

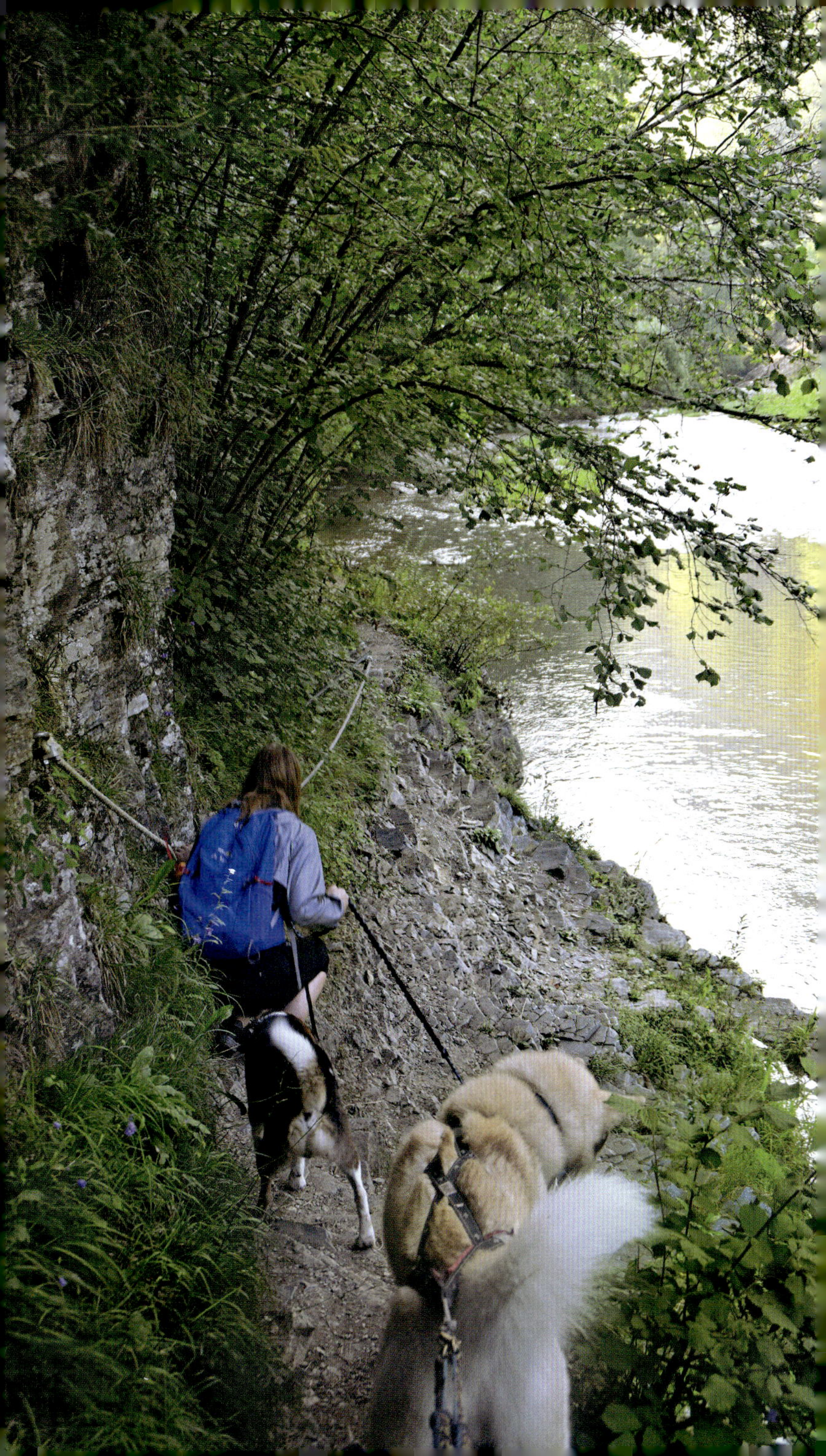

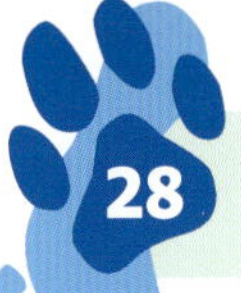

Raabklamm, 633 m

Splish Splash für unsere Hunde

2.00 Std. | 5,7 km | ↗160 m | ↘160 m

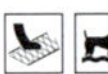

Leichte und kurze Tour durch die Klamm

Eine kürzere und leichtere Tour mit vielen Bademöglichkeiten für die Hunde. Landschaftlich ist der Klammcharakter mit steilen schroffen Wänden weniger ausgeprägt. Für unsere Fellnasen aber ideal, da viel Schatten und jede Menge Wasser zur Verfügung steht. Wenn im August die Alpenveilchen blühen, ist deren Duft ein faszinierender Begleiter auf dieser Tour.

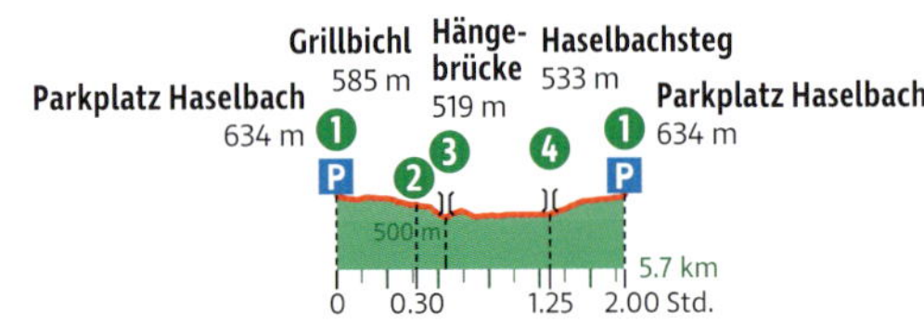

Ausgangspunkt: Bis Weiz fahren, dann durch die Ortschaften Göttelsberg, Au, Am Wolfersbach, Leska, bis zum Parkplatz Haselbach. Adresse: Ferienhaus Schlagbauer, Haselbach 16. 8160 Weiz.
Öffentliche Verkehrsmittel: Der Ort Haselbach/Grillbichl ist nicht mit öffentlichen Verkehrsmitteln erreichbar.
Anforderungen Mensch: Keine besonderen Anforderungen.
Anforderungen Hund: Sowohl im Sommer, als auch im Winter für kleine und große Hunde eine schöne, einfache Wanderung. Die einzige Herausforderung könnte für so manche Hunde die Hängebrücke sein, die aber sehr stabil ist und wenig wackelt oder schwingt.
Beste Wanderzeit: Ganzjährig.
Weidevieh: Keines.
Einkehr: Keine.
Variante: Die Verbindung zur Tour 22 (siehe dort) verläuft über ❹.
Karten: freytag & berndt WK 131 Grazer Bergland – Schöckl – Teichalm – Stubenbergsee.

Eine von zahlreichen Badestellen in der Raabklamm.

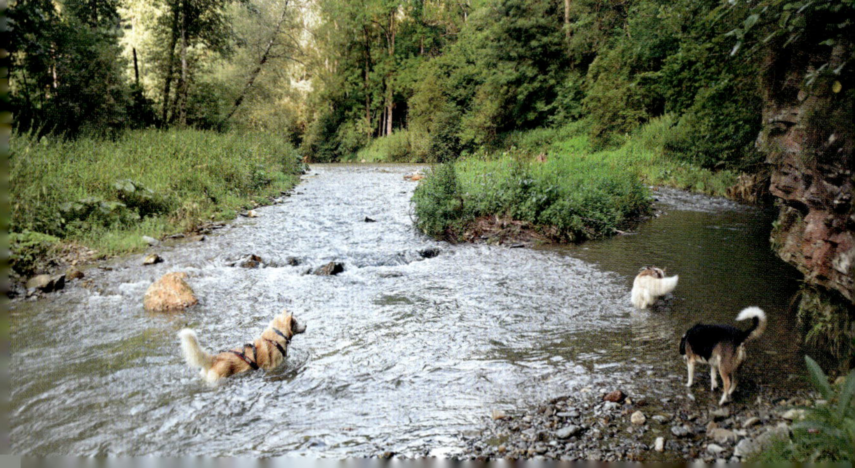

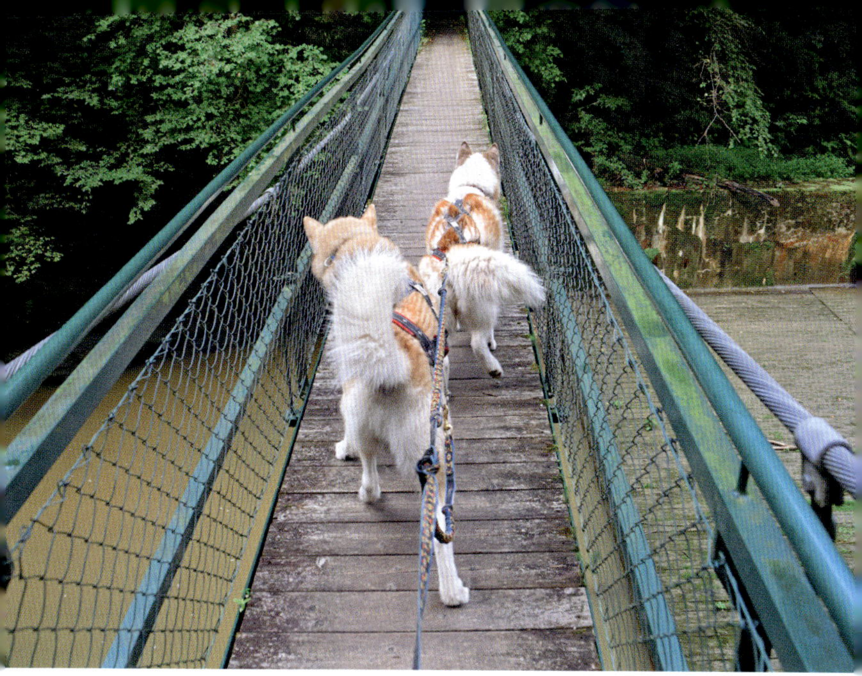

Eine leicht schwingende Hängebrücke an der Wehranlage.

Gestartet wird diese Runde am kleinen öffentlichen **Parkplatz Haselbach** ❶ beim Ferienhaus Schlagbauer. Von dort geht es sofort die Forststraße hinein, entlang der Maisfelder, Richtung Wald. Ein kleines Stück durch den schattigen Wald und entlang der Felder Richtung der Ortschaft Grillbichl (Weg Nr. 27). In **Grillbichl** ❷ folgen wir sogleich dem Weg Nr 26, 765 zur »Raabklamm – Wehranlage«. Auch dieser Weg geht durch den Wald bergab bis zur Wehranlage, wo eine **Hängebrücke** ❸ über die Raab führt. Wir bleiben auf dem Weg 765 Richtung Arzberg. Nach der Wehranlage folgt ein kleiner Aufstieg und es geht weiter durch den Wald, aber dann kommen wir an das Wasser heran. Viele seichte Stellen laden zum Baden bzw. Wasserspazieren ein. Gerade an warmen Tagen eine tolle Abkühlung! Die Hunde können diese Abwechslung richtig genießen. Eine Vielfalt an Schmetterlingen, Fröschen und Blumen bringen uns zum Staunen. Entlang der Raab geht es dann bis zum Wegweiser Haselbach, Ferienhaus Schlagbauer Weg Nr. 16. Wir gehen rechts über den **Haselbachsteg** ❹. Davor können unsere Hunde nochmals ins Wasser, bevor es auch schon wieder durch das Waldstück nach oben und zum Ausgangspunkt, dem **Parkplatz** ❶ geht.

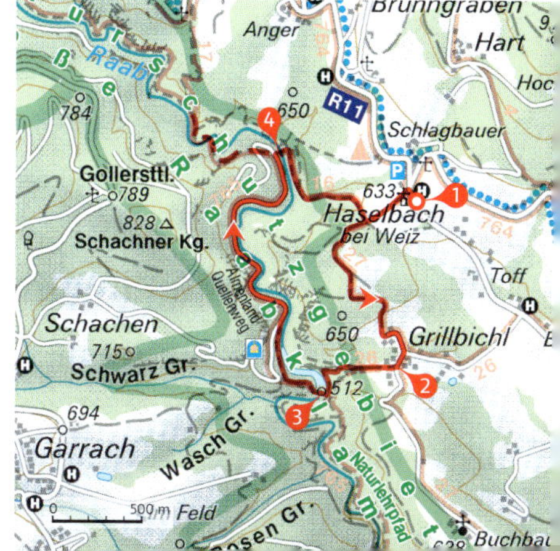

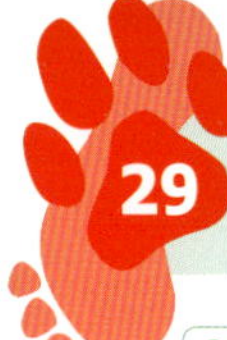

Schöcklkreuz – Niederschöckl, 1342 m

Kuhfrei auf den kleinen Bruder

3.30 Std. | 11,2 km | ↗490 m | ↘490 m

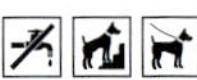
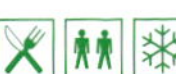

Wenn der Kleine auch groß ist

Der Schöckl ist nicht nur für die Grazer Bevölkerung immer einen Ausflug wert, um sich die Füße und die Pfoten zu vertreten. Auch der Aufstieg zum Niederschöckl taugt in den Sommermonaten für eine Wanderung, weil es dort keine Rolle spielt, wenn man nicht vor den ersten Gondeln oben ist. Diese Wanderung hat einiges zu bieten: Naturpfade, Anstrengung und vor allem wenig Trubel. Auf dem Schöckl, dem »Hausberg der Grazer« kann hingegen oft ganz schön was los sein! Mit der Seilbahn ist er von St. Radegund aus leicht zu erreichen, und entsprechend viele Leute sind oben anzutreffen. Für Hunde- und Naturfreunde ist der Niederschöckl daher die bessere Wahl.

Ausgangspunkt: Nach St. Radegund bei Graz, an der Talstation vorbei und die Straße entlang bis zum großen Parkplatz beim Schöcklkreuz.
Öffentliche Verkehrsmittel: Anreise mit Bus ab Graz mit der RegioBus-Linie 250 bis zur Haltestelle »Schöckl-Schöcklkreuz«. Der Bus verkehrt grundsätzlich im Stundentakt.
Anforderungen Mensch: Auf den Wanderwegen ist Trittsicherheit empfohlen, denn es gibt kurze steilere Passagen bei den Naturpfaden. Der Rest der Tour ist auf Forststraßen und einem Stück asphaltierter Straße zurückzulegen.
Anforderungen Hund: Auf dem Weg zum Gipfel gibt es keine Trinkmöglichkeit für Hunde. Daher unbedingt genügend Wasser mitnehmen!
Beste Wanderzeit: Ganzjährig.
Weidevieh: Nach der Johann-Waller-Hütte und dem Waldstück befindet sich eine Kuhweide. Diese kann gut über links umgangen werden (siehe Beschreibung).
Einkehr: Johann-Waller-Hütte, Tel. +43 664 1036524, www.johann-waller-huette.naturfreunde.at.
Varianten: Auch eine Rundwanderung unter Einbeziehung des Schöckl (1442 m) ist möglich. Wegen der Kühe, die von Mitte Mai bis Mitte September rund um den Schöckl weiden, ist aber im Sommer eher davon abzuraten. In den anderen Monaten ist es aber sehr wohl möglich, vom Niederschöckl auf den großen Bruder Schöckl zu steigen und hinter der Bergstation die Forststraße (Mariazeller Weg) zum Schöcklkreuz wieder abzusteigen.
Der Aufstieg auf den Schöckl vom Schöcklkreuz über den Mariazeller Weg ist übrigens auch in den Morgenstunden stark frequentiert. Es empfiehlt sich daher, den Berg zu erklimmen, bevor die ersten Gondeln (9 Uhr) fahren. Denn wer später oben ist, teilt sich die tolle Aussicht mit sehr vielen anderen.
Karten: freytag & berndt WK 131 Grazer Bergland – Schöckl – Teichalm – Stubenbergsee.

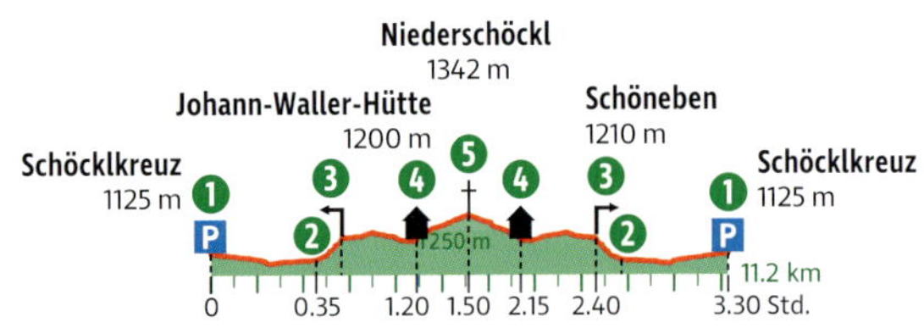

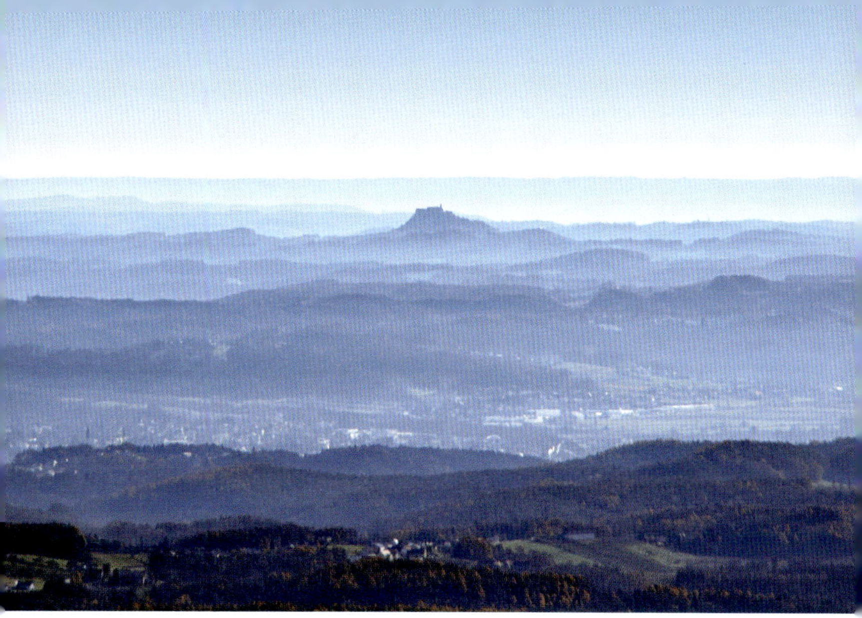

Das Oststeirische Hügelland mit der Riegersburg.

Ausgangspunkt ist das **Schöcklkreuz** ❶ 1125 m. Von da geht es ein Stück die Straße runter zum alten Jagdhaus. Ab dort folgt man der Markierung »Johann-Waller-Hütte« (Weg 757). Und gleich zu Beginn der Wanderung hat man ein Highlight: Man sieht von der Straße aus auf die größte Burg der Steiermark, die Riegersburg! Sie thront auf einem 482 m hohen Vulkanfelsen und wurde nie erobert! So ein Ausblick in das Oststeirische Hügelland kann einen ganz schön überraschen. Den Hunden ist es egal, sie wollen einfach weitergehen. Diese Schotterstraße (Römerweg) führt dann unter der Schöckl-Seilbahn hindurch, und man geht noch etwas länger auf dieser Straße weiter, bis ein **Wegweiser** ❷ kommt, der von der Straße auf einem steinigen und knackigen, aber schattigen Naturpfad (06 GUW) nach oben führt. Dieses kleine Stück kann anstrengend sein, aber für Hunde ist es sicher kein Problem. Oben in **Schöneben** ❸ angekommen, verlässt man den Pfad und geht links die Schotterstraße weiter. An einer Futterkrippe vorbei, kommt man dann auf eine asphaltierte Straße, die vom Schöckl herunterkommt. Man folgt dieser Straße nach links und kommt bei der, auf 1200 m Höhe gelegenen **Johann-Waller-Hütte** ❹ heraus. Diese Naturfreunde-Hütte ist samstags, sonntags und

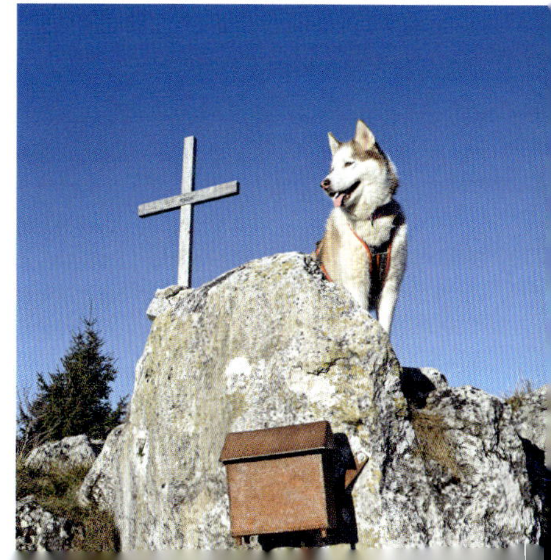

Das kleine Gipfelkreuz des Niederschöckl.

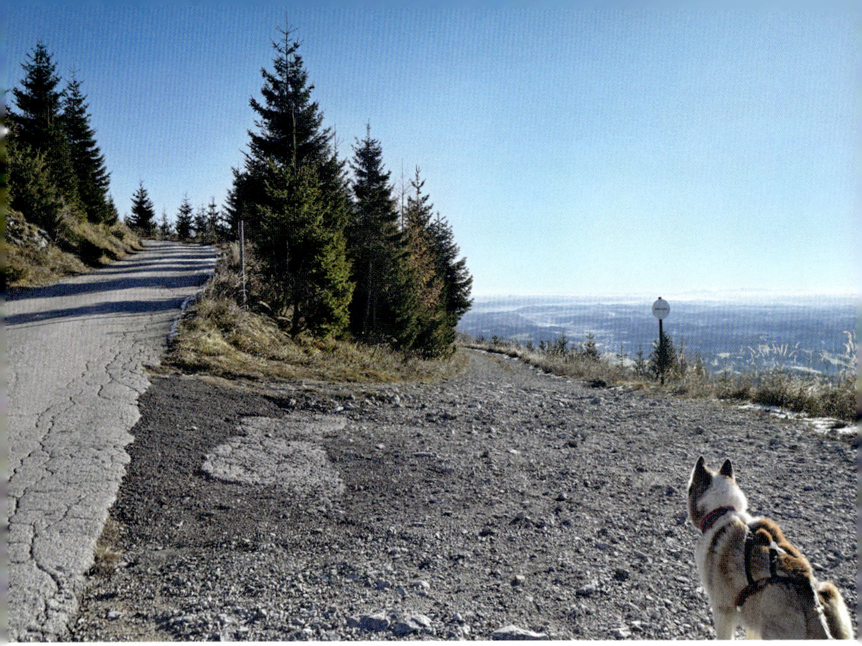

Von Schoeneben kommend auf die Straße zur Johann-Waller-Hütte.

feiertags geöffnet. An den restlichen Tagen kann man sich Getränke gegen ehrliche Bezahlung aus dem Kühlschrank beim Hintereingang nehmen. Richtung Niederschöckl geht es durch den Wald wieder bergauf. Wenn man aus dem Waldstück kommt, sieht man eine große Weidefläche. Jetzt muss man sich ganz links außen halten. Diese 200 m geht es außerhalb der Weidefläche hinter dem Zaun, ehe man links nach oben abbiegt und den Gipfel des **Niederschöckl** ❺ 1342 m erreicht. Eine tolle Aussicht auf Graz und das Grazer Umland erwartet einen. Zurück zum **Schöcklkreuz** ❶ und dem Parkplatz geht es denselben Weg.

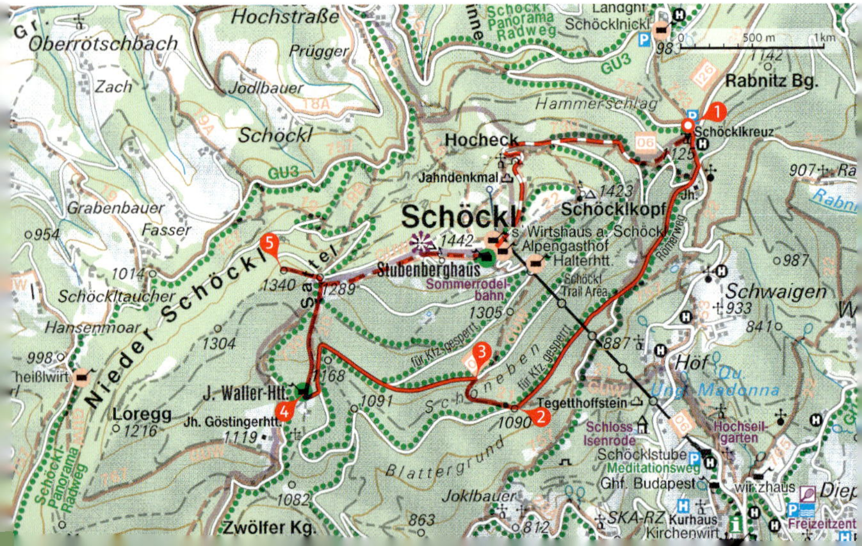

30

Hohe Rannach, 1018 m

Wald und Wiesenwanderung – eine kurze Runde

2.30 Std. | 7,5 km | ↗ 320 m | ↘ 320 m

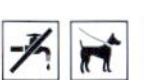

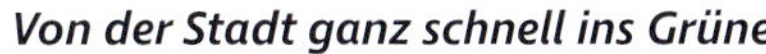

Von der Stadt ganz schnell ins Grüne

Die Grazer Stadtbevölkerung leidet öfters an einer Inversionswetterlage. Unter solchen Wetterbedingungen sind die oberen Luftschichten wärmer – und feuchter – als die unteren. Daher liegt die Stadt oft im dichten Nebel, während sich oberhalb ein strahlend blauer Himmel erstreckt. Meist lichtet sich der Nebel ab 650 – 700 Meter. So ist es des Öfteren auch bei dieser leichten Wanderung, die auf 713 Meter Höhe beginnt, dass man dem Nebel der Stadt entwischen kann. Diese Wald- und Wiesenwanderung ist eine leichte Wanderung. Sie eignet sich als einfache Tour mit kleinem Gipfelerlebnis.

Ausgangspunkt: Graz, Andritz, Stattegg, Fuß der Leber bis zum Gasthof Martinelli »Zum Steinmetzwirt«. Nach dem Gasthof ist ein Bauernhof und hier gibt es entlang der Straße Parkplätze.
Öffentliche Verkehrsmittel: Mit der Stadtbuslinie 53 vom Grazer Hauptbahnhof bis zur Endstation »Fuß der Leber«. Danach ist noch ein Fußmarsch von 1,6 km (rund 30 Min.) zum Ausgangspunkt zurückzulegen.
Anforderungen Mensch: Bei dieser Runde sind grundsätzlich keine besonderen Anforderungen notwendig, lediglich ein wenig Orientierungssinn.
Anforderungen Hund: Für alle Hunderassen bestens geeignet. Keine Trinkmöglichkeit entlang der gesamten Route. Trotz des vielen Schattens auf der Tour ist daher genug Wasser für die Hunde mitzunehmen!
Beste Wanderzeit: Ganzjährig.
Weidevieh: Keines.
Einkehr: Gasthaus Martinelli »Zum Steinmetzwirt«, Tel. +43 316 692524, www.gasthaus-martinelli.at.
Karten: freytag & berndt WK 133 Graz und Umgebung – Region Hügelland-Schöcklland – Gleisdorf – Weiz – Raabklamm.

Der Blick zum kleinen Parkplatz am Fuß der Hohen Rannach.

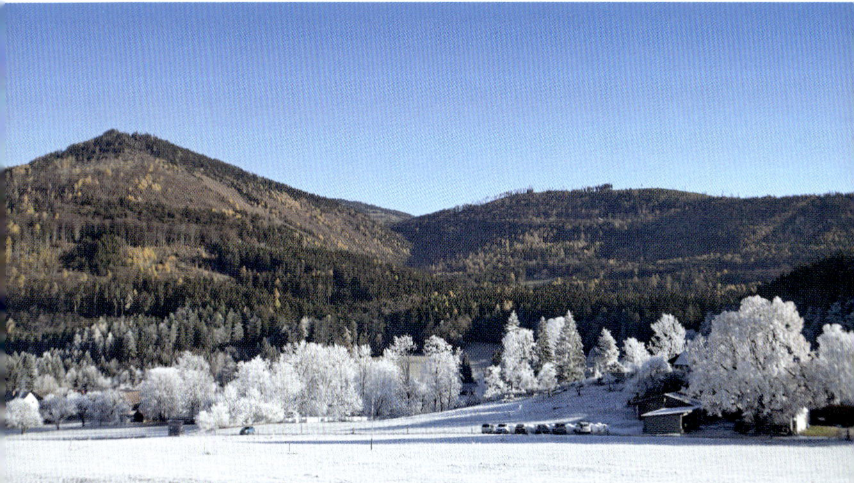

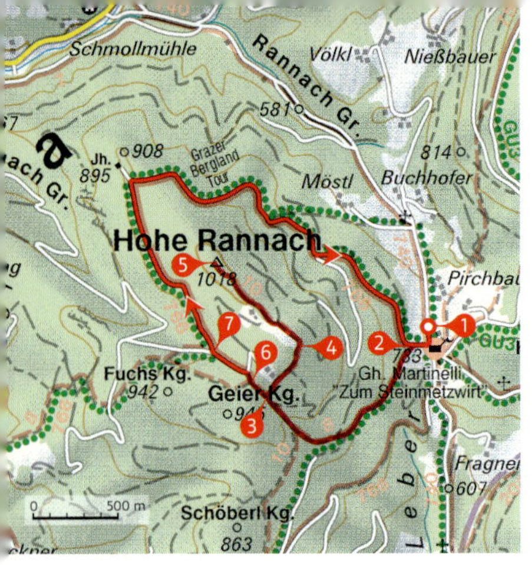

Die Tour beginnt bei einem **Parkplatz** in unmittelbarer Nähe zum **Gasthof Martinelli ❶** mit einer stetig steigenden Wiesenüberquerung. An der ersten **Gabelung ❷** sich links halten und dem Waldrand entlang dem Weg Nr. 8 mit der rot-weiß-roten Markierung folgen. An dieser Weggabelung befinden sich Wegweiser, Sitzbank und eine Skulptur. Der Weg führt dann über einen schmalen Pfad in eine Schotterstraße, danach wieder in einen romantischen Naturpfad. Da wir uns hauptsächlich im Wald aufhalten, ist die Wanderung auch schattig und für unsere Hunde auch an sonnigen Tagen gut geeignet. Der rot-weiß-rot markierte Weg ist grundsätzlich auch für kleine Hunde leicht zu gehen. Mitten im Wald kommt dann die **Weggabelung mit einem Wegweiser ❸**. Wir verlassen den Weg Nr. 8 und halten uns rechts zur »Hohen Rannach«, Weg Nr. 10. Es geht vorbei an einem Jagdhaus und durch ein kleines Waldstück. Danach folgt eine Lichtung. Bei dieser Lichtung führt rechts ein kleiner **Pfad ohne Markierung ❹** nach oben. Erst rund 100 m weiter, ist die nächste rot-weiß-rote Markierung zu sehen. Sollten wir diese Wegkreuzung übersehen, ist es grundsätzlich nicht so schlimm. Einfach rund 400 m weiter unter einer Holzschranke durchklettern, um wieder auf den richtigen Weg zu gelangen. Auf Höhe der Holzschranke folgt nach dem Natur-

Der Gasthof Martinelli.

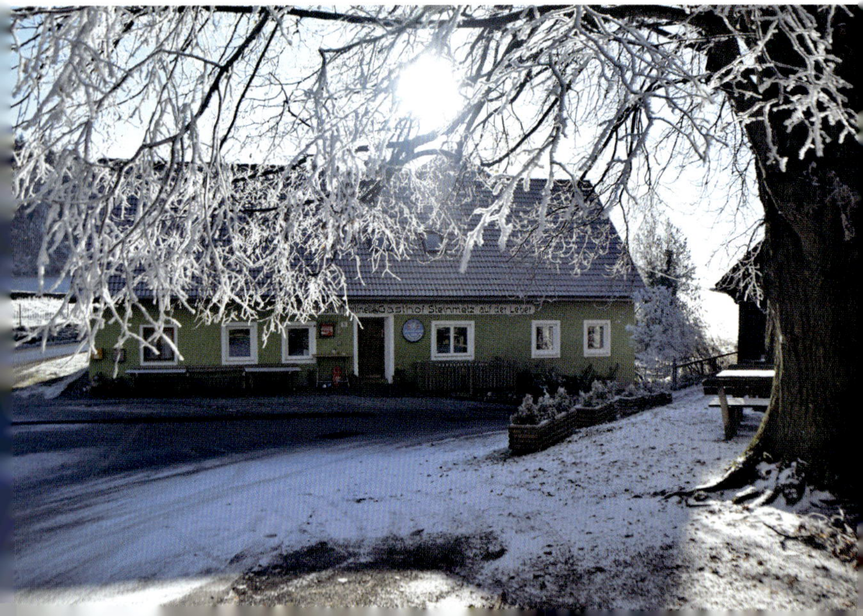

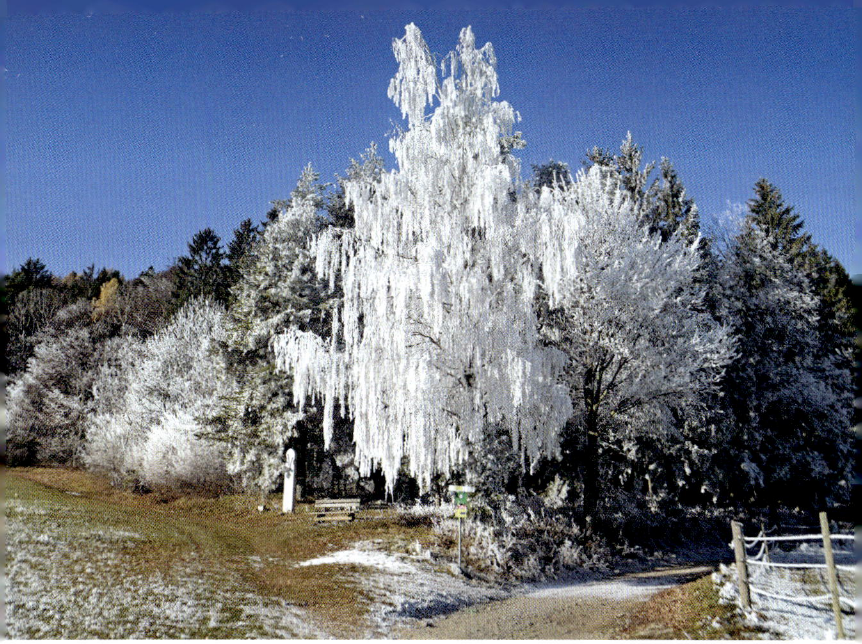

An dieser Weggabelung sich links halten.

pfad ein schöner Forstweg. Dieser geht hinter einem Haus vorbei. Auf der linken Seite haben wir zwischendurch einen schönen Ausblick auf Gratkorn und sieht am Horizont die Handalm und den Großen Speikkogel. Dem Forstweg weiter folgen und dann, mitten im Wald, auf einem kleinen Hügel steht es! Das Gipfelkreuz, eigentlich sieht es mit dem Steinhaufen aus wie eine Grabstätte. Und so mancher Wander- oder Stadthund wird ein wenig überrascht sein, wie schnell man den höchsten Punkt die **Hohe Rannach** ❺ mit 1018 m erreicht! Nach der Gipfelrast geht es wieder zurück zur **Weggabelung** ❸. Dort halten wir uns rechts und gehen einen breiten Waldweg entlang. Nun folgen zwei Weggabelungen. Als erste die **Weggabelung »766 Steinmetzwirt«** ❻, der wir nach rechts folgen. Einige Hundert Meter später kommt schon die zweite **Weggabelung »766 Steinmetzwirt«** ❼. Nun führt der rechte Weg aber auf eine breite Forststraße. Ein faszinierender Buchenwald wird auf dieser Forststraße durchquert. Faszinierend deshalb, da plötzlich unzählige Stämme absolut senkrecht und eng beieinanderstehen. Dieser, für Hunde angenehm zu gehenden Forststraße immer folgen, bis wir wieder die Wiese mit der **Weggabelung** ❷ und den **Parkplatz** ❶ dieser netten kleinen Wanderung erreichen.

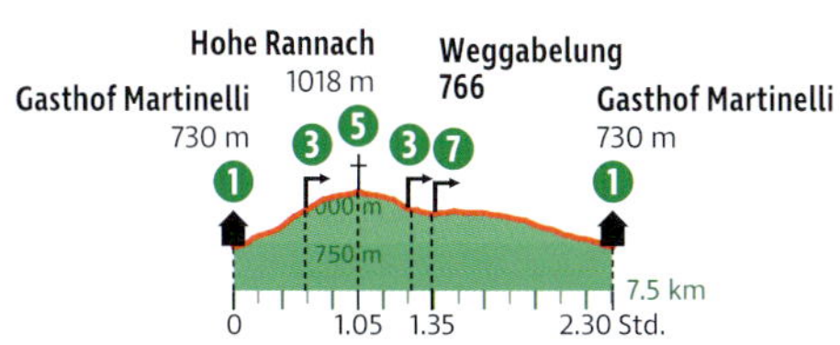

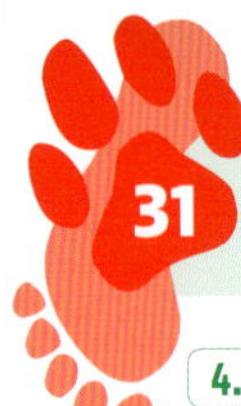

31

Gamskogel – Schartnerkogel, 931 m

Wenn das Gute liegt so nah'

4.30 Std. | 13,2 km | ↗ 670 m | ↘ 670 m

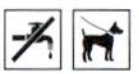
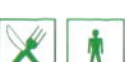

Zwei Berge und ein Bach

Die meisten kennen den Schartnerkogel nur aus dem Verkehrsfunk und verwechseln den Gamskogel gern mal mit dem Gamskögel, einem Berg in den Triebener Tauern. Beide, sowohl Gamskogel als auch Schartnerkogel, liegen in der Nähe von Deutschfeistritz und sind es auf alle Fälle wert, bestiegen zu werden. Dieser schattige Wanderweg, der kuhfrei ist, ist nicht nur für unsere Hunde sehr schön. Nach dem Gamskogel lohnt es sich, die großartige Aussicht auf das Grazer Bergland und das Murtal zu genießen. Eine Bärenhöhle und der Königsgrabenbach runden diese Tour ab.

Ausgangspunkt: Mit dem Auto auf der A9 bis zum Knoten Peggau – Deutschfeistritz, dort abfahren, weiter auf der Stübinger Straße. über die Mur und schließlich beim Park&Ride-Parkplatz des Bahnhof Stübing parken. Adresse Bahnhofplatz 8114, Kleinstübing.

Öffentliche Verkehrsmittel: Der Ausgangspunkt »Bahnhof Stübing« ist sowohl von Norden (Bruck an der Mur) als auch vom Süden (Graz) mit dem Zug gut erreichbar.

Anforderungen Mensch: Es sind angenehme breite Wege und Forststraßen, aber zwischen dem Gamskogel und dem Hagensattel ist auf dem Naturpfad Trittsicherheit gefordert. Daher ist unbedingt auf ein gutes Schuhwerk zu achten. Auch wenn der Gamskogel niedlich aussieht, sollte man seine Steigung nicht unterschätzen.

Anforderungen Hund: Für unsere Hunde keine besonderen Anforderungen. Wasser ist aber unbedingt erforderlich, denn der Bach kommt erst auf dem Weg zurück.

Beste Wanderzeit: Ganzjährig.

Weidevieh: Am Hagensattel gibt es Kühe, die auf einer eingezäunten Wiese grasen. Rund 200 m später wäre diese Wiese zu queren. Diese kann man jedoch gut umgehen (siehe Beschreibung).

Einkehr: Mostschenke Fattingerhof, Tel. +43 664 5060110, www.essenerleben.at; Gasthof Pension Bernthaler, Tel. +43 3127 41261; www.gh-bernthaler.at.

Karten: freytag & berndt WK 131 Grazer Bergland – Schöckl – Teichalm – Stubenbergsee.

Blick nach Norden auf die Gleinalpe.

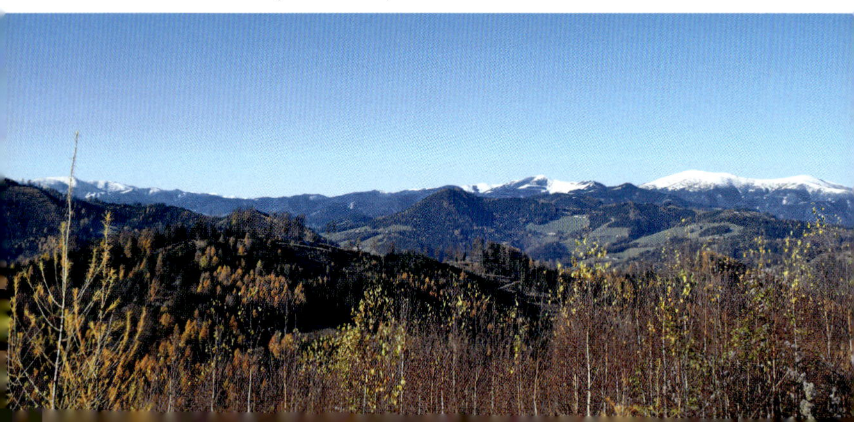

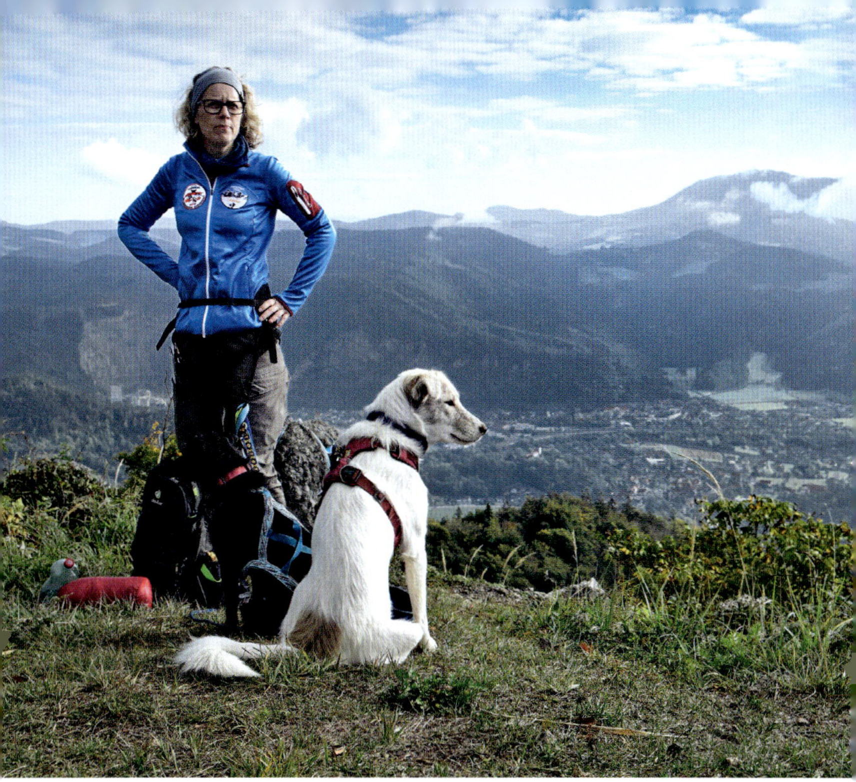

Der Gipfel des Schartnerkogel ist erreicht.

Wir starten diese Tour beim **Park & Ride Stübing** ❶ und folgen der Grazer Straße Tischlerweg rechts nach Norden. Entlang der Straße befindet sich die **Mostschenke Fattingerhof** ❷, die sich beim Rückweg als gute Einkehrmöglichkeit eignet. An der Kreuzung **Busstation Kleinstübing – Stübingbodenweg** ❸ biegen wir links in die Königgrabenstraße ab und folgen dieser bis zur **Kreuzung Königgraben** ❹. An der Kreuzung befindet sich eine kleine Brücke. Vor der Brücke links dem Weg Nr. 19 folgen. Es mag befremdlich sein, aber ja, wir gehen durch ein Gehöft, ehe wir uns danach auf dem Wanderweg 19 befinden. Der Weg nach oben wechselt zwischen Naturpfad, Hohlweg und Forststraße. Alle haben eines gemeinsam, es geht gut markiert (rot-weiß-rot) nach oben. Wer am **Gamskogel** ❺ angekommen ist, sucht vergebens nach einer Aussicht, denn dieser 859 m hohe Kogel ist von Bäumen umgeben. Grundsätz-

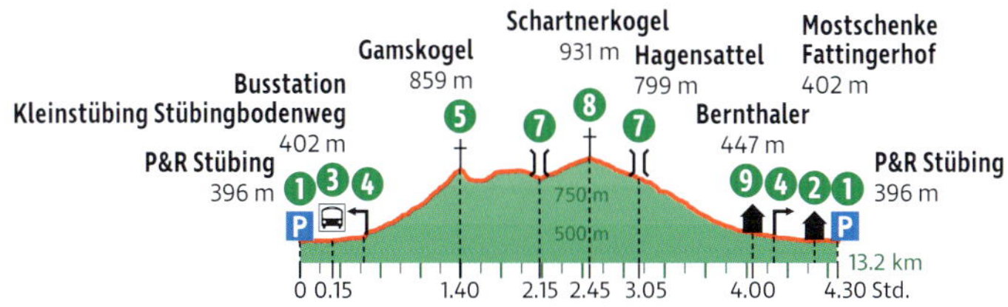

lich ist es für uns Hundebesitzer ja von Vorteil, wenn der Weg schattig ist, aber bei einem Gipfelkreuz erwartet man eine tolle Aussicht, die hier leider nicht gegeben ist. Weiter geht es entlang des Kamms und dann kommt sie, die Aussicht, die wir Wanderer so gerne haben. Ein Teil des Grazer Berglandes liegt vor uns: Schöckl, Rote Wand und Rennfeld. Zufrieden kann es durch den Wald weitergehen, bis man vor einer Höhle steht. Es ist die **Bärenhöhle 6** mit einem Eingang und einem Ausgang,

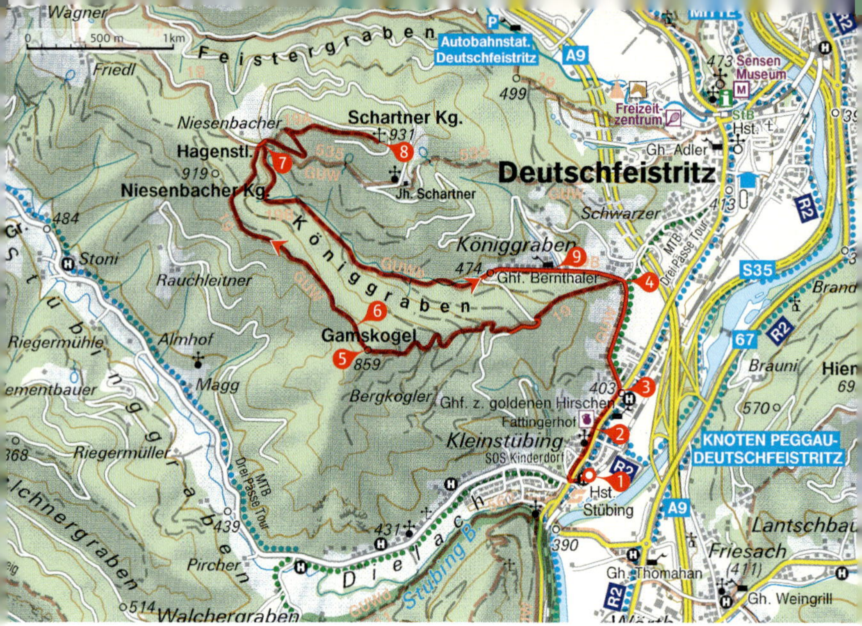

Am Hagensattel weiden Kühe hinter einem Zaun.

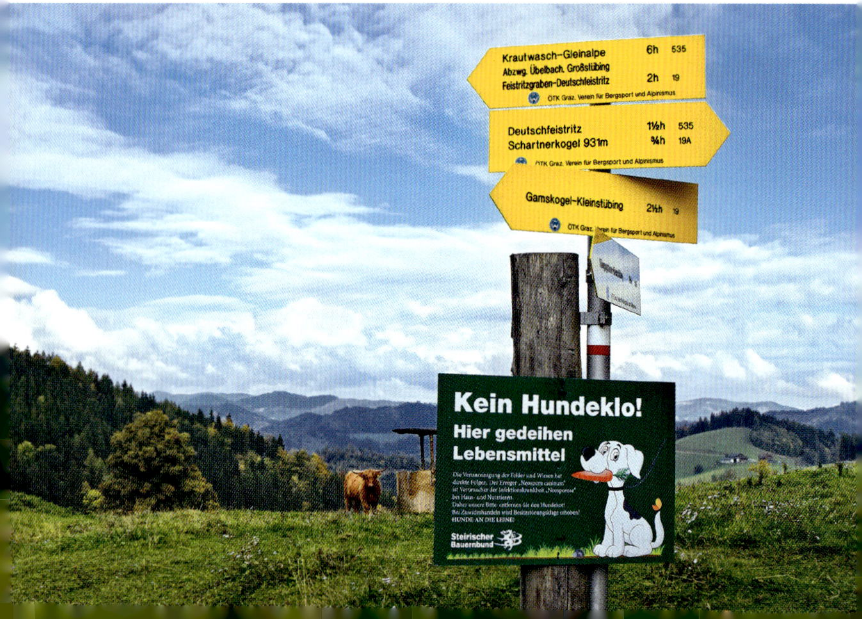

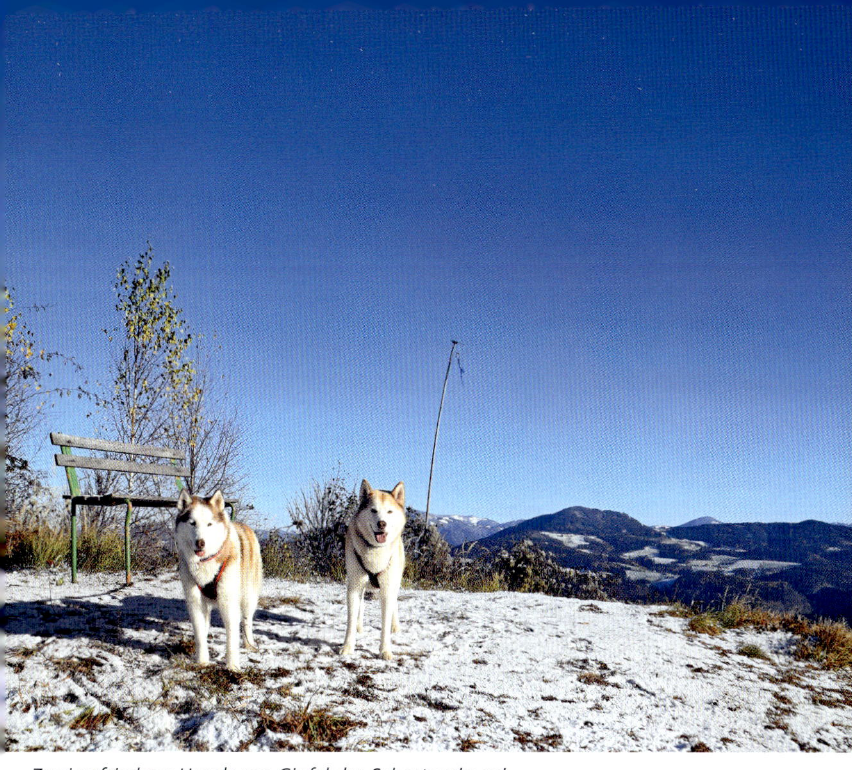

Zwei zufriedene Hunde am Gipfel des Schartnerkogel.

davor Bank, Tisch und Feuerstelle. Die Hunde finden in dieser Höhle viele Gerüche und auch für Wanderer ist sie sehenswert. Nun geht es wieder weiter über Naturpfade und Forststraßen nach unten, bis wir zu einem Feld kommen, das mit einem Stacheldrahtzaun eingezäunt ist weil dort Kühe weiden. Dabei handelt es sich um den **Hagensattel**. Von hier aus geht es jetzt rund eine Dreiviertelstunde nach oben zum nächsten Gipfel, dem Schartnerkogel. Wir wandern entlang der Forststraße, vorbei an der Markierung Schartnerkogel und folgen weiter der Forststraße! Es folgt eine urige Hütte, ehe dann ein Naturpfad nach oben zum Gipfelkreuz des Schartnerkogel **8**, 931 m, führt. Rund 50 m nach dem Gipfelkreuz gibt es ein Bänkchen mit einem tollen Ausblick auf das Murtal. Es eignet sich auch wieder hervorragend für eine Pause und ein Gipfelleckerli. Zurück geht es denselben Weg bis zum Wegweiser beim **Hagensattel 7**. Dort biegen wir links ab und wandern den gut markierten Grazer Umlandweg nach unten. Auf diesem Weg kommen wir zum Königgrabenbach, der dem ganzen Tal seinen Namen gibt, dem Königgraben. Die Hunde können im Bach Wasser trinken und sich an heißen Sommertagen abkühlen. Am Ende des Waldweges nach unten kommen wir wieder in bebautes Gebiet und gehen jetzt die asphaltierte Straße, vorbei am **Gasthof Bernthaler 9** bis zur **Kreuzung Königgraben 4**. Von dort folgen wir wieder dem bekannten Weg zu unserem Ausgangspunkt den **Park & Ride Stübing 1**.

32

Schloss St. Martin – Buchkogel, 565 m

Haben Sie Graz schon von oben gesehen?

2.30 Std. | 6,9 km | ↗ 250 m | ↘ 250 m

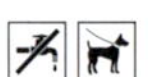
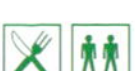

Wo man noch in der Stadt glaubt, bereits auf dem Land zu wandern

Die Landeshauptstadt bietet einige schöne Spazierwege. Aber der für mich schönste, ist der »Buchkogelrundweg«. Am Buchkogel ist grundsätzlich immer was los. Eine »Stadttour«, die nicht zu anstrengend ist. Es gibt kein Gipfelkreuz aber dafür eine Kirche, einen Turm und einen Steg mit herrlicher Aussicht. Im Frühjahr blüht hier jede Menge Holunder, im Juni gibt es Himbeeren und im Herbst die Trauben, die es dann als Wein beim Sudhaus in Graz/Straßgang zu kaufen gibt.

Ausgangspunkt: Mit dem Auto kann man in Graz direkt zum Schloss Sankt Martin fahren und nach der Kirche auf der rechten Seite parken.
Öffentliche Verkehrsmittel: Mit dem Bus bis zur Haltestelle (Linie 31 oder 62) Ankerstraße, von dort die Martinhofstraße bis zum Wald, wo bereits der St. Martiner Steig zum Schloss St. Martin abzweigt. Es geht beim Schloss St. Martin und bei der Kirche vorbei zum Ausgangspunkt.
Anforderungen Mensch: Diese Runde hat grundsätzlich keine besonderen Anforderungen. Sie verlangt lediglich bei den zwei kurzen Anstiegen Trittsicherheit.
Anforderungen Hund: Für alle Hunderassen einfach und bestens geeignet.
Beste Wanderzeit: Ganzjährig.
Weidevieh: Keine Kühe.
Einkehr: Gasthof Johann und Paul, Tel. +43 316 572497, Gasthof Orthacker, Tel. +43 316 285482.
Karten: freytag & berndt WK 133 Graz und Umgebung – Region Hügelland-Schöcklland – Gleisdorf – Weiz – Raabklamm.

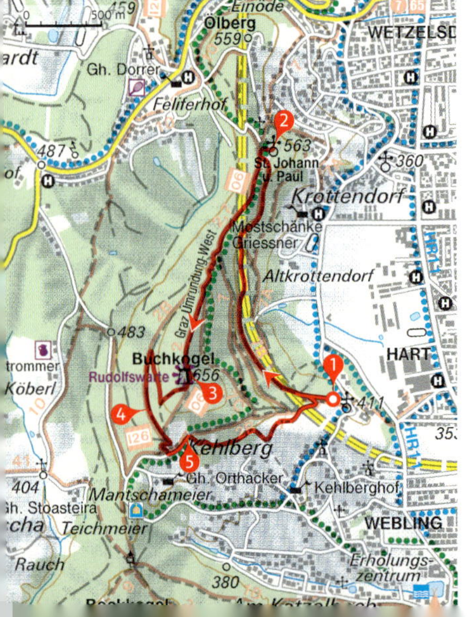

Ausgangspunkt ist der **Parkplatz ❶** nach der Kirche beim **Schloss St. Martin**. Von dort geht es dann die asphaltierte Straße bergauf bis zur Schranke – an ihr vorbei gelangt man zum Lüftungshaus des Plabutschtunnels. Von dort stets im Wald den Pfad entlang. Immer wieder hat man einen schönen Ausblick auf Graz. Nach rund 1,8 km kommt ein nach links geneigter steilerer Anstieg. Dieser führt zum ersten Highlight der Wanderung, der **Kirche Johann und Paul ❷**. Von der Terrasse hinter der Kirche hat man das erste Mal einen kompletten Ausblick über die Stadt. Auch beim urigen **Gasthof Johann und Paul** kann man sich stärken und das Beste, Hunde sind

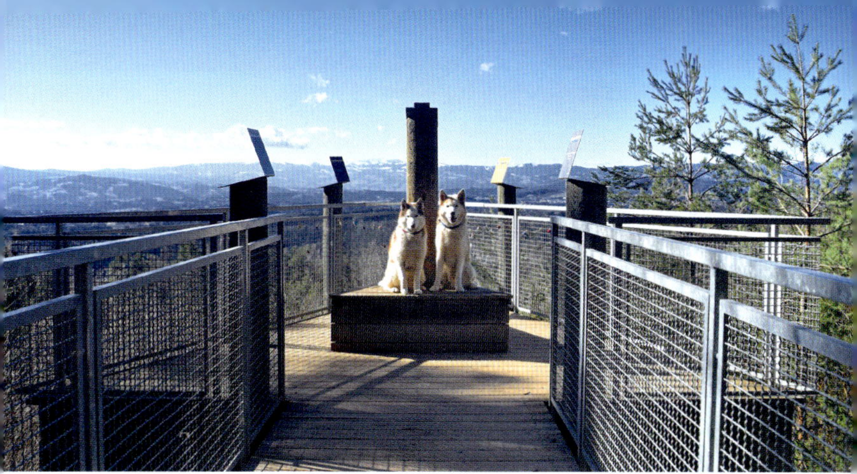

Ein Steg mitten im Wald mit toller Aussicht in die Weststeiermark.

willkommen! Weiter geht es die Schotterstraße Richtung Süden (von der Kirche aus nach links) zum Buchkogelsteig. Dieser kurze Anstieg geht ebenfalls durch den Wald. Oben angekommen, geht man die Schotterstraße weiter bis zur 11 m hohen **Rudolfswarte ❸**. Der »Steirische Gebirgsverein« errichtete im Jahre 1879 diese Aussichtsplattform auf 659 m Höhe, die erst kürzlich wieder liebevoll restauriert wurde. Auch von dort hat man einen tollen Ausblick auf die Stadt Graz, das Grazerfeld, runter bis zum Wildonerberg. Weiter den markierten Waldweg hinter der Rudolfswarte nach unten. Der Schotterstraße rund 500 m folgen und dann links in den kleinen Waldweg einbiegen. Nach weiteren 500 m folgt das nächste Highlight vom »Natur Erlebnis Park Plabutsch«, der **Buchkogelsteg ❹**. Von hier kann man Koralpe, Packalpe, Stubalpe, Terenbachalm und Gleinalpe sehen. Auch der Sonnenuntergang ist hier etwas Besonderes. Geht man den Weg weiter, kommt man zum Gasthof Orthacker. Wasser für die Hunde, eine zünftige Jause und wieder ein Ausblick auf die südliche Stadt laden zum Verweilen ein. Weiter die Schotterstraße entlang nach links (Richtung Stadt) und nach rund 150 m nach dem Gasthof Orthacker geht es schon wieder rechts nach unten – den **Oacherlsteig ❺**. Rund 140 Stufen (Hunde können seitlich ohne Stufen gehen) führen nach unten. Es geht den Waldweg entlang und man erreicht die Weinberge von Hannes Sabathi. Hier wächst der Grazer Stadtwein. Sauvignon Blanc, Gelber Muskateller und Grauburgunder sind die Rebsorten, die hier angebaut werden. Vorbei an den Nussbäumen, den alten Weinkellern, die als Ruinen noch zu sehen sind, gelangt man wieder zurück zum Ausgangspunkt, dem **Parkplatz Schloss St. Martin ❶**.

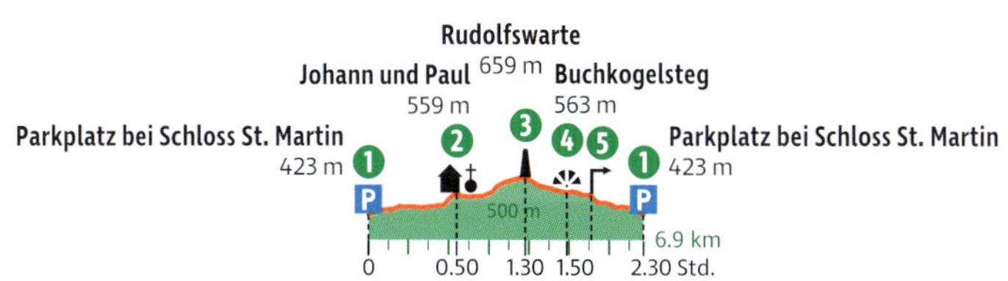

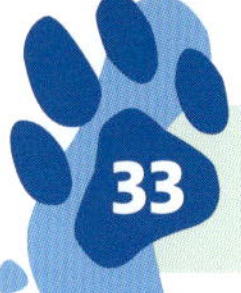

33

Reinischkogel, 1440m

Der Gipfel am Waldrand

2.30 Std. | 8,8 km | ↗ 270 m | ↘ 270 m

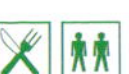

Kühle Wanderung an heißen Sommertagen

Mit seinen 1440 Meter Höhe bietet der Reinischkogel eine gemütliche Wanderung mit viel Schatten und ist für Hunde jeder Größe geeignet. Im Mittelalter gehörten umfangreiche Bauernhöfe und Ländereien dem Stift Rein. Von diesen Besitztümern leitet sich der Name Reinischkogel ab. Um den Gipfel sind kleinere Bergwiesen, bei denen sich, wenn keine Kühe mehr auf den Almen sind, die Hunde richtig austoben können Die drei Trinkmöglichkeiten machen diese Wanderung zur idealen Tour mit Hund. Neben dem Gipfelkreuz befindet sich die Reinischkogelkapelle mit der Friedensglocke. Die Glocke, die von der Firma Grassmayer aus Innsbruck gegossen wurde, soll für den Frieden in der Welt geläutet werden.

Ausgangspunkt: Anfahrt bis Stainz, dann die Sauerbrunnstraße nehmen und bei Wald-Süd Richtung Rainbach abbiegen. Danach den Hirschkraxner Weg und Rainbachstraße bis Rosenkogel bzw. Absetzwirt fahren. Adresse des Absetzwirtes: Rosenkogel 50, 8510 Marhof.

Öffentliche Verkehrsmittel: Mit dem öffentlichen Verkehrsmittel nicht erreichbar.

Anforderungen Mensch: Leichte Wanderung, die ein kurzes Stück entlang einer Straße führt. Die restlichen Wegearten sind breite Forststraßen und ausgetretene Naturpfade.

Anforderungen Hund: Einfach, für alle Hunderassen bestens geeignet.

Beste Wanderzeit: Ganzjährig.

Weidevieh: Um den Gipfel des Reinischkogel gibt es größere Kuhweiden.

Einkehr: Der Absetzwirt ist derzeit geschlossen. Am Parkplatz vor dem Absetzwirt gibt es aber einen kleinen Verkaufsstand, der im Sommer Getränke verkauft.

Variante: Für diejenigen, die den Kühen auf der Almwiese um den Gipfel (Mai – September) lieber nicht begegnen möchten, gibt es ab ❹ eine Abkürzung zurück zum Absetzwirt. 4,5 km lang – Dauer 1.15 Std. – Weg A1.

Karten: freytag & berndt WK 411 Steirisches Weinland – Südwest-Steiermark.

Weideflächen rund um den Gipfel des Reinischkogels.

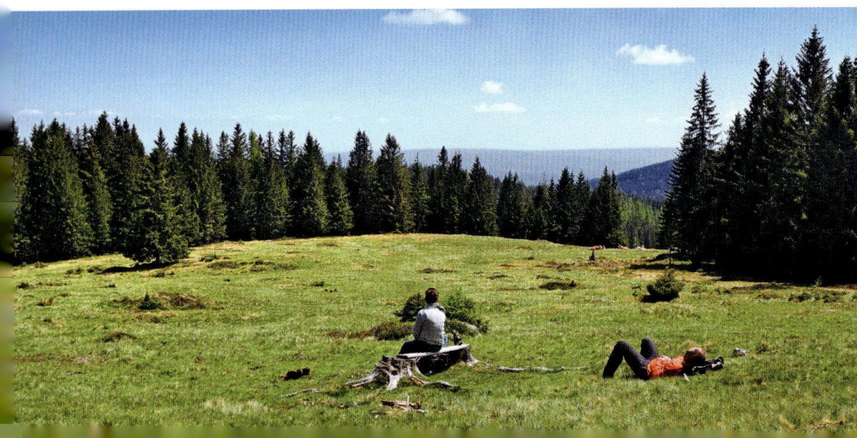

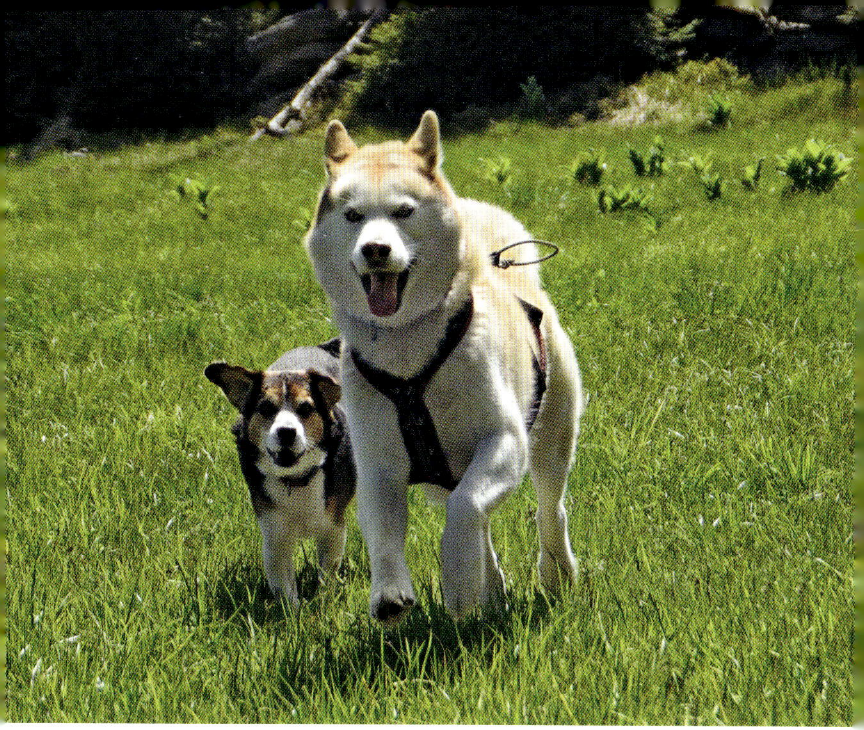

Freilauf auf der Almwiese als Highlight für die Hunde.

Wir starten diese Wanderung entgegen dem Uhrzeigersinn auf 1240 m Höhe beim großen **Parkplatz des Absetzwirtes** ❶ am **Mothiltor**. Gleich am Parkplatz gibt es Schilder, die uns für die Reinischkogelrunde in den Wald führen. Diesen Weg gehen wir aber nicht, denn wir wandern entlang der Straße Richtung »Forellen Klug« und erreichen nach rund 700 m den **Scheer-Wassertrog** ❷. Eine erste Möglichkeit, um die Hunde mit Wasser zu versorgen. Dort biegen wir links in den Waldweg ein und folgen den Markierungen 555/A1/A2. Vorbei geht es dann am **Weiberofen** ❸, einer sehr interessanten Felsformation, die gleich als dekorativer Hintergrund für Fotos genutzt werden kann. Der Weg führt uns weiter zum **Ungerbildstock** ❹. Wir folgen der leicht steigenden Forststraße weiter. Manchmal begegnet man auf dem Weg Gämsen, die den Weg gemütlich dahintraben. Auf diesem Weg gibt es auch Auerwildbalzplätze, bei denen Wanderer aufgefordert werden, den Wander-

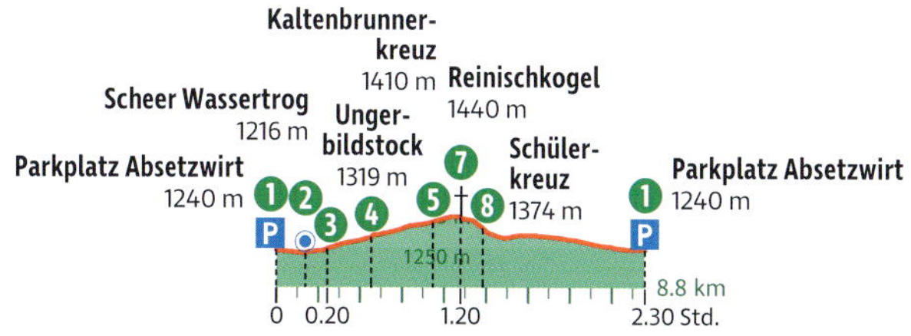

Das Gipfelkreuz des Reinischkogels.

weg nicht zu verlassen (dies betrifft die Monate April/Mai). Wir treffen auf einen Wegweiser »Ursprung des Stainzbaches«, der auf den hier in unmittelbarer Nähe entspringenden Stainzbach hinweist. Unweit danach treffen wir auf das **Kaltenbrunnerkreuz 5**, und wir folgen dem Weg A2 zum Gipfel des Reinischkogels. Diese Steigung ist leicht zu meistern, aber ein Gatter weist uns auf Weidetiere hin. »Betreten und Mitführen von Hunden nur auf eigene Gefahr!« Doch bevor wir das Gipfelkreuz erreichen, geht es noch an der Reinischkogelkapelle vorbei. Dann sind es nur mehr wenige Meter bis zum Gipfelkreuz des **Reinischkogels 7** auf 1440 m. Der Ausblick ist hier aber aufgrund des Waldes nicht gerade berauschend, aber einen Gipfelkeks haben sich die Hunde allemal verdient. Runter geht es dann über die große Almwiese, vorbei am **Schülerkreuz 8**. Wir halten uns links und dann geht es etwas steiler bergab. Das ist der Grund für die Empfehlung, die Wanderung entgegen dem Uhrzeigersinn zu gehen. Denn diese Steigung bergab zu absolvieren ist leichter als bergauf. Wir verlassen dann das Weidegebiet durch ein Gatter und folgen dem Weg A2. Eine weitere kleine Quelle sprudelt linker Hand aus der Erde. Vorbei geht es an einem kleinen Wiesenstück, bei dem sich hinter einem Zaun wieder weidende Kühe aufhalten können. Der Weg führt jetzt fast eben durch den Wald zurück zum Ausgangspunkt, dem großen **Parkplatz des Absetzwirtes 1** am **Mothiltor**.

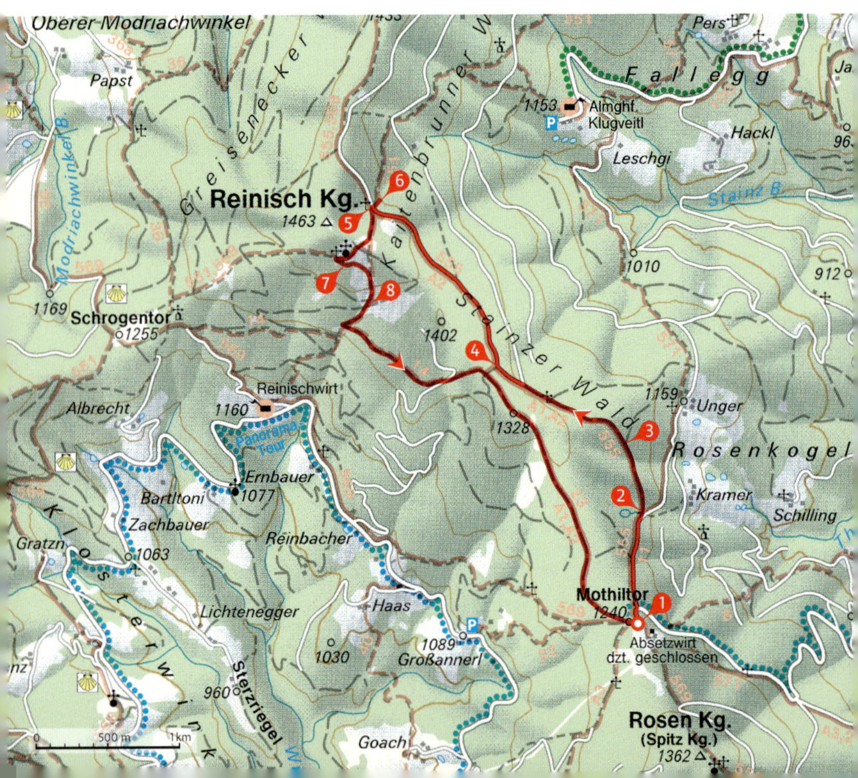

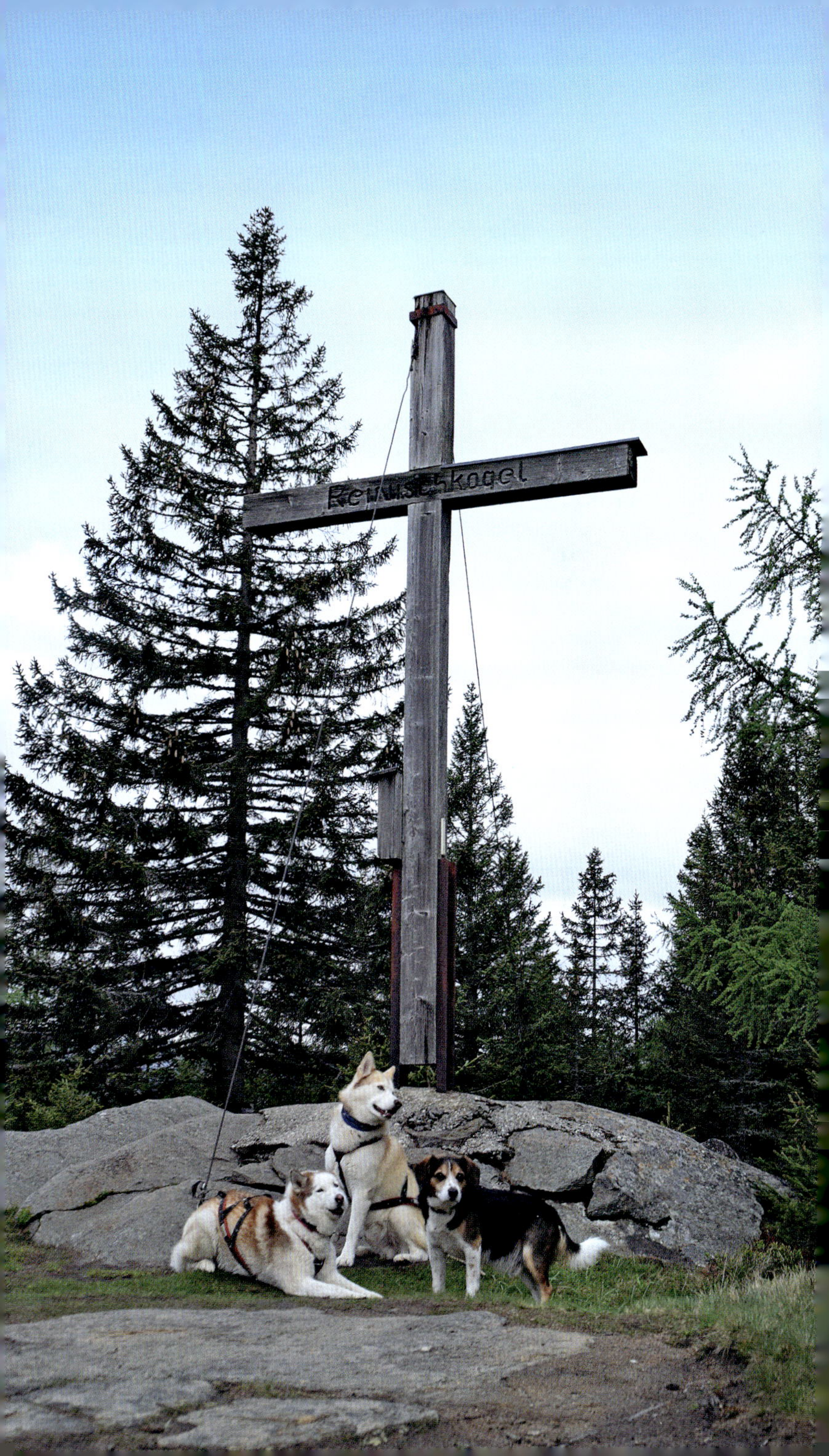

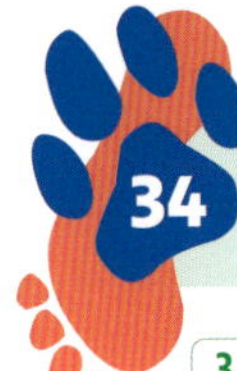

34 Kitzecker Weinwanderweg, 564 m

Die Provence der Steiermark

3.30 Std. | 10,4 km | ↗490 m | ↘490 m

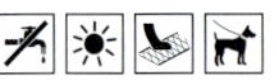
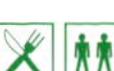

Eine Achterbahn im Sausal

Kitzeck im Sausal ist der höchstgelegenste Weinbauort Österreichs und liegt auf einer Höhe von 564 Metern. Dort gibt es auch das erste steirische Weinbaumuseum. Bei dieser Wanderung, die fast 10 Kilometer lang ist und für die man sich rund vier Stunden Zeit nehmen sollte, führt durch das umliegende Weinland, vorbei an einer Wassermühle, und einem Lavendelfeld. Die Lavendelfelder, die im Juni richtig lila leuchten, gehören zur Bio Lavendelmanufaktur Wunsum. Es ist die größte Lavendelanbaufläche in der Steiermark. Ende Juni/Anfang Juli feiern die Weinbauern, einheimische Betriebe und Künstler gemeinsam mit Wunsum das Lavendelfest. Romantische Sitzbänke, Wald und Wiesenwege sowie Buschenschenken laden bei dieser Wanderung zum Genießen ein. Diese Wanderung ist wie eine Achterbahn »mal rauf, mal runter«, Viele Teilstücke führen durch den Wald, bieten somit ausreichend Schatten für unsere Hunde. Wenn die Runde entgegen dem Uhrzeigersinn gegangen wird, besteht ein geringeres Risiko, eine der vielen Abzweigungen zu übersehen, denn die Markierungen (K 8) sind manchmal sehr klein. Die kleinen Bäche im letzten Drittel der Wanderung sind für Hunde eine Wohltat und da der ganze Weg kuhfrei ist, ist diese Wanderung absolut zu empfehlen.

Ausgangspunkt: A9 Pyhrnautobahn, die Abfahrt Leibnitz nehmen, danach Richtung Kaindorf/S – Heimschuh nach Kitzeck i. Sausal; Adresse: Steinriegel 15, 8442 Kitzeck im Sausal.
Öffentliche Verkehrsmittel: Mit dem Zug bis Leibnitz, von dort mit dem Regionalbus 607 nach Kitzeck Kirchplatz.
Anforderungen Mensch: Da es mal rauf und mal runter geht, ist diese Tour nicht zu unterschätzen und verlangt eine Grundkondition. Der Weg führt ein kurzes Stück auf Asphaltstraßen, die restlichen Wegarten sind breite Forststraßen und ausgetretene Naturpfade. Man benötigt auch ein wenig Orientierungssinn.
Anforderungen Hund: Für alle Hunderassen bestens geeignet, es gibt Bäche zum Abkühlen und auf dem ganzen Weg keine Almwiesen zu durchqueren!
Beste Wanderzeit: Ganzjährig; am schönsten aber von März bis Oktober.
Weidevieh: Nach der Mühle auf der linken Seite befinden sich hinter einem Zaun schottische Hochlandrinder.
Einkehr: Innerhalb der Saison (Mai – Oktober) gibt es zahlreiche Einkehrmöglichkeiten entlang des Kitzecker Weinwanderweges.
Karten: freytag & berndt WK 411 Steirisches Weinland – Südwest-Steiermark.

Ausgangspunkt dieser Wanderung ist der öffentliche **Parkplatz** ❶ nahe des **Weinmuseums Kitzeck**. Von dort geht es an der Kirche vorbei und ein Stück am Gehsteig die Straße runter, ehe wir links abbiegen; noch ein Stück auf der Straße und danach wieder links durch den **Wald** ❷. Bevor wir aber die Straße verlassen, unbedingt noch zurück zur Kirche und die Weingärten blicken und die Aussicht genießen. Im schattigen Wald geht es ordentlich runter. An der Talsohle angekommen, überque-

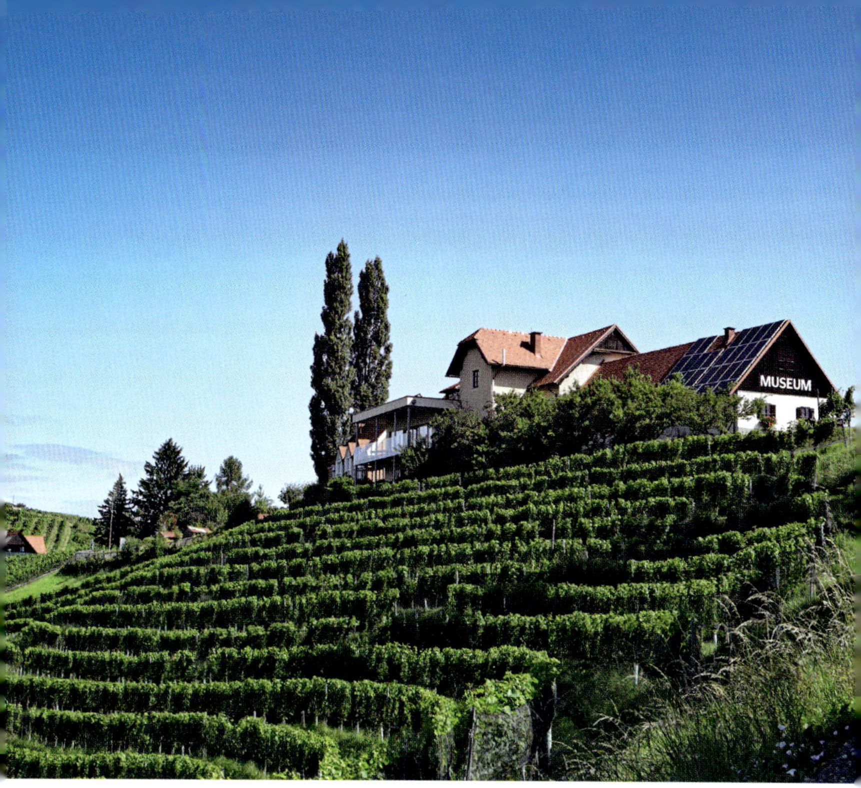

Das Weinmuseum von Kitzeck, dem höchstgelegenen Weinbauort Österreichs.

ren wir einen kleinen Bach mit **Brücke ❸**, bevor es auf der anderen Seite wieder nach oben geht. Dort angekommen, gehen wir rechts ein Stück neben der Straße, vorbei am **Genusshof Kilger ❹**, und dem **Weingut Albert ❺**. Der Kitzecker Weinwanderweg führt uns noch ein Stück neben der Straße, ehe der Weg sich wieder links durch einen Wald, Richtung Perlleiten und Wellinggraben geht. Dieses Waldstück bietet wieder genug Schatten und am Ende ist auch ein kleiner **Bach ❻**, an dem unsere Fellnasen trinken können. Wir folgen einer Forststraße nach oben und gehen an Weingärten und Obstbäumen vorbei. Die Markierungen (K8) sind hier grundsätzlich immer gut zu sehen. Nach dem Weingut **Landhaus Schwarz ❼** geht es rechts durch ein Waldstück, ehe man die Landesstraße überqueren muss. Davor befinden sich auf der rechten Seite **Lavendelfelder ❽**, die im Juni richtig lila herüberleuchten. Bei den Lavendelfeldern geht es wieder mal runter. Es folgt die **Abzweigung zum**

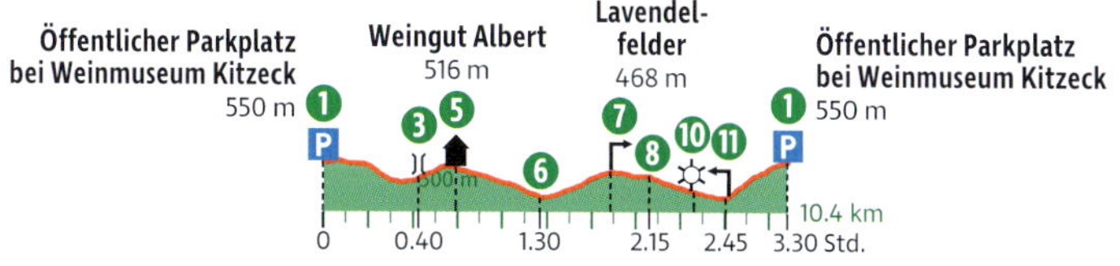

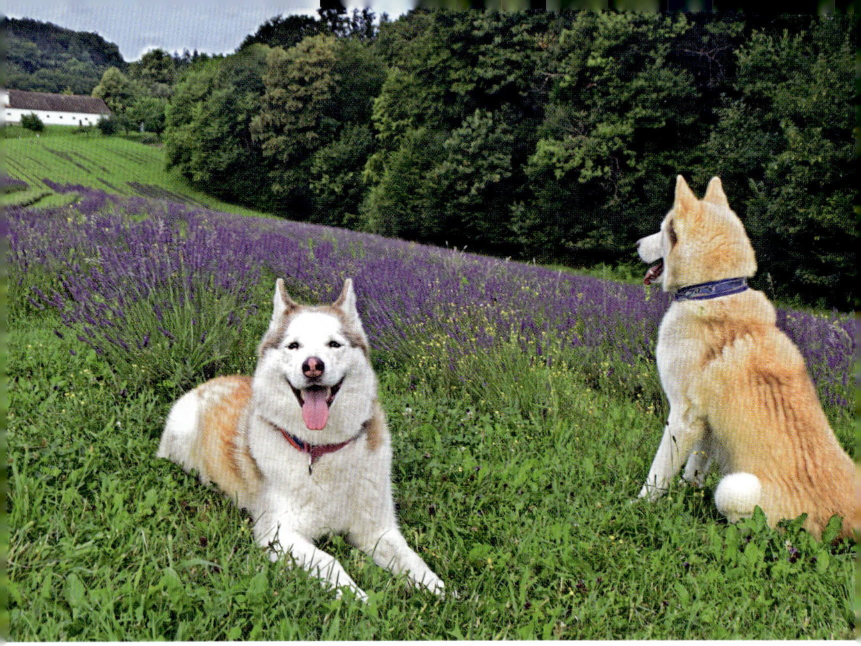

Ein Lavendelfeld in der Steiermark.

Demmerkogel ⑨, er ist die höchste Erhebung des Sausales, die wir aber nicht nehmen. Wir gehen nämlich entlang des Baches, vorbei an einem Fischteich und kommen dann zu einer idyllischen alten **Mühle ⑩** mit einem Trinkbrunnen. Dort besteht die Möglichkeit, die Hunde im flachen Bach abkühlen zu lassen. Weiter geht es durch den Kroisgraben, ehe es links durch einen Wald wieder nach oben **geht ⑪**. Der Gemeindestraße folgen, bis wir wieder den Ausgangspunkt, das **Weinmuseum Kitzeck** beziehungsweise den öffentlichen **Parkplatz ❶** erreichen.

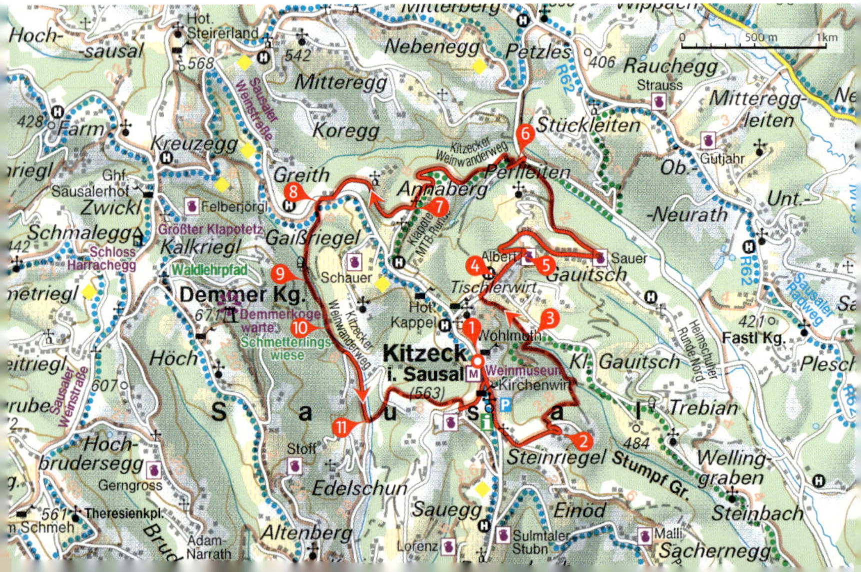

Heiligengeistklamm, 904 m

Canyoning im Rinnsal – Dobrodošli!

35

3.15 Std. | 8,9 km | ↗500 m | ↘500 m

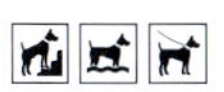

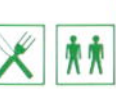

Abwechslungsreiche Wanderung im Süden der Steiermark

Unter einer Klamm versteht man ein enges Tal mit steilen, zum Teil kahlen Felswänden und stellenweise recht reißendem Wasser. Wer das bei der Heiligengeistklamm erwartet, wird aber enttäuscht sein. Denn die steilen Felswände sind gut bewachsene Wälder und das reißende Wasser ist ein plätschernder Bach. Für unsere wasserbegeisterten Hunde ist sie sicher ein Erlebnis, denn es ist oft möglich, im Wasser zu planschen. Eine wunderbare, aber anspruchsvolle Tour mit viel Schatten und Wasser. Trittsicherheit ist unbedingt erforderlich, da die Steine oft sehr rutschig sein können und man den Bach des Öfteren durchquert – auch eine Art von Canyoning! Durch die Landschaft, die Kirche, die Weingärten und Mühlen eine sehr abwechslungsreiche Tour.

Ausgangspunkt: Über die A9 Pyhrnautobahn nach Süden bis zur Ausfahrt Vogau-Strass. Weiter über die B69 nach Gamlitz und Leutschach. Im Ort links halten nach Schlossberg bzw. zur Spitzmühle zum Parkplatz 4. Adresse Buschenschenke Ruad'l: Großwalz 19, 8463 Schlossberg.
Öffentliche Verkehrsmittel: Mit dem Zug S5 (Richtung Spielfeld-Straß) bis Leibnitz. Danach umsteigen und mit dem Regionalbus 605 bis Leutschach. Nach einem weiteren Umsteigen in die Regionallinie 653 bis zur Station Spitzmühle. Von dort sind es nur mehr wenige Hundert Meter bis zum Ausgangspunkt, dem Parkplatz 4.
Anforderungen Mensch: Das Weinland ist hügelig und die Steigung für so manchen Zweibeiner eine Herausforderung. Trittsicherheit in der Klamm aufgrund der rutschigen Steine notwendig.
Anforderungen Hund: Für alle Wasser- und wanderbegeisterten Hunde geeignet. Die Hunde müssen den Bach mehrmals queren, für wasserscheue Hunde eine Herausforderung! Genauso wie so manche Steigung mit Wurzeln, grundsätzlich aber sehr gut zu gehen ist. Eine Weidefläche ist auch zu durchqueren.
Beste Wanderzeit: März bis Oktober.
Weidevieh: Eine Weidefläche vor der Mostschenke Krampl ist zu durchqueren.
Einkehr: Zahlreiche Möglichkeiten, um mit Hund einzukehren.
Variante: Es besteht die Möglichkeit, nach ca. 1,7 km bei ❷ aus der Klamm auszusteigen; Rückweg zum Parkplatz 1,4 km.
Karten: freytag & berndt WK 411 Steirisches Weinland – Südwest-Steiermark.

Wir starten unsere Tour beim **Parkplatz 4** ❶ – das ist unterhalb der Buschenschenke »Ruad'l« (Buschenschank Poscharnig). Gleich am Eingang zur Klamm erwartet uns ein Wanderdenkmal, viele alte Wanderschuhe hängen da auf einem Stamm. Das sieht lustig aus und mit einem Lächeln im Gesicht geht es dann gleich los. Der Weg in der Klamm ist sehr naturbelassen, und gleich zu Beginn ist der Bach zu durchqueren, ehe es dann den Bachverlauf der grün-weißen Markierung immer bergauf geht. Zahlreiche Querungen des Baches folgen und je nach Witterung kann es durch die Naturbelassenheit des Weges sehr rutschig sein.

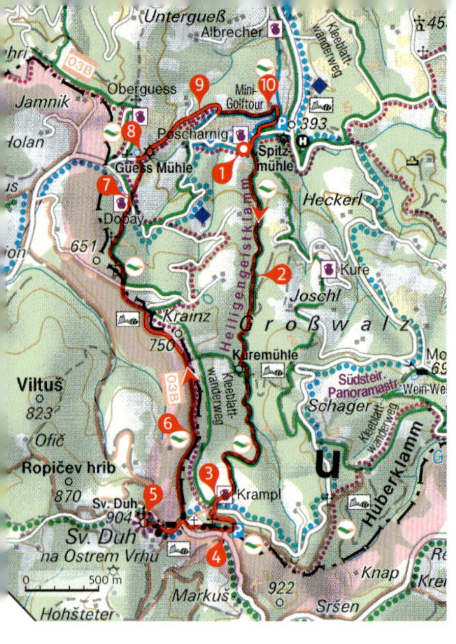

Mit einer Canicrossleine (siehe Einführung Seite 21) gibt es keine Probleme, den Weg zu meistern. Entlang der Klamm sind zahlreiche Infotafeln aufgestellt, die die Natur oder die alten Mühlen bzw. deren Technik beschreiben. Es gibt einige Stellen, die mit einem Stahlseil gesichert sind. Grundsätzlich ist die Klamm aber sehr gut zu durchwandern, und nicht mit Leitern oder Stiegen versehen. Trittsicherheit ist aber auf alle Fälle notwendig! Auch darf man die zurückzulegenden Höhenmeter in der südlichsten Klamm an der Weinstraße nicht unterschätzen. Sollte es jemandem zu anstrengend sein, gibt es nach ca. 1,7 km einen **Klammausstieg 2** (siehe Variante). Wir gehen weiter durch den schattigen Wald und kommen zu einer großen Wiese, auf der Kühe hinter einem Elektrozaun weiden. Weiter geht es an einem Gehöft vorbei. Hier gibt es einige Katzen, die so mancher Hund gerne begrüßen möchte ... Oben an der Straße angekommen, sieht man schon die Kirche Sveti Duh (zum Heiligen Geist). Bei der **Mostschenke Krampl 3** besteht auch eine Einkehrmöglichkeit. Rechts könnte man schon in den Grenzpanoramaweg einbiegen, aber die Kirche ist uns auf alle Fälle einen

Der liebevoll gestaltete Garten bei der Buschenschenke Albrechter Muhri.

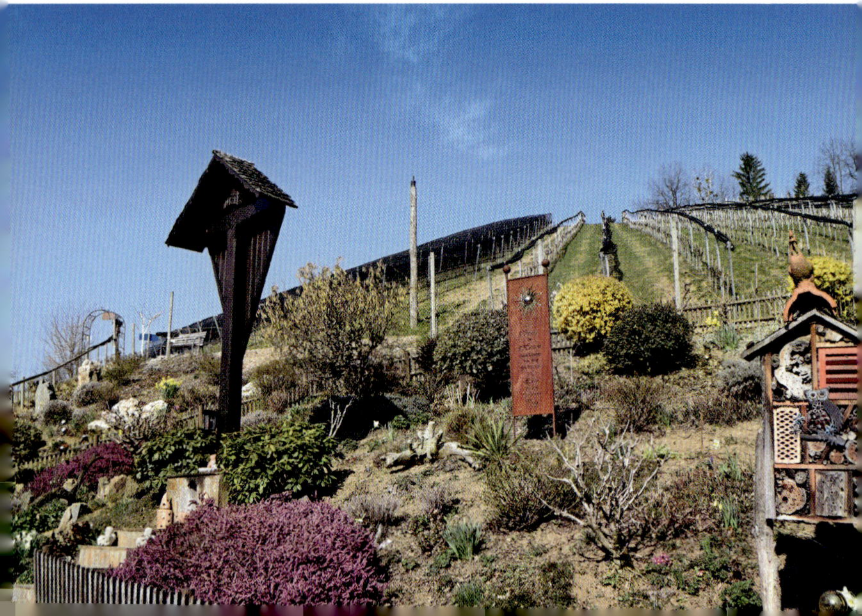

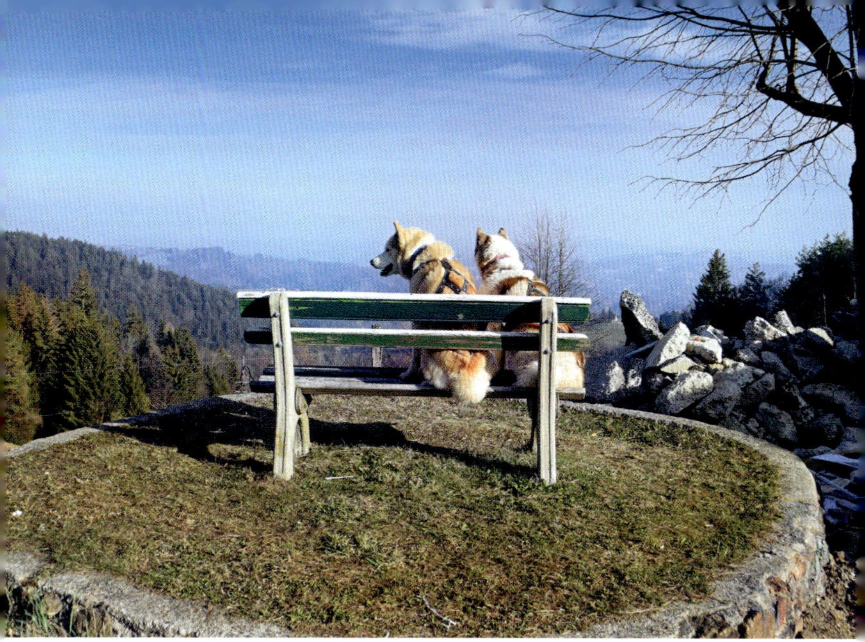

Der Blick ins Weinland von Slowenien aus.

Besuch wert. Daher folgen wir der Straße und gehen durch den alten **Grenzposten** **4** nach Slowenien und gehen die wenig befahrene Straße entlang zur **Kirche Sveti Duh** **5**. Von oben hat man einen herrlichen Ausblick auf das südsteirische Weinland. Auch einen »Gipfelsnack« kann man auf einer Bank vor der Kirche einnehmen. Nach dieser kurzen Pause geht es wieder zurück zur Kreuzung und dann links auf den **Grenzpanoramaweg** **6**. Die rot-weiß-rote Markierung führt uns stetig bergab durch einen Wald, unter anderem vorbei an Bienenstöcken, einem Gehöft mit Schafen, oder einem Pferdehof. Es folgt dann wieder die grün-weiße Markierung, die uns durch den Wald nach unten führt. Danach kommt der **Buschenschenke Postl Dobay** **7** und ein Fischteich, an dem Hundebaden leider verboten ist, ehe wir die renovierte **Guessmühle** **8** passieren. Wir gehen weiter, wieder vorbei an Weingärten und an der **Buschenschenke Grill** **9**. Beeindruckt von der Größe ist man beim Weingarten von der **Buschenschänke Albrechter Muhri** **10**. Diese Buschenschenke hat auch einen liebevoll gestalteten Garten. Die letzten Meter hinunter zum **Parkplatz 4** **1**, geht es die wenig befahrene Straße, ehe wir wieder den Ausgangspunkt dieser Wanderung erreichen.

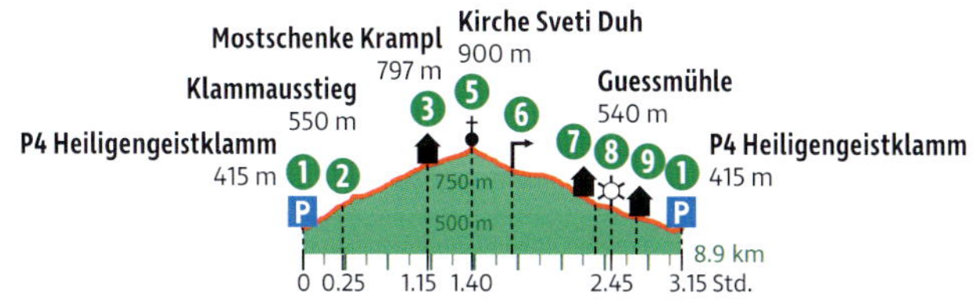

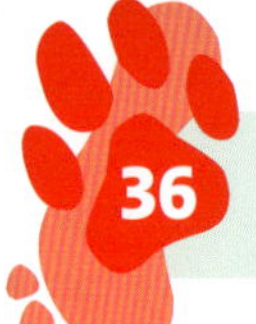

Altenbachklamm, 705 m

Über viele Brücken musst du gehen

2.00 Std. | 4,9 km | ↗310 m | ↘310 m

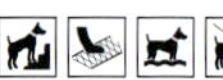

Wo die »weiße Frau« schützend ihre Hände über die Wanderer hält

Da der Weg hauptsächlich durch den Wald verläuft, viel unberührte Naturlandschaft vorhanden ist und es auch jede Menge Wasser für die Hunde gibt, wird diese Wanderung durch die Altenbachklamm wahrlich zu einem unvergesslichen Erlebnis für Mensch und Hund. Und falls nötig, kann man zwei Mal aus der Klamm früher aussteigen.

Ausgangspunkt: A9 bis Leibnitz, danach B74 Sulmtalstraße folgen, weiter durch die Ortschaften Kaindorf, Heimschuh, Großklein, St. Johann im Saggautal, Kitzelsdorf und dann Oberhaag/Unterhaag. Bei der Ortschaft Unterhaag ist die Altenbachklamm mit einer großen Tafel gekennzeichnet. Adresse Ausgangspunkt: Altenbach 48, 8455 Oberhaag.

Öffentliche Verkehrsmittel: Mit dem Zug S5 (Richtung Spielfeld Straß) oder mit dem EC 151 (Ljubljana) bis Leibnitz. Danach umsteigen in den Regionalbus 605 und bis Arnfels (Postamt). Dort umsteigen und mit der Regionallinie 652 bis zur Station Oberhaag Abzweigung Altenbach. Von dort sind es noch 2,3 km Fußmarsch bis zum Ausgangspunkt dieser Wanderung.

Anforderungen Mensch: Eine grundsätzlich sehr einfache Wanderung die über zahlreiche schöne Brücken und Stege führt. Mittelschwer wird diese Wanderung nur durch den Klammsteig. Dieser nicht allzu lange Steig fordert aber mit seinen Stufen Kondition. Oben angekommen, geht es aber wieder angenehm weiter.

Anforderungen Hund: Für alle Wasser- und wanderbegeisterten Hunde geeignet. Eine Herausforderung ist die 30 m lange schaukelnde Hängebrücke. Die Brücke kann je nach Witterung sehr rutschig sein, man kann sie aber unterhalb umgehen, wenn der Hund sie verweigert. Beim Klammsteig können die Hunde seitlich der Stufen, auf dem Waldweg, den Steig nach oben erklimmen.

Beste Wanderzeit: März bis Oktober.

Weidevieh: Keines.

Einkehr: Buschenschenke Stelzl – Altenbacher; Tel. +43 3455 6118; www.stelzl-altenbacher.at; Panoramaschenke Tertinek; Tel. +43 3455 6145; www.tertinek.at.

Varianten: Es gibt zwei Ausstiegsmöglichkeiten aus der Klamm: ❸, rund 1,5 km zur Buschenschenke Stelzl, und ❺, zurück zum Ausgangspunkt 1,9 km.

Karten: freytag & berndt WK 411 Steirisches Weinland – Südwest-Steiermark.

Die Aussichtsplattform mit einer Informationstafel ist gekrönt von wehenden Fahnen – ein Zeichen der Internationalität.

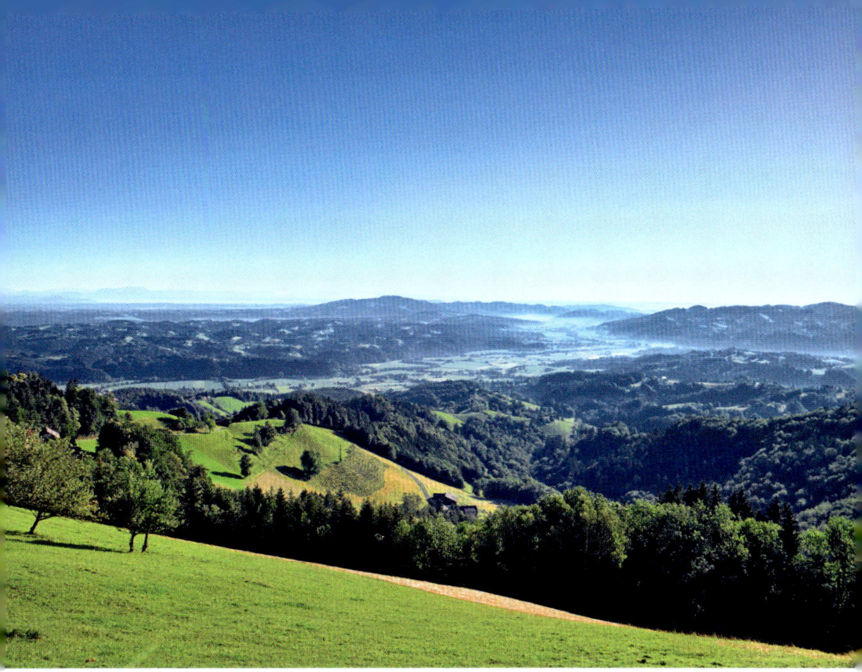

Traumhafte Aussicht in das steirische Weinland.

Ausgangspunkt für diese Wanderung ist, wie es sich für die Südsteiermark gehört, eine Buschenschenke, nämlich die der Familie Stelzl vlg. Altenbacher bzw. der **Parkplatz** oberhalb der **Buschenschenke** ❶. Von dort geht es an einer Informationstafel, auf der die Geschichte der weißen Frau in der Altenbachklamm und Wissenswertes zur Klamm beschrieben ist, vorbei. Der Beginn führt leicht bergab, bis man schließlich zum richtigen Einstieg in das Naturjuwel kommt. Anfangs geht dieser Weg leicht steigend über Brücken und Stege. Auch eine kleine **Grotte mit einer Madonna** ❷ ist hier zu sehen. Für Hunde ist es ganz angenehm, dass es viele Stellen gibt, an denen sie ins Wasser können. Zahlreiche kleine Brücken, Stege und Leitern sind zu überqueren. Die Leitern können durch die Hunde seitlich gut umgangen werden. 1,1 km nach dem Einstieg kommt die dreizehnte Brücke. Hier gibt es die **erste Ausstiegsmöglichkeit** ❸ aus der Klamm, die zurück zur Buschenschenke Stelzl führt. Eine Herausforderung kann nämlich die Brücke 15 werden. Dabei handelt es sich um eine 30 m lange **Hängebrücke** ❹, die in sechs Meter Höhe verläuft. Nicht jeder Hund wird bereit sein, über diese wackelige Eisengitterkonstruktion zu gehen. Gleich nach der

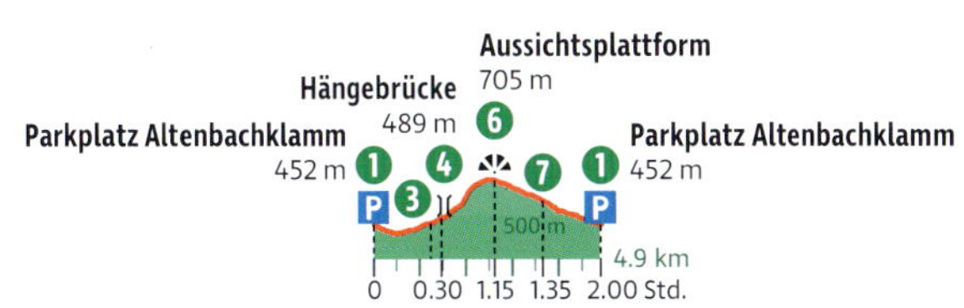

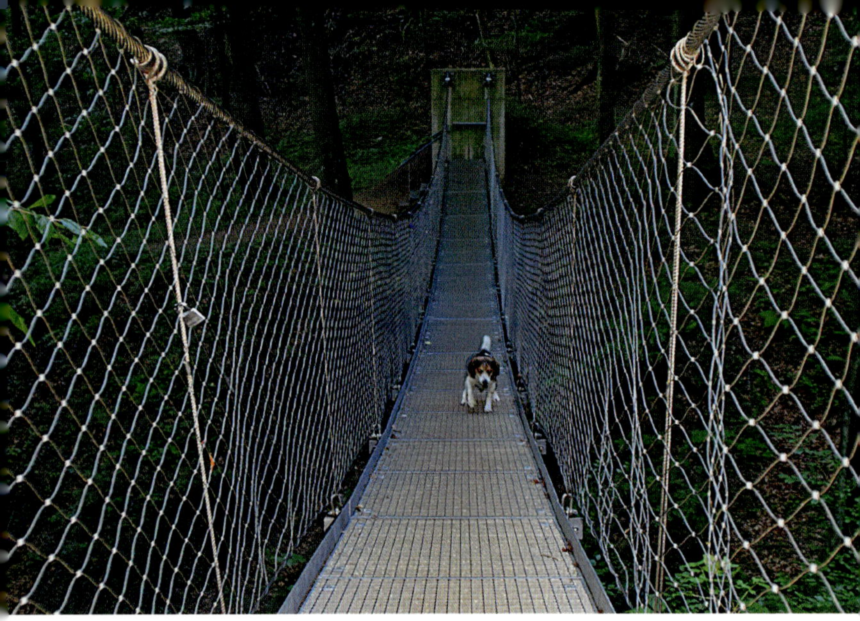

Die 30 Meter lange Hängebrücke als Herausforderung.

Hängebrücke befindet sich rechts eine Klammhütte mit Wasser und sogar einem WC. Danach besteht die zweite Möglichkeit, die Klamm in Richtung Ausgangspunkt zu verlassen. **(Ausstiegsmöglichkeit 2 ❺)** Für die, die sich entscheiden, den Klammweg zur Gänze zu machen, geht es jetzt herausfordernd nach oben. Für die Hunde wird es auch anstrengender und anspruchsvoller, denn es folgen steile, teilweise schmale Leitern! Für Menschen ist jetzt Kondition und gutes Schuhwerk gefragt. Der Aufstieg lohnt sich aber auf alle Fälle, denn man wird mit einem tollen Ausblick belohnt und die hundefreundliche **Panoramaschenke Tertinek vgl. Mukonig** lädt zu einer Erfrischung ein. Etwas unterhalb, auf 705 m Höhe, befindet sich der 180° steirische Panoramablick von der »Aussichtsplattform Altenbachklamm« ❻. Von der Koralpe über die Gleinalpe bis zum südsteirischen Vulkanland reicht die Aussicht. Zurück geht es den Rundwanderweg entlang der wenig befahrenen Straße. Entlang dieser Straße befindet sich auf der linken Seite ein **Marterl ❼** und auf der rechten Seite eine Kuhweide (hinter einem festen Zaun). Vor dem Ausgangspunkt, dem **Parkplatz ❶** ist auf der rechten Seite noch ein schöner Weingarten, der für Fotos gut genützt werden kann.

Deutschlandsberger Klause

Auf den Spuren der alten Eisenbahn

37

3.15 Std. | 10,4 km | ↗ 400 m | ↘ 400 m

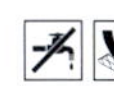 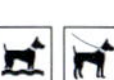  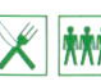

Erlebe den schönsten Platz von Deutschlandsberg

Wenn es im Sommer warm wird, sind Hundebesitzer immer auf der Suche nach schattigen Wegen, die entlang von Bächen oder Flüssen führen. In Deutschlandsberg wird man fündig. Eine angenehme Sommertour, die zu so manch kühlendem Bad einlädt. Bei der hundefreundlichen Fischerhütte lohnt es sich, einzukehren, und die Schautafeln entlang des Weges, über die Waldbahn und Natura 2000 machen diese Wanderung auch noch sehr lehrreich. Die Klause ist nämlich ein »Europaschutzgebiet« mit einer tollen Flora und Fauna. Ein Schild gleich zu Beginn der Wanderung weist darauf hin, dass die Deutschlandsberger Klause 2018 von der Bevölkerung zum »Schönsten Platz« der Stadt Deutschlandsberg gewählt wurde. Noch ein Grund mehr, diese Wanderung zu gehen.

Ausgangspunkt: Bis Deutschlandsberg, Glashüttenstraße, unter der Burg vorbei und dem Wegweiser Laßnitz Klause folgen. Dort befindet sich ein großer kostenloser Parkplatz. Von dort sind es rund 100 m bis zum Ausgangspunkt dieser Wanderung.

Öffentliche Verkehrsmittel: Mit dem Zug (S6) bis zum Bahnhof Deutschlandsberg fahren und dann die 1,6 km zu Fuß (18 Minuten) zum Ausgangspunkt zurücklegen.

Anforderungen Mensch: Eine angenehme Sommerwanderung mit Hund, die bei der Wende etwas Orientierungssinn benötigt, da die Markierung am Boden angebracht ist. Aufgrund der Höhenmeter und der Länge ist lediglich Grundkondition erforderlich.

Anforderungen Hund: Diese leichte Wanderung ist für alle Wasser- und wanderbegeisterten Hunde geeignet. Schöne Wege, (asphaltierte und Schotter-) Straßen und Waldwege. Von der Fischerhütte bis zum Ende der Wanderung gibt es keine Quellen oder Brunnen. Es wird daher empfohlen, für die Hunde genug Wasser mitzunehmen.

Beste Wanderzeit: März bis Oktober.

Weidevieh: Grundsätzlich sind auf dieser Wanderung keine Kühe anzutreffen. Beim Bauernhof Köfer kann es aber vorkommen, dass die Futterweide vor dem Bauernhof als Kuhweide verwendet wird und somit zu durchqueren ist. Entlang der Straße zur Burg gibt es Kühe hinter einem Zaun.

Einkehr: Fischerhütte »Lenzbauer«; Tel. +43 664 5449253, www.tonis-fischerhuette.at; Gasthof Stöcklpeter; Tel. +43 664 6388248; www.weingut-jauk-wieser.at/gasthaus-stoecklpeter.

Karten: freytag & berndt WK 411 Steirisches Weinland – Südwest-Steiermark.

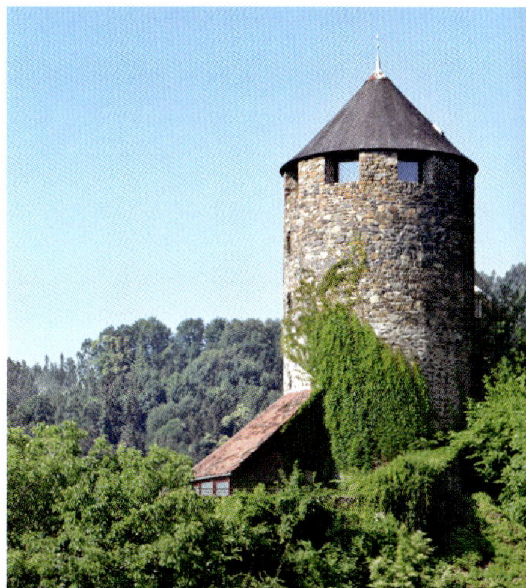

Die Burg Deutschlandsberg liegt auf einem 511 Meter hohen Felsvorsprung.

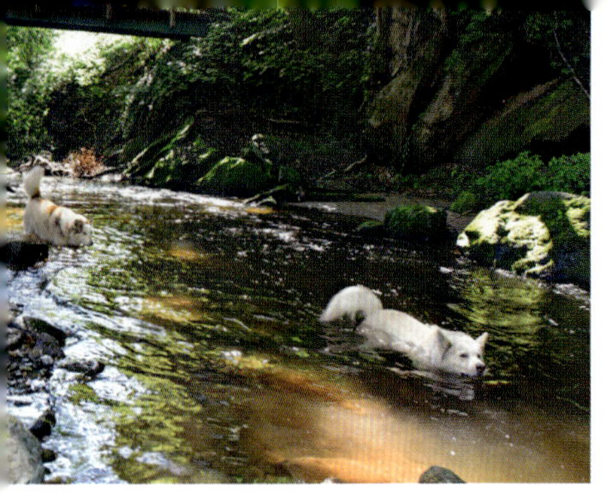

Am Beginn und am Ende der Tour ist ein Bad in der Laßnitz möglich.

Ausgangspunkt für diese Wanderung ist der große **Parkplatz am Klauseneingang ❶**. Der Weg (Nummer 578) geht durch einen schattigen Wald immer entlang des Flusses (Laßnitz). Vorbei an der kleinen **Einsiedelei ❷** und über Brücken erreichen wir bald das Ende der Klause. Einige Male haben unsere Hunde die Möglichkeit sich abzukühlen oder ein erfrischendes Bad zu nehmen. Weiter geht es dann aber auf einer Schotterstraße. In vergangener Zeit war das die Trasse der Waldbahn. Eine 10 km lange Bahnstrecke, die das Holz von der Koralm zu den Sägewerken nach Deutschlandsberg brachte. Die Bahn war von 1922 bis 1959 in Betrieb und wurde 1963 völlig abgebaut. Wir gehen diese Straße entlang bis zur **Fischerhütte »Lenzbauer« ❸**. Bei der Fischerhütte sind Hunde willkommen und davor gibt es sogar eine eigene Hundebar. Es geht weiter flussaufwärts, bis sich der Weg teilt (Weg Nr. 578 B) und wir rechts über die Brücke gehen. Jetzt ist es wichtig, nicht die Abzweigung zu versäumen! Nach der Brücke sofort rechts einbiegen und flussabwärts der Laßnitz folgen. Diese Abzweigung ist im Sommer leicht zu übersehen, da eine schöne Forststraße geradeaus führt und die **Markierung der Abzweigung ❹** am Boden auf einen Stein gemalt ist. Im hohen Gras ist diese dann schlecht zu sehen. Wir folgen dem Weg und gehen

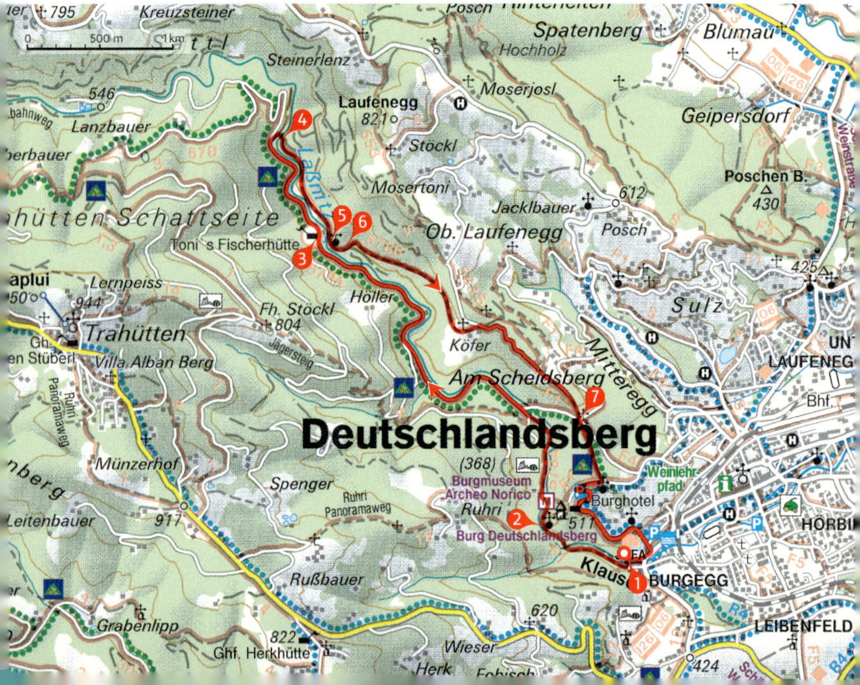

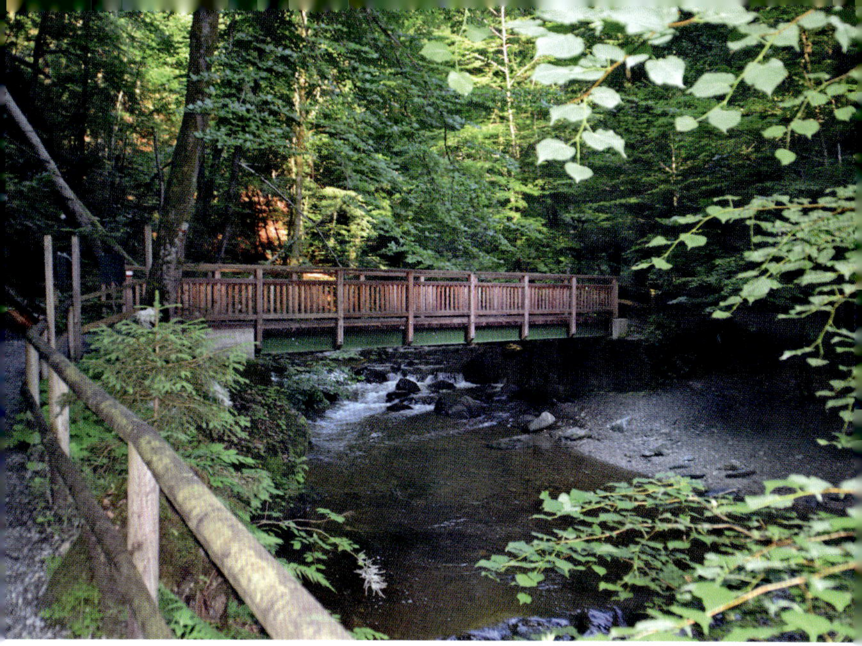

Schöne Wege und Brücken führen durch die Klause.

an der **Franz-Salzger-Gedenkkapelle** ❺ vorbei. Nach rund 150 m teilt sich der Weg. Der Weg, der links bergauf führt ❻, ist der Richtige. Jetzt wird auch das Rauschen der Laßnitz immer leiser. Es folgt wieder ein Steig durch den Wald und dann gelangen wir auf eine offene Wiesenfläche und kommen zum Bauernhof vlg. Köfer. Wir gelangen dann auf den höchsten Punkt der Wanderung. Der Weg mündet in eine Asphaltstraße. Diese wenig befahrene Straße gehen wir bergab und sehen auf der rechten Seite schon wieder auf die Burg Deutschlandsberg. Neben der Straße ist eine Weide mit Kühen, hinter einem Zaun. Es folgt eine S-Kurve und wir zweigen rechts in einen schattigen Wald-/Fußweg ab. Danach kommt eine **große Wegkreuzung** ❼ und das »Wegschoadkreuz«. Ab hier folgen wir nicht mehr dem Weg 578B, sondern der Markierung F1. Weiter geht es den Forstweg, zur Urbanikapelle hinauf und vorbei am Gasthof Stöcklpeter. Jetzt gehen wir den Weinlehrpfad runter, folgen der Burgstraße und gehen am Jugendgästehaus vorbei. Danach rechts halten und wir erreichen wieder den Ausgangspunkt, den großen **Parkplatz am Klauseneingang** ❶ unseres Rundwanderweges. Als Belohnung können beim Endpunkt die Hunde in die kühle Laßnitz springen und sich nach der Wanderung ein Bad gönnen.

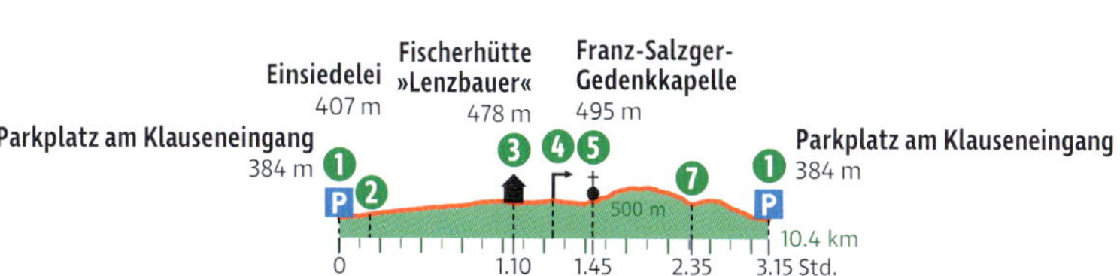

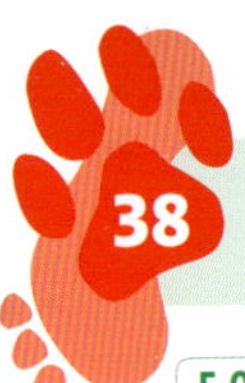

Großer Speikkogel, 2140 m

Entlang der Grenze auf den Gipfel

5.00 Std. | 15,4 km | ↗720 m | ↘720 m

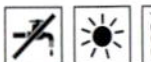
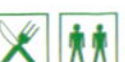

Von Gipfelkreuz und Goldhaube

Der große Speikkogel ist mit 2140 Meter die höchste Erhebung der Koralpe in den Lavanttaler Alpen. Das Gipfelkreuz befindet sich ca. 400 Meter westlich der Grenze zur Steiermark und somit liegt der Gipfel streng genommen in Kärnten. Auf der steirischen Seite steht sein »kleiner Bruder«, der kleine Speik. Er ist der höchste Berg im Bezirk Deutschlandsberg. Die Kombination aus Goldhaube und Gipfelkreuz ist aber so faszinierend, dass man den »großen Bruder«, den großen Speikkogel unbedingt besteigen muss. Die Goldhaube ist eine Radarstation des österreichischen Bundesheeres. Eine schöne gemächliche Tour mit einem Anstieg, der es in sich hat. Das Wetter kann hier oben sehr schnell wechseln und nicht umsonst stehen Windräder hier. Diese Route ist sowohl im Frühjahr und Herbst als auch im Winter mit Schneeschuhen zu begehen. In den Sommermonaten ist es aber ein riesengroßes Weidegebiet. Für unsere Hunde gibt es jede Menge Gerüche und große Wiesen. Bei schönem Wetter hat man auf dem Speikkogel eine tolle Rundsicht.

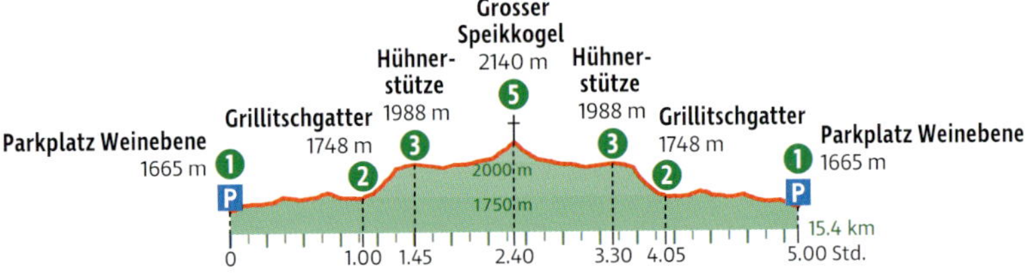

Die originelle Bauweise der Grillitschhütte.

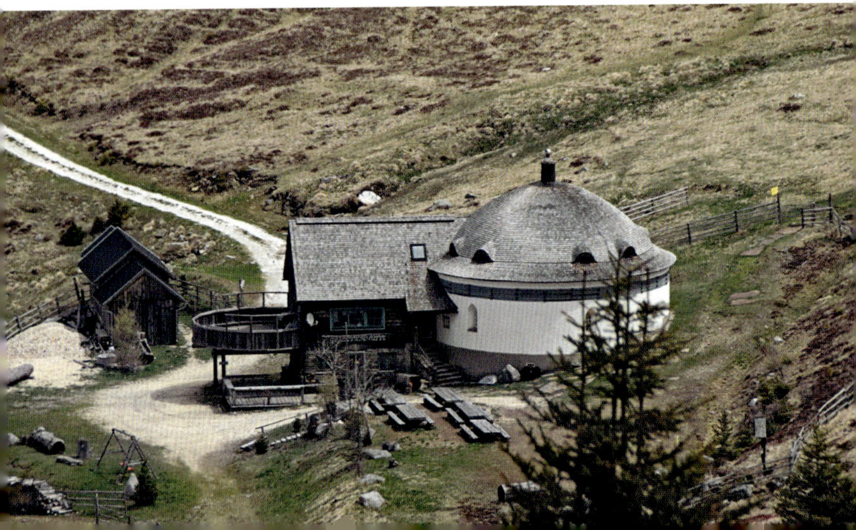

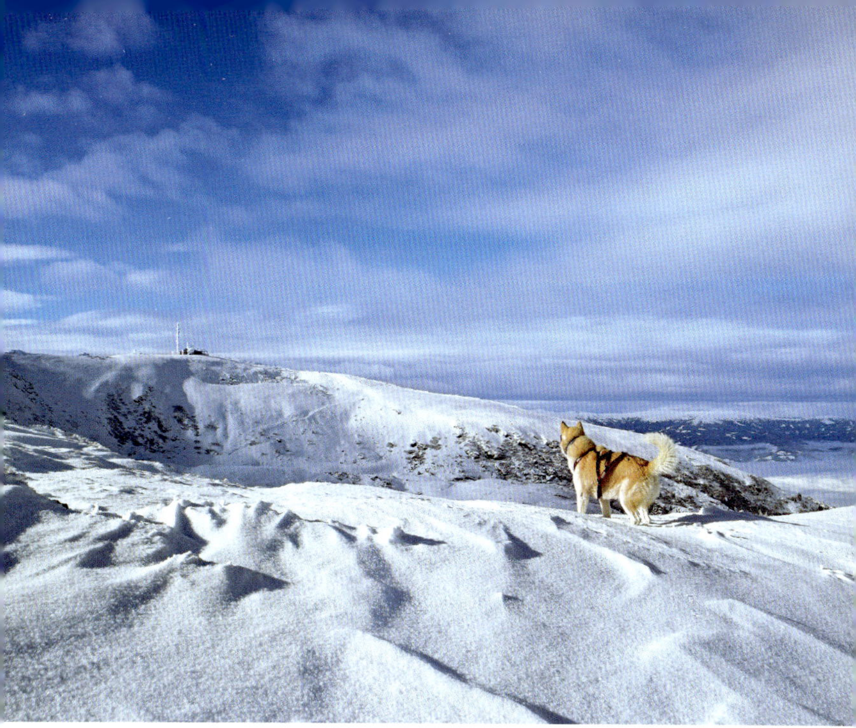

Ein »Winterwonderland« auf dem Weg zum Gipfel.

Ausgangspunkt: Über die A2, Abfahrt Lieboch, auf der B76 Richtung Deutschlandsberg/Eibiswald. Dann auf der B76 am LKH Deutschlandsberg vorbei und beim Kreisverkehr mit gelber Skulptur »Sonnenauge« rechts Richtung Weinebene (L619, ca. 22 km) abbiegen. Parkmöglichkeit – Parkplatz Weinebene.

Öffentliche Verkehrsmittel: Die Weinebene ist mit öffentlichen Verkehrsmitteln leider nicht erreichbar.

Anforderungen Mensch: Aufgrund der Länge sind Grundkondition und Ausdauer erforderlich. Die Wege bestehen aus: Forststraße, Wiesenweg und einem anstrengenden Naturpfad.

Anforderungen Hund: Wasser gibt es nur im ersten Drittel der Tour. Die Wanderung verläuft über der Baumgrenze und ist daher sehr sonnenexponiert, ohne Schatten. Ein steilerer Anstieg von rund 400 Hm ist zu überwinden, bei dem kleine Hunde aufgrund der Felsstufen manchmal Unterstützung brauchen. Wasser gibt es nur im ersten Drittel der Wanderung, danach sind keine Quellen mehr vorhanden.

Beste Wanderzeit: Ganzjährig. (Am schönsten von Januar bis Mai und von September bis Dezember.)

Weidevieh: In der Zeit von Mai bis September weiden entlang des Wanderweges viele Kühe!

Einkehr: Alpengasthaus Weinofenblick; Tel. +43 664 3629708.

Variante: Wer noch zwei weitere Gipfel erklimmen möchte, hat die Möglichkeit, beim Rückweg auf Höhe Grillitschgatter, ❷ links abzubiegen und über den Moschkogel (1916 m) und die Brandhöhe (1886 m) zurück zum Parkplatz der Weinebene ❶ zu wandern. Entlang des Weges ist oft Reh- und Gamslosung zu finden. Ein Ableinen des Hundes ist aufgrund des Wildbestandes und der großen Anzahl an Wanderern absolut nicht angesagt!

Karten: freytag & berndt WK 411 Steirisches Weinland – Südwest-Steiermark.

Ausgangspunkt ist der **Parkplatz** der **Weinebene** ❶. Man geht die Schotterstraße neben dem Alpengasthof Richtung Schranke. (Weg Nr. 20/05) Der Weg schlängelt sich entlang einer Forststraße – mal rauf, mal runter. Entlang der Forststraße gibt es auch Quellen. Am **Grillitschgatter** ❷, einem Weidetor geht es links zur **Hühnerstütze** ❸ hinauf. Diese 200 Höhenmeter sehen sehr unscheinbar aus, aber haben es ganz schön in sich. Obwohl es hier einige höhere Sprünge zu meistern gibt, ist es für den Großteil der Hunde gut machbar. Kleinere Hunde benötigen vermutlich ab und an etwas Unterstützung. Rechts unten sieht man die

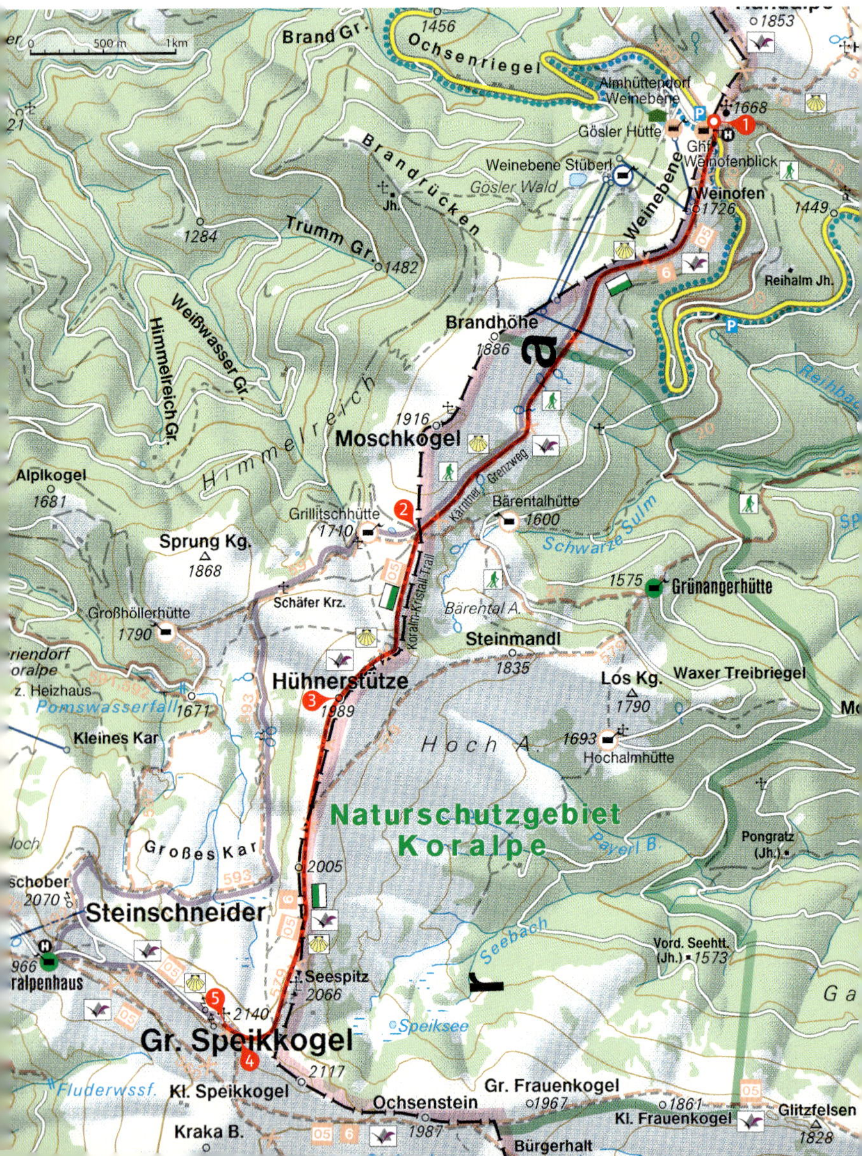

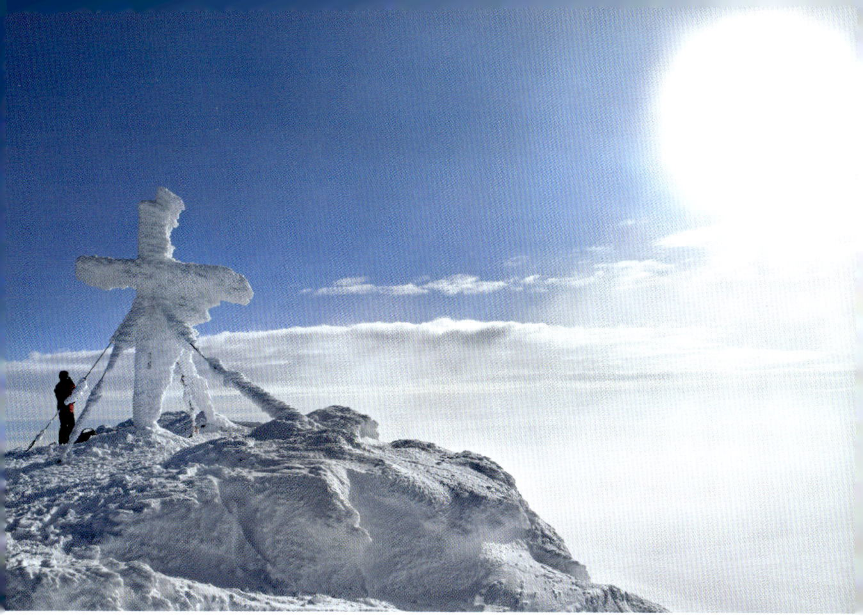

Der Gipfel des Speikkogel, sowohl winters als auch sommers ein lohnendes Ziel.

Grillitschhütte, die von oben durch ihren Rundbau einer Kirche ähnlich sieht. Vom Weidetor, bis fast zum Gipfel, geht man den Kärntner Grenzweg – meist immer entlang eines Zaunes. Oben angekommen, gibt es keine Quellen und keinen Schatten mehr! Für unsere vierbeinigen Freunde muss daher unbedingt genügend Wasser dabei sein! Man geht dann wieder gemächlich auf und ab und sieht das Ziel Radarstation und Gipfelkreuz vor sich. Bevor es dann wieder etwas anspruchsvoller wird, sieht man links den Seespitz, einen Berg mit Gipfelkreuz auf 2066 m. Dieser Gipfel lässt sich leicht miterwandern und ist ein schneller zusätzlicher Gipfelerfolg. Wer den Seespitz auslässt, geht in einem rechten Bogen den Wanderweg entlang, zu einem großen **Wegweiser** ❹. Von da sind es dann nur mehr wenige Meter bis zum Gipfel des **Speikkogel** ❺ mit seinen 2140 m. Der Panoramablick ist übwewältigend, denn im Süden sieht man den Ursulaberg, südwestlich die Petzen, im Westen die Karawanken und die Steiner Alpen. Bei guter Fernsicht schaut man bis zu den Lienzer Dolomiten. Auch die Seetaler Alpen mit dem Zirbitzkogel (Route 39) sind gut zu sehen. Zurück zum **Parkplatz** der **Weinebene** ❶ geht es dann denselben Weg.

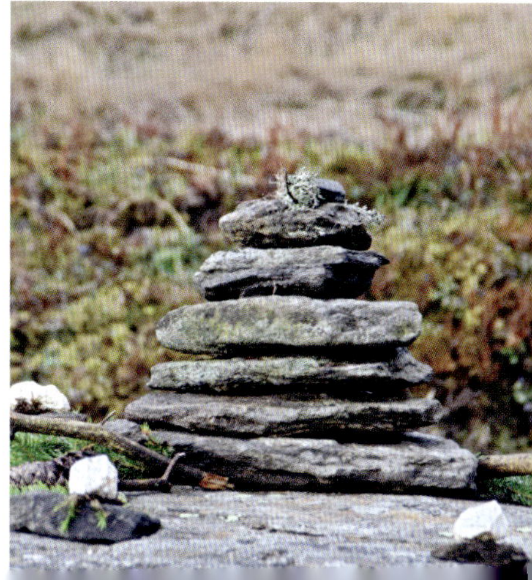

Steinmanderl zeigen an, dass man auf dem richtigen Weg ist.

Rappoldkogel, 1928 m

Es geht immer weiter nach droben

4.00 Std. | 11,3 km | ↗500 m | ↘500 m

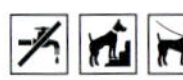
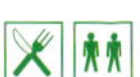

Im Frühjahr, Herbst und Winter, einfach schön!

So schön sieht er aus, der Rappoldkogel, wenn man vom Alten Almhaus rüber schaut! Auch nicht besonders anstrengend, ist der Eindruck. Der Rappoldkogel ist aber die höchste Erhebung der Stubalpe und es kann anstrengend werden, wenn man diesen 1928 Meter hohen Berg in den Lavanttaler Alpen unterschätzt. Eine Traumtour, die sowohl im Winter, im Frühling, als auch im Herbst Spaß macht – und ein wenig fordernd ist. In der Zeit von Mitte Mai bis Mitte September sind die Kühe weit verteilt auf den Wiesen anzutreffen.

Ausgangspunkt: A2 Südautobahn, Abfahrt Mooskirchen. Beim Kreisverkehr die dritte Ausfahrt Richtung Köflach und Maria Lankowitz nehmen. Direkt in Maria Lankowitz an der Kirche vorbei und der Beschilderung zum Alten Almhaus (ca. 15 km) folgen. Achtung, im Winter unbedingt Schneeketten einpacken! Die letzten 2 km besteht Schneekettenpflicht!
Öffentliche Verkehrsmittel: Mit dem Zug bis Köflach und von dort mit dem Regionalbus 726 bis zur Haltestelle »Gaberl Gaberlhaus«. Von dort sind es rund 4 km Fußmarsch bis zum Ausgangspunkt dieser Wanderung.
Anforderungen Mensch: Aufgrund der Länge sind Grundkondition und Ausdauer erforderlich. Speziell für den Abstieg ist Trittsicherheit unbedingt notwendig. Hier kann es sehr windig sein. Diese Tour ist auch im Winter mit Schneeschuhen empfehlenswert.
Anforderungen Hund: Eine faszinierende Wandertour für unsere Hunde. Es gibt nach rund 2 km (beim Zurückgehen bei km 9) einen Brunnen, bei dem unsere Hunde trinken können. Sonst sind die Hunde auf mitgenommenes Wasser angewiesen. Nach der Waldpassage ist man oberhalb der Baumgrenze und der Sonne stark ausgesetzt. Bis zum Gipfel einfach zu gehen, beim Abstieg sind jedoch einige Felsstufen zu meistern, bei der kleine Hunde unter Umständen ein wenig Unterstützung benötigen.
Beste Wanderzeit: Grundsätzlich ganzjährig, am schönsten ist es aber in der Zeit von Januar bis Mai und von September bis Dezember.
Weidevieh: In der Zeit von Mai bis September weiden entlang des Wanderweges viele Kühe. In dieser Zeit sind Hunde nicht erwünscht!
Einkehr: Altes Almhaus; Tel. +43 3147 212, www.altesalmhaus.at.
Karten: freytag & berndt WK 132 Gleinalpe – Lipizzanerheimat – Leoben – Voitsberg.

Wir starten unsere Tour vom **Alten Almhaus** ❶, 1649 m, aus und gehen die Forststraße/Wanderweg 505 Richtung Salzstiegel. Im Winter verläuft dort der Winterwanderweg bzw. die Langlaufloipe. Obwohl wir auf den Berg rauf wollen, geht es zuerst bergab. Anfangs durchqueren wir Weideflächen, wo im Sommer sehr viele Kühe grasen, danach kommt ein Waldstück. Am Ende des Waldstückes ist das »Gerti-Thörl«.❷ An dieser Kreuzung verlassen wir den Wanderweg 505 und gehen den Wanderweg 505B weiter. Langsam beginnt die Steigung auf den Rappoldkogel, und je weiter wir durch den Wald schreiten, desto steiler

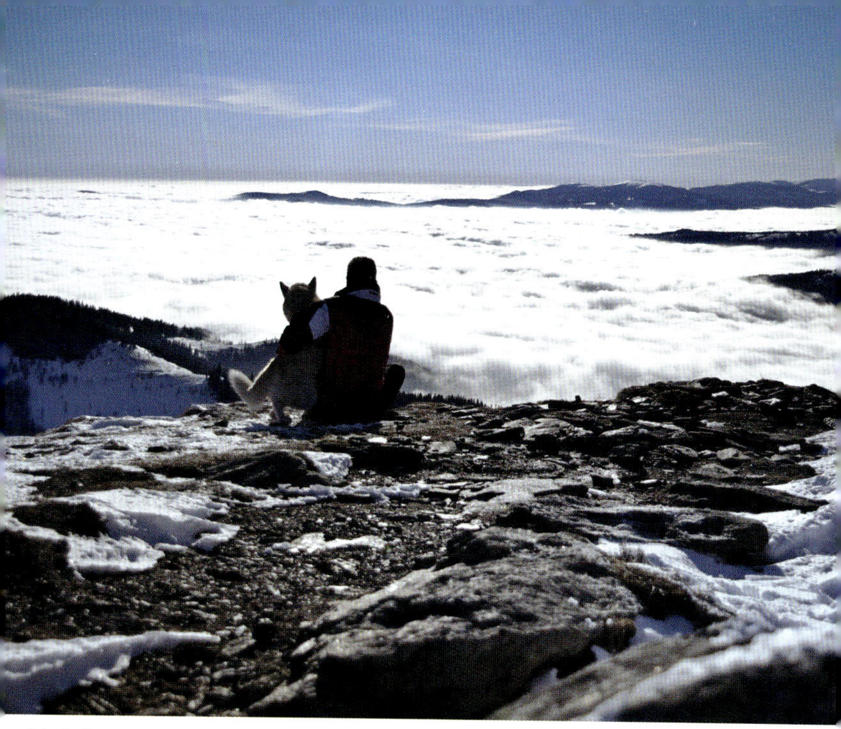

Die Ruhe am Rappoldkogel genießen.

wird es. Für die Hunde ist es ein schöner Naturpfad, der hier durch den Wald führt. An der Waldgrenze angekommen, erreichen wir einen kleinen Sattel. Wenn wir zurückschauen, haben wir schon einen tollen Ausblick. Es geht aber natürlich weiter nach oben. Ein markanter Felsen sticht ins Auge. Der Weg ist mit der rot-weiß-roten Kennzeichnung gut markiert. Bei viel Schnee, auf dem Weg nach oben, einfach auf der Mitte des Rückens halten. Wenn wir den Felsen erreicht haben, geht es aber nochmals ein Stück weiter nach oben, bis wir auf dem Gipfel des **Rappoldkogels** ❸ auf 1928 m Höhe stehen. Ein traumhafter Ausblick erwartet uns. Gipfelwürstel oder Gipfelkeks für die Hunde verstehen sich von selbst. Im Winter wird empfohlen, denselben Weg wieder zurückzugehen. Im Frühjahr und Herbst bietet sich jedoch eine Rundwanderung an. Dann geht es den Weg hinunter Richtung Salzstiegelhütte. Eine Tafel gibt uns den Hinweis »nur für geübte Wanderer«. Trittsicherheit ist erforderlich und manchmal sind es höhere Stufen, die aber große bis mittelgroße Hunde gut meistern können. Kleine Hunde werden hier

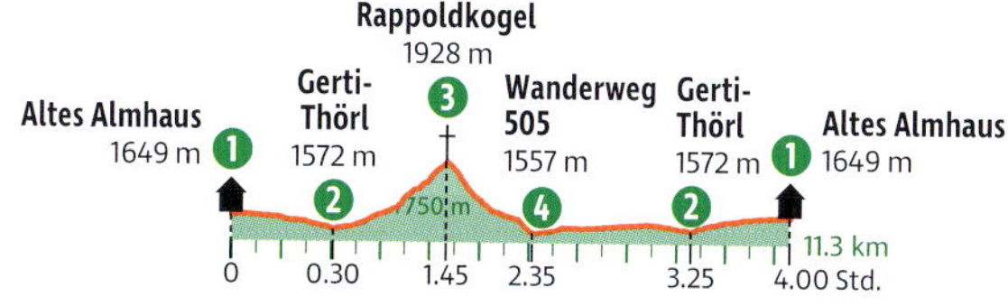

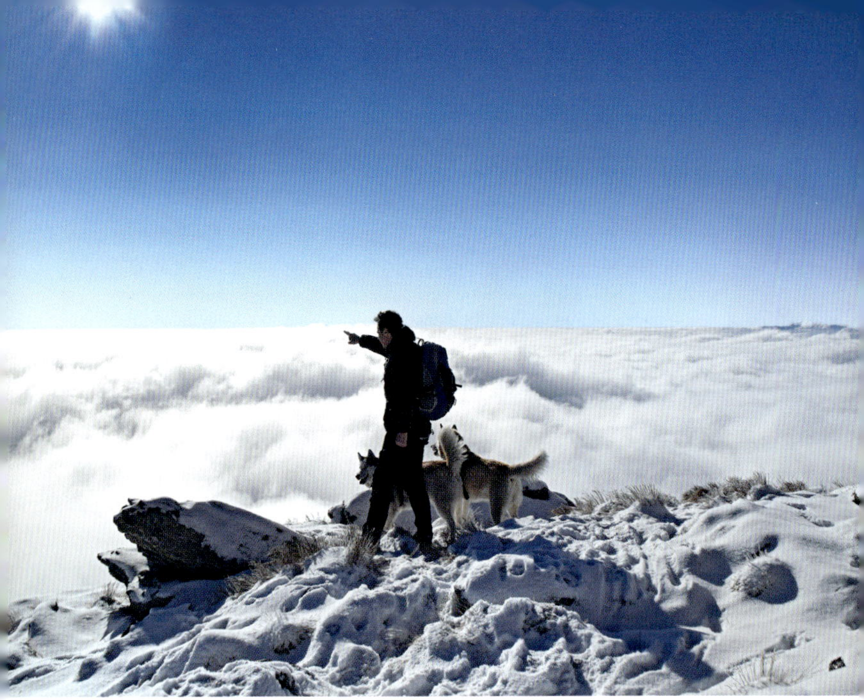

Einzigartige Ausblicke auf dem Weg nach oben.

ein wenig Unterstützung benötigen. Der Weg mündet dann wieder in den **Wanderweg 505** ❹ und es geht ca. 1½ Stunden die Forststraße zurück zum **Alten Almhaus** ❶. Im Winter ist diese Forststraße die Langlaufloipe bzw. der Winterwanderweg.

Der Parkplatz beim »Alten Almhaus« ist kostenlos. Nach dieser Wanderung wird es gerne gesehen, als kleines Dankeschön ins »Alte Almhaus« einzukehren. Unsere Hunde sind dort willkommen und haben sich natürlich auch eine Stärkung verdient.

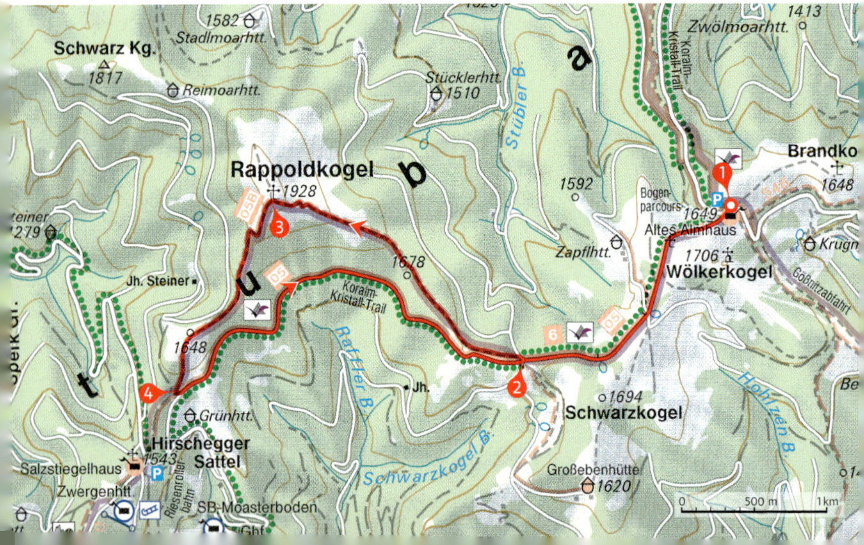

Brandkogel, 1648 m

Auf den Spuren der Lipizzaner

40

2.30 Std. | 7,9 km | ↗180 m | ↘180 m

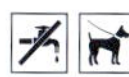
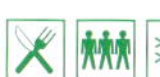
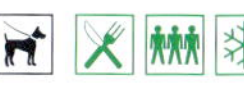

Klein, fein und schön vom Gaberl auf den Brandkogel

Am Gaberl (1547 m) befindet sich eines der letzten Skigebiete der Weststeiermark. Eine Passstraße verbindet Köflach im Süden und Großfeistritz im Norden. Genau auf der Passhöhe befindet sich das Gaberl, das der Ausgangspunkt dieser Wanderung ist. Diese Wandertour ist sehr angenehm zu gehen und wird mit einem Gipfel belohnt. Außerdem liegen auf dieser Strecke das Alte Almhaus, der Kasladen oder das Gaberlhaus, die zu einer geselligen Pause einladen. Alle drei sind hundefreundlich! Diese Tour ist auch im Winter mit Schneeschuhen oder bei wenig Schnee mit Grödeln gut zu gehen.

Ausgangspunkt: A2 Südautobahn, Abfahrt Mooskirchen. Danach Richtung Köflach, Maria Lankowitz, Krenhof, Salla die Gaberlstraße bis zur Passhöhe fahren. Auf der Passhöhe befindet sich ein großer Parkplatz. Adresse: Gaberl 1, 8592 Salla.

Öffentliche Verkehrsmittel: Mit dem Zug nach Köflach und von dort mit dem Regionalbus 726 bis zur Haltestelle »Gaberl Gaberlhaus«.

Anforderungen Mensch: Keine besonderen Anforderungen.

Anforderungen Hund: Eine Tour, bei der auch an die Hunde keine besonderen Anforderungen gestellt werden. Eine Ausnahme sind lediglich die letzten Meter zum Gipfel. Hier sind einige Felsstufen zu meistern, die die Hunde aber aufgrund der Breite leicht umgehen können.

Beste Wanderzeit: Ganzjährig.

Weidevieh: Um Kühe brauchen wir uns bei dieser Wanderung keine Sorgen zu machen. Aber vom Alten Almhaus auf den Brandkogel sind von Juni bis September Hunde auf der Lipizzanerwiese verboten!

Einkehr: Altes Almhaus; Tel. +43 3147 212, www.altesalmhaus.at; Gaberlhaus, Tel. +43 3147 243, www.gaberl.at. Der Kasladen ist nur in den Sommermonaten geöffnet.

Karten: freytag & berndt WK 132 Gleinalpe – Lipizzanerheimat – Leoben – Voitsberg.

Blick vom Gaberl ins Murtal.

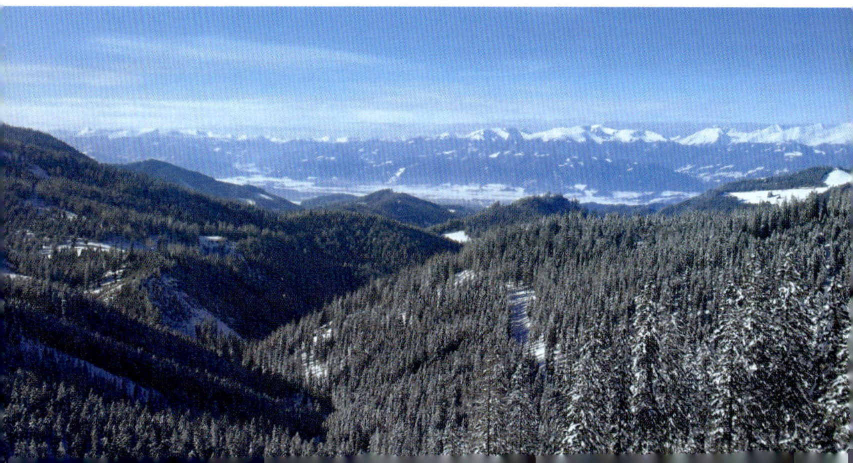

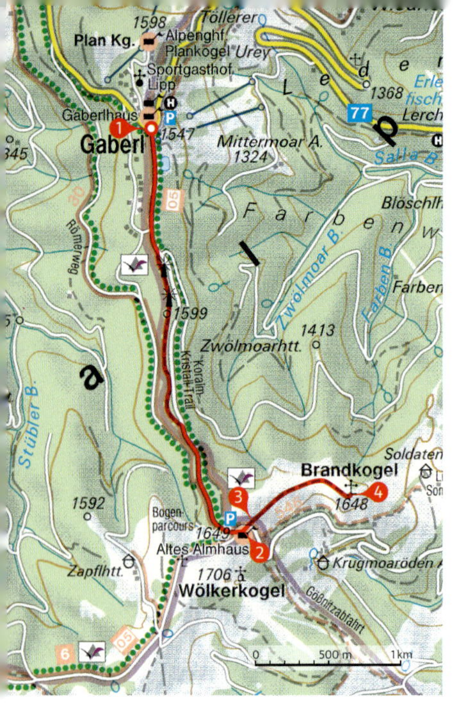

Diese einfache Route beginnt am **Parkplatz** des **Gaberl** ❶, 1547 m, und von dort geht es den markierten Wanderweg bis zum Alten Almhaus. Der Wanderweg führt die meiste Zeit durch den schattigen Wald und verläuft parallel zur Forststraße. Diese Wanderung zeichnet sich durch ihren geringen Höhenunterschied aus. Egal, ob kleine oder große Hunde, sie haben viel Spaß und jede Menge zu erschnüffeln. Der Weg führt auch an fünf beeindruckenden Windrädern vorbei. Beim **Alten Almhaus** ❷ angekommen, kann man schon das Gipfelkreuz des Brandkogels sehen. Am **Kasladen** ❸ vorbei gelangt man jetzt zur Wiese, auf der die Lipizzaner ihren Sommerurlaub verbringen. Seit dem Jahr 2021 sind Hunde auf dieser Wiese leider nicht mehr erlaubt. Eine widersprüchliche Tafel

Spaß im Schnee, dahinter das Gipfelkreuz des Brandkogels.

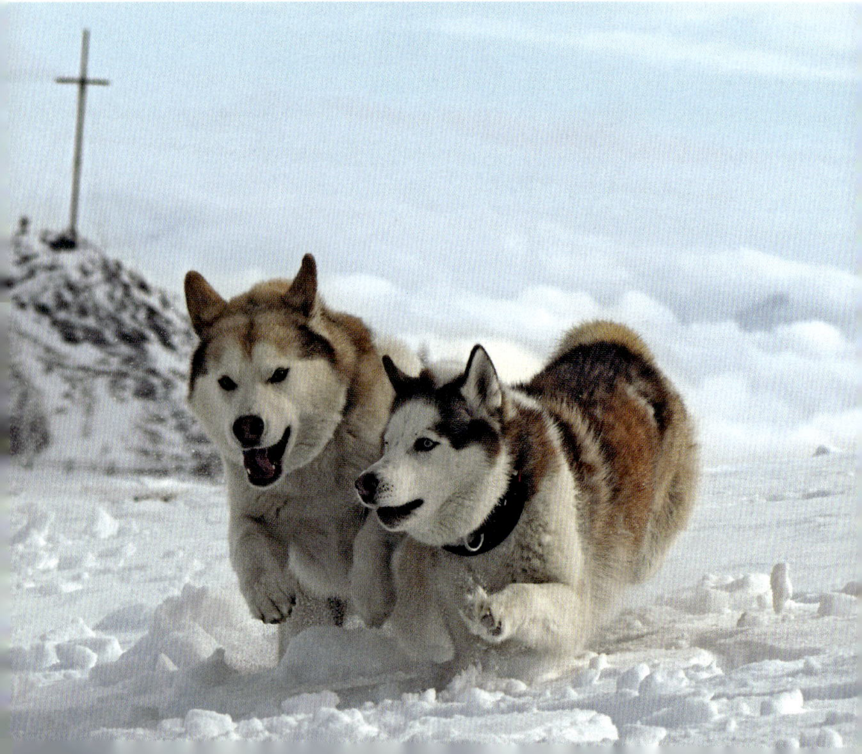

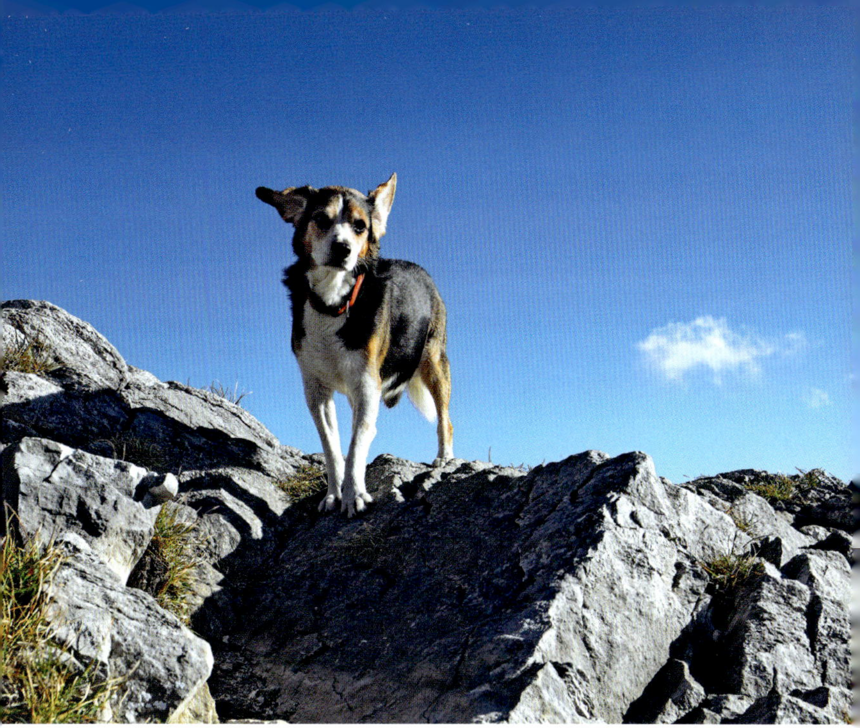

Manchmal kann es ziemlich windig sein – Segelohren zeigen das an.

befindet sich jedoch am Beginn der Lipizzanerwiese. Eine Tafel sagt aus »Hunde verboten« und die Tafel darunter »Hunde an die Leine« Der Grund für die Einschränkung waren wieder einmal unachtsame Hundebesitzer, die ihre Hunde auf der Wiese bei den Pferden frei laufen ließen. Die Pferde kreisten einen Hund ein und wollten ihn zertrampeln. Nur mit Peitschenhieben der Pfleger konnten die Pferde dazu gebracht werden, vom Hund abzulassen. Daher gibt es hier, für diese Wanderung eine zeitliche Begrenzung (Januar bis Mai und September bis Dezember). In diesen Monaten befinden sich die Pferde nicht auf der Weide. Diese Wanderung ist auch für kleine Hunde sehr gut geeignet, da es keine besonders steilen Anstiege gibt. Auf der Wiese geht man am Sattel entlang und steigt dann auf bis zum 1648 m hohen Gipfelkreuz des **Brandkogels** ❹. Die wenigen Höhenmeter zum Gipfel sind etwas steiler und felsiger, aber grundsätzlich für alle Hunde machbar. Wichtig ist aber, genügend Wasser mitzunehmen, da es keine Quelle entlang des Weges gibt. Zurück geht es wieder denselben Weg.

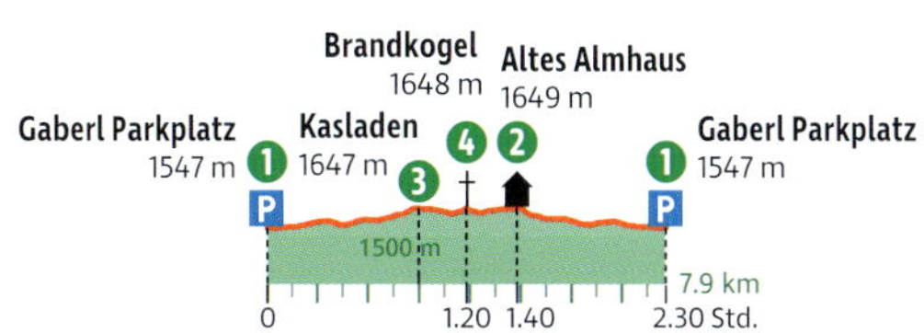

41

Terenbachalm, 1752 m

Von der Steiermark bis fast nach Rio

4.00 Std. | 11,7 km | ↗ 410 m | ↘ 410 m

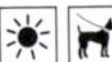 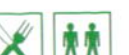

Auf einer Wanderung so viel erleben

Ein Hauch von Rio de Janeiro liegt über dieser Wanderung in der Weststeiermark. Eine einzigartige Tour die so viel bietet, schattige Wälder, sanfte Hügel, genügend Wasser, Gipfelkreuz, Statue, Marterl, zwei Hütten und jede Menge traumhafter Ausblicke auf die Umgebung. Diese Wanderung ist so abwechslungsreich und kann einen so richtig begeistern.

Ausgangspunkt: Zuerst Richtung Köflach/Gaberl, dann bei Krenhof abzweigen, weiter Richtung Graden. Von dort der Beschilderung bergauf zum Sattelhaus bzw. Oskar-Schauer-Haus folgen. Die letzten vier Kilometer sind eine Schotterstraße; Adresse: Scherzberg 27, 8592 Salla.

Öffentliche Verkehrsmittel: Der Ausgangspunkt (Oskar-Schauer-Haus/Sattelhaus) ist mit öffentlichen Verkehrsmitteln nicht erreichbar.

Anforderungen Mensch: Keine besonderen. Sehr schöne Forststraßen, Wiesenwege und Naturpfade.

Anforderungen Hund: Eine perfekte leichte Hundetour (siehe aber Weidevieh), denn es gibt Schatten, mehrere Trinkmöglichkeiten und weite Wiesen.

Beste Wanderzeit: Am schönsten in der Zeit von April bis Mai und von September bis November.

Weidevieh: Um die Terenbachhütte, Zeißmannhütte und Terenbachalm erstrecken sich große Weideflächen. Ein Durchwandern von Weideflächen ist daher unumgänglich!

Einkehr: Oskar-Schauer-Haus/Sattelhaus; Tel. +43 3144 80019, www.oskar-schauer-haus-sattelhaus.naturfreunde.at. Zeißmannhütte (im Sommer).

Varianten: Vom Oskar-Schauer-Haus/Sattelhaus direkt zur Christusstatue (45 Min.) und dann im Uhrzeigersinn über die Terenbachalm zurück oder vom Oskar-Schauer-Haus/Sattelhaus über das Stierkreuz zur Christusstatue und wieder zurück – ist dann eine kleine Runde (1.50 Std, 5,2 km).

Karten: freytag & berndt WK 132 Gleinalpe – Lipizzanerheimat – Leoben – Voitsberg.

Attacke Richtung Christusstatue!

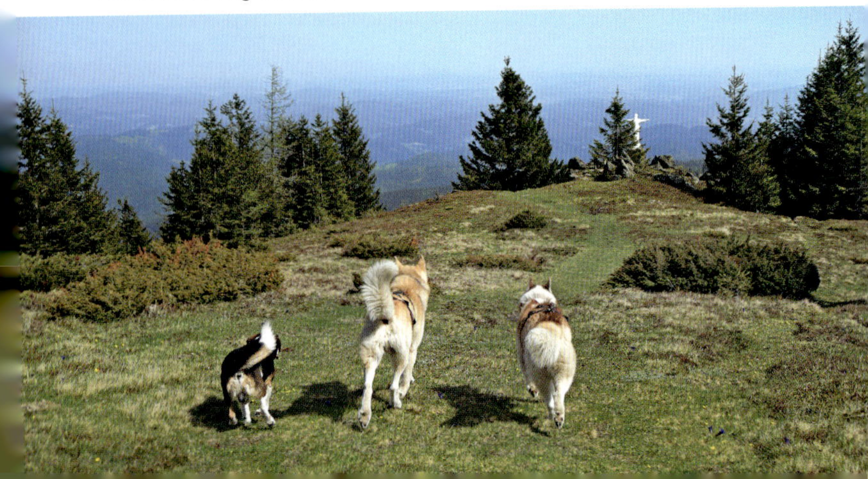

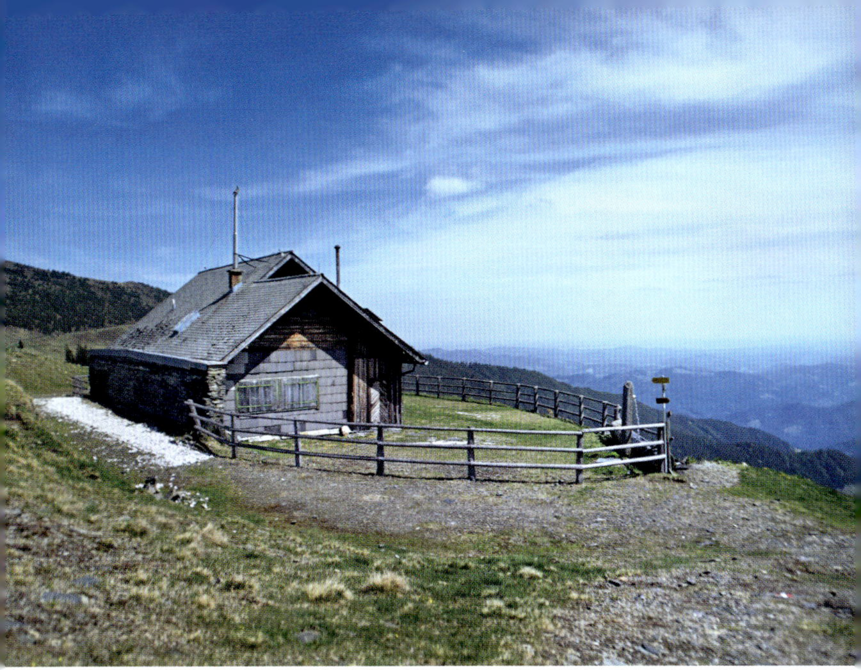

Blick von der Zeißmannhütte in die Weststeiermark.

Gestartet wird beim **Oskar-Schauer-Haus/Sattelhaus** ❶, 1409 m. Diese Runde gehen wir entgegen dem Uhrzeigersinn. Vom Oskar-Schauer-Haus/Sattelhaus folgen wir der leicht steigenden Forststraße (Gleinalmhütte 505). Die Straße führt durch einen Wald, der für Hunde genügend Schatten bietet. Auch zwei Wasserstellen sind auf dieser Strecke. Nach rund 3 km öffnet sich der Wald und wir spazieren an der **Terenbachhütte** ❷ vorbei. Jetzt durchwandern wir eine große Weidefläche, was in den Sommermonaten eine Herausforderung sein kann. Der Weg steigt an, wird langsam steiler und dann erreichen wir die **Zeißmannhütte** ❸. Vor der Hütte ist ein großer Brunnen, der Zwei- und Vierbeiner zum Trinken einlädt. Bei dem Ausblick lohnt es sich, hier eine Pause zu machen! Diese Hütte ist in den Sommermonaten bewirtschaftet. Wir müssen uns jetzt aber links halten und steigen weiter bergauf Richtung Gipfelkreuz des Terenbachkogel. Nach einer Weile bergauf führt der Weg über einen weichen Teppich aus Gämsheide. Sanft hügelig geht es auf den Bergkamm zum Gipfelkreuz des **Terenbachkogel** ❹, 1752 m, der einen tollen Panoramablick bereithält! Nach dem Gipfel geht es zuerst

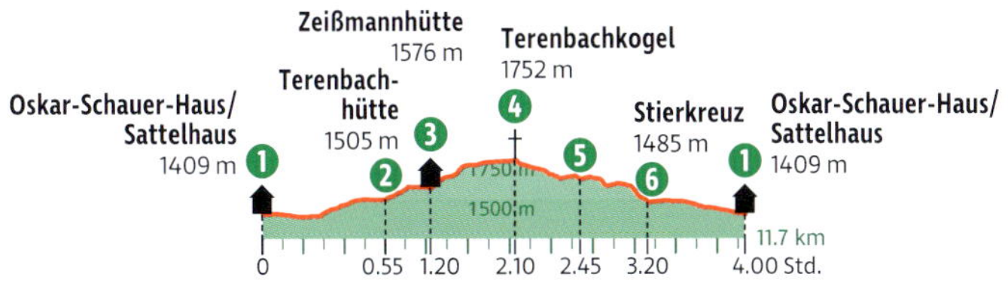

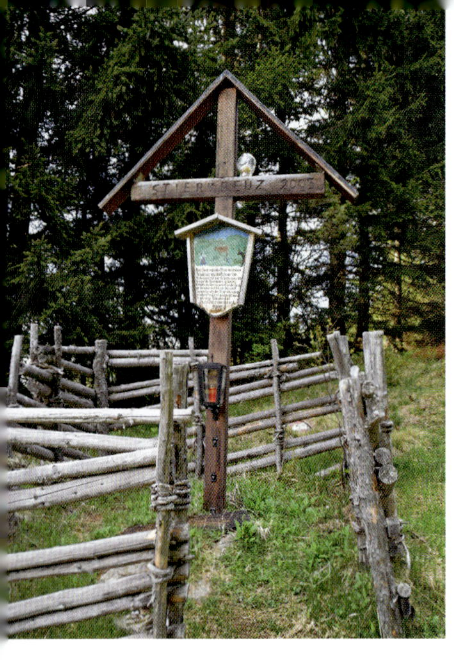

Liinks: Das Stierkreuz Marterl als Erinnerung an einen tödlichen Unfall. Rechts: Die weiße Christusstatue in den Bergen.

leicht bergab und danach eine Bergkuppe bergauf. Oben auf der Kuppe stoßen wir auf das Hinweisschild »Christusstatue« . Rund 100 m links vom Weg ist es soweit und man kann einen Hauch Rio de Janeiro in der Weststeiermark fühlen. Diese **Christusstatue ❺** wacht sanft über die Terenbachalm. Von hier aus könnte man auch die Abkürzung runter zum Ausgangspunkt nehmen.

Diese Tour führt aber wieder zurück auf dem Wanderweg und durch den schattigen Wald zum **Stierkreuz ❻**, 1485 m. Das Stierkreuz ist ein Marterl zur Erinnerung an einen tödlichen Unfall. Ein Stier hat an dieser Stelle im Jahr 1828 einen Bauern zu Tode geschleift. Weiter geht es links, an den gut markierten Weg (Nr. 523/505) durch den Wald, vorbei am Quellgebiet des Katzbaches und wieder zurück zum Ausgangspunkt, dem **Oskar-Schauer-Haus/Sattelhaus ❶**.

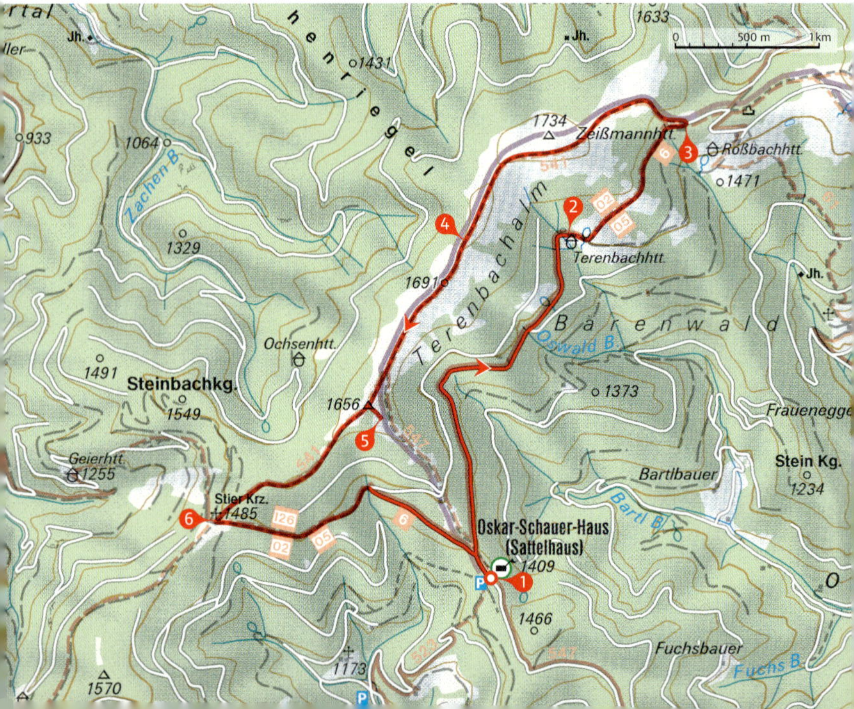

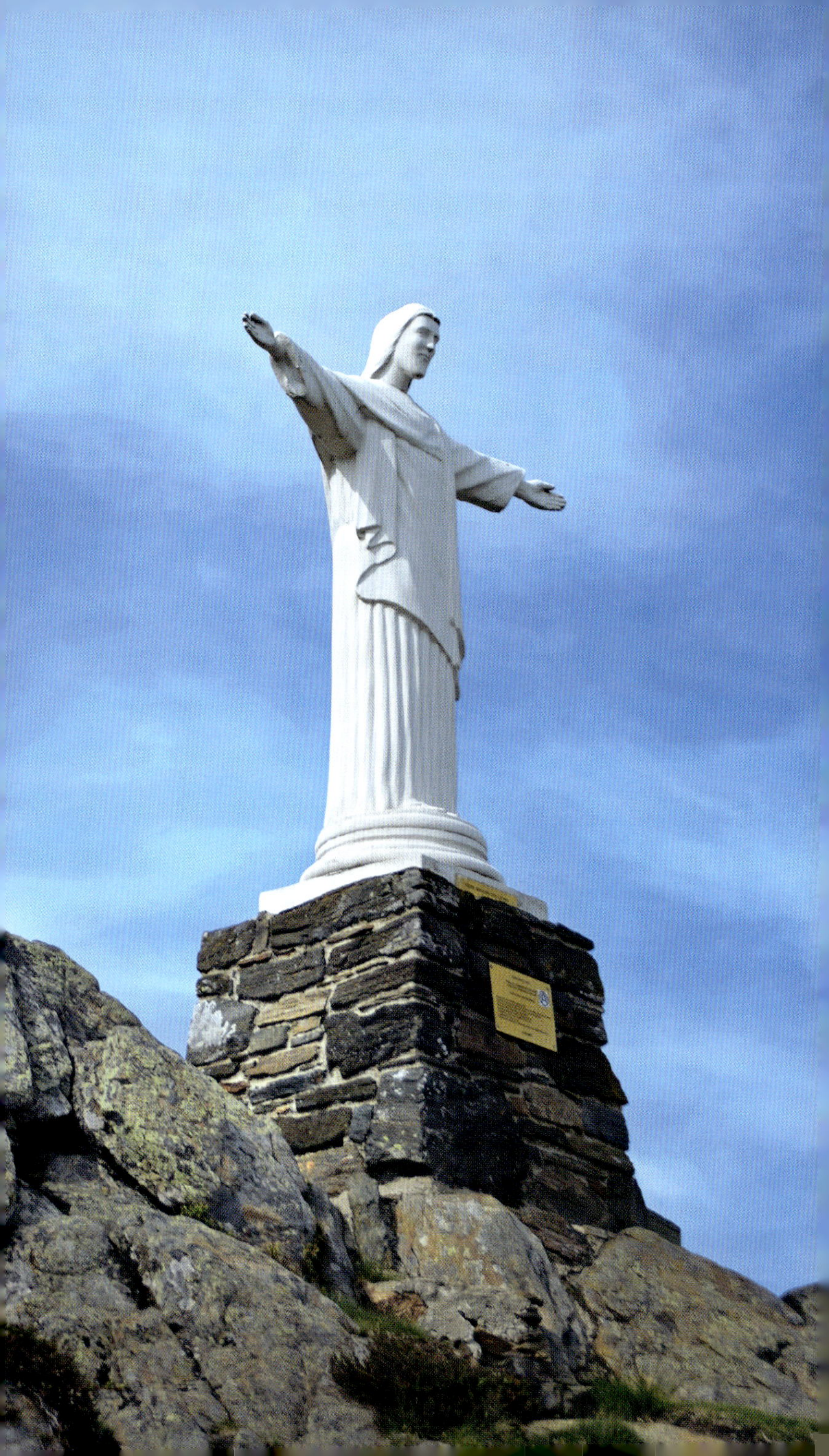

42

Gleinalm – Speikkogel, 1988 m

Gar nicht klein, die Gleinalm

6.30 Std. | 16,4 km | ↗1140 m | ↘1140 m

Zum Gleinalm-Schutzhaus – ohne Kühe vom Parkplatz Hoyer

Wer die Gleinalm, das Gleinalm-Schutzhaus, die Kirche Maria Schnee und den Speikkogel erwandern möchte, hat mehrere Möglichkeiten. Das Gleinalm-Schutzhaus liegt auf 1586 m Höhe und blickt auf eine weitreichende Geschichte zurück. So war der Keller in der Römerzeit ein Salz- und Weinlager. In der jüngeren Vergangenheit nutzten Händler den Weg über die Alm. Aktuell treffen sich hier zwei Weitwanderwege! Die Gleinalm liegt auch am »Mariazeller Weg« und am »Steirischen Jakobsweg«. In der in unmittelbarer Nähe gelegenen Kirche »Maria Schnee« finden fünf Mal im Jahr Messen statt. An diesen Tagen ist auch die Schranke an der Forststraße geöffnet.

Für die warmen Sommermonate eine der wenigen Touren, um kuhfrei auf eine Schutzhütte zu gelangen. Der plätschernde Bach entlang des Weges und der dichte Wald sind eine perfekte Aircondition und machen diese Tour für Mensch und Tier zu einem Erlebnis. In den Übergangsmonaten kann es an den schattigen Stellen sehr rutschig und sogar eisig sein. (Grödel einpacken). Diese Tour ist auch im Winter mit Schneeschuhen ein Erlebnis.

Die Namensgleichheiten können leicht Verwirrung stiften: denn einen Speikkogel gibt es auch südlicher bei der Tour 38 und Maria Schnee heißt auch eine Kirche bei der Tour 17.

Die Kirche Maria Schnee und das Gleinalm Schutzhaus.

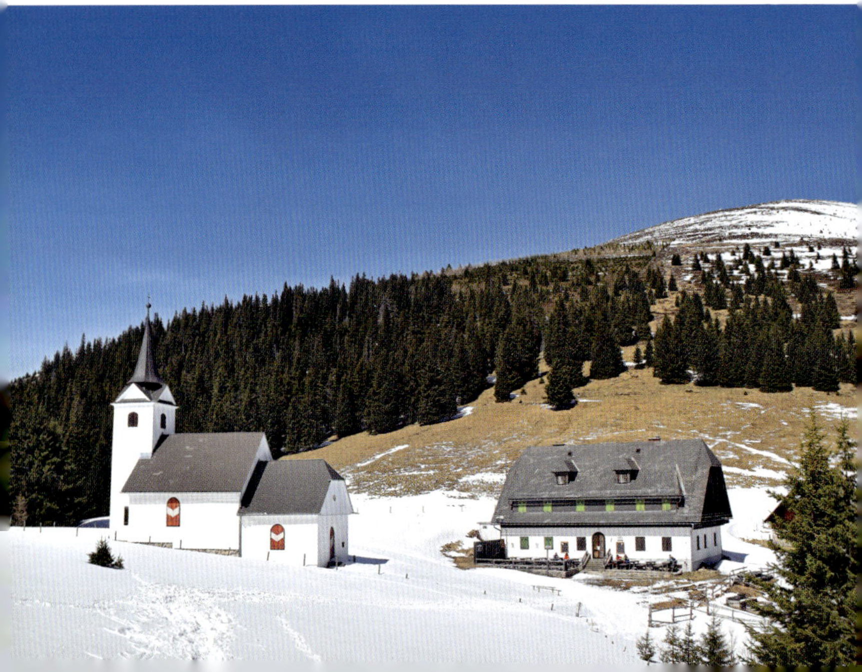

Ausgangspunkt: Auf der A9 bis Übelbach, dann durch Übelbach, Neuhof und der Beschilderung »Gleinalm-Schutzhaus«, »Gasthaus Höller«, »Parkplatz Hoyer« folgen. Der letzte Kilometer ist auf einer Schotterstraße zurückzulegen, ehe man die Schranke bzw. den Parkplatz Hoyer erreicht. Adresse: Neuhof 78, 8124 Neuhof.
Öffentliche Verkehrsmittel: Mit dem Zug bis Peggau/Deutschfeistritz – umsteigen und den Zug (S11) bis Übelbach nehmen. In Übelbach abermals umsteigen und mit dem Regionalbus 152 weiter bis Neuhof, Haltestelle Gasthof Wallner. Vom Gasthof Wallner bis zum Ausganspunkt dieser Tour sind es noch 2 km (rund 30 Min.).
Anforderungen Mensch: Für den »alten Almweg« zum Gleinalm-Schutzhaus benötigt man Trittsicherheit, da es sich um einen ausgetretenen Naturpfad handelt. Im oberen Bereich ist ein Bach (rund 2 m breit ohne Brücke) zu durchqueren. Es kann in der kalten Jahreszeit sehr eisig sein. Vom Gleinalm-Schutzhaus zum Gipfel ist lediglich ein wenig Kondition notwendig.
Anforderungen Hund: Aufgrund der Höhenmeter und Länge ist Wandererfahrung für die Hunde durchaus von Vorteil. Auf dem »alten Almweg« ist einmal ein kleiner Bach ohne Brücke zu durchqueren. Bis zum Gleinalm-Schutzhaus eine ganzjährige, perfekte Hundetour.
Beste Wanderzeit: Ganzjährig. (Am schönsten von Januar bis Mai und von September bis Dezember.)
Weidevieh: Vom Ausgangspunkt bis zum Gleinalm-Schutzhaus gibt es keine Weideflächen, aber ab dem Gleinalm-Schutzhaus bis zum Gipfel ist mit Kühen zu rechnen.
Einkehr: Gleinalm-Schutzhaus; Tel. +43 680 1436773, www.gleinalm-schutzhaus.com.
Karten: freytag & berndt WK 132 Gleinalpe – Lipizzanerheimat – Leoben – Voitsberg.

Diese Route ist orientierungsmäßig einfach und für Hundeliebhaber einfach genial, denn wir gehen vom **Parkplatz Hoyer ❶** den Wanderweg 524 sofort in den Wald und folgen der Forststraße. Parallel zur Forststraße fließt der Übelbach, in dem die Hunde sich abkühlen und trinken können. Entlang der Forststraße gibt es viele Abzweigungen, aber nie abbiegen, und immer auf der »normalen« Forststraße mit der rot-weiß-roten Markierung bleiben. Rund zwei Drittel der Strecke verlaufen auf dieser Straße, ehe die **Abzweigung »Alter Almweg« ❷** folgt. Von hier aus dauert es noch ca. eine Dreiviertelstunde, bis man das Gleinalm-Schutzhaus erreicht. Der Weg wird jetzt etwas steiler. Eine kleine Schwierigkeit erwartet einen beim Überqueren eines Baches. Hier kann es, je nach Jahreszeit, ziemlich eisig und rutschig sein. Es folgt eine gerodete Fläche, ehe man wieder die Forststraße quert und es ein weiteres Stück durch den Wald geht. So erreicht man, ohne Kühen

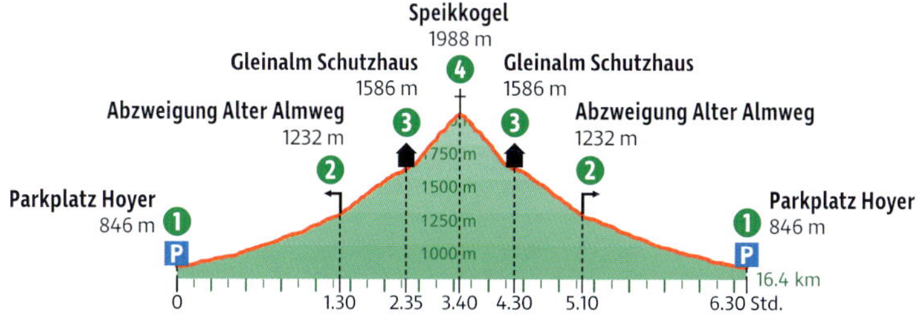

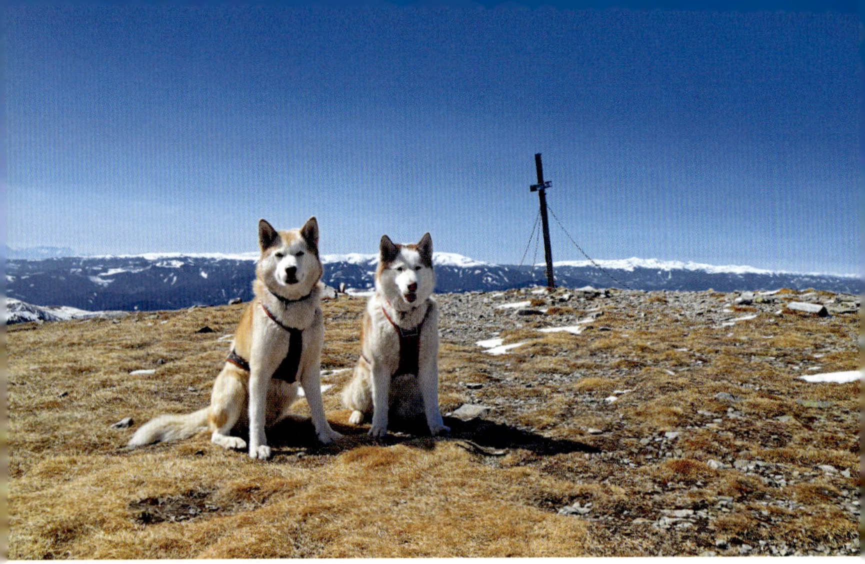

Ein kleines Plateau am Gipfel des Speikkogel.

zu begegnen, das **Gleinalm-Schutzhaus** ❸ und die daneben stehende **Wallfahrtskirche Maria Schnee**. Diese Wanderung ist auch im Winter mit Schneeschuhen möglich und sehr empfehlenswert! Wer das Gleinalm-Schutzhaus erreicht hat und einen Gipfel besteigen möchte, hat jetzt die Möglichkeit, den Speikkogel zu erklimmen. Auf dem Weg zum Gipfel weiden in der Zeit von ca. Mitte Mai bis Mitte September Kühe! Ein Ausweichen ist nur sehr schwer möglich. Aus der Entfernung sieht der Speikkogel sehr sanft aus, und der Weg ist ein angenehmer Natur-Wiesenweg. Diese 402 Höhenmeter und 1,4 Kilometer haben es aber ganz schön in sich, wenn man vom Parkplatz Hoyer, zum Gipfel, ohne Rast, durchgeht! Dann können diese 50 Min. sehr anstrengend sein. Es ist aber auf alle Fälle ein lohnendes Ziel, denn die Aussicht vom Gipfel des **Speikkogel** ❹, 1988 m, auf das umliegende Bergland ist einfach grandios! Der Gipfelsnack gehört auch einfach dazu. Zurück geht es wieder über das **Gleinalm-Schutzhaus** ❸ denselben Weg bis zum Ausgangspunkt am **Parkplatz Hoyer** ❶.

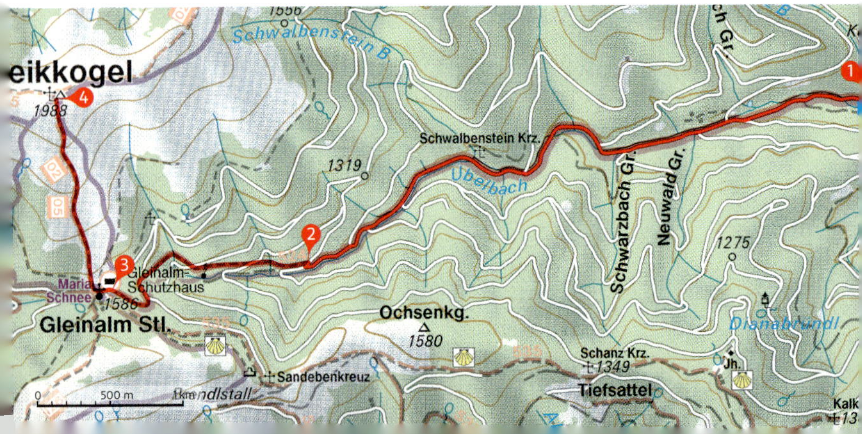

Zirbitzkogel, 2396 m, und Kreiskogel

Im Sommer wie im Winter einfach schön

43

4.30 Std. | 12,3 km | ↗ 820 m | ↘ 820 m

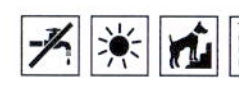 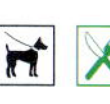 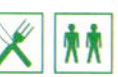

Zwei Gipfel und zwei Seen

Er ist der König der Seetaler Alpen und ein Wanderklassiker, der 2396 Meter hohe Zirbitzkogel. Um ihn zu besteigen, gibt es mehrere Varianten. In den schneefreien Monaten ist der Aufstieg von der Winterleitenhütte sehr zu empfehlen. Die fantastischen Winterleitenseen erinnern an die kanadische Wildnis und diese Wanderung lässt sich über den Kreiskogel auch optimal als Rundwanderweg gestalten. Diese Runde mit Hund zu erleben, ist einfach nur schön. Durch die kleine »Kletterei« auf den Kreiskogel wird diese Tour aber zu einer »schwierigen« Wanderung. Das tolle Panorama, sowohl vom Zirbitzkogel, als auch vom Kreiskogel, entschädigt jegliche Anstrengung.

Ausgangspunkt: Bis Judenburg, danach über den Truppenübungsplatz Seetaleralpe, Richtung Schmelz und der Beschilderung »Winterleitenhütte« folgen. Adresse: Winterleitenhütte, Ossach 45, 8750 Judenburg.
Öffentliche Verkehrsmittel: Mit dem Zug bis zum Bahnhof Judenburg. Danach mit dem Taxi (17,7 km, ½ Std.) zum Ausgangspunkt der Wanderung.
Anforderungen Mensch: Trittsicherheit, Kondition und Ausdauer sind die Voraussetzungen für diese Tour.
Anforderungen Hund: Da man sich hier über der Baumgrenze befindet, ist man der prallen Sonne ausgesetzt und sollte die Wanderung mit seinen Hunden sehr früh beginnen. Nach dem Ochsenboden ❷ gibt es keine Quellen mehr, daher unbedingt genügend Wasser für Mensch und Hund mitnehmen! Auf den Kreiskogel kommt es zu einer felsigen Engstelle, bei der es hohe Felsstufen zu überwinden gibt. Kleine Hunde werden bei diesem Teilstück wahrscheinlich Unterstützung benötigen.
Beste Wanderzeit: Mai – Oktober.
Weidevieh: Das Gebiet um die Seen herum wird in den Sommermonaten auch von Weidetieren genutzt. Die Kühe weiden von Mitte Mai bis Mitte September rund um die Winterleitenhütte und den Ochsenboden!
Einkehr: Winterleitenhütte; Tel. +43 3578 8210, www.winterleiten.com, Zirbitzkogelhaus; Tel. +43 3578 8205.
Variante: Für alle, die nur kurz Alpenluft schnuppern und sich und ihren Hund nicht zu sehr anstrengen möchten. Die Runde beginnt am Parkplatz der Winterleitenhütte und geht hinter der auf 1782 m gelegenen Winterleitenhütte über die Brücke den »Eisenwurzenwanderweg« (Nr. 08/315) hinauf Richtung Großer Winterleitensee. Man wandert hier entlang eines Baches auf einen Naturpfad, der auch für sehr kleine Hunde keine Herausforderung darstellt. Oben angekommen, geht es dann links zum Großen Winterleitensee. Hier kann man die Sonne genießen und verweilen, ehe es über einen steinigeren, aber auch für kleine Hunde geeigneten Weg, wieder nach unten geht. Man kommt dann wieder zum Kleinen Winterleitensee. Bänke um den See und natürlich die Winterleitenhütte laden zur Rast ein. Danach geht es wieder zurück zum Parkplatz. Rund um den See grasen in den Sommermonaten Kühe, die für Hundebesitzer eine Herausforderung darstellen können. Gehzeit: 1.00 Std., Höhenunterschied: 100 m, Distanz: 2,4 km.
Karten: freytag & berndt WK 212 Seetaler Alpen - Seckauer Alpen - Judenburg - Knittelfeld.

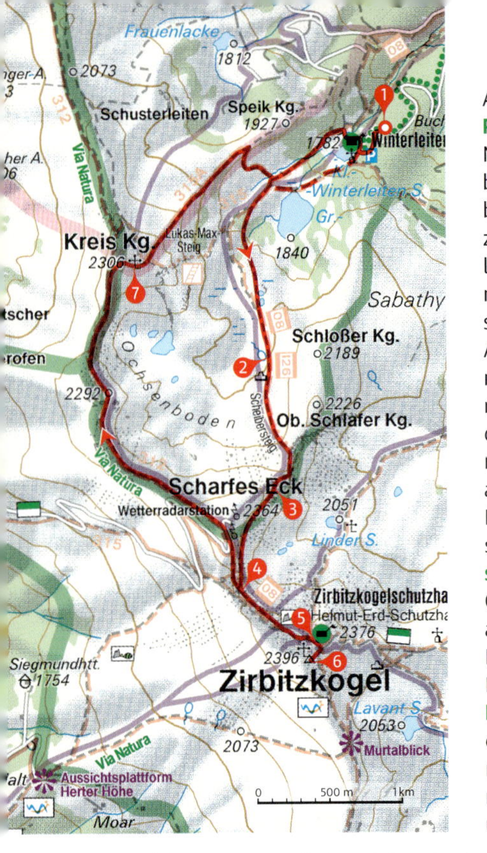

Ausgangspunkt für diese Tour ist der **Parkplatz der Winterleitenhütte ❶**. Man geht die Schotterstraße hinauf bis zu den Winterleitenseen. Leicht bergauf geht der Weg 08/315 bis zum **Ochsenboden ❷**. Hier ist die letzte Quelle vor dem Aufstieg! Danach gibt es kein Wasser mehr, daher sollte man hier die Vorräte auffüllen. Ab hier geht es serpentinenmäßig nach oben. Für so manchen Wanderer mag es jetzt anstrengend werden, aber bergerfahrene Hunde können hier beweisen. Wenn man oben ankommt, hat man schon den ersten Blick auf den Zirbitzkogel. Der sehr schöne alpine Weg, der **Schreibersteig ❸**, führt entlang des Hanges. Oberhalb befindet sich eine Sendeanlage und unterhalb sieht man das Lindertal mit dem Lindersee. Am Ende des Steiges erreicht man den **Mühlner Sattel ❹**, 2340 m. Dann einfach sich links halten, es folgt noch ein kurzer Anstieg, dann erreicht man das **Zirbitzkogelhaus ❺** und rechts oben ist das Gipfelkreuz

Der felsige Anstieg nach dem Ochsenboden.

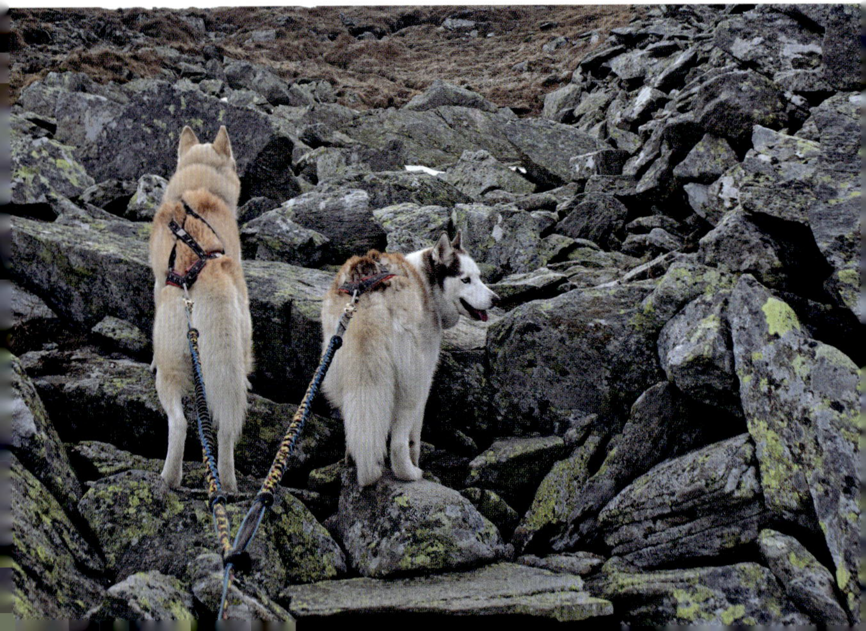

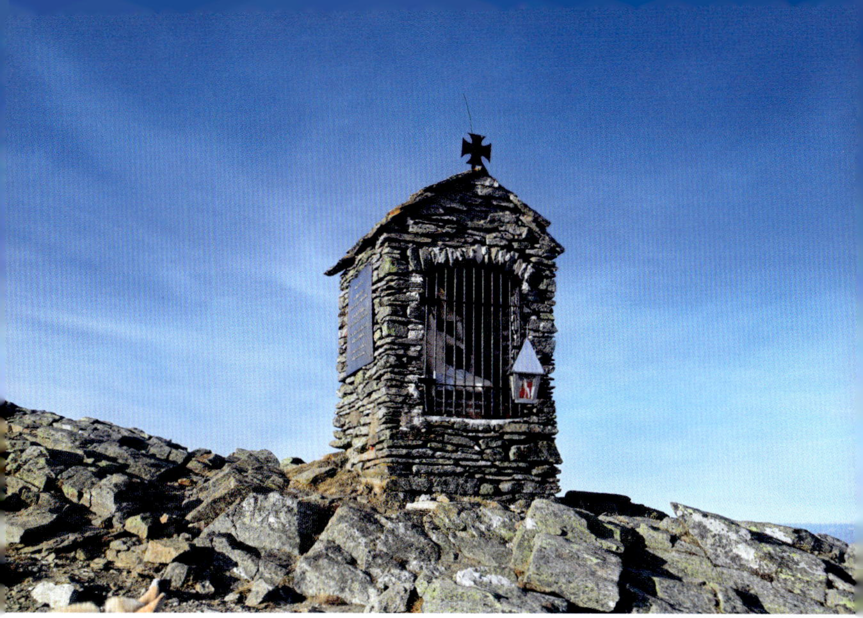

Kurz vor dem Gipfelkreuz steht eine Kapelle zum Gedenken an die Weltkriegsopfer.

des **Zirbitzkogel** ❻, 2396. Ein traumhaftes Panorama erwartet einen hier. Nach dem Gipfelwürstel geht es wieder ein kleines Stück denselben Weg zurück, aber nur bis zum **Mühlner Sattel** ❹ bzw. zur Wegmarkierung »Scharfes Eck – Kreiskogel« Weg 312. Jetzt links den Weg 312 nehmen, um zum zweiten Gipfel, dem Kreiskogel zu gelangen. Es geht einen sehr schönen Wanderweg am Bergrücken entlang und bald sieht man den Kreiskogel schon vor sich. Die Herausforderung an das Mensch/Hund-Team sind die letzten 100 m unter dem Gipfel: große Felsen, wo Sprünge unvermeidlich sind, führen nach oben. Aufgrund der Enge heißt es bei Gegenverkehr zu warten. Oben am Kreiskogel ❼, 2306 m, angekommen, entschädigt das Panorama wieder mal für alle Anstrengungen. Der Weg nach unten ist gut markiert, er ist von oben auch leicht zu erkennen, und das Ziel, die Winterleitenhütte, ist bei guter Sicht auch immer sichtbar. Auf dieser Tour wandert man auch entlang eines militärischen Sperrgebietes. Daher sind hier die Warnhinweise stets zu beachten! Erst unten am Winterleitensee angekommen, gibt es wieder frisches Wasser. Von den Seen gehts weiter zur **Winterleitenhütte** und danach wieder zum Ausgangspunkt, dem **Parkplatz** ❶

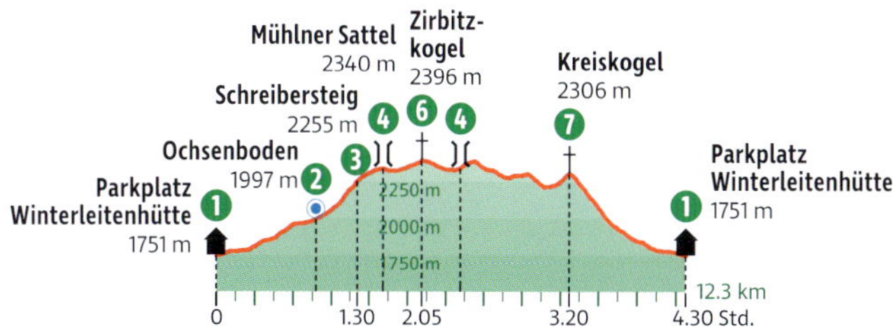

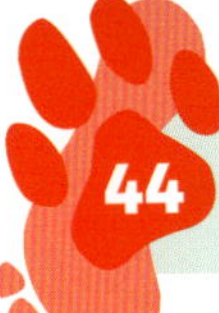

Sabathyhütte – Zirbitzkogel, 2396 m

Auf den König der Seetaler Alpen

4.00 Std. | 9,2 km | ↗ 740 m | ↘ 740 m

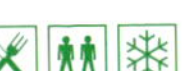

Auch im Winter auf den »Zirbitz«

Mit Hunden und Schneeschuhen im Winter unterwegs zu sein, ist etwas ganz Besonders. Eine sehr schöne Wintertour ist der Zirbitzkogel. Ein Hauch von Alaska weht einem hier um die Ohren. Aber wie beim Tourengehen, ist auch beim Schneeschuhwandern auf alle Fälle die Lawinenwarnsituation zu beachten! Bei schönem Wetter eine Traumtour! So mancher wird überrascht sein, dass man mit Schneeschuhen so schnell unterwegs sein kann. Der Zirbitzkogel ist im Winter auch für Tourenskifahrer ein beliebtes Ausflugsziel. Dadurch hat man den Vorteil, dass der Weg durch die Skispuren gut sichtbar ist und die Hunde nicht so tief und oft einsinken. Wichtig ist auch genügend lauwarmes Wasser mitzunehmen, damit die Hunde nicht in Versuchung kommen, Schnee zu fressen, denn bei so manchen Vierbeinern kann es durch das Schneefressen zu einer Entzündung der Magenschleimhaut (Schneegastritis) kommen. Diese Wanderung ist auch im Frühjahr und Herbst wunderschön zu gehen. Im Sommer befinden sich Kühe entlang des Lindertalweges.

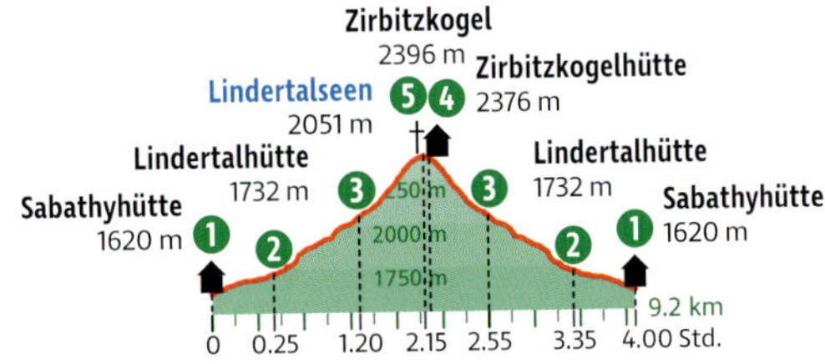

Wegweiser und Glockenturm neben der Zirbitzkogelhütte.

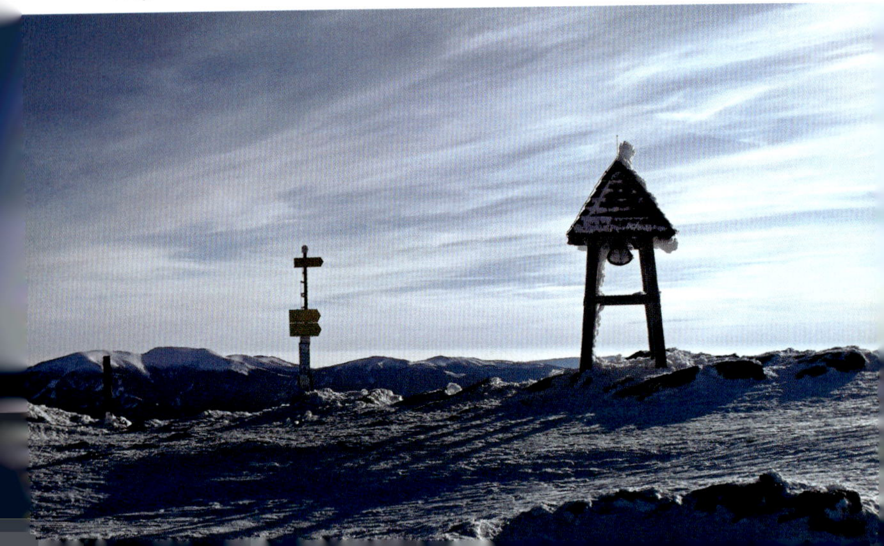

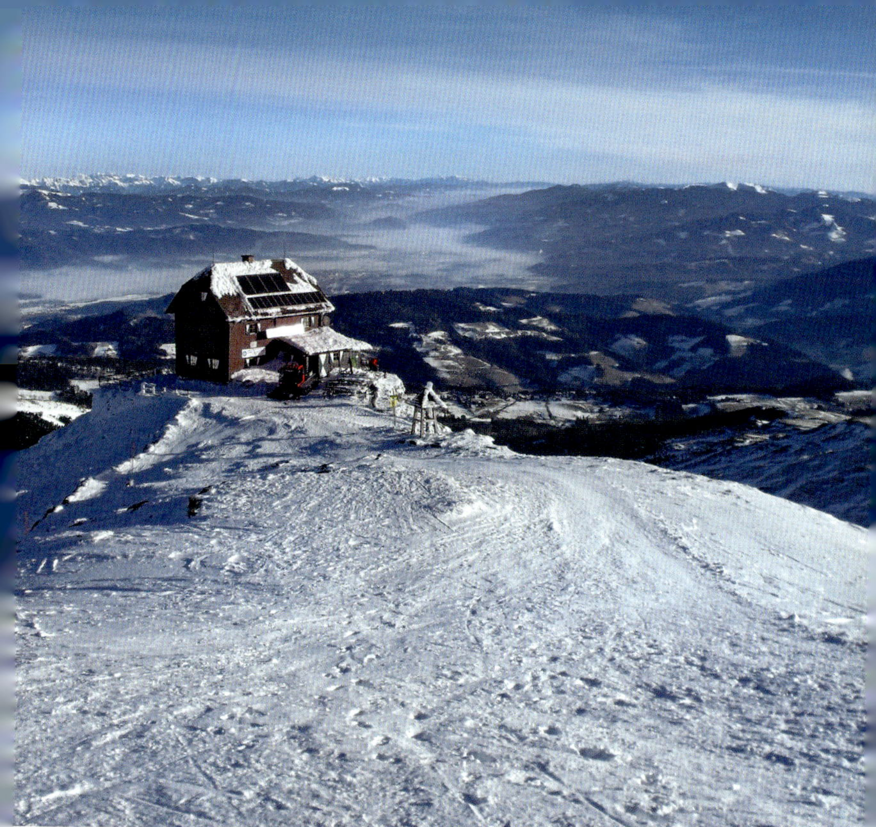

Die Zirbitzkogelhütte auf 2376 Meter.

Ausgangspunkt: Bis zur Ortschaft Obdach, danach Richtung Rötsch, St. Wolfgang, vorbei beim Parkplatz 1 der Rieseralm; durch das Sabathygebiet zum Alpengasthof Sabathy, Granitzen 32, 8742 Obdach.

Öffentliche Verkehrsmittel: Mit dem Zug bis zum Bahnhof Zeltweg. Danach mit dem Regionalbus 863 bis Obdach-Busbahnhof; umsteigen und mit dem Regionalbus 865 bis zur Haltestelle Mönchegg Abzweigung Sabathy. Von dort sind es noch 4,2 km (rund eine Stunde) bis zum Ausgangspunkt der Wanderung.

Anforderungen Mensch: Gute Kondition und Orientierungssinn, denn bei Nebel und viel Schnee, sieht man die sonst sehr gut sichtbaren Markierungen schlecht. Bei klarem Wetter hat man das Ziel aber immer vor Augen. Gute Informationen zur Lawinensituation in der Steiermark erhält man auf der Homepage des Landes Steiermark unter www.lawine-steiermark.at.

Anforderungen Hund: Für alle Hunde geeignet, die Spaß im Schnee haben. Das Teilstück Lindersee bis Zirbitzkogelhütte ist steiler und anspruchsvoll.

Beste Wanderzeit: Grundsätzlich ganzjährig; Dezember – März: Schneeschuh Tipp!

Weidevieh: Schneeschuhtour – daher keine Kühe; in den Sommermonaten ist das Gebiet um die Linderhütte ein beweidetes Almgelände.

Einkehr: Sabathyhütte; Tel. +43 3578 8230, www.alpengasthof-sabathy.at, Zirbitzkogelhütte; Tel. +43 3578 8205.

Karten: freytag & berndt WK 212 Seetaler Alpen - Seckauer Alpen - Judenburg - Knittelfeld.

Die im Winter gut zu erreichbare **Sabathyhütte** ❶ auf 1620 m ist der Ausgangspunkt für diese tolle Schneeschuhwanderung. Das Orientieren bei schönem Wetter ist hier grundsätzlich sehr leicht, denn man folgt einfach dem »Weg 316 Lindertalweg«. Zuerst geht es nicht zu steil durch den Wald, dann bergauf durch das Sabathygebiet, vorbei an der **Lindertalhütte** ❷, durch einen Zirbenwald und in weiterer Folge an den Lindertalseen ❸, 2051 m, vorbei. Vor sich hat man immer das Ziel, den markanten Zirbitzkogel. Sobald man die Lindertalseen hinter sich gelassen hat, die man im Winter nur als große freie Fläche wahrnimmt, geht es steil hinauf. Für so manche Hunde eine spannende und aufregende Tour. Im Sommer führt die Route hier serpentinenartig über Geröll und Felsstufen hinauf. Im Winter, mit Schneeschuhen und guter Kondition geht es einfach den Schneestangen, die hier als Markierungen gesetzt sind, entlang, fast geradewegs zum Ziel. Zuerst erreicht man die **Zirbitzkogelhütte** ❹, 2376 m und danach den Gipfel des Zirbitzkogel ❺, 2396 m. Im Winter dieses 360°-Panorama zu genießen, ist etwas ganz Besonderes!

Hinunter geht es denselben Weg. Der Rückweg mit Hunden kann aber viel anstrengender sein, wenn die Hunde nach unten ziehen. Sollten die Hunde an einer langen Leine sein, ist es empfehlenswert, die Hunde nicht vorne auf Zug zu halten, sondern hinter einem gehen zu lassen. Das ist auf Dauer viel einfacher und sicherer! Zurück beim **Parkplatz Sabathyhütte** ❶ lockt natürlich eine Stärkung im Alpengasthof Sabathy.

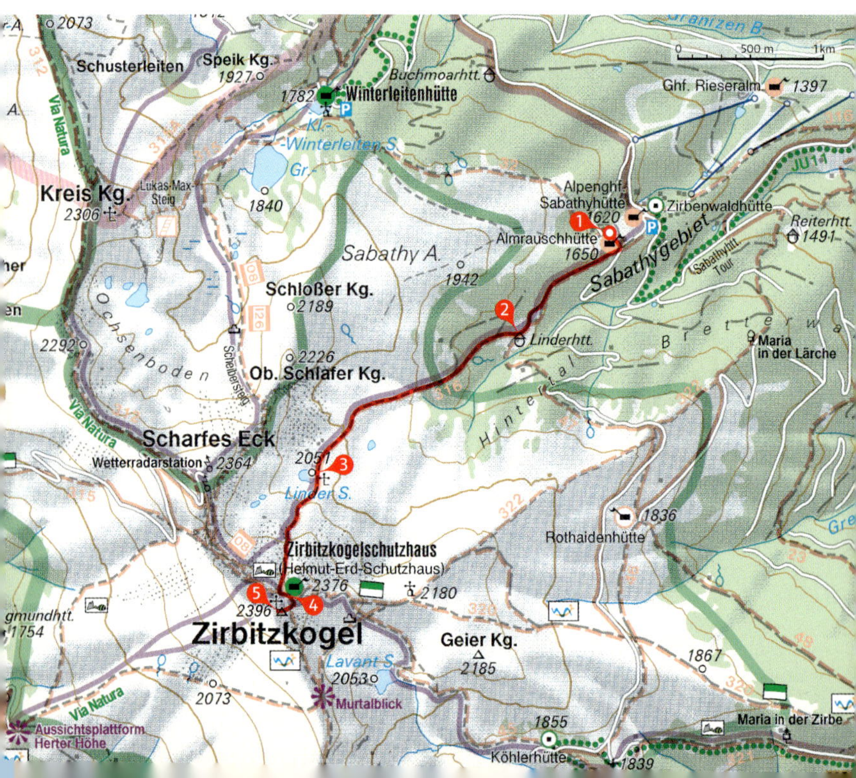

Turracher Höhe, 1795 m

Eine Themenrundwanderung rund um die Zirbe

45

2.30 Std. | 7,3 km | ↗130 m | ↘130 m

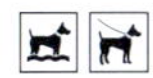  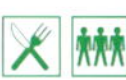

Von der Steiermark kurz nach Kärnten und wieder zurück

Er ist ein Klassiker, der Drei-Seen-Weg auf der Turracher Höhe und wer ihn noch nicht kennt, sollte ihn gehen, denn es gibt gute Gründe für diese sehr einfache Wanderung. Das Klima ist auf der ca. 1800 Meter gelegenen Turracher Höhe einzigartig in Österreich. Die Wälder unterstützen mit Ihrer hohen Luftreinheit das regenerationsfördernde Schonklima und die Höhe sorgt für ein anregendes Reizklima, das den menschlichen Stoffwechsel stimuliert. Die drei Seen heißen Grünsee (der Idyllische), Schwarzsee (der Sagenhafte) und Turracher See (der Romantische) und eigenen sich zum »Wandern mit Hunden« ideal. Die Konstellation mit zwei Bundesländern und drei Seen ist auch einzigartig in Österreich. Durch den Ort verläuft nämlich die Grenze zwischen der Steiermark und Kärnten. Es ist eine sehr schöne hunde- und familienfreundliche Tour. Hier wandert man durch den größten Zirbenwald Österreichs, sieht jede Menge Lärchen, Almwiesen und Bergseen. Man kann hier richtig zur Ruhe kommen und die Natur spüren. Diese Wanderung, die leicht zu erreichen und leicht zu gehen ist, lockt natürlich auch so manche Touristen an. Daher sind dann auch hier wieder die Uhrzeit und die Jahreszeit ein entscheidender Faktor. Aufgrund der zahlreichen Weidemöglichkeiten auf den sanften Wiesen ist mit Kuhkontakt zu rechnen. Aber ein Besuch lohnt sich allemal, denn Seen, schattige Wege und den größten zusammenhängenden Zirbenwald hat man nicht alle Tage.

Der romantische Turracher See.

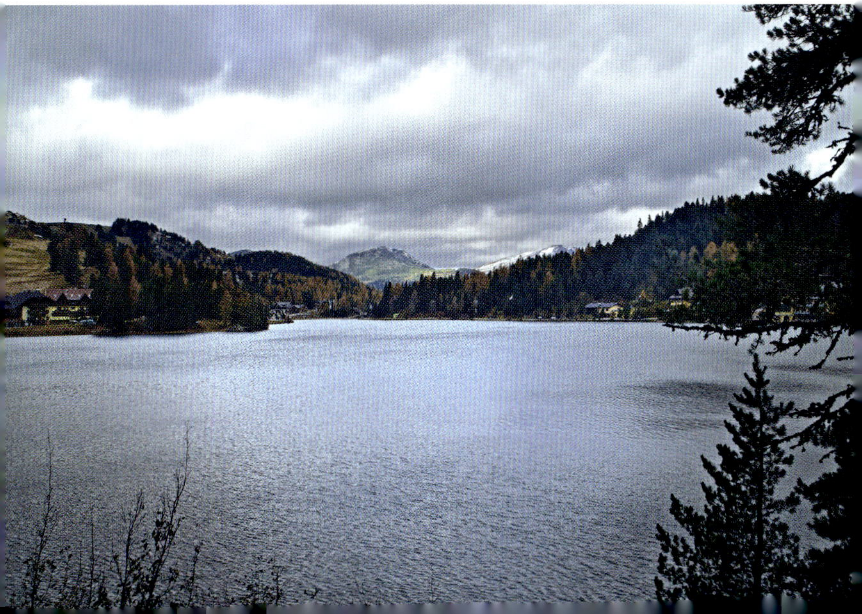

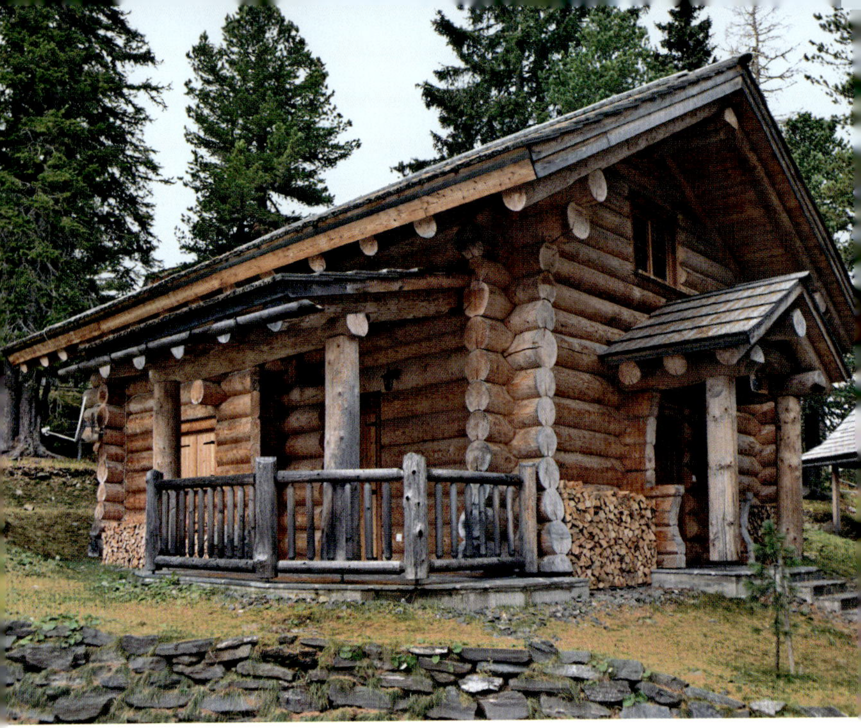

Wunderschöne Chalets mitten im Wald.

Ausgangspunkt: Von der Steiermark aus kommend – über Murau, Stadl an der Mur bis Predlitz Turrach und von dort direkt zu den öffentlichen Parkplätzen »Turracher Höhe« am Ortsende. (Turracher Höhe 86, 9565 Turracher Höhe).

Öffentliche Verkehrsmittel: Eine Anreise mit dem Zug ist über Knittelfeld, Unzmarkt, Murau bis zum Bahnhof »Predlitz Turrach« möglich. Auch der Regionalbus 890 fährt von Murau bis »Predlitz Turrach«. Von »Predlitz Turrach« auf die Turracher Höhe (rund 21 km – 22 Min. mit dem Taxi) fährt kein öffentliches Verkehrsmittel!

Anforderungen Mensch: Keine besonderen Anforderungen.

Anforderungen Hund: Für alle Wanderhunde geeignet.

Beste Wanderzeit: Ganzjährig. (Am schönsten im April und Mai, sowie Ende September und den ganzen Oktober.)

Weidevieh: In den Sommermonaten (Juni, Juli, Aug. und Mitte Sept.) weiden Kühe im Gebiet nach dem Grünsee, der Karlhütte, sowie um den Schwarzsee und bei den Skipisten.

Einkehr: Karlhütte, Tel. +43(0) 664 9796839, Web:www.facebook.com/pages/Karlhütte/.

Karten: freytag & berndt WK 222 Bad Kleinkirchheim, Biosphärenpark Nockberge, Millstätter See, Turracher Höhe, Radenthein.

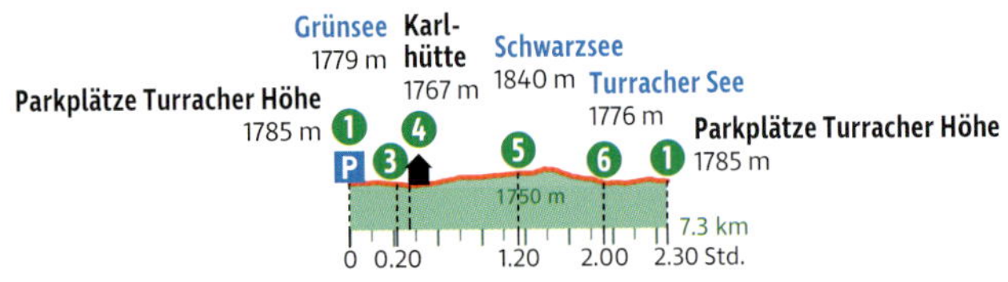

Ausgangspunkt für diese Wanderung sind die öffentlichen **Parkplätze »Turracher Höhe« ❶** auf der rechten Seite am südlichen Ende des großen Turracher Sees. Von hier aus am Gehsteig bis zum Ortsende gehen (Kärntner Seite). Vor dem Ortsschild geht links eine **Schotterstraße ❷** ab (Hinweistafeln: »Karlsiedlung, Karlhütte, Grünsee«) . Gleich danach beginnt er, der »sinnliche Drei-Seen-Weg«, der erst 2019 eröffnet wurde. Er führt uns zu diversen Stationen. Diese sollen uns anregen, die Düfte und Gerüche des Waldes zu erkunden. An einigen Stellen kann es allerdings sein, dass es nicht nach Wald, sondern eher nach Lagerfeld und Armani riecht. Grund dafür sind die Chalets zwischen den Seen, bzw. deren Bewohner, die einem gut parfümiert entgegenkommen. Die Wanderung führt uns nun zum ersten See, dem idyllischen **Grünsee ❸**, der 1,5 ha groß ist und dessen tiefste Stelle 11,7 m beträgt. Aufgrund seiner gut entwickelten Unterwasservegetation hat sich diese charakteristische grüne Wasserfarbe entwickelt. Man könnte hier eine Abkürzung nehmen, aber dann versäumt man die **Karlhütte ❹**, eine urige Jausenstation und danach einen Zirbenwald. Weiter geht es auf der gut markierten Strecke (Markierung ist ein weißes T auf rotem Untergrund) über viele weitere Stationen mit sehr schönen Schnitzereien und reichlich Informationen. Der schöne Waldweg geht in eine Schotterstraße über. Kurz vor dem nächsten See geht es nochmals bergauf, bevor man den sagenhaften **Schwarzsee ❺** erreicht. Er liegt auf 1840 m Höhe und ist 2,6 ha groß, aber nur 4 m tief. Seinen Namen verdankt er dem Moorboden, sowie dem dunklen Gestein Anthrazit. Das lässt den See sehr dunkel erscheinen. Ein schöner Weg führt am Seeufer entlang, ehe es über eine Moorwiese weitergeht. Diese überquert man vorwiegend auf einem Holzsteg. Wer nach einem starken Regentag unterwegs ist, wird es hier richtig matschig haben, was aber so manchen Hund umso mehr Freude bereitet. Es sind Skipisten zu queren, ehe man beim romantischen **Turracher See ❻** wieder herauskommt. Er ist der größte der drei Seen und mit 33 m auch der tiefste. Im Sommer kann er bis zu 20 °C warm werden. Man geht den Turracher See am linken Ufer entlang und durchquert die Hotelanlage des Romantik Seehotels Jägerwirt, dann vorbei an einen Skilift (Sonnenbahn), weiter zu den Chalets und Richtung Hotel Hochschober (auffälliger Chinaturm) Dieses hundefreundliche vier Sterne Superior Hotel bietet auch einen Wellnessurlaub mit Hunden an. Dann ist die Straße zum **»öffentlichen Parkplatz Turracher Höhe« ❶** nicht mehr weit und man hat den Themenrundweg beendet.

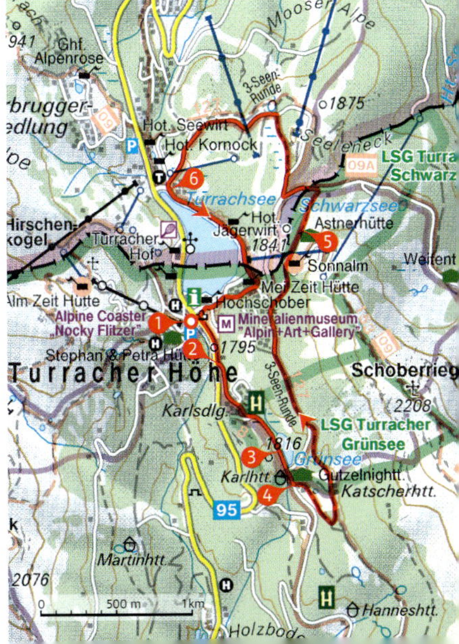

Stichwortverzeichnis

A
Absetzwirt 147
Ahornkogel 58
Albert-Appel-Haus 69
Aldrian See 41
Alfred-Schmidt-Steig 109
Alptor 121
Altaussee 60, 62
Altausseer See 40, 59, 62
Altenbachklamm 156
Altes Almhaus 166
Arzberg 130
Augstsee 54

B
Baden mit Hund 40
Badesee Gaishorn 41
Bärenhöhle 142
Bekleidung 18
Berggasthof Steinerhaus 80
Brandkogel 169
Brandstättergraben 96
Brandstätterkogel 96
Brandstättertörl 97
Brünnerhütte 81
Brustgeschirr 21
Buchkogel 144
Buschenschenke Albrechter Muhri 155
Buschenschenke Grill 155
Buschenschenke Postl Dobay 155

C
Camping Murinsel 41
Canicrossgeschirr 21
Canicrossgürtel 21
Canicrossleine 21

D
Demmerkogel 152
Deutschlandsberger Klause 159
Drei-Seen-Blick 48

E
Edelrautehütte 87, 90
Einkehrmöglichkeit 12
Erlaufsee 40
Erste-Hilfe-Set für Hunde 23
Erste-Hilfe-Set für Menschen 19

F
Fattingerhof 141
Fischerhütte »Lenzbauer« 160
Franz-Salzger-Gedenkkapelle 161
Frauenberg 110
Friedenskircherl 81

G
Gaberl 170
Gaisknechtstein 62
Gamskogel 140
Gasselhöhe 84
Gasselhöh Hütte 83
Gasthof Auf der Schanz 119
Gasthof Bernthaler 143
Gasthof Martinelli 138
Gasthof Zum Guten Hirten 115
Gasthof zum Kirchenwirt 129
Geierhaupt 93
Genusshof Kilger 151
Gleinalm 176
Gleinalm-Schutzhaus 178
Grenzpanoramaweg 155
Grillbichl 133
Grillitschgatter 164
Grödel 17
Große Raabklamm 128
Großer Bösenstein 87
Großer Hengst 88
Großer Scheibelsee 90
Großer Speikkogel 162
Großsee 73
Grundausdauer 12
Grundlsee 40, 48
Grünsee 187
Gschnaidter Kreuz 126

H
Hagensattel 143
Hans-Prosl-Schutzhaus 109
Haselbach 133
Haselbachsteg 133
Hauseck 90
Heiligengeistklamm 153
Hinterlobming 102
Hirzmann Stausee 42
Hochalm 101
Hochlantsch 113
Hochreichart 96
Hochwechsel 122
Hohe Rannach 137
Hoher Zetz 126
Höllkogel 95
Hoyer 177
Hühnerstütze 164
Hundefutter 22
Hundegeschirr 20
Hundekekse 44
Hundeschüssel 23
Hundeschwimmbad Eckhansl 43

I
Ingeringsee 41, 93

J
Jassing 105
Johann-Waller-Hütte 135

K
Kaltenbrunnerkreuz 148
Karlhütte 187
Karl-Stöger-Steig 68
Karten 19
Kirche Sveti Duh 155
Kitzecker Weinwanderweg 150
Klammboden 106

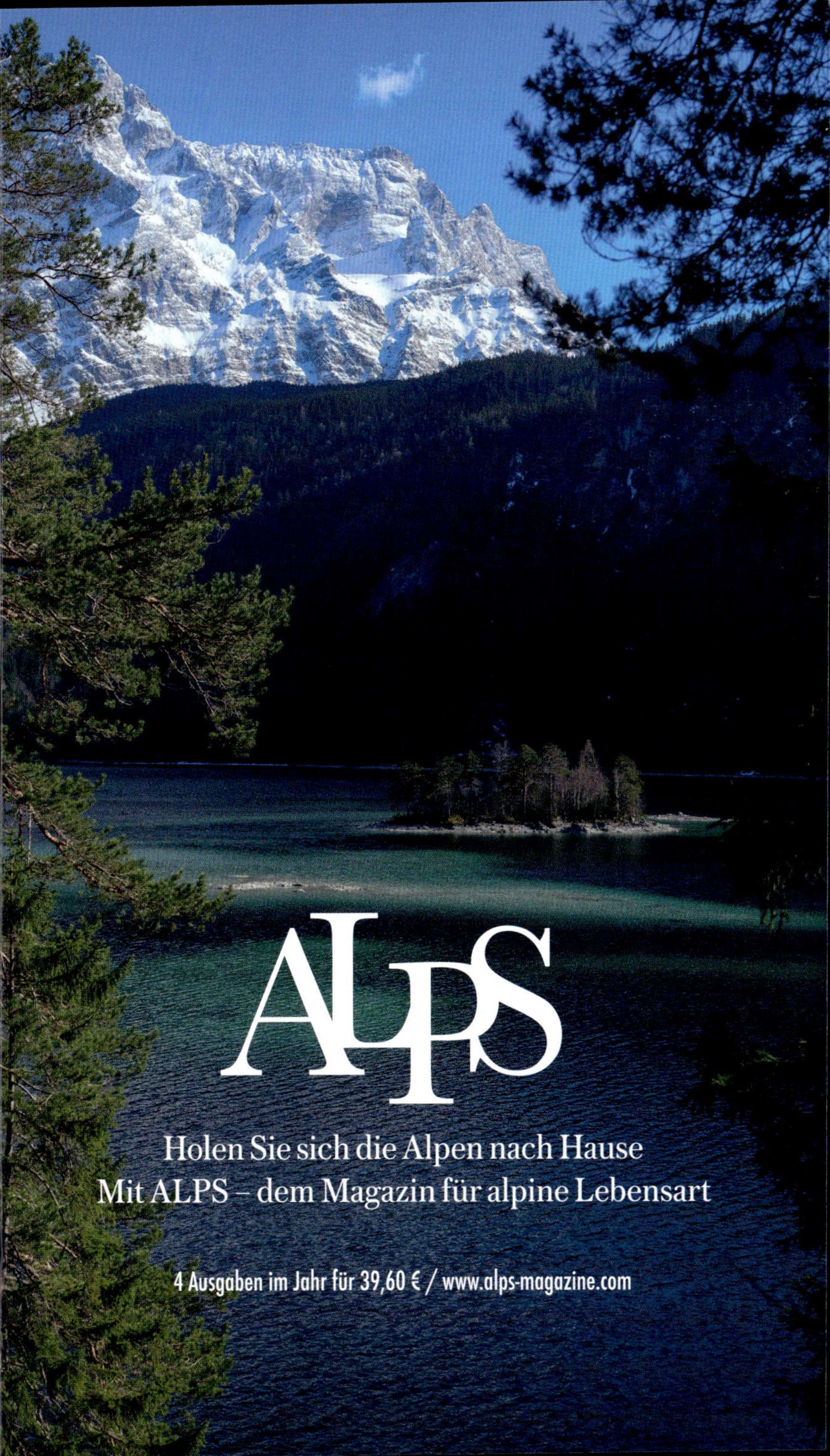

Kleiner Bösenstein 88
Kleiner Scheibelsee 92
Klementi-Kapelle 94
Kohlröserlhütte 71
Königgraben 141
Kraller See 73
Kreiskogel 179
Kühbergeralm 100
Kühbergerhof 100
Kumpitzstein 99

L

Landhaus Schwarz 151
Leine 20
Leinenpflicht 13
Leopoldsteinersee 40
Lindertalhütte 184
Loser 52
Loser Alm 66
Loserfenster 54
Loserhütte 52

M

Märchensee 73
Maria Schnee 99

Mehlofensteig 107
Mostschank Krampl 154
Mothiltor 147
Mugel 108
Mugelschutzhaus 109
Mühlner Sattel 181

N

Napf 23
Niederschöckl 134
Niederwechsel 124
Niklasdorfgraben 108
Nikolauskapelle 104

O

Oacherlsteig 145
Ochsenboden 180
Ochsenstall 109
Ödensee 40, 70
Ödenseemoor 70
Orientierung 19
Oskar-Schauer-Haus/Sattelhaus 173
Ottokar-Kernstock-Haus 111

P

Parkplatz Hoyer 177
Peters Bründl 97
Podoler Teich 41
Pribitz 105, 107
Pribitzalm 107

R

Raabklamm 128
Rabl-Kreuz-Hütte 122
Ranftlmühle 49
Rappoldkogel 166
Reinischkogel 146
Rennfeld 110
Rippetegg 82
Röcksee 41
Roseggerdenkmal 81
Rostiger Anker 49
Rote Wand 116
Rucksack 16
Rudolfsee 42
Rudolfswarte 145
Ruine Wolkenstein 75

S

Sabathyhütte 182
Salza Stausee 40
Schanzsattel 121
Schartnerkogel 140
Scheibelalm 88
Scheibelsee 87
Scheibelseen 90
Scheichlmühle 60, 63
Schloss St. Martin 144
Schneeschuhe 17
Schöcklkreuz 134
Schuhe 16
Schülerkreuz 148
Schüsserlbrunn 115
Schwarzsee 74, 187
Schwefelquelle 77
Schwierigkeitsstufen 14
Sonnenschutz 19
Sonnschienhütte 106
Sonnschientörl 106
Spechtensee 78
Speikkogel 176
Spiegelsee 82
Spikes 17
Stausee Soboth 42
Steinmetzwirt 139
Steirerbankerl 73
Steirersee 74
Steirischer Jockl 115
Stierkreuz 174
Stoderzinken 80
Sulmsee 42

T

Tauplitz 72
Tauplitzsee 73
Teichalmsee 41, 113
Terenbachalm 172
Terenbachhütte 173
Terenbachkogel 173
Teufelstein 119
Tressensattel 56
Tressenstein 59
Tressensteinwarte 61
Trisselwand 56
TSV-Stelzl Freizeitanlage 42
Turracher Höhe 185
Turracher See 187
Tyrnau 116
Tyrnauer Alm 118

U

Ungerbildstock 147
Unterhaag 156

W

Wallfahrtskirche Maria Rehkogel 110
Wallfahrtskirche Maria Schnee 178
Wanderzeit 32
Wasser 25
Wegarten 29
Weiberofen 147
Weidevieh 33
Weinebene 163
Weingut Albert 151
Weinmuseum Kitzeck 150, 152
Wetter 26
Wetterkoglerhaus 124
Wetterschutz 18
Wild 37
Wildensee 66
Winterleitenhütte 179
Winterleitensee 179
Wittgruberhof 126
Wörschachklamm 75

Z

Zeißmannhütte 173
Zellerkreuz 119
Zirbitzkogel 179
Zirbitzkogelhaus 180

Impressum

Umschlagbild: Am Steirerbankerl, im Hintergrund der Steirersee.

Bild im Innentitel: Der Blick vom Rappoldkogel zum Salzstiegl.

Alle 167 Fotos vom Autor.

Kartografie: 45 Wanderkärtchen im Maßstab 1:50.000,
zwei Übersichtskarten im Maßstab 1:1 Mio. und 1:2 Mio.
© Freytag & Berndt, Wien.

Werk-Nr.: 3310

Lektorat: Dr. Martin Lehr, Filderstadt.

Die Ausarbeitung aller in diesem Führer beschriebenen Touren erfolgte nach bestem Wissen und Gewissen des Autors. Die Benutzung dieses Führers geschieht auf eigenes Risiko. Soweit gesetzlich zulässig, wird eine Haftung für etwaige Unfälle und Schäden jeder Art aus keinem Rechtsgrund übernommen.

1. Auflage 2023

ISBN 978-3-7633-3310-3

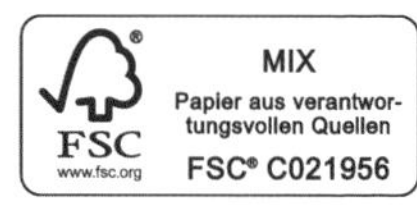

Wir freuen uns über jeden Korrekturhinweis zu diesem Wanderbuch!
Bitte per E-Mail an: **leserzuschrift@rother.de**

ROTHER BERGVERLAG · Keltenring 17 · D-82041 Oberhaching
Tel. +49 89 608669-0 · www.rother.de